原　则

应对变化中的世界秩序

PRINCIPLES FOR DEALING WITH THE CHANGING WORLD ORDER

[美] 瑞·达利欧（Ray Dalio）◎著　　崔苹苹　刘　波◎译　　易　濛◎审校

中信出版集团 | 北京

图书在版编目（CIP）数据

原则：应对变化中的世界秩序 /（美）瑞·达利欧著；崔苹苹，刘波译 . -- 北京：中信出版社，2022.1（2022.1重印）

书名原文：Principles for Dealing with the Changing World Order: Why Nations Succeed and Fail

ISBN 978-7-5217-1949-9

Ⅰ. ①原… Ⅱ. ①瑞… ②崔… ③刘… Ⅲ. ①国际政治－研究 ②世界经济－研究 Ⅳ. ① D5 ② F112

中国版本图书馆 CIP 数据核字（2020）第 109173 号

原则：应对变化中的世界秩序

著　　者：[美] 瑞·达利欧
译　　者：崔苹苹　刘波
出版发行：中信出版集团股份有限公司
（北京市朝阳区惠新东街甲 4 号富盛大厦 2 座　邮编　100029）
承 印 者：北京盛通印刷股份有限公司

开　　本：787mm × 1092mm　1/16　　印　　张：31.5　　字　　数：493 千字
版　　次：2022 年 1 月第 1 版　　印　　次：2022 年 1 月第 2 次印刷
京权图字：01-2021-7157
书　　号：ISBN 978-7-5217-1949-9
定　　价：168.00 元

致

我的孙辈及将会亲历历史演变的同代人

愿进化之原动力与你们同在

中文版序

我很高兴与我了不起的合作伙伴中国国际信托投资公司（CITIC）一起，为读者提供这些应对不断变化的世界秩序的原则。

我第一次来中国是在近40年前，当时中国国际信托投资公司的领导们邀请我讲授关于全球金融市场的知识。这开启了我与中国国际信托投资公司、中国以及许多其他中国朋友的宝贵关系。

作为全球宏观经济投资者，我的工作是充分理解世界的运行方式，以便成功地在这方面押注。为此，我需要理解历史规律及其背后的因果关系。这促使我从事这项研究，考察过去500年里各大帝国的兴衰，以及唐朝以来（即约从公元600年以来）中国各主要朝代的兴衰。在这一过程中，我发现基于几乎相同的原因，这样的兴衰反复发生。因此，我总结出了衡量这些兴衰的最重要且具有一致性的指标，帮助我理解和应对当前的事态。

我把我的研究转化成了本书，以便把我学到的东西传递给其他人。我发现本书的内容很有帮助，也希望读者能有同感。

如何阅读本书

- 在写作过程中，我考虑到详述和简述两种选择。最终，通过用粗体字凸显某些段落，我制作了一个快读版本。因此，**读者既可以快读粗体部分，也可以精读整本书。**
- 为了更好地应对现实情况，我希望表述一些永恒普适的原则。我在这些原则前面***加注了红点●，并以斜体字显示***。
- 对于某些主题的详尽分析，并非所有读者都感兴趣。因此，我将这些内容放在各章的附录中，以便读者选择性阅读。
- 最后，限于篇幅，请在 economicprinciples.org 网站上参阅大量补充材料，包括参考资料、索引及更多指标数据等。

目 录

第三部分
未　来

397

引 言

未来的时代将与我们有生之年所经历的时代完全不同，但与历史上的许多时代有着相似之处。

我为何得出这样的结论？因为事实历来如此。

在过去约 50 年的时间里，为了做好我的工作，我需要了解决定一个国家及其市场成败的关键要素。我认识到，要想预测和应对前所未有的情况，我必须尽可能多地研究类似的历史案例，搞清这些案例背后的驱动机制。这些工作帮助我总结出妥善应对这些情况的原则。

几年前，我注意到一些重大势态发展，在我的有生之年里，这些事件从未发生过，但在历史上曾多次出现。最重要的是，我看到在巨额债务和零（或接近于零）利率的综合影响下，世界三大储备货币国家大规模印钞；在各国（特别是美国）内部，由于财富、政治和价值观差距达到约一个世纪以来的最大程度，政治和社会出现了严重冲突；一个崛起的世界大国（中国）挑战现存的世界大国（美国）和现有世界秩序。最近一段与目前类似的时期是 1930—1945 年。这令我十分担忧。

我意识到，除非研究类似的历史时期，否则我无法真正理解当前的势态，也无法应对即将发生的情况。于是，我开始研究各国及其储

备货币和市场的兴衰。换言之，要想理解当前的势态发展，应对未来几年可能发生的情况，我需要研究类似历史案例背后的机制，例如研究1930—1945年期间荷兰、英国、中国的兴衰等。[1]在从事这些研究的过程中，新冠肺炎疫情暴发了。这是另一类我一生中从未发生过但历史上曾多次发生的大事件。因此，历史上的大流行病成为这项研究的一部分。这些研究告诉我，自然界中的异常现象（如疾病、饥荒和洪水）也是值得考虑的可能因素。无论如何衡量，与最严重的经济萧条和战争相比，这些罕见的异常天灾的影响力甚至更大。

我在研究历史的过程中发现，就像生物存在生命周期一样，历史通常也是通过相对明确的生命周期，随着一代人向下一代人的过渡而逐步演进的。事实上，人类的历史和未来可以被看作所有个体生命周期逐步演进的综合。我发现这些个体的生命周期汇聚在一起，就成为一个自古至今、包罗万象的整体历史演进过程；同样的事件受大致相同的原因的驱动而反复发生，同时也在不断演进。**通过考察许多相互关联的历史事件，我可以看到这种演化的典型模式和因果关系，并以此为基础推断未来。这些事件在历史上多次发生，它们是各国及其很多方面的兴衰周期的组成部分**，例如教育程度、生产力水平、与其他国家的贸易、军事实力、货币和其他市场等。

上述每个方面或实力都在周期中发展变化，而且相互关联。例如，一个国家的教育程度影响其生产力，生产力影响它与其他国家的贸易，贸易又影响保护贸易路线所需的军事实力，进而影响货币、其他市场和许多其他方面。所有这些变化综合在一起，就构成了多年的经济和政治周期。例如，一个非常成功的帝国或王朝可以持续200年或300

1　需要明确的是，对这些以往周期的描述并不意味着，在不了解这些变化背后因果机制的情况下，我会认为过去的情况必将持续到未来。我的首要目标是，与读者一起分析因果关系，在此基础上思考未来可能出现的情况，并在最佳应对原则上达成一致。

年。**我研究的所有帝国和王朝都是在典型的大周期中崛起和衰落的，这一大周期存在清晰的标记，我们可以看到自己所处的位置。**

这个大周期在以下两个时期之间产生更迭：（1）和平与繁荣时期，具有强大的创造力和生产力，生活水平明显提高；（2）萧条、革命与战争时期，财富和权力斗争此起彼伏，大量财富、生命和其他珍品被毁灭。我发现和平与繁荣时期比萧条、革命与战争时期持续的时间长得多。二者的比率通常约为 5∶1。所以可以说萧条、革命与战争时期是和平与繁荣时期之间的过渡阶段。

对大多数人来说，和平与繁荣时期固然令人愉悦，但所有这些现实情况的最终目的都是推动进化。因此，更广义地说，两个时期没有好坏之分。萧条、革命与战争时期造成大量破坏，但就像净化风暴一样，它也清除了弱点和过度（如过度债务），以回归本质的方式，打造更坚固的基础，迎来新的开端（尽管这个过程很痛苦）。冲突解决后，谁是掌权者、其掌握何种权力就会变得明晰。因为大多数人迫切盼望和平，所以新的掌权者通过决议，创建新的货币、经济和政治体系，构成新的世界秩序，促进下一个和平 / 创造性时期。一个大周期中还有其他的周期。例如，有持续约 100 年的长期债务周期，也有持续约 8 年的短期债务周期。短期债务周期中，有较长的经济扩张期；经济扩张期之间是短期经济衰退；这些周期中还有更短的周期；等等。

通过解释所有这些周期，我想表达的要点是，一旦这些周期朝着一个方向发展，历史的构成板块就会移动，所有人的生活都会发生巨变。这些变化可能是极其有利的，也可能是极其不利的。虽然它们在未来必将发生，但大多数人不会预见它们的到来。换言之，● ***在一个周期中，从一个极端到另一个极端的变化是常态，而不是例外。***一个国家在一个世纪里没有经历至少一个和平与繁荣时期以及一个萧条、革命与战争时期的情况极为罕见。因此，我们应当对这两个时期都有所预料。但古往今来，大多数人（现在仍然）认为，未来只是近期历史稍做修改的版本。这是因为● ***就像许多事物一样，在人的一生中，重大的繁荣时期和重大的萧条时期只会出现一次，除非我们研究几代人的历史模式，否则很难预料到这些时期的到来。***因为繁荣时期和萧条时期的更迭往往相隔很久，● ***我们所面临的未来很可能与大多数人所预期的情况迥然不同。***

例如，我父亲和大多数他的同龄人经历了大萧条和二战，他们从未想到二战后经济会出现繁荣，因为这不同于（而非类似于）他们的经历。由于自身的经历，他们不会考虑借款，也不会把辛苦攒下的积蓄投入股市，因此我们不难理解他们错过了从美国经济繁荣中获利的机会。同样，我也可以理解，在几十年后，一些人通过大肆借款进行投机。因为他们只经历过债务融资拉动的经济繁荣，从未经历过经济萧条和战争，所以他们认为未来不会出现经济萧条和战争。货币走势也是如此：二战后，货币曾经是“硬通货”（与黄金挂钩），直至20世纪70年代，为了支撑借贷和防止实体破产，各国政府使货币“走软”（即发行法定货币）。因此，在我撰写本书的时候，大多数人认为他们应该增加借款，尽管从历史来看，借款和债务融资拉动的经济繁荣会导致经济萧条和内外冲突。

如果我们以这种方式理解历史，就会提出一些问题，而对这些问题的解答会为未来可能出现的情况提供宝贵的线索。例如，在我的一生中，美元一直是世界储备货币，货币政策一直是刺激经济的有效工具，人们普遍认为西方民主和资本主义是优越的政治和经济体制。任何研究历史的人都可以看到，● ***没有任何一个政治体制、经济体系、货币或帝国可以永远存在。但当它们失灵时，几乎所有人都会感到惊讶，并受到毁灭性打击。***因此，我自然会问：我和我所关心的人如何才能知晓萧条、革命与战争时期的到来，如何才能很好地应对。因为我的专业职责是，无论在何种环境中，都要保护好财富。所以，我需要打造适用于整个历史（包括这些毁灭性时期）的认知和策略。

本书的目的在于传述我所学到的东西，这些认知对我有所帮助，可能也会帮助其他人，我在此分享以便提供参考。

我是如何通过研究历史来推测未来的

作为一名投资管理人，我需要的是在短时间内做出投资决策，而花费大量精力去关注长期历史，似乎有点儿奇怪。但我的经历告诉我，做好投资需要这样的历史视野。我的方法并不是一种学术研究方法，而是一种非常务实的方法，目的是帮助我做好工作。要想做好投资，我需要比竞争对手更好地预测各国经济的未来走势。因此，近50年来，我一直密切观察大多数主要经济体及其市场和政治局势（因为政治局势会影响经济和市场），试图充分了解当前形势，并以此为基础推断未来。从我多年与市场角力和总结相应原则的经历中，我认识到：● ***一个人预测和应对未来的能力，取决于他对事物变化背后的因果关系的理解；一个人理解这些因果关系的能力，来自他对以往变化的发生机制的研究。***

我是在吸取了痛苦教训之后才找到这一方法的。在我的职业生涯中，最大的错误是错过了一些重大市场变动。这些变动在我的一生中从未发生过，但以前曾发生过很多次。第一件让我始料不及的大事发生在1971年，当时我22岁，在纽约证券交易所当暑期工。我喜爱这份工作，因为在交易大厅里赚钱和赔钱的节奏都很快，大家喜欢彼此取乐，交易员们甚至在交易大厅里打水枪。我全心关注世界的重大局势发展，并押注于它们对市场的影响，有时这种影响可能是戏剧性的。

1971 年 8 月 15 日星期日晚上，尼克松总统宣布美国不再遵守允许纸币兑换成黄金的承诺。在听尼克松讲话时，我意识到美国政府违约了，我们以前所知的那种美元已不复存在。我想这不是好事。因此，星期一早上我走进交易大厅的时候，心想股市暴跌肯定会导致一片混乱。结果确实出现了大混乱，但不是我所预想的那种。股市非但没有随美元暴跌而下跌，反而上涨了大约 4%。我大为震撼，因为我以前从没经历过货币贬值。在接下来的日子里，我潜心研究历史，发现历史上许多次货币贬值都对股市产生了类似的影响。通过进一步的研究，我找到了原因，也得到了宝贵的借鉴，它们让我日后受益匪浅。经历了几次这种痛苦的突发事件之后，我深刻意识到，很有必要了解过去 100 多年来所有大国经历过的所有重大经济和市场变动。

换句话说，假如过去发生了某起重大事件（例如 20 世纪 30 年代的大萧条），我不能确定它不会发生在我身上，那么我必须弄清事件是如何发生的，然后做好应对准备。我通过研究发现，历史上曾发生过许多同类事件（例如经济萧条）。如同医生研究某种疾病的许多病例一样，通过研究这些案例，我可以更深入地了解这些事件发生的机制。通过与杰出的专家交谈、阅读书籍，与我出色的研究团队挖掘数据和档案资料，再加上我自己的经验，我对这些案例进行了定性和定量分析。

我从这些研究中看到，财富和权力的变化通常以典型的次序发生，这个典型次序在我的脑海里构成了一个原始模型，它帮助我看清驱动同类事件发展的因果关系。在此基础上，我研究偏离这一原始模型的情况，并设法对这些情况做出解释。然后我将脑海中的模型输入算法中，这样做既帮助我将现实情况与我的原始模型进行对比，也帮助我以此为基础做出决策。通过这个程序，我不断完善对因果关系的认识，直到我可以用“如果……那么……”这样的句式来制定决策规则（对现实情况的应对原则）：如果 X 发生了，那么我们就下注 Y。接下来，我观察实际情况与我的原始模型及预期之间的差异。在桥水投资公司，我和我的合伙人非常系统化地进行这项工作。如果实际情况符合模型，我们就继续下注于通常将会出现的情况。如果实际情况开始偏离模型，我们就寻找原因，并且做出调整。这个过程帮助我理解驱动这些发展的重要因果次序，也令我更加谦逊。这是我一直以来的做法，也会是我未来的做法，直到我离开这个世界。所以你读到的内容展示的是一项正在进行的工作。[2]

这种方法影响了我看待一切事物的方式

这种看待事物的方法改变了我的视野：从被各种事件（像袭来的暴风雪一样）围困，到超越各种事件，放眼于事物的长期发展规律。[3] 以这种方法理解的相关事物越多，我就越能看到相关事物之间的相互影响（例如经济周期与政治周期之间的相互影响），以及它们在更长时间内的相互作用。

---

2 例如，我用这种方法研究债务周期，因为在过去 50 年里，我需要应对许多债务周期，它们是经济和市场发生巨变的最重要的驱动因素。要想了解我为债务危机制作的分析模型及其案例，你可以在 economicprinciples.org 网站上阅读《债务危机》的英文电子书（免费），或者在书店购买纸质图书。我用这种方法研究过许多重大事件，例如经济萧条、恶性通胀、战争、国际收支危机等，以求理解周围似乎已萌芽的反常事件。正是凭借这种视角，当其他公司因 2008 年全球金融危机陷入困境时，桥水较好地应对了那次危机。

3 我将这种方法用于几乎一切事务。例如，在构建和经营我的公司时，我运用了同样的方法，了解人们的思考方式等现实情况，学习妥善应对现实情况的原则，我在《原则》一书中讲述了相关原则，若你想了解这些与经济和市场无关的内容，请在 iOS（苹果公司开发的移动操作系统）/ 安卓的应用程序“Principles in Action”中免费阅读，或在书店购买纸质图书。

我认为，人们之所以往往错过一生中的重要成长时刻，是因为每个人仅经历漫长历史的一小部分。我们就像蚂蚁一样，在短暂的一生中全神贯注于搬运面包屑，却无暇拓宽视野，发现事物发展的宏观规律和周期及其背后的重要关联、我们在周期中所处的位置，以及未来可能出现的情况。通过从宏观角度考察历史，我认识到自古至今，只有几种性格类别的人类[4]，沿着有限的几条道路前行，遇到有限的几类情况，发生有限的几起事件。随着时间的推移，这些事件反复出现。唯一不同的是当时人类的服饰及其使用的语言及技术。

关于本项研究及其来龙去脉

一项研究引出了另一项研究，最终促成我进行本项研究。具体的过程如下。

- **在研究历史上的货币和债务周期时，我注意到长期债务周期（通常持续 50~100 年），这使我以截然不同的方式看待当前形势。**例如，为了应对 2008 年全球金融危机，多国利率降为零，央行印钞和购买金融资产。我知道 90 年前就出现过同样的情况，因为我研究过 20 世纪 30 年代的经济危机。这些研究使我看到，央行提供大量货币和信贷如何以及为何推高了金融资产价格，也扩大了贫富差距，让国家步入民粹主义和冲突的时代。2008 年后，我们看到这些驱动因素及其机制的重演。
- 2014 年，我想预测一些国家的经济增长率，因为这关系到我们

4　在《原则》一书中，我分享了对这些不同思维方式的看法，在此不做赘述，但如果你感兴趣，那么我会提供相关信息。

的投资决策。于是，我采用相同的方法进行案例分析，寻找经济增长的驱动因素。我构建了各项永恒普适的指标，用来预测各国 10 年期的经济增长率。这个过程使我更深刻地认识到各国经济差异背后的原因。接下来，我把这些指标综合成度量标准和方程式，估算 20 个最大经济体 10 年期的经济增长。这种方法被沿用至今。我认为，这项研究对我们很有益，也会帮助决策者。因为通过考察这些永恒普适的因果关系，决策者可以看到，如果他们改变 X，就会带来 Y 效应。这些研究也使我看到，与中国和印度等新兴大国相比，美国的这些 10 年期先行经济指标（如教育质量和负债水平）不断恶化。这项研究叫作“生产率和结构性改革：国家成败的原因和失败国家的对策”（读者可以在 economicprinciples.org 网站上免费参阅这项和上述其他研究）。

- 2016 年特朗普当选美国总统后不久，发达国家的民粹主义势力明显抬头。于是，我开始进行一项名为“民粹主义现象”的研究。这项研究使我看到，由于财富和价值观差距巨大，20 世纪 30 年代发生了严重的社会和政治冲突。这些冲突与目前的冲突十分相似。这项研究还使我看到，左翼和右翼民粹主义者如何以及为何倾向于民族主义、军国主义、保护主义和对抗。我意识到左、右倾经济和政治势力之争可能愈演愈烈，这些冲突会对经济、市场、财富和权力产生巨大的影响。这项研究让我对历史和现实有了更好的理解。
- 通过这些研究以及对周围正在发生的事物的观察，我发现美国人的经济状况存在巨大差距，而这种差距会被平均数据掩盖。我按照收入把美国经济五等分，比如顶层 20%、下一层 20%，以此类推，最后是底层 20%。然后，我分别考察了不同群体的经济状况，进而开展了两项研究，其中一项研究是“我们最大的经济、社会和政治问题：两个经济群体——上层 40% 和下层 60%”。通过这项研究，我看到富人和贫困者的经济状况存在巨大差异，也看到了两极分化和民粹主义加剧背后的原因。此外，通过我妻子所做的慈善工作，我们还近距离了解到康涅狄格州各社区和学校的贫富与机会差距。这促使我做了另一项研究，名为“资本主义为何需要改革及如何改革”。

- 同时，通过我多年的国际交往和对其他国家的研究，我看到全球经济和地缘政治正在发生巨变，尤其是在中国。**在过去 37 年里，我不断走访中国，有幸结识了中国的高层经济决策者，深度了解到他们以及许多其他人的想法。这让我能近距离地看到中国实现飞跃的原因。**事实上，在这些决策者的领导下，中国在制造业、贸易、科技、地缘政治和世界资本市场上成了美国的有力竞争对手。因此，我们必须毫无偏见地研究和理解中国是如何做到这一点的。

本书基于我的最新研究结果。开展这项研究的动机是，当前发生的一些重要事件是我从未亲历过但在历史上发生过的。我需要了解这些事件和相关问题背后的三大因素。

1. **长期债务和资本市场周期：在我们的一生中，没有哪个时刻像现在这样，如此多债务的利率都处于极低甚至负水平。货币和债务资产的价值受到供需状况的质疑。2021 年，有超过 16 万亿美元的债务的利率为负，并且很快需要增发巨额债券来填补赤字。**与此同时，庞大的养老金和医疗债务即将到期。这些情况向我提出了一些值得思考的问题。我想知道，为什么有人愿意持有负利率债券，利率可以降到什么地步。我还想知道，当利率不能再降时，经济和市场会出现何种情况；当下一轮衰退不可避免地到来时，央行如何发挥刺激作用，央行会大量增印货币进而导致货币贬值吗？如果在利率如此低的情况下，债务的计价货币贬值，那么情况会怎么样？这些问题让我不禁要问，如果投资者逃离以世界储备货币（美元、欧元和日元）计价的债务，那么央行会怎么做？如果用来偿还债务的货币贬值且支付的利率如此低，那么投资者逃离将是意料之中的事。

储备货币是在全球范围内被普遍接受的交易和储蓄货币。印发全球主要储备货币的国家（现在是美国，但就像我们将会看到的那样，这在历史上发生过变化）享有强势地位，以世界储备货币计价的债务（即美元计价债务）是全球资本市场和全球经济的基石。所有曾经的储备货币都已不再是储备货币，而曾经享有这种特权的国家，往往最终会遭受重创。因此，我也开始思考美元作为世界头号储备货币是否、何时及为何将会失去世界领先储备货币的地位，它会被何种货币取代，而这又将如何改变我们所知的世界。

2. **内部秩序和混乱周期：在我的一生中，财富、价值观和政治差距从未像现在这么巨大。**研究 20 世纪 30 年代和两极分化严重的其他时代后，我发现无论是左派还是右派上台，经济和市场都会受到巨大影响。因此，我自然想知道目前的这些差距将会导致何种结果。这些历史研究告诉我，● ***当财富和价值观差距巨大且经济衰退时，人们会为如何分配财富发生严重冲突。***当下一次经济衰退到来时，民众和决策者将如何对待彼此？这令我十分担忧，因为央行充分降息以刺激经济的能力有限。除了这些传统工具失效之外，印钞和购买金融资产（现在被称作“量化宽松”）也扩大了贫富差距，因为购买金融资产会推高资产价格，这有利于持有更多金融资产的富人，而无利于贫困者。这会对未来产生何种影响？

3. **外部秩序和混乱周期：在我的一生中，美国第一次遇到了真正的对手（苏联曾只是军事对手，从来不是重要的经济对手）。中国已经在许多方面成为美国的竞争对手，并且在很多方面以更快的速度变得更加强大。**如果这种趋势继续下去，那么中国将在许多重要方面超过美国，而这些方面会决定一个大国的主导地位。中国至少将成为一个旗鼓相当的对手。在我一生的大部分时间里，我都在近距离观察这两个国家。如今，两国间的冲突快速激化，尤其是在贸易、科技、地缘政治、资本以及经济/政治/社会意识形态领域。我不禁想知道，这些冲突和由此导致的世界秩序变化将会如何演变，这将对我们所有人产生何种影响。

为了了解这些因素及其综合影响，我分析了过去500年所有主要帝国及其货币的兴衰，着重关注三大帝国：当今最重要的美帝国和美元、之前最重要的大英帝国和英镑，以及再之前的荷兰帝国和荷兰盾。另外，我也关注了六个重要但财政地位相对次要的大国：德国、法国、俄罗斯、日本、中国和印度。在这六个国家中，我最关注的是中国，并回顾了中国自公元600年以来的历史，原因有：（1）中国在历史上一直都非常重要；（2）中国现在也非常重要，将来甚至可能会更加重要；（3）中国提供了考察王朝兴衰的许多案例，可以让我更好地了解其背后的模式和动因。通过这些案例，我们可以更清楚地了解其他因素（最重要的是技术和天灾）如何发挥重要作用。

通过研究各个帝国、各个时代的案例，我发现重要帝国通常延续大约 250 年（上下误差 150 年），帝国内部的经济、债务和政治大周期持续 50~100 年。通过研究上述每个帝国的兴衰过程，我可以看出一般过程的典型模式，从而考察这些模式背后的不同机制和原因。这些分析让我受益匪浅，我希望清楚地讲述给读者。

如果过于关注当前事件，或者只看平均数据而不是个别案例，我们就会忽视这些周期。几乎所有人都在谈论当前事件，没有人谈论这些大周期，而大周期是当前事件的最大驱动力。我们从整体或平均数字中看不到个别案例的变化情况，而后者的变化幅度要大得多。例如，如果只看股市的平均水平（如标普 500 指数），而不看个别公司，我们就会忽视一个重要的事实：构成平均指数的几乎所有公司都有初创、壮大和衰亡的阶段。如果你投资一家公司，除非分散投资并且调整押注（就像构建标普指数那样），否则就会在经历大涨之后，经历大跌，直到消亡。但如果你能比大多数人更早地分辨出上涨和下跌时期，就可以妥善地改变市场头寸。我所说的“改变”并不只是指改变市场头寸，对帝国的兴衰来说，它意味着“改变”几乎一切，包括居住地。

这就引出了我的下一个原则：● ***要想把握全局，就不能着眼于细节。***虽然我将尽量准确地描述整个大局，但我无法做到完全精确。此外，要想洞察并理解整体格局，我们就不能从追求精细入手。这是因为我们分析的是在较长时间跨度里发生的巨型宏观周期和演变。要想做好这些分析，我们就必须放弃一些细节。当然，在涉及重要细节时（这种情况较常见），我会从粗略的全局性分析转为详尽的细节性分析。

从全局角度考察历史，会大大改变你看待事物的方式。比如说，由于这些历史研究的时间跨度很大，许多我们习以为常的要素、形容这些要素的术语都不复存在，因此我的有些措辞可能不够准确，但为了阐述整体格局，我忽略了一些看似重要但对整个研究不太重要的细节。

例如，我一度纠结于是否区分国家、王国、民族、政府、部落、帝国和朝代之间的差异。当今，我们主要使用“国家”（country）这个词。然而，“国家”这个词直到17世纪欧洲三十年战争后才出现。换句话说，此前并不存在国家（一般来说，并非绝对如此），而存在邦国和王国。如今，在有些地方，王国依然存在，并可能被误以为是国家；在另一些地方，二者同时存在。通常情况下（并非总是如此），王国规模较小，国家更大，帝国最大（国土面积大于王国或国家）。三者之间的关系通常并不那么明确。大英帝国基本上是从一个王国逐渐演变成国家，之后演变成帝国的，其疆域远远超出英格兰边界，统治者管控着广阔的领土和许多非英格兰人。

每种单独控制的实体（如国家、王国、部落、帝国）以不同的方式管控民众，这会使追求准确的人感到更加困惑。例如，有些帝国是被一种主导势力占据的区域，而另一些帝国则是受一种主导势力影响的区域，这种主导势力通过威胁和奖励进行控制。一般来说，大英帝国占领着其治下的国家，而美利坚帝国主要以奖励和威胁的方式控制更多的国家（并非绝对，因为在我撰写本书时，美国在70个国家设有军事基地）。也就是说，尽管美利坚帝国的存在是显而易见的，但是这个帝国到底包含什么不那么明确。总之，我的意思是，试图做到精确完美，会影响对重要大局的阐述。因此，请包涵我的不精确。比如，我在下文中将所有这些实体统称为国家，尽管从严格意义上讲，并非所有实体都是国家。

与此相关的一个问题是，有些人会说，我无法对比不同时期不同体制下的国家。我对此表示理解，并会尽可能地解释各国之间的主要差异。各国存在永恒普适的共性，这些共性远比差异更重要。如果我们仅因这些差异而无视共性（我们可以从共性中获得历史借鉴），那就太可悲了。

我所未知的远超过已知的

刚开始思考这些问题时，我感觉自己就像一只企图认识宇宙的蚂蚁。我的问题比答案多得多，我涉猎的许多领域是其他人用毕生精力研究的领域。在这个过程中，我与世界上最杰出的历史学家交谈，与当今或过去创造历史的决策者交谈，与这些佼佼者展开探讨，了解他们对某个方面的深刻见解，但没有一个人可以提供解答所有这些问题所需的全面理解。然而，通过与他们交谈，把我的认知和研究联系起来，我逐步理出了头绪。

桥水的同事和工具也对这项研究做出了宝贵的贡献。因为世界很复杂，所以我们需要理解过去，把握当下，并利用这些信息来预测未来。这是一份竞争激烈的工作，需要数百名员工的合作和高能计算机的能力。例如，我们灵活使用大约 1 亿个数据序列，这些数据序列根据我们的逻辑框架，被系统化地转换，运用于我们在全球主要国家的每个市场上进行的交易。我认为，我们考察和处理所有主要国家和市场相关信息的能力是无与伦比的。通过这一强大的计算能力，我可以看到并设法理解世界的运作原理，以此为基础进行这项研究。

尽管如此，我仍然不能保证事事正确。

虽然我学到了许多有益的东西，但我也认识到，比起自信地推断未来所需的认知来，我的认知只是微不足道的一小部分。尽管如此，从我的经验来看，如果等到学至自己很满意的程度才肯采取行动或进行分享，我就永远无法运用和传述所学到的东西。因此，虽然我从自上而下的宏观视角解析我所学到的东西，并以此为基础展望未来（鉴于自身的认知有限，我对这些展望没有太大信心），但我的结论应被视为理论而非事实。请注意，尽管有了这些心得，但我仍然犯下许多错误（这就是为什么我把分散化投资看得高于一切），只是在此尽我所能地传述我的想法。

读者也许好奇我为什么要撰写本书。过去，我只是默默地学习新东西。但在我目前的人生阶段，默默地取得更多成就对我来说并不重要，重要的是将我所学到的东西传递下去，为其他人提供参考。我的主要目标是，分享我对世界运行原理的分析模型（以简单易懂的方式讲述过去500年的历史，显示历史如何和为何与当前形势“同韵”），帮助读者和其他人做出更好的决策，使我们都有一个更好的未来。

本项研究的组织方式

与我的所有研究一样，我采用不同的方式来传述我所学到的东西，一种是简要阐述（比如，读者可以在网上找到视频），另一种是详尽阐述（比如本书），还有一种是通过更多的图表和历史案例，进行更全面的分析（读者可以在 economicprinciples.org 网站上参阅相关内容以及本书不包括的资料）。为了让最重要的概念简单易懂，我使用口语化的语言，侧重于清晰表达，而不是追求精细。因此，有些措辞大体上准确，但有时不太精确。

第一部分基于对具体案例的所有研究，简述国家兴衰的典型模式。首先，我把我的研究发现提炼成国家的整体实力指数，用来反映不同国家兴衰的整体情况，它包括 8 个不同类型的实力指数[①]。其次，我将详细探讨 18 个决定因素，我认为它们是影响国家兴衰的主要因素。最后，我将深入分析前面提到的三大周期。**第二部分详细介绍个案，讲述主要储备货币过去 500 年的历史，其中一章重点探讨当前中美争端。第三部分探讨这一切对未来的影响。**

① 本书涉及的 8 个实力指数 / 实力指标 / 决定因素与 18 个决定因素 / 实力指标等概念，在内涵与外延上并未做严格的区分，在本书的不同章节中可能会对应不同的译法，出于对作者的尊重，全书并未强行加以统一。——编者注

第一部分

世界是
如何
运转的

1

大周期简述

正如引言所述，世界正在迅速发生变化，这些重要的变化是在我们的一生中从未发生过但在历史上已经多次发生的。我的目标是揭示这些案例及其背后的驱动机制，并从这个视角来展望未来。

本章极其简要地概述我研究的过去500年的三个储备货币帝国（荷兰、英国和美国）、六个其他主要国家（德国、法国、俄罗斯、印度、日本和中国）的兴衰，以及自公元600年左右的唐朝以来中国的所有主要朝代。本章的目的只是提供一个用于考察所有周期的原始模型，其中最重要的是我们现在所处的周期。

在研究以往案例时，我看到了明显的发展模式和合乎逻辑的动因。我在这里仅做简要介绍，在接下来的章节中进行更全面的阐述。虽然本章和本书重点探讨那些驱动财富和权力发生巨大周期性更迭的因素，但我也看到了这些因素对生活各个方面的影响，包括文化和艺术、社会习俗等（我将在后文中进行分析）。将这一简单的原型和第二部分中的案例进行比较，我们将看到个案在何种程度上符合原型（本质上就是这些案例的平均情况），原型又在何种程度上反映个案的情况。这样做有助于我们更好地了解当前形势。

我的目标是搞清世界的运行原理，总结出永恒普适的原则，从而妥善地应对当前形势。这么做不仅很有必要，也是我的兴趣所在。在上文所述的好奇心和担忧的驱使下，我开始了这项研究。在研究过程中，我对世界运转的宏观机制有了更深刻的理解，取得了超出预期的收获，我希望能与读者分享这些收获。这些研究使我清楚地看到，人类和国家如何在历史的长河中经历成功和失败，我也可以看到这些兴衰背后的大周期。在此之前，我并不知道这些周期的存在。最重要的是，我可以从宏观的角度来看当前所处的位置。

例如，通过这些研究，**我发现自古至今，在大多数国家，对大多数人最主要的影响因素是，人们如何努力创造、获取、分配财富和权力，尽管也存在其他方面的争斗，最重要的是意识形态和宗教方面。**这些斗争以永恒普适的方式出现，给人们生活的各个方面造成巨大影响，而且像潮起潮落一样循环往复。

我也发现古往今来，所有国家的财富拥有者都具备创造财富的手段。为了维持和增加财富，他们与政权掌控者合作，一起建立共生关系，制定和执行规则。我看到类似的情况发生在不同国家和不同时期。虽然具体形式已经演变，并将继续演变，但最重要的机制基本上没有改变。那些拥有财权的群体发生了演变，但其仍然以基本相同的方式合作和竞争。（例如，最初是拥有土地的君主和贵族，当时农业土地是最重要的财富来源，然后是资本家和民选或专制政府的政治官员，如今是资本主义者创造资本资产，而财富和政治权力通常不会在家族中传承。）

我发现，随着这一运作机制的逐渐演变，很小部分的人获得并控制了大部分财富和权力，之后国家变得过度扩张，陷入困难时期，使最贫困且最没权势的群体遭受最大的重创，进而引发冲突，酿成革命和 / 或内战。冲突结束后，新的秩序建立，新的周期重新开启。

本章着重分享这一宏观综合模型以及部分细节。虽然本书中的观点是我个人的观点，但它们是我与其他专家进行深入探讨后形成的。大约两年前，为了解答我在引言中所述的问题，我和我的研究团队开始潜心研究，挖掘大量文档。我与全球的杰出学者和专家进行探讨，了解他们对这些问题的某些方面的深刻理解，阅读见解精辟的相关著作，回顾我过去的研究和近 50 年来的全球投资经验。

我认为，这是一个大胆的尝试、一项令人更加谦逊而很有必要的工作，也引起我的极大兴趣。为了避免忽略某些要素而出现错误，我多次反复，不断改进。首先，我潜心进行研究，记录下自己的想法，再将其展示给世界上最优秀的学者和专家；其次，我进行压力测试，寻求反馈和改进，再把反馈记录下来，又一次进行压力测试，这个过程不断反复，直到反馈变得越来越少。本项研究结果就是这些工作的产物。我不能肯定我对世界主要国家及其市场兴衰的解释完全正确。不过，我很肯定其大体是正确的。这些认知有助于我从宏观角度看待当前形势，应对那些我从未经历过但历史上曾多次出现的重要事件。

对大周期的理解

基于本书解释的原因，我认为，目前相对财富、权力和世界秩序正在发生典型的巨变，这将对所有国家的每个人都产生深远的影响。这种财富和权力巨变并非一目了然，因为大多数人的头脑中对历史模式没有概念，不会将其看作“类似巨变中的又一例”。所以第 1 章极其简要地概述了我是如何看待国家兴衰及其市场运转背后的典型机制的。我找到了 18 个重要的决定因素，用来解释几乎所有导致国家兴衰的长期质变（随后将会进行考察）。这些变化大多发生在典型的周期中，它们相互强化，形成一个巨大的兴衰周期。这个典型的大周期支配着国家的兴衰，影响着国家的方方面面，包括货币和市场（这是我特别感兴趣的方面）。**我在引言中提到的三个最重要的周期：长期债务和资本市场周期、内部秩序和混乱周期、外部秩序和混乱周期。**

因为这三个周期通常最为重要，所以我将在后面的章节中深入探讨。然后，我们将这些周期应用于历史和当今，考察它们在实际案例中的具体表现。

在这些周期的驱动下，国家在两个极端之间更迭（例如，在和平与战争、繁荣与萧条、左派掌权与右派掌权、国家合并与解体之间更迭）。这是通常发生的情况。因为人们倾向于极端化，从而超过平衡点，出现过度而导致反向走势。**朝着一个方向的走势中，潜藏着导致反向走势的要素。**

这些周期在历史的长河中基本上没有变化，原因与人类生命周期的基本要素在历史长河中保持不变是一样的：人类本性不会随着时间的推移而发生太大变化。例如，恐惧、贪婪、嫉妒和其他基本情感始终没有改变，它们是驱动周期发展的重要因素。

事实上，没有两个人的生命周期是完全相同的，典型的生命周期在几千年里发生变化。但是，人类生命周期的典型模式基本上没有改变：父母抚养子女，直到他们独立，抚养自己的子女，并工作，一直到衰老、退休、死亡。同样，货币 / 信贷 / 资本市场大周期也基本上没有改变：债务、债务资产（如债券）积累过多，导致债务无法用硬通货偿还。当人们设法出售债务资产以购买其他资产时，他们发现无法这样做，因为比起庞大的债务资产，货币数量和可以购买的东西的价值远远不够。一旦这种情况发生，违约就会促使央行增印货币。这个周期在几千年来基本上都是一样的。内部秩序和混乱周期、外部秩序和混乱周期也是如此。我们将在接下来的章节中探讨人类本性和其他因素是如何驱动这些周期的。

进化、周期和颠簸

进化是宇宙中最大的也是唯一永恒的力量，然而我们却很难注意到它。我们可以看到某种事物存在和发生，却看不到进化以及促使事物存在和发生的进化力量。看看你周围的一切，你看到了进化的变迁吗？当然没有。但是，你知道你所看到的事物正在发生变迁（尽管在你看来速度缓慢），你也知道随着时间的推移，这些事物将不复存在，会被其他事物取代。我们要想看到这些变迁，就需要设计出测量事物的方法，然后观察测量数据的变化。一旦我们看到了这些变迁，就可以研究变迁背后的发生机制。我们只有这样做，才能成功判断未来的变迁，找出应对变迁的方法。

进化是走向进步的上行轨迹，而进步源于适应和学习。周期围绕着上行轨迹而反复出现。在我看来，大多数事物是沿着一条具有周期性的上行轨迹发生的。这条轨迹就像一个上行的螺丝锥：

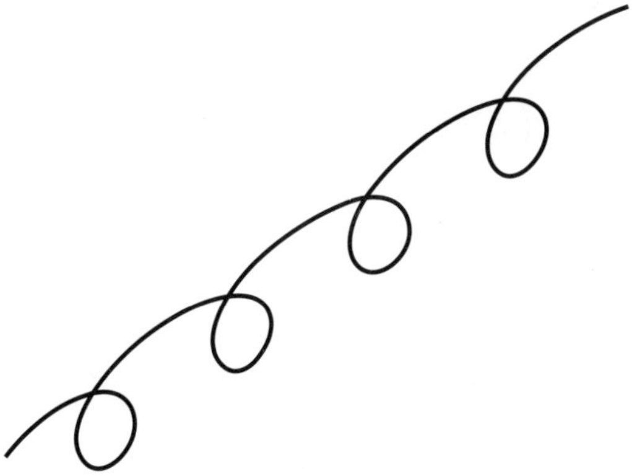

进化是一种相对平缓而稳定的进步，因为获得的知识多于遗失的知识。而周期则是来回波动的，它朝着一个方向走到尽头后，就会出现逆转，然后朝着另一个方向走到尽头，像钟摆一样周而复始。例如，随着时间的推移，我们的生活水平逐步提高，因为我们的知识更加丰富，从而推动生产率的提升。但是，经济则是有起有落的，因为在债务周期的驱动下，经济活动沿着上行趋势线上下波动。这些围绕趋势线的渐进变化（有时是彻底变革）并不总是一帆风顺且毫无痛苦的。某些变化极其突然且充满痛苦，这是因为人们会犯错误，需要从中吸取教训，进而提高适应力。

进化和周期共同构成螺旋式上行轨迹，这条上行轨迹显现在一切事物（财富、政治、生物、技术、社会学和哲学等）中。

人类的生产率是驱动世界总财富、权力和生活水平逐步提高的最重要的力量。随着时间的推移，生产率稳步提高（生产率是人均产出，受人类的学习、积累和发明的驱动）。然而，不同群体的生产率增速有差异，其原因总是一样的：不同的教育质量、创造力、职业道德以及将想法转化为产出的经济体制。决策者需要理解这些原因，以使自己的国家获得可能实现的最佳结果。投资者和公司也需要理解这些原因，以便确定最佳的长期投资对象。

这一不断进步的趋势是人类进化能力的产物。人类的进化能力比其他任何物种都强大，我们的大脑赋予我们独特的学习和抽象思考能力。因此，我们能以独特的方式推动技术发明、改善做事方式。这些变革使进化继续推进，构成了不断变化的世界秩序。通信和运输技术革新把全人类更紧密地联系起来，深刻改变了人类和帝国关系的性质。几乎所有事物都表现出这种渐进性改善——寿命延长、产品改良、做事方法改进等。甚至人类的进化方式也演进了，这表现为创造和革新方式的进步。这是自有人类历史记载以来的事实。因此，大多数图显示出向上倾斜的进步，而不是上下波动。

下图及下页图显示过去500年的人均产出［即实际GDP（国内生产总值）估值］和预期寿命。这可能是两种公认的福祉衡量方法（但数据可能并不精确）。你可以看到这些数据渐进的上行幅度相对于围绕趋势线的波动幅度。

与围绕趋势线的波动相比，这些上行趋势非常明显，这一事实表明，相对于其他任何事物，人类的创造力极其强大。从整体格局来看，人均产出正在稳步提高，不过早期增速非常缓慢，但从19世纪开始加快了速度，那时的上行曲线明显走陡，反映了生产率的加速提升。生产率提升的主要原因是，大多数人能够通过更好的方式获取知识，并将知识转化为生产率。这是很多因素促成的，可以追溯到15世纪中期欧洲的谷登堡印刷机（当时印刷术在中国已经使用了几个世纪）。随着谷登堡印刷机的问世，更多人获得了学习和教育的机会，它对一系列重要运动都做出了贡献，例如文艺复兴、科学革命、启蒙运动、资本主义诞生，以及英国的第一次工业革命。我们稍后将会深入探讨这些方面。

全球实际人均GDP（取对数值）

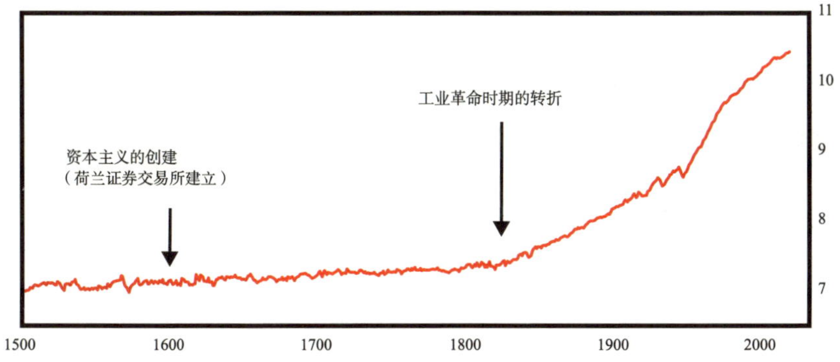

1870年之前，全球实际GDP数据主要来自欧洲各国。因为在此之前，其他国家的可靠数据有限。

全球出生时的预期寿命（岁）

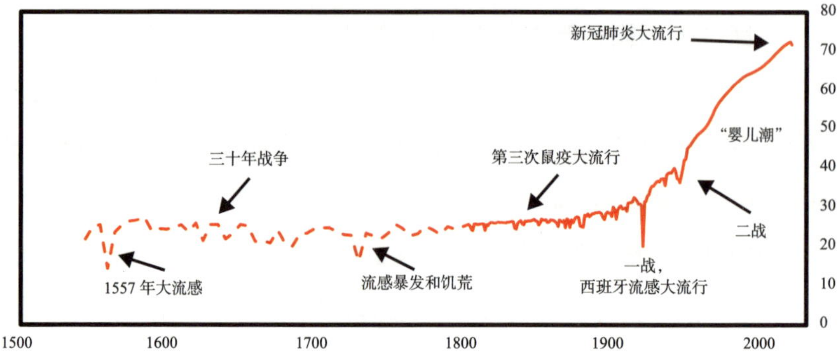

虚线仅根据英国的经历绘制。

在资本主义诞生、企业家精神和工业革命的推动下，生产率普遍提高，财富和权力从以农业为基础的经济（在这种经济体制中，土地所有权是权力的主要来源，君主、贵族和神职人员共同维持对土地的控制）转向以工业为基础的经济（在这种经济体制中，有创造力的资本家创造并拥有工业产品的生产手段，并与政府官员合作，以维持允许他们拥有财富和权力的体制）。换句话说，工业革命带来了这些变革。工业革命以来，经济一直在这样的体制中运营：财富和权力主要来自教育、创造力和资本主义的综合作用，决策者与掌控大部分财富和教育资源的人进行合作。

这个大周期所围绕的进化轨迹也在不断演化。例如，很久以前，农业土地和农产品最有价值，然后演变成机器和机械产品，如今不存在明确实体的数字品（数据和信息处理）变得最有价值。[1] 新的斗争随之而来，这些斗争围绕着谁能获得数据，以及如何利用这些数据获取财富和权力。

1　目前，人类思维方式的进化和生产率的提高变得空前显著，甚至比科学方法的发现和使用都更显著。这是通过开发人工智能实现的。人工智能是替代大脑的另一种思维方式，它可以帮助我们做出发现，并将发现处理成合理行动指令。从本质上来说，人类正在创造另一个物种，这个物种拥有发现过去的模式的强大能力，并非常迅速地处理许多不同的想法。它几乎没有在实际事务中的良好判断力，很难理解关系背后的逻辑，而且没有情感。这个物种既聪明又愚蠢，既有益又危险。它有着巨大的潜力，需要妥善管控，而不是盲目追随。

围绕上行趋势线的周期

获取知识和提高生产率固然意义重大，但这个过程是渐进的，不会给财富和权力及其持有者带来巨大的突变。巨大的突变来自经济繁荣、经济萧条、革命和战争，这些时期主要由周期决定，而逻辑因果关系驱动这些周期。例如，19 世纪末的标志是生产率提升、企业家精神和资本主义壮大，而这些因素也导致了贫富悬殊和过度负债，造成经济衰退，使 20 世纪上半叶出现了反资本主义和共产主义势力，国家内部和外部都发生了严重的财富和权力斗争。我们可以看到大周期围绕进化的上行趋势线向前推进。● ***自古至今，成功的体系一直是受过良好教育的人们文明相处，提出创新想法，通过资本市场获得资金，将创新转化为生产和资源分配，从中获利而得到回报。*****但是，长期来看，资本主义造成了财富和机会差距，助长过度负债，导致经济衰退，引发了革命和战争，进而改变了国内和世界秩序。**

就像下页图所显示的那样，历史告诉我们，几乎所有动荡时期的产生都是缘于财富和权力斗争（即革命和战争形式的冲突，通常是货币和信贷崩溃与巨大贫富差距所致）与严重天灾（如干旱、洪水和大流行病）。历史还告诉我们，这些时期的糟糕程度几乎完全取决于一个国家的实力和忍受能力。

● ***拥有大量储蓄、低债务和强大储备货币的国家能更好地抵御经济和信贷崩溃；储蓄少、大量负债，没有强大储备货币的国家抵御能力则较弱。***同样，如果一个国家拥有强有力的、有能力的领导者和国民素质，它就比不具备这些条件的国家更容易管理。如果一个国家更有创造力，它就有更强的适应力。正如稍后将会探讨的，这些因素是可以测量的永恒普适的原则。

不同类别的全球死亡人数（每 10 万人的死亡人数，按 15 年移动均值）

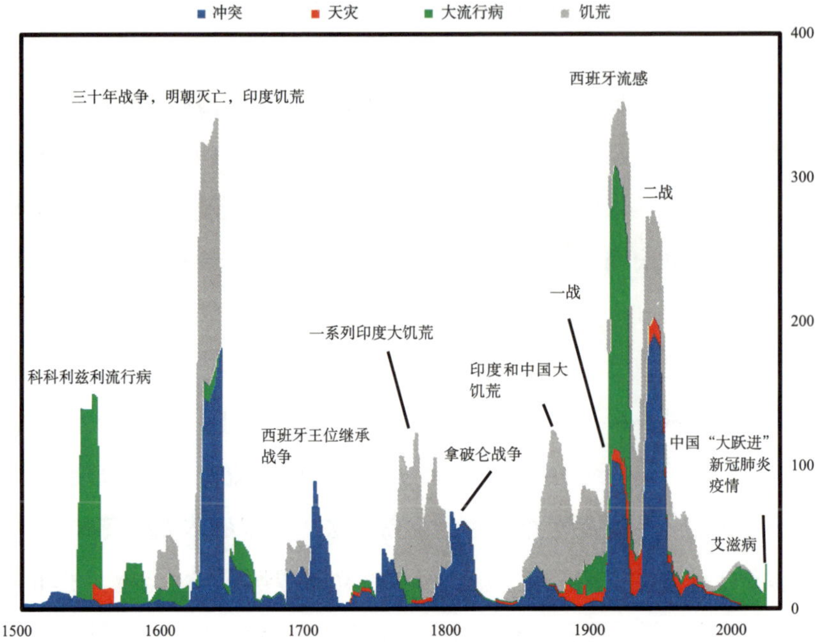

冲突造成的死亡率估值（主要国家，人口百分比，按 15 年移动均值）

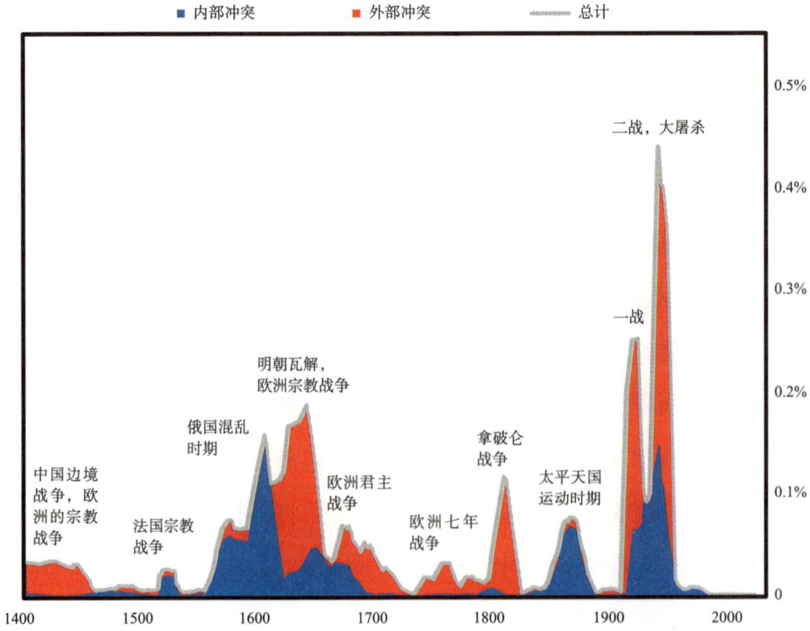

基于主要大国的死亡人数占人口的比例，因此将不同于上一张图中显示的全球冲突死亡人数估值。

因为相比人类适应力和创造力的逐步上行轨迹，这些动荡时期造成的影响微乎其微，几乎不能从前面的人均 GDP 和预期寿命图中分辨出来，只体现为一些小波动。不过在我们看来，这些波动的幅度似乎非常显著，因为我们是如此渺小，生命也是如此短暂。下图显示 1930—1945 年经济萧条和战争时期的美国股市和全球经济活力。由此可见，经济下降了大约 10%，股市下跌了大约 85%，之后开始复苏。

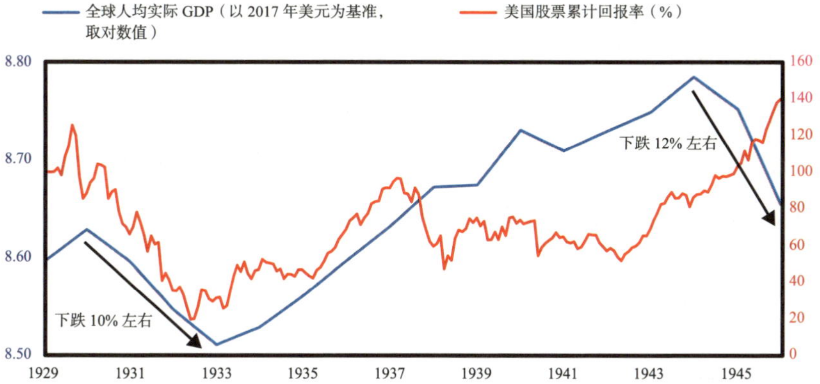

这是典型货币和信贷周期的一部分，这些周期从有历史记录以来就一直存在，我将在第 3 章中进行更完整的解释。简单地说，信贷崩溃的原因是债务过多。中央政府通常需要大量注资，让债务人更容易偿还债务，但政府没有这笔资金，于是，央行总是被迫增印货币，充分提供信贷。这正是新冠肺炎疫情暴发和大量债务造成经济急剧下滑时美联储采取的应对方法。20 世纪 30 年代的债务泡沫是“咆哮的 20 年代”经济繁荣的自然延伸，经济繁荣变成了债务融资泡沫，泡沫在 1929 年破裂，导致了经济萧条，中央政府借助央行创造的大量货币和信贷，进行大规模支出和借贷。

当时，泡沫的破裂和由此导致的经济危机对 1930—1945 年内部与外部财富和权力斗争的影响最大。与现在和大多数其他情况一样，当时也出现了贫富悬殊和严重冲突。如果再加上债务 / 经济危机，局面就会进一步恶化，社会和经济项目就会发生巨变，导致大规模财富转移。这在不同国家的不同体制中都明显可见。什么是最好的体制（例如，是资本主义还是共产主义）？人们因这个问题发生了冲突和战争。**一些人希望进行大规模财富再分配，另一些人则反对这样做，两方总是不停地争辩或争斗。**20 世纪 30 年代，美国还遭遇了一场严重的干旱。

案例分析显示，以往的经济和市场下行时期大约持续了三年（出入在几年之内），这取决于债务重组和 / 或债务货币化所需的时间。通过印钞填补债务缺口的速度越快，通缩性萧条就会越快结束，人们也就越快开始担心货币价值。以 20 世纪 30 年代的美国为例，股市和经济触底的那一天，新当选的罗斯福总统宣布，美国将不再遵守允许纸币兑换成黄金的承诺，政府会充分提供货币和信贷，使人们可以从银行取出存款，并将得到的资金和信贷用于消费和投资。从 1929 年 10 月股市首次崩盘开始，这段时期已持续了三年半。[2]

国家内部和国家之间仍在争夺财富和权力。新兴国家德国和日本挑战当时的世界大国英国、法国，最终是美国（被卷入二战）。在战争时期，战争所需物资的产出提高，但将战争时期称为“高产时期”不妥（即便从人均产出角度看，情况的确如此），因为战争带来的破坏性太大了。战争结束时，全球人均 GDP 下跌了约 12%，这主要缘于战败国的经济下滑。这些年的压力测试造成了财富的巨大损失，让赢家和输家一目了然，使 1945 年成为新的开端，开启了世界新秩序。与通常情况一样，接下来是长期的和平与繁荣时期，但这段时期变得过度扩张，所以在 75 年后的今天，所有国家再次面临压力测试。

历史上的大多数周期是出于大致相同的原因发生的。例如，1907

2　2008 年，从股市崩盘到央行印钞只用了两个月的时间；2020 年才用了几周。

年恐慌开始的1907—1919年，与1929—1932年货币和信贷危机（继“咆哮的20年代”之后）一样，都是繁荣时期（美国的“镀金时代”、欧洲大陆的“美好时代”和英国的“维多利亚时代”都是同一时期）产生债务融资泡沫而导致经济和市场下跌的结果。在经济和市场下行的同时，贫富悬殊导致了大规模的财富再分配，进而引发了世界大战。为了进行像1930—1945年那样的财富再分配，政府需要大幅增加税收和支出，承担巨额赤字，大幅调整货币政策，将赤字货币化。接下来，西班牙流感加剧了压力测试和由此产生的重组格局。在这些压力测试与全球经济和地缘政治重组的作用下，新的世界秩序（表述在《凡尔赛和约》中）于1919年建立，开启了20世纪20年代债务融资拉动的繁荣时期，接下来是1930—1945年，同样的事情再次发生。

这些破坏/重建时期重创了弱者，也确定了谁是强者。强者建立全新的规则（即新的世界秩序），为繁荣时期奠定了基础。在繁荣时期，随着债务泡沫滋生，贫富差距扩大，最终超过极限，导致债务泡沫破裂、新的压力测试开始，从而进入破坏/重建时期（即战争），开启新的秩序。最终，强者又比弱者获得更大的权力，等等。

破坏/重建时期是怎样一种经历？人们很可能没有亲身经历过，而听到的故事都很可怕，因此，大多数人自然很担心会有这样的经历。这些破坏/重建时期确实给人类带来了巨大的经济痛苦，更重要的是造成了重大伤亡。虽然一些人遭受了更沉重的打击，但几乎没有人能逃避损失。尽管如此，历史告诉我们，大多数人在大萧条时期还有工作，在热战中未受伤害，在天灾中幸存下来。

一些人在挣扎中度过了这些极端艰难时期，但他们甚至会把这段经历说成有意义的好事，比如，人们会更紧密地联系在一起，塑造坚强的性格，更珍惜简单的生活，等等。例如，汤姆·布罗考把经历过 1930—1945 年的人们称为“最伟大的一代”，因为这段经历赋予了他们坚韧不拔的性格。我的父辈经历过大萧条和二战，他们以及与我交谈过的其他国家的同代人（他们经历了自己国家的毁灭时期）也都这样认为。请记住，经济毁灭时期和战争时代通常不会持续很长时间，一般是两三年。天灾（如干旱、洪水和大流行病）的持续时间和严重程度各不相同，不过随着人类适应力的增强，这种痛苦通常会减轻。同时遇到这三大危机（经济危机、革命 / 战争和天灾）的情况极为罕见。

我的意思是，**虽然这些革命 / 战争时期通常给人类带来很多苦难，但我们（特别是在最艰难时期）绝不应该忽视一个事实：我们可以很好地应对这些困境，人类的适应力、迅速提高生活质量的能力远远大于我们面临的所有困难。**基于这个原因，我认为，我们应当相信并投资于人类的适应力和创造力。尽管我很确定，在未来几年，人类和世界秩序都会面临巨大的挑战和变化，但我相信，人类会变得更聪明，并以极其务实的方式变得更强大，这将帮助我们克服这些挑战，继续迈向新的征程，实现更高水平的繁荣发展。

现在我们来考察过去 500 年主要国家的财富和权力的兴衰周期。

以往大周期的财富和权力转移

上文显示生产率上升的图是全球整体数据（这是我们所能做到的最佳衡量方式），但它们没有反映出国家之间的财富和权力转移。为了了解这些转移的发生机制，我们首先考察基本的宏观情况。纵观有文字记录的历史，各类群体（如部落、王国和国家）通过自己创造、掠夺他人或从地下挖掘的方式获得财富和权力。当一个群体获得的财富和权力超过任何其他群体时，这个群体便成为世界主导势力，进而决定世界秩序。当其失去这种权力时（以往的每个帝国都是如此），世界秩序和生活的方方面面都会发生巨变。

下图显示过去 500 年里 11 个主要国家的相对财富和权力。

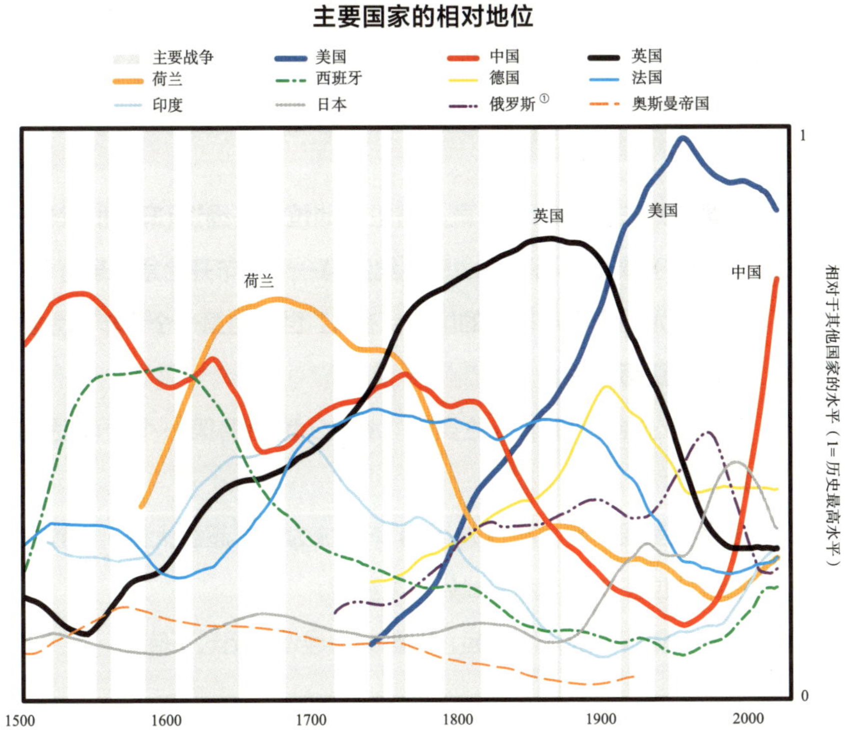

上图显示的每一项财富和权力指标[3]**都是由 8 个不同的决定因素组成的。**我会稍后进行解释。虽然这些指标并不完美（因为所有长期性

① 跨多个历史时期时，本书使用“俄罗斯”指代，不再标注不同时期的名称。——编者注

3 这些指标由许多不同的数据构成，一些数据可以直接进行比较，而另一些数据则大致类似或具有总体指导意义。在某些情况下，我们需要将在某个节点终止的数据序列拼接到具有历史连贯性的数据序列中。此外，图中的曲线代表这些指标每 30 年的平均走势，我们对数据进行了调整，以确保其不存在滞后性。我选择使用这组处理后的数据，因为未处理的数据波动太大，无法反映出主要走势。之后在分析长期走势时，我将参考这些处理后的数据。在分析近期发展时，我将参考处理较少或未经处理的数据，因为只有这样才能反映出最重要的发展。

指标都不完美），但可以很好地反映整体格局。如图所示，几乎所有这些国家都经历了由兴盛转向衰落的时期。

我们仔细研究后会发现，较粗的四条线代表四个最重要的国家：荷兰、英国、美国和中国。三个国家持有了最近的三种储备货币——当前是美元，之前是英镑，再之前是荷兰盾。将中国纳入最主要国家的原因是，中国已成为世界第二大国家，它在大约1850年以前的大部分时间里一直很强大。以下简述上页图反映的情况：

- **中国曾经在几百年里一直占据主导地位（在经济和其他领域一直领先于欧洲），不过从19世纪的第一个十年开始急剧衰落；**
- **荷兰作为一个相对很小的国家，在17世纪的第一个十年成为世界储备货币帝国；**
- **英国的发展轨迹与荷兰类似，在19世纪的第一个十年达到鼎盛；**
- **最后，美国崛起，在过去150年里成为世界超级大国，不过其主导地位在二战期间和战后尤为显著；**
- **当前，随着中国再次崛起，美国的主导地位相对下降。**

下页图的内容与上页图相同，但时间追溯至公元600年。我重点关注上页图（仅涵盖了过去500年），而不是下页图（涵盖了过去1 400年），因为上页图突出显示了我重点研究的国家，也更为简单（不过鉴于涉及11个国家、12场大规模战争和超过500年的时间跨度，我们很难称之为简单）。下页图的时间跨度更长，为了显而易见，我去掉了上页图中凸显战争时期的阴影部分。如下页图所示，**在1500年以前，中国几乎一直是最强大的国家，不过中东哈里发、法国、蒙古、西班牙和奥斯曼帝国也很强大。**

主要国家的相对地位

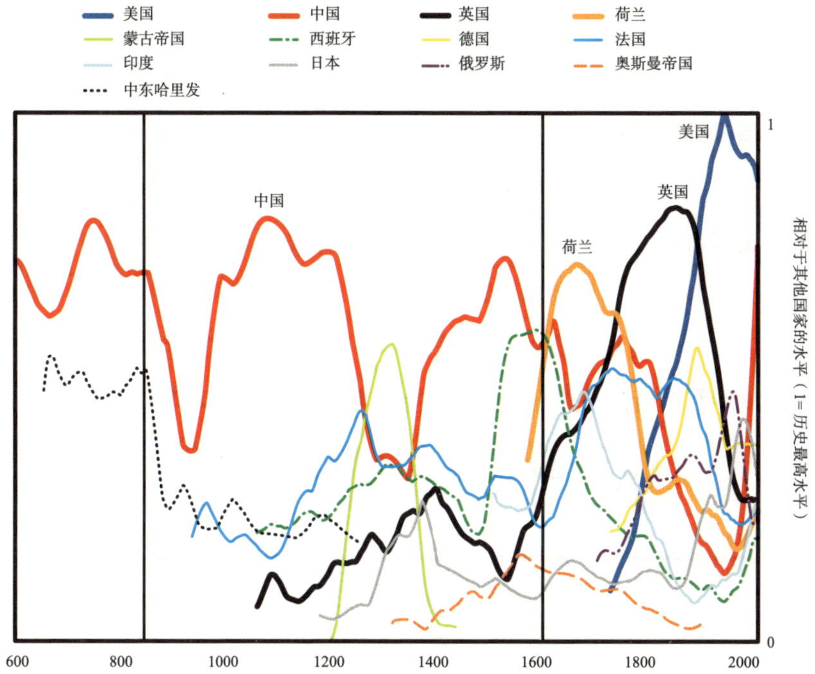

需要明确的是，尽管这项研究中的主要国家都是最富裕和最强大的国家，但它们不一定是最优越的国家。原因有二。其一，虽然财富和权力是大多数人想要获得的，也最容易引发人们之间的争斗，但一些国家和人民并不认为财富和权力是最重要的，也不会为此而与他人争斗。一些国家和人民认为享受和平与生活更重要，不会为了获取大量财富和权力而奋力争斗。本项研究不包括这些国家，尽管其中一些国家比那些争夺财富和权力的国家享受更多的和平（顺便说一下，我认为把享受和平与生活置于获取财富和权力之上有很多优势。有趣的是，一个国家的财富和权力与国民的幸福几乎没有关联，这是另一个研究课题）。其二，这项研究并不包含我称之为“小而精的国家”（如瑞士和新加坡），这些国家拥有大量财富，生活水平很高，但是因其规模较小，不足以被归入世界主要国家的行列。

财富和权力的 8 个决定因素

以上图片中每个国家的财富和权力的单一指标大致等同于 18 个实力指标的平均值。我们稍后将会探究包括所有决定因素的整体图片，但先来看下图显示的 8 个主要因素：**（1）教育，（2）竞争力，（3）创新和技术，（4）经济产出，（5）世界贸易份额，（6）军事实力，（7）金融中心实力，（8）储备货币地位。**

下图显示在我研究的所有国家中每项实力指标的平均水平，主要权重集中在最近的三个储备货币国家（即美国、英国和荷兰）。[4]

8 个决定因素在国家兴衰中的典型变化模式

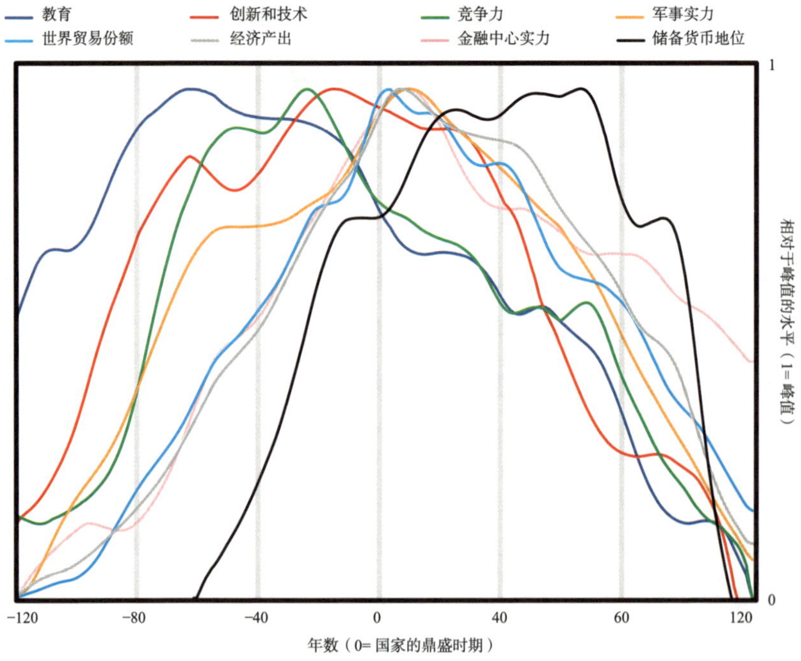

4 我们通过对不同情况取平均值，得出主要指标相对于历史的水平。如上图所示，“1”代表指标的最高值，“0”代表指标的最低值。图中的时间轴以年为单位，“0”基本上代表一国最鼎盛的时期（即各类指标的平均值达到峰值）。在本章的其余部分，我将详细分析典型案例的各个阶段。

上页图中的曲线清楚地显示出国家兴衰的原因和过程。我们可以看到，提高教育实力可以推进创新和技术，进而扩大世界贸易份额和军事实力，增加经济产出，建设世界领先的金融中心，在一定时期之后，构建起作为储备货币的货币体系。我们还可以看到，在相当长的时间里，其中大部分决定因素保持强劲，之后依据类似的次序跌落。世界储备货币就像世界通用语言一样，往往在国家开始衰落后仍然存在，由于人们已经习惯于使用这种货币，货币存在的时间通常长于国家实力持续的时间。

我将这种具有周期性和相关性的上行或下行变化称为大周期。接下来，通过考察这些决定因素和其他一些影响机制，我将更详细地解释大周期。但在此之前，值得强调的是，所有这些实力指标的涨跌都与该国的兴衰吻合。这是因为这些**优势和劣势是相辅相成的**。也就是说，教育、竞争力、经济产出、世界贸易份额等方面的优势和劣势会促使该国在其他方面变得强大或者疲弱，这是合乎逻辑的。

典型的大周期

从总体上看，我们可以将国家兴衰分为三个阶段：

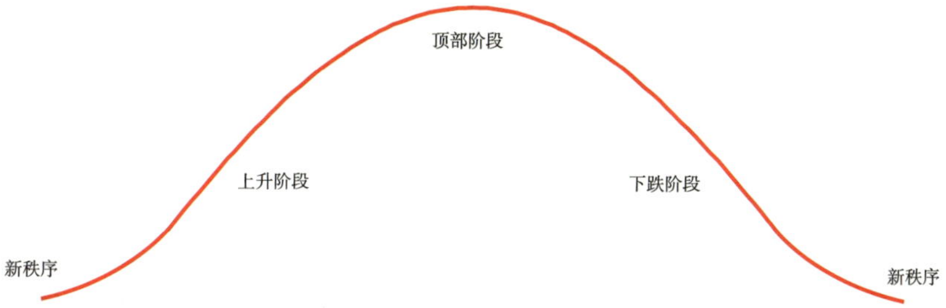

上升阶段：

上升阶段是新秩序建立之后的繁荣建设时期。在这个阶段，国家的基本面较为强劲，因为（a）债务水平相对较低，（b）财富、价值观和政治差距相对较小，（c）人们通过有效合作来创造繁荣，（d）具备良好的教育和基础设施，（e）拥有强有力且有能力的领导者，（f）一个或多个世界主要大国主导着和平的世界秩序，进而发展到……

顶部阶段：

顶部阶段以各种形式的过度状况为特征：（a）高负债，（b）财富、价值观和政治差距巨大，（c）教育水平和基础设施不断下滑，（d）国家内部不同群体之间发生冲突，（e）过度扩张的国家受到新兴对手的挑战，引发国家之间的争斗，这导致……

下跌阶段：

这是一个痛苦的阶段，充满各种争斗和结构性重组，从而导致严重冲突和巨大变革，推动内部和外部新秩序的建立，为下一个新秩序和繁荣建设时期埋下了种子。

现在我们来更详细地考察每个阶段。

上升阶段

进入上升阶段的条件是……

- ……**足够强大且有能力的领导者获取权力，设计一个出色的系统，使国家获取更多的财富和权力。**我们通过历史上的伟大国家可以看出，这一系统通常涉及……

- ……**强大的教育实力**，这里所说的教育实力既包括传授知识和技能，也包括培养……
- ……**坚韧的性格、良好的修养和职业道德**。这些品格通常是在家庭、学校和/或宗教机构培养的。这些品格使人们尊重社会规则、法制和秩序，使国家减少腐败行为，有效地鼓励人们融洽合作来提高生产率。一个国家在这些方面做得越好，就越可能从生产基础产品转向……
- ……**创新和发明新科技。**例如，荷兰人很有创造力，在鼎盛时期，荷兰的发明占世界主要发明的1/4。其中之一是发明造船术。造出的船能够开到世界各地搜集大量财富。荷兰人还发明了我们所知的资本主义。推进发明通常需要具备……
- ……**对全球最佳思维的开放态度**，从而学习最佳的行事方式，而且……
- ……**劳动者、政府和军队之间通力合作。**

上述这一切的结果是，一个国家……

- ……变得更**有效率**，并且……
- ……**在全球市场更有竞争力**，这表现为……
- ……**全球贸易份额不断增长。**你通过当前情况可以看到，美国和中国的经济产出和全球贸易份额几乎旗鼓相当。
- 随着一个国家的国际贸易增多，它需要保护自己的贸易路线和海外利益，做好自卫准备，所以必须发展**强大的军事实力**。

如果进行顺利，这一良性循环就会推动……

- ……**收入强劲增长，从而可投资于……**
- ……**基础设施、教育和研发。**
- **国家必须打造激励和支持机制，扶持有能力创造或者获得财富的人们。**在以往案例中，大多数最成功的国家都采用了资本主义的手段，激励和扶持那些富有成效的创业者。中国也利用市场激励和支持人们致富。要想更好地提供激励机制和金融支撑，国家……
- ……需要**发展资本市场**。最重要的是发展贷款、债券和股票市场。这使人们得以**将储蓄转化为投资，为创新和发展提供资金**，也让那些创造伟大成就的人得以分享他们的成功。擅长发明的荷兰人创建了第一家公开上市的公司（荷兰东印度公司）和第一个为其融资的股票市场。这些都是经济机器不可缺少的组成部分，也给荷兰带来了巨大的财富和权力。
- 因此，所有最伟大的国家都在**发展世界领先的金融中心**，从而吸引和分配当时的资本。阿姆斯特丹是荷兰在鼎盛时期的世界金融中心，伦敦是英国在强盛时期的世界金融中心，纽约是现在的世界金融中心，而中国正在推动上海迅速成为世界金融中心。
- 如果一个国家通过扩大国际交易，变成最大的贸易国家，它就可以用本国货币支付外贸交易，世界各地的人们也希望存储这种货币，这种货币就会变成**世界主要储备货币**。相较于其他国家，这个国家便可以以更低的利率得到更多的借款，因为别人希望以这种货币发放贷款。

这一系列因果关系促成相互扶持的经济、政治和军事实力，自有历史记载以来，这些实力就是相辅相成的。**所有世界上最强大的国家都是沿着这条轨迹向顶部阶段发展的。**

顶部阶段

在顶部阶段，国家维持着使其崛起的成功，但在成功的回报中也埋下了衰落的种子。随着时间的推移，偿债负担不断加重，从而打破了使其崛起的自身强化机制。

- **这时，国家既富有又强大，劳动者获取更多的收入。**但是，**劳动力成本相对提升，竞争力下降**，因为其他国家的劳动者愿意接受更低的工资。
- 与此同时，**其他国家自然会复制领先大国的方法和技术，这进一步降低了领先大国的竞争力**。例如，英国造船商雇用荷兰设计师，设计了更好的船舶，并由更廉价的英国工人制造，这使英国人更具竞争力，导致了英国的崛起和荷兰的衰落。
- 此外，**随着领先大国的人民变得更富有，他们往往不会像以前那样努力工作，而更享受悠闲生活，追求生活中更精美但经济效益较低的东西，在极端的情况下，人们会变得颓废。**在走向顶部阶段的过程中，从那些通过个人奋斗获得财势的人，到那些继承财富和权力的人，每代人的价值观都不一样。新一代的年轻人没有经历过太多风风雨雨，习惯于奢侈的生活，这使他们**在挑战面前更加脆弱。**
- 此外，**随着人们习惯富裕生活，他们会更趋于推断好时光会持续下去，于是通过借款来享受优越的生活，从而导致了金融**

泡沫。

- 在资本主义制度下，**金融收益的分配不均，导致贫富差距扩大。**财富差距是自我强化的，富人利用更多的资源来扩大自己的权势；**并且还会影响政治体系，使其为己谋利，并给予子女更多的特权，比如为他们提供更好的教育，从而造成了富人与贫困者在价值观、政治和发展机会上的差距。因此，那些不太富裕的人觉得这个体制不公平，由此产生怨恨情绪。**
- **只要大多数人的生活水平仍在提高，这些分歧和怨恨就不会酿成冲突。**

在顶部阶段，主要大国的财政状况开始发生变化。拥有**储备货币**给予它们一种“过分的特权”[5]。例如，美国因此可以增加借款，从而陷入更深的债务之中。这样做可以在短期内提高主要大国的购买力，但长期来看，削弱了国家的实力。

- **不可避免的是，国家开始过度借款，不断地从外国债权人那里举借大量债务。**
- 虽然这在短期内提高了消费力，**但从长期来看，它削弱了国家的财政健康和货币价值。换句话说，当进行大量借款和支出时，国家看起来非常强大，但其财政实力实际上已经削弱。为了维持超出自身能力的实力，国家不断借款，用来支撑国内的过度消费，为国际军事冲突提供资金，**这是维持国家地位所必需的措施。
- 此外，维持和捍卫国家的成本比收益还高，因此**维持一个国家**

5 “过分的特权”是法国前总统瓦莱里·吉斯卡尔·德斯坦在担任法国经济和财政部长时对美元作为储备货币的地位的描述。

变得无利可图。例如，大英帝国变得庞大、官僚，失去了竞争优势，同时其竞争对手（尤其是德国）不断崛起，从而掀起了日益昂贵的军备竞赛和世界大战。

- **富裕国家从储蓄更多的贫困国家借款，从而陷入债务之中**，这是财富和权力转移的最早迹象之一。这个过程始于 20 世纪 80 年代的美国，当时美国的人均收入是中国的 40 倍，美国开始从中国借款。因为美元是世界储备货币，中国人希望存储美元。
- **一旦国家开始找不到新的贷款人，那些持有国家货币的人就会设法出售和退出这种货币，而不是购买、存储、放贷和兑换它。这时，国家的实力开始衰落。**

下跌阶段

下跌阶段通常缘于国内经济疲弱和内部斗争，或缘于成本高昂的外部斗争，或两者兼具。在通常情况下，国家的衰落是逐步发生的，然后骤然终止。

在内部……

- 一旦债务变得极其庞大，**经济出现衰退**，国家无法再借到偿还债务所需的资金，就会陷入严重困境，被迫在**债务发生违约和增印大量货币**之间做出选择。
- 这时，**国家几乎总是选择增印大量货币**，起初是渐进地进行，最终是大规模发行。这导致**货币贬值和通胀加剧**。
- 一般来说，在政府陷入融资困境的同时，国家还面临一系列挑战：财政和经济状况不佳，财富、价值观和政治差距巨大，**贫富之间以及不同民族、宗教教徒和种族之间的内部冲突严重激化**。

- **这会导致政治极端主义，使左翼或右翼民粹主义势力抬头**。左派试图重新分配财富，而右派则设法让富人保住财富。**这是一个“反资本主义阶段”，在这个阶段，人们通常把各种问题归咎于资本主义、资本家和精英。**
- 在这些时期，**富人通常被加征税收，当富人担心自己的财富和福祉被剥夺时，他们会转向自己认为更安全的地方、资产和货币。这些资金外流会使国家的税务收入减少，导致典型的、自我强化的空心化趋势。**
- **一旦财富外流变得严重，国家就会禁止这种行为。那些想要逃离的人开始感到恐慌。**
- **这些动荡不安的局势导致生产率下降，使经济总体规模缩小，招致更多的冲突，人们为如何分配日益缩减的资源而争斗**。于是，左翼和右翼民粹主义领导人出现，他们承诺会控制局面并恢复秩序。**在这一时期，制度面临最大的挑战。因为它无法控制无政府状态。最有可能发生的是，强有力的民粹主义领导人控制乱局和恢复秩序。**
- 随着国内冲突升级，某种**革命或内战将会爆发，推动财富再分配和巨大变革**。这可以以和平的方式进行，维持现有的内部秩序，但更多的是**通过暴力手段改变了秩序**。例如，财富再分配的罗斯福新政是相对和平的变革，而改变德国、日本、西班牙、苏联和中国国内秩序的革命（也是出于同样的原因，并发生在20世纪30年代）则明显更具暴力性。

这些内战和革命创造了我所称的新的内部秩序。第 5 章将会探讨内部秩序是如何发生周期性变化的。现在需要注意的一个要点是，内部秩序的改变可能不会导致世界秩序的改变，**只有当造成内部混乱和不稳定的力量与外部挑战交织在一起时，整个世界秩序才会改变。**

在外部……

- **当一个崛起的大国有能力挑战现有大国和现有的世界秩序时，发生重大国际冲突的风险就会上升。特别是在现有大国发生内部冲突的时期，因为崛起的国际对手通常会设法利用这种国内弱势。如果崛起大国已经具备与现有大国相当的军事实力，局势就会更加危险。**
- **抵抗外国对手的自卫耗资巨大，但这一支出是必要的，尽管**主要国家的**国内经济状况不断恶化**、处于支付能力最弱的时期。
- 由于没有和平裁决国际争端的可行机制，**这些冲突往往是通过测试彼此实力来解决的。**
- 随着更大挑战的来临，**主要国家需要在战斗与退让之间做出艰难的抉择。**战斗和战败是最糟糕的，但退让也是糟糕的，因为退让会让对手继续进攻，也让国家在考虑站边的其他国家面前表现得懦弱。
- **恶劣经济状况会加剧财富和权力斗争，不可避免地导致某种战争。**
- **战争的代价极其高昂，与此同时，它推动必要的结构性变革，重新调整世界秩序，使之适应财富和权力的新现实。**

- **对一个正在衰落的国家来说，一旦持有其储备货币和债务的债权人对其失去信心，开始抛售这些货币和债务，这就标志着大周期的结束。**

当所有这些因素（负债、内战/国内革命、国外战争、对货币失去信心）交织在一起时，世界秩序的改变通常就近在咫尺。

下图简要显示这些因素的典型发展轨迹。

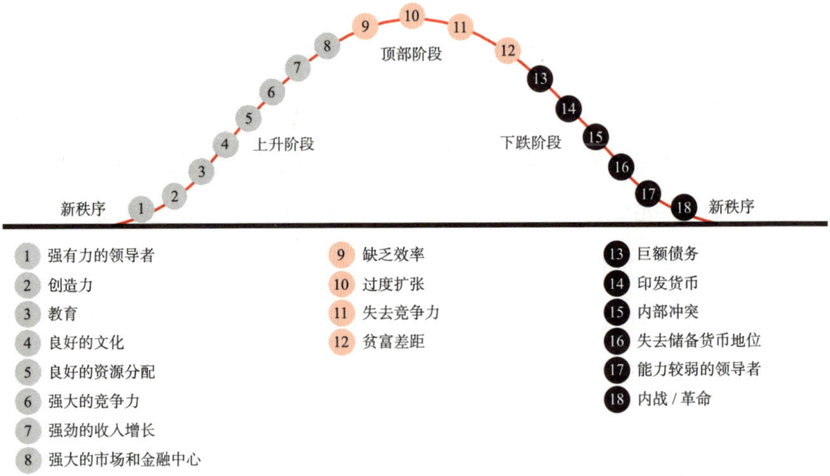

前几页的内容繁多，你可以再细读一遍，看看上述次序是否符合逻辑。稍后，我将深入分析一些具体案例，展示这些周期背后的规律，尽管不那么精确。人们对这些周期发生的确切时间有较多的争议，而对发生的事实和背后的原因则争议较少。

综上所述，围绕着生产率增长的上行趋势线（使财富不断增加、生活水平提高），存在着产生繁荣建设时期的周期。在这个时期，国家的基本面较为强劲，因为债务水平相对较低，财富、价值观和政治差距相对较小，人们融洽合作以共同创造繁荣，构建良好的教育体制和基础设施，拥有强有力且有能力的领导者，以及一个或多个世界大国

主导着和平的世界秩序。这是令人愉悦的繁荣时期。但是，繁荣发展一旦变得过度（以往情况总是如此），国家就会进入破坏和重组的萧条时期。届时，国家的基本面处于疲弱态势，负债水平处于高位，财富、价值观和政治差距巨大，不同派系之间无法进行有效合作，教育和基础设施落后。在新兴竞争对手的挑战下，国家难以维持过度的扩张，从而陷入充满争斗、毁灭和重组的痛苦阶段，进而推动新秩序的建立，为新的建设时期奠定了基础。

由于这些周期是按照符合逻辑的次序、依据永恒普适的因果关系展开的，因此，我们可以通过考察所有这些指标，构建一个反映国家当前形势的健康指数。如果该指数表现强劲 / 良好，这个国家就处于强劲 / 良好态势，在未来一段时期更可能表现强劲 / 良好；如果健康指数表现疲弱 / 不佳，那么该国就处于疲弱 / 不佳态势，未来一段时期也更有可能表现疲弱 / 不佳。

下页表显示这些指标，我把大部分指标配以不同的颜色和深度。深绿色是非常有利的读数，而深红色是非常不利的读数。这些读数的平均值决定了一个国家在经济周期中所处的阶段，就像用 8 个指数的平均值来衡量国家的总体实力那样。与那些实力指标一样，虽然我们可以调整配置，使这些读数略有不同，但它们大体上具有指示意义。显示这些指数的目的在于，举例说明典型的发展过程，而不是考察任何特定的情况。我在本书后面提供了所有主要国家的具体定量数据。

健康指数在大周期不同阶段的定量评分[6]

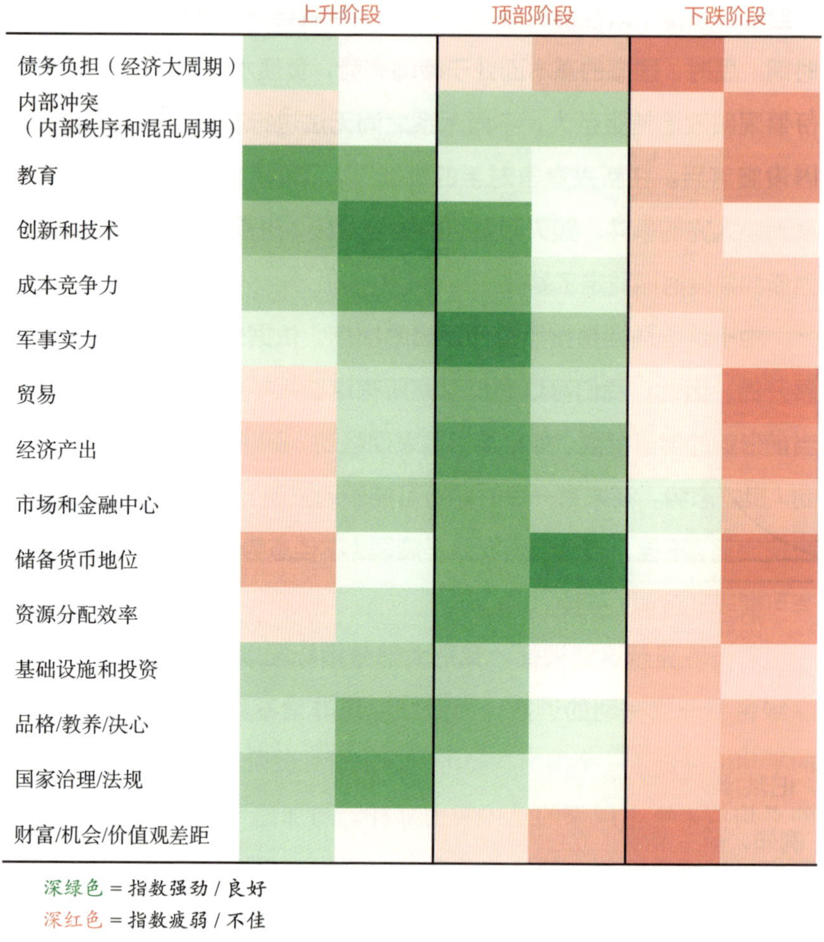

由于所有这些因素（无论是处于上行还是下行走势）往往是相互强化的，贫富悬殊、债务危机、革命、战争和世界秩序的变化常常交织在一起，形成一场完美风暴，而不是偶然巧合。下页图显示国家兴衰的大周期。在经济萧条、革命与战争时期之后，国家进入艰

6 自然灾害、外部秩序和地质环境不包括在对周期的分析中。对于历史数据有限的决定因素，读数采用了替代指标。

难的破坏和重组时期，这段时期在很大程度上摧毁了旧体制，为新体制的开启奠定了基础，这个过程（图中以阴影部分显示）通常需要10~20年（不过范围变化可能大得多）。之后国家进入较长的和平与繁荣时期，明智的人们选择融洽合作，没有国家想对抗世界强国，因为它太强大了。这些和平时期持续40~80年（不过变化范围可能更大）。

世界秩序的变化（概念化示意）

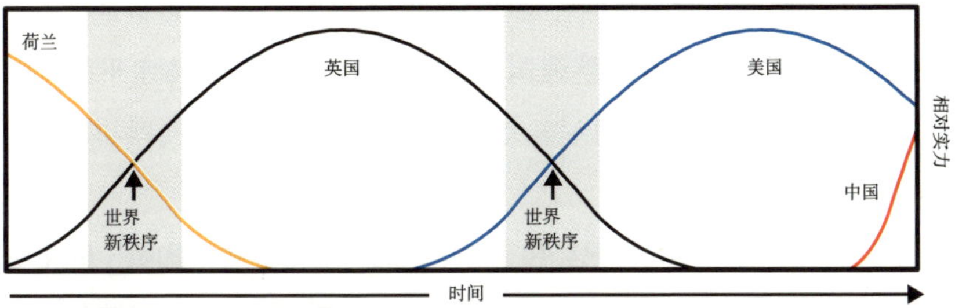

例如，当荷兰帝国让位给大英帝国，大英帝国又让位给美帝国时，以下的大部分或所有情况都发生了：

旧秩序的结束和新秩序的开始（例如，荷兰帝国让位给大英帝国）

- 债务重组和债务危机
- 国内革命（通过和平或暴力方式）导致财富从富人向贫困者大规模转移
- 外部战争
- 重大货币危机
- 新的内部秩序和世界秩序

旧秩序的结束和新秩序的开始（例如，大英帝国让位给美帝国）

- 债务重组和债务危机
- 国内革命（通过和平或暴力方式）导致财富从富人向贫困者大规模转移
- 外部战争
- 重大货币危机
- 新的内部秩序和世界秩序

对当前所处位置的预览

如前所述，1930—1945 年是最后一个主要的破坏和重组时期，此后迎来了建设时期和世界新秩序（始于 1945 年）、新的全球货币体系（于 1944 年在美国新罕布什尔州的布雷顿森林建立），以及美国主导的世界治理体系（位于纽约的联合国、位于华盛顿的世界银行和国际货币基金组织）。新的世界秩序是以下因素的自然结果：美国成为世界上最富有的国家（当时美国拥有全球 2/3 的黄金储备，当时黄金是货币），美国是占据主导地位的经济强国（美国的产出占全球整体水平的大约一半），美国也是最强大的军事大国（当时美国垄断了核武器和最强大的常规武器）。

我撰写本书的时候，已经是 75 年之后了。主要的旧国家（即主要的储备货币国家）正接近长期债务周期的终点，积累了大量债务，而传统的货币政策已经失效。为了填补财政缺口，政治分裂的中央政府最近发放借来的大量资金，央行设法通过大规模印钞来提供融资（即将政府债务货币化）。同时，财富和价值观存在巨大差距，崛起的世界大国与主要世界大国在贸易、科技发展、资本市场和地缘政治方面展开竞争。雪上加霜的是，在我撰写本书时，我们还需要应对一场大流行病。

与此同时，伟大的人类思维与计算机智能携手合作，正在创造应对这些挑战的有效方法。如果我们能够和睦相处，就一定能够度过这段困难时期，进入一个全新的繁荣时期。我也同样相信，未来将会发生根本性的变化，会给许多人带来创伤。

总之，世界就是这样运转的。我将进行更详细的阐述。

2

决定因素

我在上一章对大周期做了极其简要的概述。在本章和第一部分的其他章节中，我将详细说明我是如何看待这台历史永动机的运转原理的。本章考察最重要的决定因素，简述我将这些因素放入“模型”的方法。

俗话说（大多数人也同意），“历史押着同样的韵脚”。它之所以“押韵”，是因为最重要的事件重复出现，尽管方式不尽相同。虽然这些事件背后的因果关系是永恒普适的，但所有事物都以不同的方式不断演变且相互影响。通过研究不同时期和不同地区的许多类似事件，我发现其背后的因果越发清晰。我认识到历史就像一台由因果关系驱动的、永不停歇的机器，随着时间的推移，不断演变，周而复始。

为了应对袭面而来的现实情况，我的工作过程是……

- **与这台历史机器进行互动，试图了解它的运转原理。**
- **记录下来我对其运转方式的观察，总结我学到的应对原则。**
- **检验这些原则的长期适用性。**
- **将这些原则转化成方程式，编入计算机程序，使其帮助我做出**

决策。

- **从我的经验、教训及反思中继续学习，进一步完善我的原则。**
- **一直重复这个过程。**

想象一下，一个国际象棋手把自己应对不同情况的走法准则记录下来，然后将其输入计算机程序。计算机就会像棋友一样，与他对弈。每个棋手都施展出自己的最佳特长。人类棋手更有创造力，思路更广，推理能力更强，而计算机可以更快地计算更多数据，善于识别模式，也没有太多情感。这种与计算机一起永无止境地学习、构建、使用和完善应对原则的过程正是我的工作所在，不过我的工作是全球宏观投资，而不是国际象棋。

本章根据我目前的理解，描述这台驱动帝国及其储备货币兴衰的永动机的运转原理，也简要介绍我的工作过程。我可以肯定，我的思维模型在很多方面都有错误，也不够完整，但这是我目前拥有的最佳模型。事实证明它对我极有帮助。现在我把它传递给你，希望你可以根据自己的意愿，继续进行钻研和探究。我期望带动读者和其他人一起，思考永恒普适的因果关系，因为这些关系决定了我们面对的现实以及应对现实的最佳原则。为了不断改进这一模型，我们对其进行压力测试和展开激烈的辩论，直到我们能大致认同这一模型所解析的国家兴衰过程及原因。无论是关顾个体利益的个人，还是关顾国家利益的领导人，都可以使用这个模型，努力就每个国家所处的阶段及其最佳应对方法达成一致。

在上一章，我简要描述了驱动国家演变和周期性兴衰的决定因素（最重要的是大周期的主要驱动因素），本章更详细地解释我的分析模型。该模型是基于我在以下历史中反复看到的情况而建造的：过去 500 年的 11 个主要国家、过去 100 年的 20 个最重要的国家，以及中国过去 1 400 年的主要朝代。需要说明的是，我并不认为自己是这些案例的历史专家，这些案例只占所有案例的一小部分。我只关注历史早期的一些重要国家（比如罗马、希腊、埃及、拜占庭、蒙古、汉、隋、阿拉伯和波斯帝国），而完全略过了世界上其他崛起和衰落的国家（包括非洲、南亚、太平洋岛屿和殖民时期之前的南、北美洲）。换句话说，我未考察的范围比我考察的范围要大得多。尽管如此，我相信我已经看到了足够多的事例，可以构建一个适用于大多数国家的良好思维模型。这一模型有助于我理解当前形势，帮助我形成了一个虽然模糊但有价值的未来景象。

构建我对永动机的思维模型

正如我们可以看到人类从生到死的生命周期轨迹、一代人对下一代人的影响一样，我们同样可以看到国家的兴衰过程。我们可以看到价值、资产、债务和经验是如何代代相传的，也可以看到这些事物的演变如何在几代人之间产生连锁效应。我们可以判断一个国家何时接近顶部，何时走向衰落。

● ***自古至今，所有人都有管理人们相处关系的体制或秩序。我把国家内部的体制称为“内部秩序”，把国家之间的体制称为“外部秩序”，把适用于全世界的体制称为“世界秩序”。这些秩序相互影响，而且总在改变。***这样的秩序存在于家庭、公司、城市、州和国家以及世界的各个层面。它们决定谁拥有何种权力，以及如何做出决策，包括如何分配财富和权力。这些秩序的根本性质和运作方式取决于人类的本性、文化和环境。例如，在当前的民主体制内部，美国存在一套现有的政治秩序，但在永恒普适因素的推动下，这些秩序和体制都在不断变化。

在我看来，任何时刻都存在着（1）包括现有内部和世界秩序在内的一组现有情况，以及（2）导致这些情况发生变化的永恒普适力量。大多数人往往过分关注现有情况，而忽视了改变情况的永恒普适力量。我的做法恰恰相反，因为我需要预测未来的变化。**已经发生的一切和将要发生的一切都有使其发生的决定因素。如果我们能理解这些决定因素，就能理解历史机器的运作原理，预测接下来可能会遇到的情况。**

既然已经发生和将要发生的一切都是源于这台永动机不同部分的相互作用，那么我们可以说，一切都是命中注定的。我相信，如果我们有一个完美的模型，把所有的因果关系都考虑进去，我们就可以准确地预测未来。唯一的障碍是我们无法模拟所有的因果关系。无论正确与否，这是我的想法和意图。

大多数人不这么看问题。大多数人相信未来是不可知的，也不存在命运。需要明确的是，虽然一个完美的模型能够近乎完美地预测注定的未来，这固然美好，但我并不指望我的模型能接近完美。我的目标只是拥有一个粗略但不断改进的模型，让我在竞争中获得优势，比没有模型的情况更有优势。

为了建立这个模型，我对历史进行了定量和定性的研究。因为（1）通过衡量各种因素及其变化，我可以更客观地确定它们背后的因果关系，以及可能的预期范围，并相应地把我的决策流程系统化。但是，（2）我无法定量地衡量每个因素。

我的工作过程是，通过考察大量案例，观察这些案例的决定因素如何产生影响。举个简单的例子，大量债务（一个决定因素）加上货币紧缩（另一个决定因素）通常会产生债务危机（后果）。同样，如果上一章所述的三个大周期以一种不利的方式同时出现，这通常就会导致在位国家的衰落（不利的情况包括负债累累，央行大量印钞，财富、价值观和政治差距导致内部冲突，一个或多个竞争大国崛起）。

在我的思维模型中，各种情况的决定因素与其后果之间存在以下的关系。

永动机的运行方式 =（f）……

	案例 1	案例 2	案例 3	案例 4	案例 5	案例 6	案例 7	案例 8	案例 9	案例 10 等
决定因素 1	后果	后果	后果	后果	后果	后果	后果	后果	后果	后果
决定因素 2	后果	后果	后果	后果	后果	后果	后果	后果	后果	后果
决定因素 3	后果	后果	后果	后果	后果	后果	后果	后果	后果	后果
决定因素 4	后果	后果	后果	后果	后果	后果	后果	后果	后果	后果
决定因素 5	后果	后果	后果	后果	后果	后果	后果	后果	后果	后果
决定因素 6	后果	后果	后果	后果	后果	后果	后果	后果	后果	后果
决定因素 7	后果	后果	后果	后果	后果	后果	后果	后果	后果	后果
决定因素 8	后果	后果	后果	后果	后果	后果	后果	后果	后果	后果
决定因素 9	后果	后果	后果	后果	后果	后果	后果	后果	后果	后果
决定因素 10 等	后果	后果	后果	后果	后果	后果	后果	后果	后果	后果

在许多情况下，一些决定因素导致的后果成为其后的决定因素，

进而产生其后的后果，这些影响变得相互关联。所以我们可以考察每种情况，分析发生了什么（后果）和为何发生（决定因素）。我们也可以考察各种决定因素，分析它们在不同情况下产生的后果。决定因素既是现存的事物又是产生变化的能量，就像能量和物质一样，说到底它们是一样的。它们创造了新环境和新的决定因素，从而带来了下一个变化。

这就是我试图模拟永动机的方法。

3、5、8和18个决定因素

在上一章，我介绍了三大周期、国家及其货币兴衰的8个最重要的决定因素。**同时考虑所有这些决定因素及其相互作用，过于复杂。我们不妨重点关注这三大周期：（1）有利和不利的金融周期（例如资本市场周期）；（2）内部秩序和混乱周期（取决于合作程度与财富和权力斗争，后者主要缘于财富和价值观差距）；（3）外部秩序和混乱周期（取决于现有大国在财富和权力斗争中的竞争力）。**希望读者尝试理解这三个周期，了解各国在周期中所处的阶段。历史和逻辑表明，如果这三个周期同时处于有利阶段，国家就会强大而不断崛起；如果这三个周期都处于不利阶段，国家就会疲弱而走向衰落。

另外两个决定因素也值得注意，即（4）创新和技术发展步伐，这有助于人类解决问题和做出改进；及（5）天灾，最重要的是干旱、洪水和疾病。通过创新和技术进步，我们可以解决大多数问题，推动进化过程。历史上的天灾（如干旱、洪水、疾病）都产生了巨大的影响。因此，以上是5个最重要的因素，我称之为“五大力量”。当5个决定因素朝着同一个方向出现改善或恶化时，大多数其他因素都会出现相

同的走势。

我还介绍了 8 个可以衡量国家实力的指标。在我看来，这 8 个指标最为重要。读者可以从下页图中查看这些指标和大周期。这些指标反映且驱动国家实力的上行和下行走势，第 1 章中不同决定因素在国家兴衰中的典型变化图显示的是这些决定因素沿着典型周期轨迹的平均读数。每个实力指标的上升和下降周期与其他周期一起，形成国家兴衰的大周期。

其他因素，例如地质 / 地理、法治和基础设施，也很重要。下页图显示我的模型所包含的所有 18 个因素[1]。我在第 14 章的结尾详细描述了所有 18 个因素。

一个人不可能在脑海中衡量和考虑所有这些因素和其他重要情况，因此我需要借助计算机进行分析。我在第 14 章《未来》的附录中分析了最主要的 11 个国家，并在 economicprinciples.org 网站上提供了最主要的 20 个国家的一些构成细节。

没有一个决定因素是可以单独决定的，但综合考虑时，它们非常清楚地显示出一个国家在其生命周期所处的位置以及发展方向。你不妨做个有趣的打钩游戏，标出感兴趣的国家在所有指标中的位置，对每个指标进行 1~10 级的排名，最左边是 10，最右边是 1。然后你可以把所有排名加在一起，得出的总数越高，这个国家出现上行走势的可能性就越大；总数越低，这个国家出现下行走势的可能性就越大。你可以花点儿时间计算一下美国所处的位置、中国所处的位置，再看看意大利和巴西在哪里，等等。

1　我想要澄清一下决定因素与周期之间的区别，有时我在使用这些术语时可能不太明确。决定因素是一种因素（例如货币供应），而周期表示一系列相互强化的决定因素导致事件以某种方式发生。例如，各国央行提供大量货币和信贷，最终推动经济强劲增长，导致通胀和泡沫。于是，央行减少货币供应，这导致市场和经济衰退，又促使央行增加货币供应，等等。所以，周期本身就是决定因素，它表示一系列互补因素相互作用，在不同时期反复产生相同的结果。

三个大周期

健康	债务 / 货币 / 资本市场 / 经济大周期	不健康
有序	内部秩序和混乱周期	无序
和平	外部秩序和混乱周期	战争

其他决定因素（8 个主要实力指标）

高	教育	低
高	创新和技术	低
强	成本竞争力	弱
强	军事实力	弱
有利	贸易	不利
高	经济产出	低
强	市场和金融中心	弱
强	储备货币地位	弱

额外决定因素

有利	地质	不利
有效	资源分配效率	不佳
有利	自然现象	有害
高	基础设施和投资	低
强	品格 / 教养 / 决心	弱
强	国家治理 / 法规	弱
小	财富、机会和价值观差距	大

为了尽可能地做到系统化，我设法对所有可能情况进行量化处理，然后输入决策系统。在我的研究团队的帮助下，我构建了一些衡量标准，用于考察内部和外部冲突、政治差距等问题，从而更好地了解各个国家在其周期中所处的位置。一些不太重要的决定因素被归入主要决定因素的子范畴中。

虽然我分别衡量和描述每个决定因素，但它们并不是互不相干的，而是可以相互作用、融合在一起的。它们通常会相互强化，共同决定整个周期的起落。例如，提高教育水平有助于推进技术创新，提高生产率，增加全球贸易份额和财富，增强军事力量，最终建立一种储备货币。此外，拥有强有力的领导者、受过良好教育的民众、有效配置资本和其他资源的体系，以及获得自然资源的渠道和有利的地理条件等因素都很有帮助，如果这些因素出现衰落，它们往往就会一起衰落。

当然，并不是所有的指标都可以用数字和方程来表示，人类本性和权力关系（影响人类行为和结果）等因素最好用语言来描述。我把这些因素称为影响机制。下页图显示一系列其他主要影响机制，它们是我在评估国家所处的位置和未来可能情况时所需关注的方面。

这些都是我所关注的方面。这些内容既可以说过少又可以说过多。过少的原因是我不可能在此充分探究所有这些方面（这需要整本书和博士学位论文的专题研究）；过多的原因是这些内容难以理解和消化，我只能把所学到的一小部分浓缩到下文中。要想更深入地研究其中的任何一个影响因素，请参阅本章附录中的详细解述。**虽然我可以确定，这里并不包括所有最重要的决定因素，但在本章和接下来的章节中，我所强调的是最主要的因素，这些因素在历史上驱动着最重要的事件反复发生。**当然，我也希望得到纠正和指导，以便进行更完整的阐述。

需要关注的决定因素

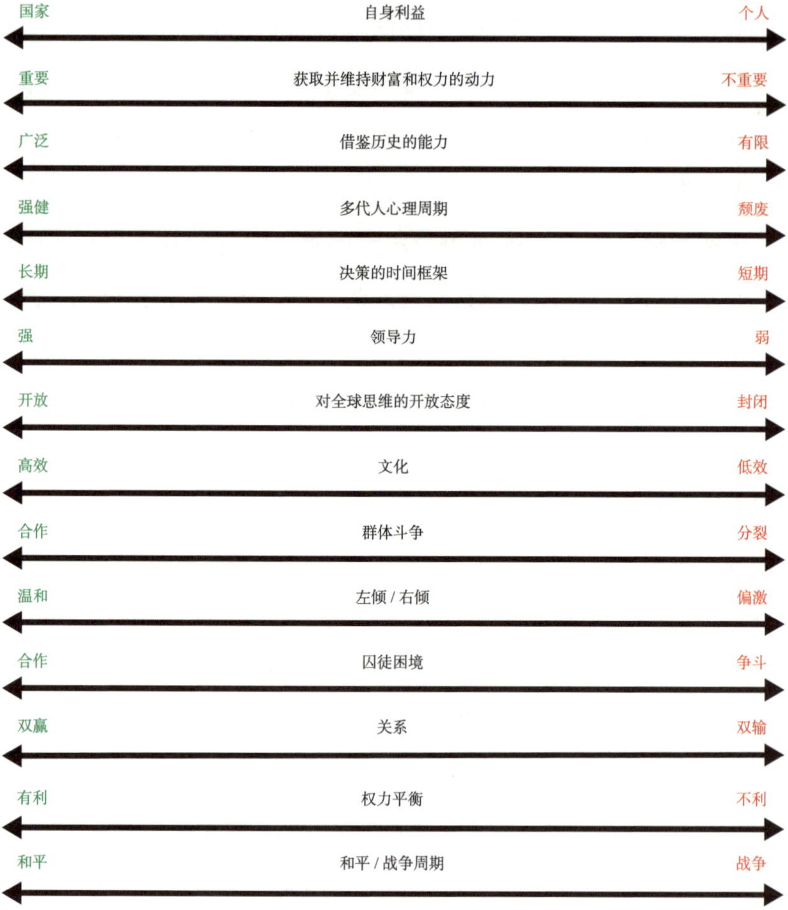

探究决定因素和影响机制

我发现了解各国面临的不同情况，考察它们的应对策略和整体情况，可以帮助我推断未来可能发生的变化，分析这些变化对主要决定因素的影响。接下来，我们将以自上而下的宏观方式考察历史机器，深入探讨这些决定因素和影响机制。

在我看来，驱动事件发生的决定因素和影响机制可以分为两类：

1. **继承的决定因素**：包括一个国家的地理、地质和自然现象，如气候和疾病。
2. **人力资本的决定因素**：人们对待自己和彼此的方式。这些因素受人类本性和不同文化的影响（影响方式各不相同）。

这两大类别本身包含了许多重要的因素，从特定国家的特性（比如地理位置）到各个国家的共性（比如人类倾向于即时满足而不是长期目标），无论是个人、城市、国家还是帝国，这些因素都可以从每个层面上分辨出来。

继承的决定因素

所谓继承的决定因素，是指地理、地质、自然现象和系谱。这些因素关系到国家的福祉。它们是决定每个国家和民族发展的重要因素。例如，要想理解美国的成功，你需要认识到美国与欧洲和亚洲的大国以两大海洋相隔，它拥有一个繁荣昌盛和自给自足的社会所需的大部分矿产、金属和其他自然资源（包括表土、水和温带气候）。因此，美国能够做到粮食自给自足。鉴于这些因素，美国在一个多世纪前主要实行孤立主义政策，同时，由于投资于教育、基础设施和创新，美国变得越发强大。下文简述这些因素。

1. 地理。一个国家的位置、周围环境、地形地貌等都是重要的决定因素。例如，美国和中国均拥有辽阔无垠的国土，环绕边界的是河流和山脉构成的巨大天然屏障，这样的地理条件使两国都更容易形成一个庞大的整体，拥有更强的国民共性（例如共同的语言、政府、文化等）。相反，欧洲的地理（自然边界较多），对其划分成不同的主权/国家起到强化作用，使欧洲人之间的共性减少（例如不同的语言、政府和文化等）。

2. 地质。一个国家地表和地下的自然资源至关重要，但相对于人力资本，地质因素不应被高估。历史告诉我们，每一种大宗商品的价值都在下降（经通胀调整后），围绕这一下降趋势的是巨大的上行和下行周期。这是因为发明创造改变了需求的对象（新能源取代旧能源，光缆取代铜线，等等），而自然资源则在逐步枯竭。许多中东国家的财富和权力及其与其他地区的关联随着石油重要性的上升而增加，可能也随着世界逐渐摆脱化石燃料而下降。最脆弱的定位是高度依赖一种或几种大宗商品，因为大宗商品具有高度的周期性，有时会完全失去价值。

3. 天灾。天灾存在多种形式，例如流行病、洪水和干旱。纵观历史，天灾对国家的福祉及其演变过程的影响甚至超过战争和经济萧条。在1350年左右，黑死病夺去了0.75亿~2亿人的生命。在20世纪，天花夺去了3亿多人的生命，这是战争身亡人数的两倍多。干旱和洪水造成了大范围的饥荒和死亡。这些灾难往往突如其来，难以预料，它们充当压力测试，揭示了社会的潜在优势和劣势。

4. 系谱。关于系谱，我不是遗传学专家，只能说来到这个世界的所有人都有遗传基因，这些基因在某种程度上影响人们的行为。因此，一个国家的人口基因构成应该对其结果产生一定的影响。话虽如此，但我还应该指出，大多数证据表明，从不同群体之间的行为差异来看，只有一小部分（15%或更少）可以用基因差异来解释。因此，与我提到的其他影响因素相比，遗传基因似乎是一个相对次要的决定因素。

人力资本的决定因素

● ***虽然一个国家继承的资产和负债非常重要，但历史表明，人们对待自己和他人的方式是最重要的决定因素。***换句话说，人们是否保持较高的行为准则，是否严于律己，是否与他人以礼相待，是否努力成为富有成效的社会成员，这些都是最重要的因素。这些品质加上灵活性和韧性（即适应“不利”和“有利”条件的能力）会使挫折最小化，机会最大化。大多数人的性格、判断力、创造力和思考力可以造就一个富有成效的社会。

因为资本是可以产生收入的资产，所以人力资本可以被定义为产生收入的个人。● ***如果一个人能够使自己的收入超过支出，就拥有良好的人力资本，可以自给自足。***我称之为“自给自足 +”，这是所有个人、公司和国家都应该努力做到的，因为这会加强个人和集体的财务实力。如果一个社会注重素质教育、努力工作和相互合作的文化及相关培训等，它就更有可能拥有良好的人力资本，做到“自给自足 +”。如果一个社会缺乏良好的人力资本，就会消耗自身的资源，或者陷入无法偿还的债务中（这注定带来麻烦）。

● ***虽然许多国家都可以利用自己的自然资源，但人力资本是最可持续的资本，因为继承下来的资产最终会消失，而人力资本可以永远存在。***

人力资本诠释了为什么提出创意想法并付诸实践的人们（比如企业家）能够战胜拥有大量资源的强大竞争对手［马斯克和他的初创公司特斯拉成为资源丰富的通用汽车、福特和克莱斯勒的竞争对手，乔布斯和盖茨的计算机初创公司超过 IBM（国际商业机器公司）这样的巨头，等等]。优秀的人力资本可以让人们克服自己的弱点，发现并利用自己的机会。正是通过这一特性，荷兰、英国、瑞士和新加坡等小国获得了巨大的财富和（在某些情况下的）权力。

最重要的人性决定因素

不同社会和时代的人们有着相同的人性，这使人们的共性超过差异。人们在类似的情况下表现出类似的行为，这一模式驱动着大周期。

5. 自身利益。对大多数人、组织和政府来说，自身利益（尤其是自我生存能力）是最强大的推动力。但最重要的是何种自身利益（是个人、家庭还是国家，等等），这是社会成功的主要决定因素。请参阅本章结尾的附录提供的更多细节。

6. 获得并维持财富和权力的动力。对财富和权力的追求是个人、家庭、公司、州和国家拥有的强大动力，尽管这并不完全正确，因为相对于其他事物，不同的个人、家庭、公司、州和国家对财富和权力的重视程度不同。对一些人来说，财富和权力并不像生活中的其他事情那么重要。但对大多数人来说，对财富和权力的追求是他们全身心投入的大事，对那些最富有、最有权力的人来说尤其如此。**从长远来看，一个国家要想取得成功，其收入至少需要与支出相当。一些国家的收入和支出适中且有盈余；另一些国家的收入和支出要多得多，但有赤字。前者更可能取得可持续的成功。历史表明，一个人、组织、国家或帝国的支出一旦超过收入，就离苦难和动荡不远了。**请参阅本章附录提供的更多信息。

7. 资本市场。储蓄和通过资本市场获得购买力的能力对一个国家的健康状态至关重要。因此，资本市场的发达程度是一个国家成功的重要决定因素。

8. 借鉴历史的能力。大多数人不具备这种能力，这是一种障碍。这在不同的社会各有差异。例如，中国人很擅长借鉴历史。仅从自己的经历中学习是不够的，因为正如上文所解释的，许多最重要的教训在人的一生中不会出现。事实上，未来遇到的许多情况会与以前遇到的情况不同，而非相似。因为周期初期的和平与繁荣时期与周期末期的萧条、革命与战争时期是相反的，人们在生命后期面临的情况与早期遇到的情况不同，而不是相似。更具体地说，在我看来，如果你不了解至少 1900 年以来的历史及其与当前形势的关联，那么你很可能会遇到麻烦。

9. 多代人心理周期。由于经历不同，每代人都有不同的想法、不同的决策方式，从而影响他们和后代的命运。有句谚语“富不过三代”就是这个意思。三代人的时间也大致相当于一个典型的长期债务周期。但历史表明，如果这些周期管控得当（例如，许多代都拥有强大的人力资本），财富和权力就可以延续许多代。本章附录描述了这一跨越几代人的周期的几个阶段。

10. 将即时满足置于长远福祉之上。这是另一个可以辨别个人和社会是否会成功的因素。那些看重长远福祉（而非即时满足）的个人和社会往往处于更好的境况。人类选择即时享受（而非长远福祉）的倾向自然夸大了周期的高峰和低谷，因为这样做是以牺牲未来为代价而提前享受美好时光。这种情况会以许多有害的方式发生，最典型的方式是产生债务繁荣和萧条周期。鉴于政治体制的运作方式，政府尤其容易受到这种影响。更具体地说，（a）政客们有动力优先考虑短期利益，而不是长远利益；（b）他们不希望受到约束，也不愿意面临艰难的财政权衡（比如，是将财政资金用于军事国防还是用于社会项目）；（c）通过征税来获取他人资金的手段，会对他们造成政治威胁，导致一系列政治和其他问题。

11. 人类的创造力。人类最伟大的能力是推动进化，这表现为生产率和生活水平的提高。与其他物种不同，人类具备吸取知识和思维理解的独特能力。此外，人类的发明创造从实质上改变了生存环境，推进了各项进步。这些进步产生了第 1 章所述的螺旋式上行走势。我们看看其他物种就可以想象，如果没有这种能力，那么人类会是什么样子。如果人类没有独特的发明创造力，新事物、惊喜和进步就会减少，几代人的生活可能都大致相同，事实上，人类历史上的一些时期就接近这种状态。然而，不同的社会各有差异。要想了解更多信息，请参阅本章的附录。

文化形成的决定因素

12. 文化。俗话说，“文化就是命运”。文化差异是人们对应该如何对待彼此所持的不同看法，这一差异会产生巨大的影响。每个社会的文化都是基于人们对现实世界的看法而形成的，文化提供指导人们应对现实的原则，最重要的是指导人们如何对待彼此的原则。文化以正式和非正式的方式推动社会的运转。自古以来，人们在著作中表达自己对人生的态度。这些人包括耶稣、孔子、穆罕默德、佛陀、摩诃毗罗、古鲁那纳克、柏拉图、苏格拉底、马克思等。他们的著作包括《希伯来圣经》、《新约》、《犹太法典》、《古兰经》、“四书五经”、《奥义书》、《薄伽梵歌》、《大梵天经》、《沉思录》、《理想国》、《形而上学》、《国富论》、《资本论》等。这些著作加之各种发现（来自科学家、艺术家、政治家、外交家、投资者、心理学家等），让我们看到人们如何以各自的方式面对和适应现实，这些因素决定了一个民族的文化。

13. 对全球思维的开放态度。这是一个可以很好地反映国家实力的先行指标。因为自我孤立的实体往往会错过时机，不能了解到世界上的最佳做法，从而削弱自身实力，而了解世界上的最佳做法可以帮助人们成为最好的自己。如果一个国家自我孤立，就不能面对世界最佳竞争者的挑战，也无法从中受益。历史上有很多实行孤立主义政策的案例，一个国家选择闭关锁国的原因各不相同，有时是为了保护自己的文化（例如中国的唐末、明末和日本的江户时代），有时是因为自然灾害和内部争斗等情况。这两个原因都会导致技术落后，造成可怕的恶果。事实上，这是国家和王朝失败最常见的原因之一。

14. 领导力。到目前为止，我所提到的一切都受到领导人的影响。人生就像一盘国际象棋或中国围棋，每走一步都有可能决定最终结果，一些棋手会比另一些棋手技高一筹。未来，这些走法会日益借助于计算机，但目前它们仍然由人来完成。在阅读历史的过程中，你会反复看到，历史的进程如何被主要领域（如政府、科学、金融和商业、艺术等）的相对少数人的独特性改变（有时带来卓越的成就，有时带来可怕的恶果）。在每一代人中，大约有几百人改变了一切。研究这些关键人物所发挥的作用，考察他们在不同情况下所采取的措施和带来的后果，可以帮助我们理解这台永动机的工作原理。

个体和群体相互作用形成的决定因素

15. 贫富差距。贫富差距扩大往往导致冲突加剧，特别是在经济形势恶化、人们为不断缩小的经济蛋糕而争斗的时期。

16. 价值观差距。虽然财富很重要，但它并不是人们唯一争夺的东西。价值观（例如宗教和意识形态）也很重要。历史告诉我们，如果价值观差距扩大（特别是当经济承压时），那么国家往往步入冲突加剧的时期，而如果价值观差距缩小，那么国家往往进入更为和谐的时期。这些趋势缘于这样一个事实：由于彼此之间存在共性，人们倾向于结成一伙，以非正式的方式组成部落。自然地，这样的部落根据共同的价值观相互合作。在困难时期，价值观差距越大，人们之间的冲突就越大。人们经常将其他部落的成员妖魔化，他们没有认识到其他部落的成员与自己一样，都是以各自所知的最佳方式，做着符合自身利益的事情。

17. 群体斗争。● ***自古至今，所有国家的人民都被归入不同"群体"（尽管程度不同），其原因要么是他们选择与自己相似的人在一起，要么是他们被其他人归入特定群体。***权力通常由三四个群体掌控，这些人加起来也只占人口的一小部分。人们所处的群体通常决定了谁是朋友和盟友，谁是敌人。人们被刻板地划分到不同的群体中，无论他们喜欢与否。富人和贫困者是最常见的群体划分，此外还有许多其他的重要类别，如种族、民族、宗教、性别、生活方式、地理位置（如城市与农村）和政治（右倾与左倾）。在大周期的早期阶段，由于形势较好，不同群体之间通常比较和谐；在大周期的后期阶段，由于形势不佳，各群体之间会发生更多争斗。**群体斗争对内部秩序有着深远的**

影响，我将在第 5 章中进行探讨。本章的附录更详细地解析了这一决定因素。

18. 左倾 / 右倾政治周期。在所有社会中，政治都在左倾势力与右倾势力之间更迭，这些更迭决定财富和权力的分配方式。有的更迭是以和平方式进行的，有的则充满暴力。这些一直都是值得我们了解的情况。一般来说，资本市场周期与财富、价值观和群体划分周期一起，驱动左倾 / 右倾政治周期，它们共同构成了政治变革的动力。在资本市场和经济繁荣时期，贫富差距通常会扩大。虽然一些社会在左倾 / 右倾政治之间取得了相对合理且稳定的平衡，但更常见的是，左倾 / 右倾政治之间发生周期性更迭。在国家兴衰的整个过程中，这些更迭持续发生，周期大约是 10 年。重大的经济危机标志着大周期的结束，往往预示着革命的到来。本章的附录提供了更多的解析。

19. 要想维系和平，就必须解决囚徒困境。囚徒困境是博弈论中的一个概念，它解释了为什么尽管彼此合作是对双方来说最好的选择，但对一方来说，先杀死对方的做法更合乎逻辑。这是因为生存高于一切，虽然你不能确定你的对手是否会攻击你，但你可以确定，在你打败对手之前，对手会先打败你，因为这符合他方的利益。正是出于这个原因，双方最好相互保证，不给对方造成生存危害，从而避免致命性的战争。要想进一步降低发生冲突的风险，双方就需要交换利益，建立相互依赖的关系，使自身不能承受失去这种关系的后果。

20. 是双赢关系还是双输关系，这取决于双方做出的选择。个人和国家关系的各个层面都是如此。实际上，双方可以选择是相互合作的双赢关系，还是相互威胁的双输关系（即是盟友还是敌人），但双方的行动将决定其关系和结果。需要明确的是，只要一方不给另一方带来生存风险（参见囚徒困境），竞争对手之间就可以存在双赢关系。双方必须明确并尊重对方的生存红线。在双赢关系中，双方可能会以相互尊重为基础进行艰难的谈判，就像集市上的商人和气地讨价还价，或者奥运会上的运动队友好竞赛一样。拥有双赢关系显然比两败俱伤好，但有时存在不可调和的分歧，双方必须为之而战，因为无法通过谈判解决分歧。

21. 权力平衡大周期，它驱动着国家内部和国家之间的和平 / 战争大周期。权力平衡机制是盟友和敌人争取财富和权力的永恒普适机制。从办公室政治到地方政治，从国家政治到地缘政治，权力平衡驱动着几乎所有权力斗争。在不同的文化中，权力平衡的方式略有不同。西方社会的做法更像下国际象棋，而亚洲社会的做法更像下围棋，尽管目标都是支配对方。无论是过去还是现在，权力平衡都无处不在，并似乎是通过一系列具有连贯性的步骤而进行的。在第 5 章讨论内部秩序时，我将进行更详细的描述（尽管这些因素同样适用于内部和外部的权力斗争）。本章的附录更完整地解释了权力平衡的具体机制。

22. 军事实力与和平 / 战争周期。历史告诉我们，军事实力（无论是自身的还是通过联盟获得的）是决定最终结果的关键因素。有时武力本身就是威胁，有时必须动用武力。军事实力是很容易观察和衡量的，也可以定性评估。在国际关系方面，军事实力尤为重要，因为国际上没有有效的司法和执法体系，各国需要通过战争来检验各自的相对实力，这就产生了战争与和平周期。我在第 6 章讨论外部秩序周期时将会进行解释。

所有这些因素共同决定内部秩序、外部秩序及其变化

从历史研究中我反复看到，这些因素决定所有人的财富和权力及其变化，它们共同构成一个国家的人民和/或其领导人所面临的形势以及应对机制。这些因素驱动内部秩序、世界秩序及其变化。

- ***与其他事物一样，内部秩序和世界秩序也在不断演变，将现有情况向前推进；现有情况相互作用，这些作用又产生新的情况。***

演变是缘于符合逻辑的因果关系而发生的。现有情况和决定因素驱动着各种变化，而这些变化又创造出一套新的情况和决定因素，从而推动新的变化，以此类推，就像物质和能量在永动机中相互作用一样。因为一组特定情况创造出一组有限的可能性，所以通过正确识别这些情况和理解因果关系，我们可以更好地了解未来可能发生的情况，学习如何做出明智的决策。

例如，所有国家都以各自的方式选择新的领导人。在美国，总统选举基于选民遵循的宪法规定的民主体制，及人们选择的体制内部运作程序。其效果取决于两者的有效性，这是之前一组决定因素的作用结果，比如，上一代人如何有效地管理和改进这一体制。当前体制中的人与前几代人不同，前几代人受到不同情况的影响，所以我们应该根据不同的时代预测不同的结果。

如果不以历史眼光来认识这些差异，我们就会面临一些障碍。一旦洞察并领悟永动机的运作原理，我们就可以看到不同体制如何逐步发生演变。这些体制包括共产主义、法西斯主义、专制体制、民主体制，以及由这些体制演化而来的后代和混合体，如中国特色社会主义。认识到这些演变后，我们可以基于人们选择的相处方式以及人性影响，设想新的内部秩序（决定财富和政府政治权力的分配）将会如何演变和影响我们的生活。

至此，我粗略地描述了我对世界运转方式的思维模型。在第一部分的其余部分，我将更详细地分析最重要的决定因素，即长期债务和资本市场周期、内部秩序和混乱周期与外部秩序和混乱周期这三大周期。我还会探讨这些因素对投资的影响。但在继续阅读之前，你不妨浏览一下本章的附录，进一步了解本章主体部分仅做了简要介绍的一些决定因素。但如果觉得内容过多，那么你可以跳过这部分。这就是我将其作为附录的原因。

附录

接下来，我们探讨一些值得深入分析但不包括在本章主体部分的概念。鉴于篇幅限制，我决定将这部分作为附录，有兴趣的读者可以进行深入考察。为了帮助读者建立关联性，每个决定因素和影响因素都使用了第 2 章主体部分的名称和标号。

5. 自身利益。虽然自身利益是大多数人、组织和政府的主要动机，但哪个“自身”是最重要的问题，是个人、家庭、部落（即社区）、州、国家、帝国、人类、所有生物还是宇宙？下页图显示各种可能的单位。越往上，包容面越宽；越往下，包容面越窄。**在你所处的社会中，大多数人的自身利益是什么？你的自身利益是什么？你愿意为什么献出生命？**

人们最信赖的“自身”是他们尽最大努力保护的自身，这种意愿驱动着他们的行为。例如，如果人们愿意为自己的国家而牺牲，那么他们的国家就更可能得到保护，而如果人们认为个人比国家更重要，他们就会逃离枪林弹雨。在国家内部，一些人认为社区比国家重要得多，另一些人认为国家高于社区，两者的结果会完全不同。因此，**我发现这些因素值得关注，**在冲突时期尤其如此。

纵观各个国家的历史，**我看到了大多数人和社会的首选基本单位的**

变化。例如，在 1650 年[1]以前，部落和城邦比国家更重要。历史表明，人们所聚集的群体以及对他们来说最重要的群体都在演进。个人和家庭联合起来，组成一个部落（即社区）；部落（或社区）联合起来，组成一个州（如佐治亚州）；各州联合起来，组成一个国家（如美国）；在统一管控下的州或国家联合起来，构成一个帝国（如大英帝国）。在一些情况下，较小的群体合并成较大的群体，从而改变了边界。例如，在过去 150 年里，欧洲的国家合并成多个国家，其中的许多国家联合起来构成欧盟。在另一些情况下，一些群体分解成更小的单位。例如，苏联解体后，加盟国家独立出来；一些中东国家分裂成相互交战的部落。

1　1648 年的《威斯特伐利亚和约》创造了国家，即我们现在所知的主权国家。

在过去几年里，世界从更加全球化走向更加民族主义。与此同时，美国似乎正在失去凝聚力，因为人们对应该如何对待彼此的看法日益分化。这些差异导致人们迁移到符合他们偏好的州，促使这些州具有更大的个体相关性，而不是作为统一整体的一部分。历史和逻辑告诉我们，这些国内和国际秩序的变化通常伴随着冲突。这有两个原因：其一，人们对于系统应该如何运作存在很大差异，例如，州权利相对于国家权利应该有多大；其二，大多数人以前没有见过这样的变化，所以他们无法认识到这些变化的本质。这些因素之所以重要，是因为它们显示出控制轨迹的变化，这通常标志着一个人的权利和义务的改变。

不妨思考一下，你观察到何种变化？你看到的是合并还是解散？从哪个层面向哪些层面发展？这些变化对你和你的目标有何影响？

6. 获得并维持财富和权力的动力。为了在后面的章节中讨论大周期，我们需要更具体地定义财富，并研究其对拥有或缺乏财富的国家的影响。我认为，以下几点大体上是正确的。

财富 = 购买力。为了避免追究细节，我们称财富为购买力，以区别于货币和信贷。这一区分很重要，因为货币和信贷的价值是变化的。例如，如果国家发放大量货币和信贷，它们的价值就会下降，所以增加货币持有量并不一定带来更多的财富或购买力。

实物财富 ≠ 金融财富。实物财富是人们期望拥有和使用而去购买的东西，比如房子、汽车、流媒体视频服务等。实物财富具有内在价值。金融财富由金融资产组成，持有金融资产的目的是，（a）在未来获得持续的收入，和 / 或（b）在未来出售以获得资金，进而购买想要的实物资产。金融财富没有内在价值。

创造财富 = 富有效率。从长远来看，你拥有的财富和购买力取决于你创造的价值。因为实物财富不会长久，遗产也不会，所以维持生产力至关重要。看看那些剥夺富人财富并试图以此为生、生产率低下的社会，你会发现它们没过多久就变得贫困。一个社会的生产率越低，其财富就越少，权力也就越小。顺便说一下，将资金用于投资和基础设施（而不是消费）往往会带来更高的生产率，因此投资是一个可以很好地衡量经济繁荣的先行指标。

财富 = 权力。这是因为如果一个人有足够的财富，就可以买到几乎一切（有形财产、工作和他人的忠诚、教育、医疗、政治和军事等各种有影响力的权力等）。自古至今，所有国家的历史表明，那些财富拥有者与政权掌控者之间存在着一种共生关系，他们之间的交易方式决定了统治秩序。这些统治秩序会一直持续下去，直到统治者被那些为自己攫取财富和权力的人推翻。

财富和权力是相辅相成的。例如，1717 年，英国东印度公司有效地筹集金融资本，征集商业和军事要人，迫使印度莫卧儿帝国皇帝与其进行贸易往来，从此引发了一系列事件：英国对印度实行殖民统治；18 世纪莫卧儿帝国走向衰落，然后在 19 世纪彻底崩溃；1857 年印度起义后，英国人流放了皇帝并处决了他的孩子。英国人之所以这样做，是因为他们拥有财富和权力，可以用其追求更多的财富和权力。

财富减少 = 权力减小。没有一个人、组织、国家或帝国在失去购买力后不会失败。● ***要想成功，一个人的收入至少需要与支出相当。***一些实体的支出适度且有盈余，另一些实体的收入高得多但有赤字，前者更容易取得可持续的成功。历史表明，当一个人、组织、国家或帝国的支出超过收入时，就离苦难和动荡不远了。历史还表明，自食其力的人口比例较高的国家往往拥有更稳定的社会、政治和经济。

9. 多代人心理周期。与国家兴衰相对应的是，心理和经济周期的运行方式和演化阶段。这些阶段非常有助于了解一个国家的人民和领导人的行为，所以我总是设法评估不同国家所处的阶段。

第一阶段：人民和他们的国家都很贫困，他们也认为自己贫困。在这个阶段，大多数人的收入水平很低，只能勉强糊口。他们很看重钱，所以不乱花钱。没有人愿意贷款给他们，所以他们没有债务。有些人有潜力，而另一些人则不然，但在大多数情况下，由于贫困和缺乏资源，人们无法接受教育，也没有实现自力更生的其他能力。在这个阶段，与生俱来的一些情况和生活态度是决定一个人能否变得更富有的最大因素。

在这一阶段，国家的发展速度取决于它们的文化和能力。**我把这个阶段的国家称为“早期新兴国家”。**在那些取得进步的国家，人们通常努力工作，逐步攒下比生存所需更多的钱，他们因担心将来没有足够的钱而做好储蓄。从这一阶段到下一阶段的演化通常需要一代人的时间。从大约40年前到10~15年前，“亚洲四小龙”（中国香港、新加坡、中国台湾、韩国）以及后来的中国就是这个阶段的经济体。

第二阶段：人民和他们的国家都富裕了，但他们仍然认为自己贫困。在成长过程中没有财务安全感的人们通常在财务方面仍然小心谨慎。在这个阶段，人们仍然努力工作，国家出口大量商品，实行固定汇率，人们大量储蓄，并有效地投资于房地产、黄金、本国银行存款等实物资产，以及储备货币国家的债券。因为有了更多的钱，他们可以并且确实投资于能提高生产力的方面，例如人力资本开发、基础设施建设、研发等。这一代父母希望自己的孩子受到良好的教育，努力工作，取得成功。他们还完善了资源配置体系，包括资本市场和法律体系。这是周期中最具生产力的阶段。

国家在这个阶段既经历了收入快速增长，又经历了生产率快速增长。生产率增长意味着：（1）通胀不是问题，（2）国家变得更有竞争力。在这个阶段，债务相对于收入通常不会显著增加，有时还会下降。这是一个非常健康的时期。如果国家提供充分的产权保护，那么这时也是投资于这个国家的绝佳时机。

你可以从第一阶段的国家中分辨出第二阶段的国家。因为在第二阶段，你会看到与老城比邻而居的金光闪烁的新城市、高储蓄率、迅速增长的收入，通常还有不断增加的外汇储备。**我把这个阶段的国家称为“后期新兴国家”。**任何规模的国家都可能经历这个阶段，但一个大国走过这个阶段后，通常会成为世界强国。

第三阶段：人民和他们的国家都富有，他们也认为自己富有。在这个阶段，人们的收入很高，所以劳动力变得更昂贵。但他们之前在基础设施、资本品和研发方面的投资仍在带来回报，从而推动生产率提高，使他们得以维持较高的生活水平。人们的优先级发生了变化，从强调努力工作和储蓄以免受困难时期的影响，转为享受生活中更精美的东西。人们更愿意多花钱。艺术和科学通常得到蓬勃发展。新一代人没有经历过困难时期，他们的人口占比不断加大，从而强化了主流心理的这些变化。我们从统计数据中可以看出这些观念的转变：工作时间减少（例如，每周通常的工作时间从 6 天减少到 5 天）；相比生活必需品，休闲品和奢侈品的消费大幅增加。这一阶段至多是“文艺复兴时期”的早期和中期。

在这个阶段，大国几乎总是成为世界经济和军事强国。[2] 一般来说，它们发展军事是为了确立和保护自身全球利益。在 20 世纪中期之前，这个阶段的大国实际上控制了外国政府，它们建立帝国，由此获取保持竞争力所需的廉价劳动力和廉价自然资源。从 20 世纪初期到中期，美帝国开始以“温言在口，大棒在手”的政策进行统治。在美国

2　1971—1990 年，日本在军事方面是个例外。

的“影响力”和国际协议下，发达国家能够在不直接控制新兴国家政府的情况下，获得它们的廉价劳动力和投资机会。在这个阶段，国家处于世界之巅，并且享受当下。**我把这个阶段的国家称为“健康高峰国家”。1950—1965年，美国处于这个阶段。中国正在进入这一阶段。**关键是要尽可能长地维持这些带来实力的决定因素。

第四阶段：人民和他们的国家变贫困了，但他们仍然认为自己富有。在这个阶段，债务相对于收入上升。加大杠杆的背后是心理变化。因为经历过前两个阶段的人们已经去世或变得无关紧要，而那些最有影响力的人则习惯于优越的生活，而不担心钱不够。在这些国家，劳动者的收入和支出都很高，因此劳动力变得昂贵，导致实际收入增速减慢。由于他们不愿意限制消费，使自己的消费与放慢了的收入增速相匹配，因此只得减少储蓄，增加债务，选择捷径。尽管资产负债表开始恶化，但他们继续大量消费，仍然显得富有。由于基础设施、资本品和研发方面的投资效率下降，生产率增长放缓。与前两个阶段相比，城市和基础设施变得陈旧和低效。国家越来越依赖自己的声誉（而不是竞争力）来为赤字融资。在这个阶段，国家通常会大规模投资于军事，以保护其全球利益，有时因战争而耗资巨大。在通常情况下（尽管并非总是如此），国家会面临“双赤字”，即国际收支逆差和政府财政赤字。在这个阶段的最后几年，泡沫经常发生。

无论是由于战争[3]，还是金融泡沫破裂，抑或是两者兼具，这一阶段的典型特征是，国家无法用未贬值的货币来偿还累积的债务。**我把这个阶段的国家称为“早期衰落国家”。**虽然任何规模的国家都可能经历这个阶段，但当大国经历这个阶段时，通常标志着接近衰落。

3　一战中的德国和二战中的英国都是典型的例子。

第五阶段：人民和他们的国家都贫困，他们也认为自己贫困。这时，第四阶段中所描述的差异已经不复存在，人们充分意识到现实的窘境。在泡沫破裂和去杠杆化之后，私人债务增长，而私营部门支出、资产价值和净资产在自我强化的负面周期中下降。为了提供补偿，政府债务和财政赤字双双加大，央行通常会增“印”货币。央行和政府降低实际利率，提高名义 GDP 增长率，使其充分高于名义利率，从而减轻债务负担。由于实际利率处于低位、货币疲软和经济状况不佳，债券和股票资产表现不佳。同时，这些国家越来越需要与处于早期发展阶段的低成本国家展开竞争。虽然货币贬值，但仍然深受欢迎，因为这减轻了去杠杆化的痛苦。随着经济和金融趋势的延伸，这个阶段的国家在世界上的影响力进一步下降。**我把这个阶段的国家称为“明显衰落国家”。**对明显正在衰落的国家来说，要让心理和属性完成一个重新达到昔日高峰的完整周期，通常需要很长时间（即使能复兴）。罗马人和希腊人从未东山再起，而中国人则经历过几次。

11. 人类的创造力。● ***事实证明，人类解决问题的能力和改善解决办法的能力要比所有问题的总和都强大得多。***因为获得的知识多于遗失的知识，所以知识的获取过程更多的是以迸发和渐进这两种方式演进的，而不是有涨有跌的周期。迸发出现在社会处于大周期的上升阶段，渐进出现在社会处于大周期的下跌阶段。在文艺复兴时期，创造力推动了几乎所有领域（例如科学、艺术、健康人际关系和管理哲学等方面）的进步。伟大的创造力更多地出现在大周期的和平与繁荣阶段，此时的体制有利于（而非不利于）发明创新。

随着时间的推移，发明和创新的具体方式不断演变，但人类不断改进做事方式的决心始终不渝，用机器和自动化取代手工劳动，让各国人民的联系更加紧密。新的发明和改进不断涌现，技术进步带来的最重要的、无可否认的趋势是生活水平的提高。这一趋势可能会以难以预想的方式加速推进。除此之外，计算机化正在影响决策的性质，加快决策速度，减少情绪化。它带来了巨大的益处，但也构成某些危险。

- ***一个社会的发明创新力是生产率的主要驱动因素。***创新和商业精神是经济繁荣的命脉。没有创新，生产率增长就会停滞不前。有了创新，一个国家的劳动者的产出水平就会超过全球其他劳动者的水平，从而推动成本竞争力提升，使其成为更适合做生意的国家。

改良、发明、发现和从失败中吸取教训的动力使人们不断学习，发现新的、更好的方法，创造有价值的东西。在市场经济体制中，推动创新的最有力的方式是，把新想法带入市场，将其商业化，并从中获利。市场可以非常高效地淘汰坏主意和给好主意定价。这样，创新概念和商业化可以紧密相连。我们通过市场可以看到，一个社会的人们是否重视新知识和新发现，是否鼓励创造者将创新成果商业化以从中获利。

换句话说：

- ***创新发明 + 商业精神 + 兴旺发达的资本市场***

=

生产率大幅提升

=

财富和权力增加

因为这些决定因素的强度存在很大差异，所以我设法测量并将其纳入我的模型。

17. 群体斗争。自有文字记录的历史以来，在几乎所有社会中，都是一小部分人（“统治者”或“精英”）控制了大部分财富和权力（尽管

比例有所不同）。[4]他们控制体系并从中获益，自然支持并试图维护这一体系。由于财富拥有者可以影响权力持有者，权力持有者也可以影响财富拥有者，所以这些统治者或精英内部存在同盟，他们希望维持现有秩序，让所有人都遵守现有指令和法律，尽管这个体系加大了财富和权力差距。因此，所有的内部秩序都是由拥有财富和权力的某些群体管控的，他们以共生关系运作，从而维持现有秩序。尽管不想扰乱惠及他们的秩序，但这些精英一直为财富和权力而相互争斗，也与企图获得财富和权力的非精英争斗。当经济形势较好、大多数人富裕起来时，这些争斗就会减弱；当经济形势不佳时，这些争斗就会激化。如果大多数人处于极端窘境（例如，面临无法解决的债务危机、非常糟糕的经济、极为恶劣的天灾），由此产生的痛苦、压力和斗争通常就会导致革命和/或内战。

正如亚里士多德很久以前说的："贫困者和富人相互争吵，无论哪一方占上风，都不会建立一个公正或受欢迎的政府，而是把政治霸权作为胜利的奖赏。"

在通常情况下，大周期伴随着和平与生产率上升的时期，财富以不成比例的方式增长，这导致一小部分人获得并控制了极大比例的财富和权力，然后变得过度扩张，进而导致困难时期出现，没有钱权的群体受到的伤害最大。革命和/或内战因此爆发，推动新秩序的建立，使周期重新开始。

● ***纵观所有国家的历史，财富拥有者也都拥有创造财富的手段，为了维持财富，他们与规则制定者和实行者合作。***虽然情况一直如此，但具体方式已经演变，并将继续演变。

---

4 例如，美国最富有的1%群体的财富占比从20世纪20年代的近50%降至20世纪70年代末的略高于20%；在英国，这一比例从1900年的逾70%降至20世纪80年代的15%左右，目前为20%~25%（数据来自世界不平等数据库）。正如沃尔特·沙伊德尔在《不平等社会》一书中所描述的那样，这些不平等的转移至少可以追溯到罗马共和国时期。

例如，如第1章所述，在13—19世纪的大部分时间里，世界上的主要内部秩序都是由统治者或精英构成的，（1）君主、（2）贵族（贵族控制着生产手段，当时的资本是农业土地）和/或（3）军队一起统治。劳动者被视为生产工具的一部分，对秩序运行规则基本上没有发言权。

即使是那些彼此很少或没有接触的社会也以相似的方式发展，因为它们需要应对相似的情况，拥有相似的决策原则。[5] 自古至今，所有的国家都在国家、州/省和市等不同层面上治国理政，以永恒普适的方式运作和相处，各国具有一定的一致性。君主们需要各种人员来管理日常运作。最高的职位是宰相，他们监督政府运作所需的官僚机构（包括各类工作部门）。现有体制只是这些永恒普适关系的自然演变结果，再加上不同国家自己的文化特色。例如，过去帮助君主的宰相职位，变成了现在几乎所有国家都有的首相/总理和其他部长职位（在美国，他们被称为“国务卿和各部部长”）。

随着时间的推移，由于存在财富和权力斗争，这些体制以各自不同但合乎逻辑的方式向前推进。例如，在1200年左右的英格兰，财富和权力斗争逐渐激化后，内战突然爆发（贵族和君主之间的冲突就是这样演变的）。与大多数斗争一样，这场斗争是为了争夺财富和决定谁得到多少财富的权力。在国王约翰一世的统治下，君主政体想要加税，而贵族想要减税。关于贵族对此应有多少发言权，他们未能达成一致，从而掀起了内战。最终贵族获胜，他们掌握了更大的权力，得以制定规则。最初，他们建立了所谓的“议会”，后来很快出现了第一届议会，进而演变成英国现有的议会。1215年，约翰一世签署了和平条约

5 例如，在历史长河里，欧洲国家、中国等大多数国家的统治者是君主和贵族，但它们略有差异。在欧洲，教会也是统治群体的一部分。在日本，君主（天皇及其大臣）、军人和商界人士（商人和工匠）是统治精英。

（即《大宪章》），将协议正式纳入法律。与大多数法律一样，这条法律对权力没有多大影响。于是，另一场内战爆发，贵族和君主再次争夺财富和权力。1225 年，亨利三世（约翰一世的儿子）颁布新的《大宪章》，并由掌权者来解释和执行。几十年后，斗争再次爆发。在那场斗争中，贵族切断了向君主的税务拨款，迫使亨利三世屈从于贵族的要求。这些斗争持续不断，导致了秩序的演化。

快进到 15、16、17 世纪，财富来源发生了巨变，驱动变化的原因最初是全球探索和殖民主义（始于葡萄牙和西班牙），后来是资本主义的诞生（股票和债券）、节省人力的机械发明推动了工业革命（尤其有助于荷兰和后来的英国）。一些人从财富来源中获利，他们变得更加强大。在这几个世纪里，财富和权力从（a）拥有土地的贵族（拥有财富）和君主（拥有政治权力），转向（b）资本家（后期拥有财富）和民主或独裁政府的领导人（后期拥有政治权力）。几乎所有国家都做出了这些变革，有些变革是和平的，但大多数变革是痛苦的。

例如，在 17、18 世纪的大部分时间里，法国国王与其他三个群体，即（1）神职人员、（2）贵族和（3）平民，以权力平衡的方式进行统治。这些群体的代表参与投票。前两个群体只占人口的 2%，却比人口占比 98% 的平民拥有更多的选票，或最终拥有相同的选票。法国人把基于这三个群体的内部秩序称为“古老的 régime”（意思是“旧秩序”）。然而在一夜之间，始于 1789 年 5 月 5 日的法国大革命带来了彻底的变革。第三群体的平民对这种体制忍无可忍，推翻了其他群体，夺取了政权。当时，世界上的大多数国家有着相同的基本统治秩序，即占一小部分人口的君主和贵族拥有大部分财富，他们统治着国家，直到内战 / 革命突然爆发，旧秩序被一个全新的统治秩序取代。

无论是过去还是现在，不同国家应对这些群体斗争的内部秩序各不相同，但有着相似的演变过程。例如，有些过程是渐进的（通过改革），有些则是突然的（通过内战 / 革命），但所有国家都演进到现有的秩序。我预计，这些秩序将继续逐步和突发地演变，产生国内新秩序。自古至今，虽然拥有财富和权力的群体改变了，但推动这些变化的过程仍然大致相似。斗争推动这些变化的发生，进而（a）通过谈判推动和平的改革，以及（b）通过内战和革命推动暴力的改革。和平改革往往出现在周期的早期，而暴力内战和革命往往出现在周期的后期。其原因是符合逻辑的，我们稍后深入探讨。

群体斗争相对于个人斗争的重要性不容忽视。我们（尤其是生活在被认为是“大熔炉”中的美国人）往往更加关注个人斗争，而没有充分关注群体斗争。在进行大量历史研究之前，我也没有充分认识到群体斗争的重要性。通过这些研究，我总结出以下一个原则：

● ***自古至今，所有国家的人民都被归入不同“群体”（尽管程度不同），其原因要么是他们选择与自己相似的人在一起，要么是他们被其他人归入特定群体。***权力通常由三四个群体掌控。一个人与谁最亲近？与谁接触最多？与谁最相似？这些因素将决定这个人属于哪个或哪几个群体。群体划分决定了谁是朋友，谁是盟友，谁是敌人。虽然富人和贫困者、右派（即资本家）和左派（即社会主义者）是最常见的群体划分，此外还有许多其他划分类别，如种族、民族、宗教、性别、生活方式（如自由主义或保守主义）和地理位置（如城市、郊区和农村）。一般来说，人们倾向于与自己所属的群体在一起。在周期的早期，经济形势较好，群体之间会更为和谐；当经济形势不佳时，群体之间会发生更多的争斗。

虽然美国是个受群体差别影响最小的国家，但这些群体差别仍然产生了影响。在群体冲突激化的紧张时期，群体差别会产生巨大影响。

为了加深理解，我们不妨做个简单的练习，假设大多数不了解你的人把你归到一个或几个群体（因为这是个不错的假设）。现

在，想象一下，别人是如何看待你的。看看下面的列表，问问自己属于哪个群体。在你回答这个问题之后，问问自己：哪个群体让你感到亲近并希望其成为自己的盟友？哪些群体是你不喜欢或视之为敌的？哪个是统治群体？哪个是要推翻统治群体的革命群体？哪些群体处于上升阶段？哪些群体处于下跌阶段？你可能需要记录下来，好好思考一下，因为在冲突激化时期，你所属（或被假设所属）的群体将变得更加重要，它将决定你所支持和反对的对象、你的未来行动及其结果。

1. 是富有还是贫困？
2. 是右派、左派还是中间派？
3. 种族？
4. 民族？
5. 宗教？
6. 性别？
7. 生活方式（如激进还是保守）？
8. 地理位置（如城市、郊区还是农村）？

直至今日，依然只有一小部分人（他们来自少数群体）拥有大部分的财富、权力，这些人作为“精英”统治社会。在我看来，很明显，在大多数国家，资产阶级拥有最大的财务权力；在民主国家，政治权力掌握在选民手里；在专制国家，政治权力掌控在通过某种程序被选定的少数人手里。[6] 在当今的大多数国家，这些人是“统治者”和“精英”，他们监督现有的国内秩序，但目前受到攻击，所以现有格局可能

---

6 这并不意味着那些专制政体的统治者最终不会向人民汇报工作，因为人民可以推翻政府。

会改变。例如，美国正在掀起一项大规模的运动，目的是明显加大对不同群体成员的包容度，无论在赚钱的资本家领域还是在政治领域都是如此。这些转变可能带来正面的影响，也可能产生负面的影响，这取决于处理转变的方式（是和平还是暴力，是明智还是愚蠢）。**通过研究历史，我发现了这样一个永恒普适的真理：自孔子生活的公元前500年左右以来，*● 那些最广泛地使用人才，并根据个人业绩而不是特权来赋予公民责任的社会最可能取得可持续性成功。这样做可以（1）找到最佳人选来很好地完成工作，（2）从多种视角看待问题，（3）让公民认为自己得到最公平的待遇，从而促进社会稳定。***

随着不同群体为财富和政权分配而争斗，现有国内秩序像过去的秩序一样，也会不断演变。财富和权力的转移极为重要，值得我们密切关注，我们需要分辨哪些群体即将获得财富和权力，哪些群体即将失去财富和权力，辨别这些变化带来的影响，了解由此引发的周期变化。

所以，在我看来，所有事物都在以典型的方式发生变化，其动力来自一台久经考验的永动机。无论是过去还是现在，这台永动机都打造出不同的体制，比如共产主义、法西斯主义、专制主义、民主制度，以及从这些体制演化而来的后代和混合体，比如中国特色社会主义。它将产生新的内部秩序，分配财富和政治权力，给我们的生活带来巨大影响。这一切都基于人们选择如何对待彼此，以及人性如何影响他们的选择。

18. 左倾 / 右倾政治周期。资本家（即右倾势力）和社会主义者（即左倾势力）不仅有着不同的自身利益，而且有着不同的意识形态，二者都愿意为自己根深蒂固的信念而奋斗。右倾 / 资本主义者的典型观点是，自给自足，从而获取效益，限制政府干预，允许个人保留自己的成果，允许个人选择社会道德标准。他们还认为，私营部门比公共部门更有效率，资本主义最适合大多数人，白手起家的亿万富翁对社会的贡献最大。资本家通常不能容忍为那些缺乏生产和盈利能力的人提供财务支持。对他们来说，赚钱 = 取得效益 = 得到自己应得的东西。他们不太注意经济机器是否为大多数人创造了机会和繁荣。他们也可能忽略了这样一个事实：他们的盈利形式不利于实现大多数人的目标。例如，在一个纯粹的资本主义体系中，提供优质的公共教育并非当务之急，但这显然是整个社会提高生产力和增加财富的一个主要动力。

左倾 / 社会主义者的典型观点是，人们互相帮助，政府支持民众，分享财富和机会是高尚道德，而且有利于社会。他们认为，私营部门基本上是由贪婪的资本家经营的，而普通劳动者（如教师、消防员和工人）对社会的贡献更大。社会主义者和共产主义者强调妥善分配经济资源。他们支持政府增加干预，相信政府官员会比资本家更公平，资本家只想剥削他人以赚取更多的钱财。

我接触过世界上的各种经济体系，也知道为什么● ***赚钱、储蓄和将储蓄转化成资本（即资本主义）的能力是激励人们的有效动力，也帮助人们合理配置资源，提高生活水平。但资本主义也会造成财富和机会差距，这种差距是不公平的，可能产生负面作用，具有高度的周期性，可能破坏社会的稳定性。在我看来，决策者面临的最大挑战是，构建一个资本主义经济体系，在不加剧不平等和不稳定的情况下，提高生产力和生活水平。***

21. 权力平衡大周期，它驱动着国家内部和国家之间的和平 / 战争大周期。通过大量研究历史和亲身体验一小部分历史变迁，我发现权力平衡机制驱动着几乎所有权力斗争。例如，机构内部的办公室政治、塑造国内秩序的地方和国家政治，以及塑造世界秩序的国际政治，都离不开权力平衡。就像决定国内秩序一样，权力平衡也同样决定世界秩序的形成和变化。这个机制是通过一系列步骤展开的，但具体情况取决于当时的秩序和人民。

第一步：联盟的形成。当权力失去平衡时（例如，在美国，如果民主党的权力比共和党大得多，反之亦然），实力较强的政党就会利用并控制实力较弱的政党。为了削弱较强的政党，较弱的政党自然会去寻找其他政党加入自己的阵营，共同对抗较强的政党。这样它们可能拥有与反对党相当或更大的权力。实力较弱的政党通过给其他政党以它们想要的好处来换取它们的支持。如果以前实力较弱的政党通过这种做法，获得了比以前实力较强的政党更多的权力，后者就会与其他政党交涉，以求与它们结盟，从而消除反对党的优势。其结果是有着不同既得利益的盟友们团结起来，反对共同的敌人。俗话说："敌人的敌人就是朋友。"这样的机制自然使不同的政党拥有大致相当的权力，并导致政党内部出现分裂。在某些情况下，政党内部的分歧巨大，一些派系甚至想要摧毁其他派系，掌控整个政党。这种结盟和树敌的机制发生在各种关系的各个层面，从最重要的国际联盟（决定世界秩序的最主要元素）到最重要的国家内部联盟（决定国内秩序），再到国家内部、城市内部、机构内部、个人之间。对此造成影响的最大渐进变化是，世界变得越来越小，盟友和敌人变得更具全球性。过去，全球化的程度较低（例如，一些欧洲国家结盟以对抗其他欧洲国家，亚洲国家也在亚洲结盟，等等），但随着世界变得越来越小（缘于交通和通信工具的改善），各国之间的关联变得更加紧密。规模更大、更具全球性的联盟开始形成。这就是一战和二战时期存在两大阵营而且很可能会持续下去的原因。

第二步：战争决定胜负。当双方势均力敌且存在差异时，通常会发生剧烈的争斗；当双方势力不相当时，往往不会发生激烈的交战。因为明显较弱的实体去抗衡明显较强的实体是愚蠢之举，如果双方真的交战，那么规模也会很小。然而，有时即使双方的势力旗鼓相当，也可能出现僵持不下，而不是剧烈战斗，因为在试图打败对方的过程中，双方可能伤害自己的威胁大于从生死搏斗中获得的收益。例如，如果双方交战的结果肯定是相互毁灭（如美国和苏联当时面临的情况），双方就更可能僵持不下，而不是战斗。

虽然这些激烈的争斗往往是暴力的，但如果双方以遵守非武力规则为原则来解决各种争端（最重要的是生存争端），这些争斗就可能是非暴力的。例如，在2020年的美国大选中，两党势力大致相当，但存在不可调和的分歧，因此两党展开了激烈的政权争斗，这导致了2021年1月6日对美国国会大厦的袭击。但最终，宪法规定的政治权力和平移交程序取得了胜利。历史表明，如果没有明确的规则和/或各方不遵守规则，战斗就会更加残酷，往往会导致死亡。

第三步：胜者之间的斗争。历史告诉我们，在打败了共同敌人的权力斗争之后，那些联手击败共同敌人的赢家通常会在内部争夺权力，而输家也会这样做，他们想要卷土重来。我把权力平衡机制的这一形态称为“清洗”。这种情况在所有案例中都发生过，其中最著名的是法国的恐怖统治。同样的争斗也发生在国家之间，比如二战中曾是盟友的美国和苏联。类似地，抗日战争结束后，中国共产党和国民党的抗日统一战线立即变成内战。了解这一典型的机制后，我们就应当留意大战后赢家之间的内斗。我们也应该时刻注意同一政党内的各派是否倾向于为争夺政党控制权而发生内斗。当新政权（即获胜的政党）上台时，看看赢家如何对待他们所击败的敌人。接下来可能出现的情况取决于体制和体制中的领导者。美国和西式民主国家（大体而言）有相应的规则，使输家不受伤害和约束，这样他们可以重整旗鼓，东山再起，而在严酷的独裁体制下，失败者则会被彻底肃清。

第四步：步入和平与繁荣，但最终变得过度扩张，主要表现为财富和机会差距扩大与负债过度。历史告诉我们，由于这样的机制，最好的时期（即和平与繁荣时期）通常发生在战争之后，这时，领导者和权力结构明显确立，国家内部、与其他国家之间没有激烈的权力斗争，因为一个实力明显更强大的实体，能够让那些不太强大的实体安稳度日。

第五步：不断激化的冲突导致国内和国际秩序的巨变。只有大多数人能享受和平与繁荣（前提条件是制度公平，大多数人自律和高效），和平与繁荣时期才能延续下去。然而，如前所述，和平与繁荣时期也往往助长贫富悬殊和债务泡沫。随着繁荣消退和新矛盾的出现，冲突就会爆发。

这个周期追踪内部秩序、外部秩序和混乱大周期，我们将在第 5 章和第 6 章中探讨。

3

货币、信贷、债务和经济活动的大周期

大多数人和他们的国家最希望得到的是财富和权力，而货币和信贷对财富和权力增减的影响最大。如果你不明白货币和信贷是如何运作的，你就无法理解这个系统是如何运作的；如果你不明白这个系统是如何运作的，你就无法了解你即将遇到的情况。

例如，如果你不理解“咆哮的20年代”如何导致债务泡沫和贫富悬殊，债务泡沫破裂如何导致1930—1933年的大萧条，大萧条又如何导致世界各国的财富斗争，你就不会理解1932年罗斯福当选总统的原因，你也不会明白为什么他在就职后不久就宣布了一项新计划，让中央政府和美联储联手提供巨额货币和信贷；这些变化与当时其他国家的情况类似，也与当前应对新冠肺炎疫情危机的情况类似。除非你了解货币和信贷是如何运作的，否则你就无法理解为什么世界会发生像1933年那样的变化，也无法理解接下来发生的事件（二战），战争是怎么赢的、怎么输的，以及为什么新的世界秩序在1945年会以那样的模式建立起来。但如果你能认识到驱动所有这些事件的根本机制，你就能理解当前正在发生的状况，也能更好地了解未来可能出现的情况。

在与几位世界上最著名的历史学家和政治实践者（包括现任和前

任国家元首、外交部长、财政部长和央行行长）的交谈中，我们认识到，我们各自只能对世界是如何运行的这个问题做出部分解释。我对政治和地缘政治如何运作缺乏足够的切实理解，而他们对货币和信贷如何运作缺乏足够的切实理解。几位专家告诉我，以这种方式理解货币和信贷是他们在探究历史教训过程中所缺少的最重要的部分。我向他们解释说，他们的见解帮助我领会了影响政策选择的政治动态机制。本章主要讨论货币、信贷和经济。

我们从货币和信贷开始。

货币和信贷的永恒普适的基本要素

● ***无论是过去还是现在，所有实体（个人、公司、非营利组织和政府）都要面对同样的基本财务现实。*****这些实体有资金的流入（即收入）和流出（即支出），两者相抵后构成净收入。这些资金流用数字来衡量，显现在损益表中。如果一个实体的收入超过支出，这就会产生利润，储蓄就会增加。如果一个实体的支出超过收入，储蓄就会减少，或者它需要弥补差额，通过借款或以其他方式获得资金。如果一个实体的资产远远超过负债（即拥有高额的净资产），它就可以出售资产，使支出超过收入，直到资金耗尽，届时，它必须削减开支。如果一个实体的资产并不比负债多很多，而且收入低于运营和偿债所需的金额，该实体就必须削减开支，否则将会出现违约或者需要重组债务。**

一个实体的所有资产和负债（即债务）都可以在资产负债表中显示出来。无论这些数字是否有记录，每个国家、公司、非营利组织和个人都有资产和负债。例如，如果经济学家把每个实体的收入、支出和储蓄综合起来，就得到了所有实体的收入、支出和储蓄。● ***各个实***

体在损益表和资产负债表中反映的整体财务管理方式是内部和世界秩序变化的最大驱动因素。**理解了自己的收入、支出和储蓄，你就可以将其应用于其他实体，把这些实体综合起来，你就可以看到整个系统的运作方式。**

思考一下自己的财务状况。相对于你的支出，你现在有多少收入？你将来会有多少收入？你有多少储蓄？你将这些储蓄用于何种投资？接下来，再思考一下，如果你的收入下降或为零，那么你的储蓄能维持多久？你投资和储蓄的价值面临多大风险？如果价值减半，那么你的财务状况将会如何？你能轻易卖掉你的资产，用获得的现金来承担你的开支或偿还债务吗？你的其他资金来源在哪里？是来自政府还是其他地方？这些计算对于确保你的经济健康最为重要，而其他实体（其他个体、企业、非营利组织和政府）面临同样的情况。你可以观察各个实体如何相互关联，了解何种形势变化可能会影响你和与你相关的其他人。因为经济是以这种方式运行的所有实体的总和，搞清这些关系有助于理解当前正在发生的状况、了解未来可能出现的情况。

例如，由于一个实体的支出是另一个实体的收入，当一个实体削减支出时，这不仅会伤害自身实体，也会伤害依赖这一支出获得收入的其他实体。同样，由于一个实体的债务是另一个实体的资产，债务违约会使其他实体的资产减少，迫使它们削减支出。这会使债务问题和经济萎缩加速恶化，当人们为如何分配缩减了的经济蛋糕发生争辩时，这就会酿成政治问题。

作为一个原则，● ***债务吞噬资产净值。*****我的意思是，你必须最先偿还债务。例如，如果你拥有一个房子（即拥有“房屋净值”所有权），但不能支付抵押贷款，你的房子就会被卖掉或收走。也就是说，债权人比房主优先得到偿付。因此，如果你的收入低于支出，你的资产低于负债（即债务），你就不得不卖掉你的资产。**

与大多数人凭直觉想象的不同，**货币和信贷并不存在固定的数量。央行可以很容易地创造货币和信贷。个人、公司、非营利组织和政府都希望央行发行大量货币和信贷，因为这会增强其消费能力。如果货币和信贷用于消费，大多数商品、服务和投资资产的价格就会上涨。这也产生了必须偿还的债务，需要个人、公司、非营利组织和政府削减支出，最终使支出低于收入，这个过程是艰难和痛苦的。这就是为什么货币、信贷、债务和经济活动具有内在的周期性。在信贷创造阶段，商品、服务、投资资产的需求和生产都很强劲，而在债务偿还阶段，两者都很疲弱。**

但如果债务永远都不需要偿还呢？那就不会有债务紧缩，也不会有痛苦的还款期。但这对贷款人来说很糟糕，因为贷款人会遭受损失。对吧？思考一下，看看我们能否找到一种既不伤害借款人也不伤害贷款人的方法来解决债务问题。

既然政府有能力印钞和借款，为什么央行不能以大约零利率贷款给中央政府，以提供经济支撑呢？政府难道不能以低利率放贷给其他实体，让这些债务人永远不需要还债吗？在通常情况下，债务人必须在一段时间内分期偿还最初的借款（本金）加上利息。但是，央行有权将利率设定为零，并继续延展债务，这样债务人就永远不需要偿还债务。这相当于给债务人资金，但看上去不是这样的，因为这些债务仍然被视为央行所拥有的资产，所以央行仍然可以说自己在履行正常的放贷职责。**这正是新冠肺炎疫情引发经济危机后的情况。这种情况在历史上发生过多次。谁来买单？这不利于那些央行以外的实体，那些实体仍然以资产（现金和债券）的形式持有这些债务，却无法获得维持购买力的回报。**

当前，我们共同面临的最大问题是，对许多个体、公司、非营利组织和政府来说，其收入低于支出，而债务和其他负债（如养老金、

医疗和保险）远远高于资产价值。这可能不是我们看到的情况，事实上，这与我们看到的情况恰恰相反。因为很多个体、公司、非营利组织和政府看起来很富有，尽管即将破产。其之所以看上去富有，是因为大举消费，持有很多资产，甚至还有很多现金。然而，仔细观察后你会发现，有些人看起来富有，但实际上已经陷入财务困境，因为他们的收入低于支出，或者负债超过资产。因此，如果你预测他们未来的财务状况，你就会发现他们将被迫削减开支，以痛苦的方式出售资产，以致破产。我们每个人都需要预测自己的财务、与我们相关的其他人以及世界经济的未来状况。简言之，对一些个体、公司、非营利组织和国家来说，**其负债规模大大超过履行上述义务所需的净收入和资产价值。因此，其财务状况脆弱。但其仍然通过借款大举消费，所以看起来很富有。**

如果这些内容让你感到困惑，那么你不妨用这种方法分析一下自己的财务状况，预估你的财务安全边际［即如果最坏的情况发生，那么你的财务状况可以维持多久。例如，假如你失业了，而且你的投资资产下降到只有原来价值的一半（算上价格下跌、税收和通胀等因素后）］。然后，估算一下其他实体，把结果综合起来，你就对整体状况有了很好的了解。在桥水合伙人的帮助下，我完成了这些工作。这对于设想未来可能发生的情况很有帮助。[1]

总之，这种考察基本财务现实的方法适用于所有个人、公司、非营利组织和政府，也适用于你我，但存在一大例外情况（我在上文提到过）。所有国家都可以发行货币和信贷，把资金发放给国民，将其用于消费或放贷。通过发行货币，并将其发放给需要资金的债务人，央行可以避免债务危机（我刚解释过）。出于这个原因，我将把前面的原

1 要想了解我在这方面的更多分析，请在 economicprinciples.org 网站上阅读我的几篇论文。

则改为：● ***债务吞噬资产净值，但央行可以通过印钞来为债务融资。***一旦债务危机恶化到一定程度，使吞噬资产净值的大量债务在政治上无法接受，同时带来相应的经济痛苦，政府印钞就不足为奇了。

然而，并不是所有政府印制的货币都具有同等的价值。

在世界各国被广泛接受的钞票（即货币）被称为储备货币。在我撰写本书时，世界上占主导地位的储备货币是美元，美元是由美国的央行（即美联储）创造的货币。明显次要的储备货币是欧元，欧元是由欧元区的央行（即欧洲央行）创造的货币。目前，日元、人民币和英镑都是规模相对较小的储备货币，但人民币的重要性正在迅速增强。

● ***在储备货币存在期间，拥有储备货币的国家受益匪浅。因为储备货币赋予一个国家极大的借款和消费能力，也给予该国巨大的权力，它能决定哪个国家获得国际交易所需的资金和信贷。***然而，拥有储备货币通常会让一个国家播下失去储备货币地位的种子。这是因为储备货币国家可以借到超出自身偿付能力的资金。为了偿还债务，储备货币国家发行大量货币和信贷，导致货币贬值，最终丧失储备货币地位，而失去储备货币地位极为糟糕。这是因为● ***拥有储备货币是一个国家所能拥有的最大权力之一，它赋予这个国家巨大的购买力和地缘政治实力。***

相反，如果没有储备货币的国家持有大量以储备货币（如美元）计价的债务（但它们不能印发这种货币），或者持有这种储备货币的存款不多，而且获取所需储备货币的能力下降，那么这个国家通常需要这种储备货币。**如果一个国家急需储备货币来偿还以储备货币计价的债务，并且需要从只接受储备货币的卖家那里购买商品，这个国家可能就会破产。**这种情形在历史上经常发生。这是目前许多国家面临的境况，也是地方政府、州政府和我们许多人面临的境况。由于每次都是以同样的方式处理，了解这台经济机器的运转方式很容易，这就是我将在本章分享的内容。

我们从基础要素开始，然后构建框架。

货币是什么

货币是一种交换媒介，也可以是财富贮藏的手段。

所谓“交换媒介”，是指金钱可以用来购买物品。简单地说，人们从事生产活动的主要目的是得到自己想要的物品，有时需要通过与持有这些物品的人交换才能获得。因为携带非货币物品并用这些物品来交换自己想要的物品（即物物交换）非常低效，所以几乎所有曾经存在过的社会都发明了钱币（也称为货币）。钱币便于携带，所有人都认同它的价值，因此可以用来兑换各自想要的物品。

所谓“财富贮藏”，是指介于获得财富与消费财富之间的储存购买力的一种工具。虽然最合乎逻辑的方式之一是，以钱的形式储存财富，以备将来使用，但人们还是将财富储存在他们预期可以保值或升值的资产中（如黄金、白银、宝石、画作、房地产、股票和债券）。他们认为，通过持有某种可能升值的资产，他们就会取得比单纯持有这些现金更高的回报。此外，人们总可以根据需要，将持有的资产兑换成现金，用来购买自己想要的东西。这时信贷和债务就出现了。理解金钱和债务的区别很重要。金钱是清偿债务的手段，一个人付清欠账即告完事，而债务是对未来交付资金的承诺。

贷款人认为，与单纯持有这些现金相比，他们收回的资金可以购买更多的商品和服务。借款人认为，如果操作得好，他们就能有效使用这些资金赚取利润，偿还借款并保留一些利润。当借款未偿还时，它是贷款人的资产（如债券）、借款人的负债（即债务）。当借款还清时，资产和负债清零，借贷双方都得到收益。他们基本上分享了这种生产性贷款带来的利润。这对整个社会也有好处，由此带来的生产率增长使社会受益。[2]

因此，我们必须认识到：**大多数货币和信贷（尤其是目前存在的法定货币）都没有内在价值。它们只是会计系统中的日记账目，很容易被更改。货币和信贷体系旨在帮助有效分配资源，提高生产率，使借贷双方都能获利，但这一体系会出现周期性失灵。**发生这种情况时（亘古以来，这种情况总会发生），货币供应就采用“货币化”[3]，货币不是被贬值就是被摧毁，财富将发生巨大的转移，对整个经济和市场都造成冲击。

这一切意味着债务和信贷机器的运作并不完美。货币的供需和价值会出现周期性波动，在上升阶段带来繁荣的富有，在下跌阶段导致痛苦的重组。

现在我们从基本原理开始考察这些周期的运作机制。

货币、信贷和财富

货币和信贷与财富有关，但它们不是一回事。因为货币和信贷可以用来购买财富（即商品和服务），所以一个人拥有的货币和信贷总值与其拥有的财富总值看起来几乎是一样的，但是一个人无法单纯通过创造更多的货币和信贷来创造更多的财富。要想创造更多的财富，就

2　虽然借款人通常愿意支付利息，这也正是贷款人放贷的动机，但现在有些债务资产的利率为负，这有些不可思议，我们稍后将探讨这种情况。

3　货币化意味着央行创造货币来购买债务。

必须提高生产率。货币和信贷创造与财富创造之间的关系经常被混淆，但这种关系是经济周期的最大驱动力。因此我们来详细考察这种关系。

在通常情况下，货币和信贷的创造与其带来的商品、服务和投资资产之间存在相互强化的关系，因此很容易混淆。**我们可以这样来理解：虽然金融经济和实体经济是相关的，但不能混为一谈。每种经济都存在驱动它的供求关系。**实体经济的供求关系取决于商品和服务数量、购买这些商品和服务的买家数量。当商品和服务需求强劲且不断上升，而满足需求的产能不足时，实体经济的增长能力就会受到限制。如果需求增速继续超过生产能力，价格就会上涨，通胀也会走高。这时金融经济就开始发挥作用了。为了应对通胀走高的局面，央行通常会收紧货币和信贷，从而削弱实体经济的需求；当需求过少时，央行便采取相反的举措，通过提供货币和信贷来刺激需求。**通过增减货币和信贷的供应，央行可以增减金融资产、商品和服务的需求与生产。**但其无法做得完美，所以这个过程中存在短期债务周期，即经济增长和经济衰退之间更迭的阶段。

当然，我们还需要考虑货币和信贷的价值，这些价值基于自身的供求关系。如果货币的供应远远大于需求，货币的价值就会下降。货币和信贷的流向是决定未来情况的重要因素。例如，如果货币和信贷不再流入增强经济需求的贷款，而是流入其他货币和通胀对冲资产，那么货币和信贷就无法刺激实体经济活动，反而会导致货币贬值，推高通胀对冲资产的价值。这种情况下可能出现高通胀，因为货币和信贷的供应相对于需求增加了，这就是我们所说的“货币通胀”。与此同时，商品和服务需求疲弱、资产被抛售的情况也可能出现，因此，实体经济处于通缩状态。这就出现了通胀性经济萧条。出于这些原因，**我们必须观察实体经济和金融经济的供求变化，以了解金融经济和实体经济可能出现的情况。**

例如，政府通过财政和货币政策提供金融资产，其具体方式决定了谁会获得这些购买力，也决定了这些购买力的去向。在通常情况下，货币和信贷是由中央银行创造的，并流入金融资产，私人信贷系统将这些资产用于为人们的借款和消费提供融资。但在危急时刻，政府可以决定货币、信贷和购买力的去向，其不再由市场来分配，暂时告别我们所知的资本主义。这是全球应对新冠肺炎疫情时的情况。

就像金融经济和实体经济容易被混淆一样，价格和价值的关系也令人困惑。价格和价值的走势往往相同，所以可能会被混为一谈。因为当人们拥有更多的货币和信贷时，他们就拥有了增加支出的能力和意愿。如果支出增加了经济产出，提高了商品、服务和金融资产的价格，这就相当于增加了财富，因为以我们核算财富的方式来衡量，拥有这些资产的人变得“更富有”了。然而，这种财富增加更多的是种错觉，而不是现实，原因有二：（1）尽管信贷增长推高了价格和生产，但这些信贷是需要偿还的，在所有条件不变的情况下，信贷到期而需要偿还时，会对财富产生反向作用；（2）物品的内在价值不会只因价格上涨而增加。

你可以这么想：如果你拥有一套房子，那么在政府创造了大量货币和信贷时，许多急切购房的买家可能会推高你的房价，但房子仍是同一套房子，你的实际财富并没有增加，只是财富的估值有所增加。同样，如果政府创造了货币，你拥有的任何其他资产（股票和债券等）的价格就会上涨。在这种情况下，财富的估值上涨了，但实际财富总量并没有增加，因为你所拥有的物品还跟以前一样，只是市场认为这些物品更值钱了。换言之，用一个人所拥有的物品的市场价值来衡量其财富，会给人一种财富发生变化的错觉，而这种变化其实并不存在。重要的是，**货币和信贷在发放时产生刺激性影响，而需要偿还时会产生抑制性影响。这就是货币、信贷和经济增长具有周期性的**

原因。

货币和信贷的控制方（即央行）通过改变货币和信贷的成本与供给来调控市场和整体经济。当经济增长过快而央行想使其放缓时，央行就会减少货币和信贷供给，促使货币和信贷成本上升。这会鼓励人们放贷，而不是借款和支出。当经济增长过慢而央行想刺激经济时，央行就降低货币和信贷成本，提供充裕的货币和信贷，鼓励人们借款、投资和/或消费。货币和信贷的成本与供给的变化也导致商品、服务和投资资产的价格与数量起起伏伏，但央行只能在其控制货币和信贷增长的能力范围内调控经济，其调控能力是有限的。

你可以这么想：央行有一瓶兴奋剂，可以根据需要将其注入经济。当市场和经济增长下滑时，央行注入货币和信贷兴奋剂，从而提振市场和经济；当市场和经济过热时，央行减少或停止注入兴奋剂。这些举措使货币、信贷、商品、服务和金融资产的数量与价格出现周期性涨跌。这些走势通常表现为短期债务周期和长期债务周期。短期债务周期起起落落，通常持续8年左右（会有出入）。持续时间取决于刺激政策需要多长时间，才能把需求提高到实体经济达到产能极限的水平。大多数人见过足够多的短期债务周期（通常被称为“经济周期”），对其有一定认知，因此他们错误地认为，债务周期将永远以这种方式持续运转。

我称之为短期债务周期，是为了区别于长期债务周期。长期债务周期通常持续50~100年（因此包括6~10个短期债务周期）。[4] **长期债务周期在人的一生中只出现一次，大多数人对其会毫无预料。**因此其到来往往令人措手不及，让很多人遭受损失。**我们正处于长期债务周期的后期阶段，目前的长期债务周期是1944年在新罕布什尔州的**

4 此外，请注意，这些周期时间只是粗略估计，我们要了解在这些周期中所处的位置，还需要分析更多具体情况，而不是单纯依据周期的时长。

布雷顿森林设计的世界货币体系的结果，这一货币体系在 1945 年二战结束后付诸实施，标志着美元 / 美国主导的世界秩序的开始。

这些长期债务周期取决于央行还剩下多少兴奋剂。在长期债务周期的初期，此前的超额债务得以重组，央行拥有一整瓶的兴奋剂，而当债务高企、央行的兴奋剂所剩无几的时候，这个周期就结束了。更具体地说，**当央行无力通过货币和信贷增长来推动实体经济发展时，央行就不具备刺激经济的能力了。我们从历史案例中可以看到，为了抵消通缩性信贷和经济萎缩带来的通缩影响，中央政府和央行会创造货币和信贷，这样做会削弱自己的货币，推高货币通胀水平。这种情况通常发生在如下时期：债务高企，利率无法充分下调，货币和信贷创造对金融资产价格的提振超过对实体经济活力的提振。这种时候，债务（即其他人交付资金的承诺）持有者通常希望出售持有的货币债务，换成其他形式的财富储备工具。一旦人们普遍意识到，货币和债务资产不再是良好的财富贮藏手段，长期债务周期就走到了尽头，这时需要对货币体系进行结构性重组。**

由于这些周期至关重要，而且自有历史记录以来几乎在全球各地都发生过，我们需要了解并根据永恒普适的原则妥善应对这些周期。但大多数人（包括许多经济学家）甚至没有意识到它们的存在。要想深刻理解这些周期，就需要获得足够数量和类别的考察案例，研究数百年来这些周期在不同国家的运作情况。在第二部分，我们将分析历史上主要国家最重要的周期，根据永恒普适的基本原理，研究货币和信贷作为交换媒介和财富贮藏手段成败背后的原因。本章综合所有研究案例，显示这些周期的典型运作机制。

首先，我们从历史角度考察长期债务周期的基本要素，然后扩展至当今，说明这些案例的经典模型。需要澄清的是，并不是所有的案例都可以套用这个模型，我只是说几乎所有案例都遵循这个模式。

长期债务周期

长期债务周期分为 6 个阶段。

第一阶段：最初（a）并不存在债务，或者债务很少，（b）人们使用硬通货。

通过进行债务重组和债务货币化，上个周期的债务负担基本上被消除了。考虑到这些后果（特别是通胀），人们又开始使用硬通货（例如黄金和白银，有时还有铜和其他金属，如镍）或者与硬通货挂钩的货币。例如，在德国魏玛共和国的债务和货币崩溃后，以黄金计价的资产和土地成为货币的后盾，而且货币与美元挂钩。20 世纪 80 年代末，阿根廷比索大幅贬值后，开始与美元挂钩。

在这个阶段，硬通货很重要，因为它们的交易不需要涉及信任或信用。任何交易都可以就地结算，即使买卖双方是陌生人或冤家。有句老话说："黄金是唯一不是他人负债的金融资产。"你从买家那里收到金币后，可以把金币熔化掉，因为它存在内在价值，你仍然可以得到几乎同样的价值，而不像债务资产（是交付价值的承诺），例如纸币（因为很容易印制，所以纸币算不上什么承诺）。在战争期间，各方不信任彼此的支付意图和能力，故而仍然使用黄金来完成交易。因此，黄金（其次是白银）既可以作为安全的交换媒介，也可以作为安全的财富贮藏手段。

第二阶段：后来出现了硬通货债权票据（又称票据或纸币）。

由于随身携带大量金属货币既有风险又不方便，而且信用创造对贷款人和借款人都有吸引力，因此一些可信赖的机构出现了，它们把货币存放在安全的地方，然后给存放人出具债权票据。这些机构后来被称为“银行”，不过最初包括人们信任的各种机构，如中国的寺庙。**很快，人们将这些“货币票据”视为实际货币。**毕竟，这些票据可以被兑换成有形货币，也可以直接用于购物。这种货币体系被称为挂钩货币体系，因为货币的价值与某种实物的价值挂钩，这种实物通常是硬通货，如黄金和白银。

第三阶段：后来是债务增加。

起初，硬通货债权票据的数量与银行里储存的硬通货一样多。之后，债权票据的持有者和银行共同发现了信贷和债务的奥妙。票据持有者将这些债权票据借给银行，可以得到银行支付的利息。借入这些债权票据的银行很乐意，因为它们可以把钱借给其他能支付更高利息的人，从而从中获利。从银行借来票据的人也高兴，因为他们获得了以前没有的购买力。随着资产价格和生产双双提升，整个社会皆大欢喜。由于受到所有人的青睐，这种做法逐渐盛行起来。贷款和借款日益增多，掀起了借贷热潮，以至货币债权（即债务资产）数量超过了可供购买的实际商品和服务数量。最终，货币债权远远超过银行储存的硬通货。

一旦出现以下问题，麻烦就来了：人们没有足够的收入来偿还债务，或者人们持有的债权数量（他们指望通过出售这些资产，换来购买商品和服务的货币）比商品和服务数量增长得更快，以致债务资产（如债券）无法兑换成货币以购买商品和服务。而这两个问题往往结伴而来。

关于第一个问题，我们可以把债务看作负收益和负资产，而负资产会吞噬收益（因为必须用收益来偿还债务），也会吞噬其他资产（因为只有出售其他资产，才能获得偿还债务的资金）。债务具有优先级别，也就是说，它比任何其他类别的资产都优先得到偿付，因此，如果收入和资产的价值下降，这就需要削减支出和出售资产来筹集所需的资金。如果这还不足以解决债务问题，就需要（a）进行债务重组（减少债务和债务负担；这对债务人和债权人来说都是个问题，因为一个人的债务是另一个人的资产），和 / 或（b）央行印钞，同时中央政府发放货币和信贷，填补收入和资产负债表上的资金缺口（这就是现今发生的情况）。

第四阶段：然后会发生债务危机、违约和货币贬值，导致印钞和与硬通货脱钩。

关于第二个问题，如果债权人认为他们不能从债务中获得足够的回报（相对于其他财富贮藏手段及商品和服务成本），上述情况就会发生。债务资产（如债券）是由投资者持有的，他们将这些资产视为财富贮藏手段，以备未来出售换取资金，然后购买商品。当债务资产持有者想要换成实物货币与实物商品和服务却发现无法转换时，挤兑就会出现，即债务资产持有者竞相将债务资产转换成货币、商品、服务和其他金融资产。届时，无论是私人银行还是央行，都会面临这样的选择：要么允许资金从债务资产流出，这会推升利率，导致债务和经济问题恶化；要么“印钞”，发行债券，并充分购买债券，防止利率上升，以期资金流回债务资产。在这种情况下，央行不可避免地与硬通货脱钩，印发货币，并让货币贬值。因为不这样做，就会导致无法忍受的通缩性经济萧条。这个阶段的关键是，创造足够的货币和让货币贬值，从而抵消通缩带来的经济萧条，但又不至于造成通胀螺旋式上升。如果行之有效，这就会实现我所称的“和谐的去杠杆化”（我在《债务危机》一书中对此进行了更全面的阐述）。有时购债举措暂时奏效，但一旦货币债权（债务资产）与实际存在的硬通货以及可供购买的商品和服务的比率过高，银行将处于无法自救的困境，因为它没有足够的硬通货来偿付货币债权。当央行发生这种情况时，它可以选择违约，或者与硬通货脱钩，发行货币，让货币贬值。央行总会不可避免地选择让货币贬值。但如果这些债务重组和货币贬值的规模过大，就会导致货币体系失灵乃至被摧毁。债务（即货币债权及商品和服务债权）越多，货币贬值的必要性和可能性就越大。

值得注意的是，受生产能力的限制，商品和服务的数量总是有限的。另外，正如我们关于硬通货债权票据的例子所示，硬通货（例如储存的黄金）的数量也是有限的，而纸币（硬通货债权票据）和债务（纸币债权）的数量不断增长。当纸币债权的数量超过银行储存的硬通货数量以及经济体中的商品和服务数量时，这些债务资产持有者的风险就会增加，他们可能无法把债务资产兑换成他们预期得到的硬通货、商品和服务。

无论是私人银行还是央行，如果一家银行拿不出足够多的硬通货来兑付债权，就会陷入困境，但央行比私人银行有更多的选择。这是因为私人银行不能通过印钞或修改法律，减轻债务人的偿债负担，而一些央行则可以。**当私人银行陷入困境时，它们只能选择违约，或接受政府纾困。对央行而言，如果债务是以本国货币计价的，那么央行可以降低债权价值（例如，偿付 50%~70%），但如果债务以自己无法印制的货币计价，那么最终央行也只得违约。**

第五阶段：然后是法定货币，最终导致货币贬值。

央行希望尽可能延长货币和信贷周期，使其长久持续下去，因为这比其他选择要好得多。因此，当硬通货和硬通货债权的货币体系变得过于受限时，政府通常会放弃该体系，转而采用所谓的法定货币体系。法定货币体系不涉及硬通货，央行可以无限制地印制纸币，所以不会面临硬通货储备缩水而被迫违约的风险。届时，央行的风险在于，由于不再受制于有形黄金、白银或其他硬资产的供给，印钞机掌管者（即与商业银行合作的央行）不断创造更多的货币、债务资产和负债，以至超过商品和服务的供应数量。最终，持有大量债务的债权人设法出售这些债务，换取商品和服务，从而产生与银行挤兑相同的效果，导致债务违约或货币贬值。

债务票据可以按固定比率兑换成有形资产（如黄金和白银）的货币体系，可以转变成不需要这些兑换的法定货币体系。最近一次这样的转变发生在 1971 年 8 月 15 日的美国。这一天晚上，尼克松总统向全美发表电视讲话，向全世界宣布美元不再与黄金挂钩。如前所述，我在电视上看到这一幕时，心想股市会暴跌而乱成一片，却意外发现股市大涨。我从未见过货币贬值，所以不明白这是怎么回事。

1971 年之前，美国政府将巨额资金用于军事和社会项目，即所谓的“大炮加黄油”政策。美国政府通过借款来支撑这些计划，从而产生了债务。这些债务是可以兑换成黄金的债权票据。投资者将这些债权票据作为资产来购买，因为他们可以从中赚取利息，也因为美国政府承诺，允许票据持有者把票据换成美国金库中的黄金。随着美国的支出和预算赤字的增长，美国政府不得不发行更多的债务（即创造更多可以兑换成黄金的债权票据），但银行里的黄金数量并没有增加。精明的投资者可以看出，尚未兑付的黄金债权数量远远超过银行里的黄金数量。他们意识到，如果这种情况继续下去，那么美国必将违约。于是，他们拿着这些黄金债权去兑换黄金。当然，美国政府是世界上最富有、最强大的政府，它会违背承诺、拒付黄金的想法在当时似乎不太可信。因此，尽管大多数人对尼克松的声明及其对市场的影响感到很惊讶，但那些了解货币和信贷运作机制的人并不感到意外。

当信贷周期达到极限时，为了维持经济运行，中央政府及央行会

创造大量债务，还会印钞，并用于购买商品、服务和投资资产，这是合乎逻辑的典型对策。这就是2008年全球金融危机期间的做法，当时利率已降为零，不能再下调了。2020年，为了应对新冠肺炎疫情造成的经济危机，政府也大规模地采取了这一举措。这也是美国政府应对1929—1932年的债务危机的做法，当时利率也同样降为零。在我撰写本书的时候，债务和货币的规模超过二战以来的任何时候。

需要明确的是，央行印钞并发放给民众用于消费，而不是用于增加债务的支出，这并非没有好处。这笔资金可以像信贷一样用于消费，但实际上（而非理论上）并不需要偿还。如果把增印的货币用于生产性活动，这种加快货币增长（而不是加快信贷/债务增长）的做法就并无不妥。风险在于不这么做。如果央行过度印钞，而未将增印的货币用于生产性活动，人们就不再把货币资产作为财富贮藏手段，而将财富转入其他资产。

西方历史表明，● ***我们不应该依靠政府来保护钱财。***相反，我们应该预料到，大多数政府会滥用它们作为货币和信贷创造者与使用者的特权，如果你处在他们的位置，那么也可能出于同样的理由滥用特权。这是因为没有任何一个决策者能掌控整个长期债务周期。每个决策者只参与这个周期的一个或几个部分，他们根据当时的情况做出符合自身利益的、当时认为是最好的决策（包括违背承诺，尽管他们对整个周期的整体处理方式不佳）。

在债务周期的早期，人们认为政府是值得信赖的。政府对资金的需求和欲望与其他人一样，甚至比任何人都大，所以政府通常是最大的借款人。在债务周期的后期，领导人几经更换，政府债务日益增多，新的政府领导人和央行官员不得不面临更大的挑战，一方面需要偿还债务，另一方面经济刺激工具减少。雪上加霜的是，政府还必须救助那些一旦破产便会殃及整个金融体系的债务人，即大到不能倒综合征。

因此，政府往往会陷入比个人、公司和大多数其他实体严重得多的现金流困境。

在几乎所有情况下，政府的举措都会造成债务累积，政府自身也变成负债累累的债务人。当债务泡沫破裂时，政府需要救助自己和其他人，它们购买资产和/或增印货币，让货币贬值。债务危机越严重，越是如此。这些举措虽然不是上策，但其背后的原因是可以理解的。

● ***当政府能够创造货币和信贷，并发放给民众而取得好评时，政府很难抵抗这种诱惑***。[5] 这是一种典型的金融手法。**纵观历史上的统治者，他们都会积累大量债务，而这些债务在他们统治结束后很久才会到期，所以继任者需要为之买单。**

央行通过印钞和购买金融资产（以债券为主），将利率保持在低位，从而刺激借款和消费，鼓励债券持有者出售债券，也鼓励投资者、企业和个人利用低利率借款，投资于回报率更高的资产，通过负担得起的月供购买期望得到的东西。

这会导致央行继续印钞，购买更多债券，在某些情况下，也购买其他金融资产。这一做法通常会显著推高金融资产价格，却不能有效地将资金、信贷和购买力送到最需要的人手中。这就是2008年的状况，2020年新冠肺炎疫情引发危机之前的大部分时间也都是如此。当央行印钞和购债未能把资金和信贷送到所需之处时，中央政府就从央行借钱（央行通过印钞提供资金），再把资金用于所需之处。美联储在2020年4月9日宣布了类似的计划。这种印钞购债做法（称为“债务货币化”）将财富从富人转移到有需要的群体。从政治角度来说，这比征税容易接受多了（因为征税会得罪纳税人）。**这就是为什么央行最终会选择印钞，并让货币贬值。**

5　一些央行不受政治家的直接控制，因此政府这样做的难度加大。但几乎所有央行都会在某个时点拯救自己的政府，因此货币贬值总会发生。

当政府大量印钞和购债时，货币和债务的价值就会下降。这实质上是对货币和债券持有人征税，减轻债务人和借款人的负担。这种情况发展到一定程度时，货币和债务资产持有者就会意识到真实情况。于是，他们设法出售债务资产和 / 或借入廉价贷款，再举借可以通过廉价贷款来偿还的债务。他们还常常把财富转移到其他财富贮藏手段上，比如黄金、某些类别的股票或没有这些问题的其他国家。在这种情况下，央行通常会继续印钞，直接或间接地购买债券（例如，让银行代其购买），并禁止资金流入通胀对冲资产、其他货币和其他地方。

在这种“通货再膨胀”时期，决策者要么刺激新一轮货币和信贷扩张，为新一轮经济扩张提供资金（有利于股票），要么让货币贬值，产生货币通胀（有利于通胀对冲资产，如黄金、大宗商品和通胀挂钩债券）。在长期债务周期的早期阶段，未偿债务的数额不多，通过降息刺激经济的空间较大（如果央行无法降息，就增印货币和购买金融资产），信贷和经济出现良性增长的可能性较大。而在长期债务周期的后期阶段，债务数额较大，刺激经济的空间较小，伴随着经济疲弱而出现货币通胀的可能性明显加大。

尽管人们趋于相信货币基本上会永远存在，“现金”是可以持有的最安全的资产，但是事实并非如此。● *所有货币都会贬值甚至消亡。一旦出现这种情况，现金和债券（即获得货币的承诺）就会贬值甚至变得一文不值。*这是因为大规模印钞、降低债务价值是减轻或消除债务负担的最简便方式。正如下一章所述，只有充分减轻或消除债务负担，信贷 / 债务扩张周期才能重新启动。

正如我在《债务危机》一书中详细阐述的那样，**要想使债务和负债相对于偿债所需的收入和现金流下降，决策者可以使用以下 4 种工具：**

1. 财政紧缩（减少支出）；

2. 债务违约和重组；

3. 将资金和信贷从富人向贫困者转移（例如，增税）；

4. 印钞并使货币贬值。

出于逻辑原因，这些政策工具通常从一个发展到下一个。

- 财政紧缩具有通缩性，不会持续太久，因为这一做法过于痛苦。
- 债务违约和重组也具有通缩性，也很痛苦，因为价值减少甚至归零的债务亦是某些人的资产。因此，违约和重组对债务人和债权人来说都很痛苦。债务人破产，资产被收走；债权人因债务减计而遭受财富损失。
- 将资金和信贷从富人转移到贫困者（即通过对富人增税进行财富再分配），这一做法虽然具有一定的政治挑战性，但比前两种做法更容易忍受，通常是解决方案的一个选项。
- 与其他做法相比，● ***印钞是最简便、最不被人了解、最常见的主要债务重组手段。***实际上，大多数人认为这种做法利大于弊，因为：
  - 印钞有助于缓解债务压力；
  - 在提供金融财富的过程中，难以分辨出财富被收走的任何受害方（尽管他们是货币和债务资产的持有者）；
  - 在大多数情况下，印钞拉动资产价格上涨，因为人们根据货币来衡量自身财富，而此时的货币不断贬值，因此人们好像变得更富裕。

这正是新冠肺炎疫情危机期间的情况，政府和央行发放大量资金和贷款。请注意，此时你听不到任何人抱怨货币和信贷创造。事实上，如果政府不提供更多的资金和贷款，就会被视为小气和残忍。几乎没有人意识到，政府实际上并不拥有这些资金。政府并非堆满了资金的富有的实体，而只是所有人的集合，到头来人们必须为政府创造和发放的资金买单。现在让我们来想象一下，假如政府官员为了平衡预算而需要削减开支，并要求人们也这么做，导致许多人破产，人们会怎么说。如果政府设法通过增税进行财富再分配，把财富从富人转移到贫困者手中，那么人们又会怎么说。从政治角度来说，比起任何其他选项，这种提供资金和信贷的选项更容易被接受。这样做就像改变大富翁游戏的规则：虽然玩家允许银行赚更多的钱，但一旦过多玩家破产使全体玩家感到愤怒，银行就需要重新分配财富。

第六阶段：回归硬通货。

在极端情况下，如果做得太过火了，就是说央行过度增印法定货币，债权人就会出售债务资产，引发上文所述的银行挤兑现象，最终导致货币和信贷的价值下降，促使人们逃离现金和债务（如债券）。历史告诉我们，在这种情况下，人们通常会转向黄金、白银、保值的股票，以及没有这些问题的其他国家的货币和资产。一些人认为，一旦发生资本外逃，国家就需要一种替代储备货币，但事实并非如此。因为同样的情况（即货币体系崩溃、资金流向其他资产）曾经发生在没有替代货币的历史案例中（例如，在古代中国和罗马帝国时期）。当货币贬值时，人们会抢购各种各样的另类资产，例如，在德国魏玛共和国时期，人们会抢购石材（用于建筑）。由于货币贬值，人们逃离货币和以该货币计价的债务，转而选择其他货币和资产。

在债务周期的这一阶段，巨大的贫富和价值观差距通常造成经济压力，导致税收上涨、贫富矛盾激化。于是，富人想把财富换成硬资产、外币，或转移到其他国家。当一个国家面临债务、货币和投资外逃时，其统治者自然想要加以阻止。因此，政府会采取各种措施，使人们更难投资于黄金（例如，取缔黄金的交易权和所有权）、外币（禁止外币交易）和外国资产（实施外汇管制，防止资金外流）。最终，政府通过提供大量资金和廉价贷款，基本上消除了债务，但货币和债务的价值也随之下降。

如果货币贬值和债务违约变得过于极端，货币和信贷体系就会崩溃。届时，政府通常会被迫回归某种形式的硬通货，重建人们对货币价值作为财富贮藏手段的信心。政府经常（但并非总是）将货币与黄金或某种硬通货挂钩，并允许新货币持有者将其转换为硬通货。例如，在过去几十年中，许多弱势货币国家将其货币与美元挂钩，或者干脆把自己的整个经济美元化（即把美元作为本国的交换媒介和财富贮藏手段）。

综上所述，在长期债务周期的早期，未偿债务不多，持有赚取利息的债务资产通常带来回报。但是，到了周期的后期，未偿债务大量积累，濒临违约或者贬值，持有债务的风险超过所得的利息。因此，持有债务（例如债券）有点儿像手握一颗定时炸弹，它在嘀嗒作响时好比债务的积累，但一旦停下来就会把你炸得粉碎。正如我们所见，这种大爆炸（即发生重大违约或货币大幅贬值）每 50~100 年就发生一次。

这些债务累积和债务勾销周期已经存在了几千年，在某些情况下已经制度化。例如，《旧约》描述每 50 年为一个禧年，在这一年里，人们的债务被免除。如果了解债务周期发生的时间表，每个人就都可以理性地为之做好准备。

帮助人们理解这些债务周期，为此做好准备，以免措手不及，这就是我撰写本书的主要目的。

具有讽刺意味的是，**对大多数人来说，债务越濒临崩溃（此时的未偿债权与硬通货和有形财富的比率最大），境况越危险，人们往往越感觉安全。这是因为他们一直持有债务，享受着债务带来的回报，而距离上一次债务危机的时间越长，人们对它的记忆就越淡，**尽管持有债务的风险上升、回报下降。要想正确评估持有债务这颗定时炸弹的风险和回报，我们就必须时刻注意到需要偿还的债务与可供偿还的硬通货的比率、需要支付的债务金额与债务人的现金流的比率，以及投资者获得的利息回报。

长期债务周期小结

几千年来，世界上一直存在三种类型的货币体系。

第一类：硬通货（如金属硬币）。
第二类：纸币（硬通货债权）。
第三类：法定货币。

硬通货是最具约束性的货币体系。除非作为货币的金属或其他具有内在价值的大宗商品的供给增加，否则货币无法创造。在第二类货币体系中，货币和信贷更容易创造，因而硬通货债权与实际持有的硬通货的比率会上升，最终导致银行发生“挤兑”。结果是违约，银行关门，储户失去他们的硬资产和/或货币债权贬值，这意味着储户拿回来的钱少了。在第三类货币体系中，政府可以自由创造货币和信贷，只要人们对货币还有信心，这种体系就一直运营；一旦人们对货币失去

信心，这种体系就会失灵。

纵观历史，各国在这些不同的货币体系之间进行转换，而转换背后的原因也是合乎逻辑的。无论是为了应对债务和战争，还是解决其他问题，如果一个国家需要的货币和信贷超过现有的水平，自然就会从第一类货币体系转到第二类，或者从第二类转到第三类，以便更灵活地发行货币。然而，创造过多的货币和债务会降低其价值，使人们不再将债务和货币作为财富贮藏手段，转而投资于硬资产（如黄金和白银）和其他货币。这通常发生在贫富冲突或战争期间，届时人们通常也想离开这个国家。只有重建人们对货币作为财富贮藏手段的信心，国家才能恢复信贷市场。

下图显示了这三类货币体系的转换情况。从中国的宋朝到德国魏玛共和国，历史上有许多实例说明国家从约束性（第一类和第二类）货币体系过渡到法定货币体系。后来，由于法定货币引发恶性通胀，国家又回到约束性货币体系。

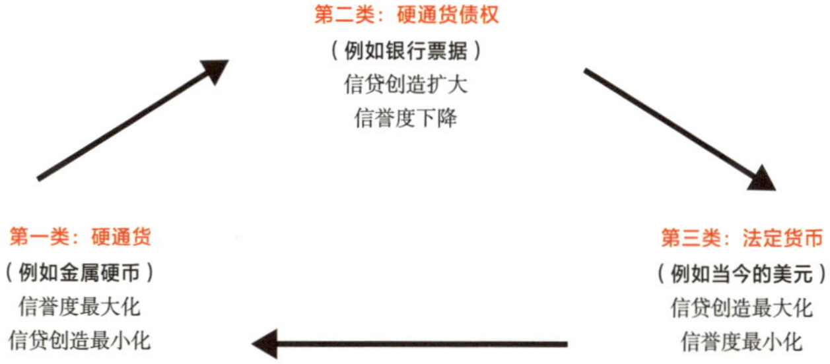

这一债务大周期通常持续 50~100 年，以债务重组和货币体系本身重组而结束。重组过程中的突发阶段（即债务和货币危机时期）通常很短，只持续几个月到三年，时间的长短取决于政府的行动速度。然而，这些重组带来的连锁效应可能是持久的。例如，一种货币失去储备货币地位时，其影响是深远的。每一类货币体系中通常出现 2~4 次大规模债务危机（大到足以引发银行危机，造成 30% 或更多的债务减记或贬值，但不足以导致货币体系崩溃）。近半个世纪以来，我在许多国家都进行投资，经历过几十场债务危机。这些危机都遵循同样的运行模式，我在《债务危机》一书中进行了更深入的阐述。

下一章我将更详尽地分析货币价值演变的原因和风险，讲述一些令人震惊的历史案例。

4

货币价值的演变

本章更深入地考察上一章介绍的概念，说明这些概念与其背后的实际案例的一致性。我也将进一步讲述第 3 章提到的一些机制，并使这些讲述对大多数人来说通俗易懂，对经验丰富的经济学家和投资者来说精准到位。

如前所述，说到经济，既有实体经济，也有金融经济，二者紧密相连，却不一样。实体经济和金融经济拥有各自的供需机制。本章侧重分析金融经济的供需机制，探究决定货币价值的因素。

大多数人担心他们的资产价值是在上升还是在下降，却很少注意其货币是在升值还是在贬值。想想看，你对本国货币的贬值有多担心？你对自己持有的股票或其他资产的表现有多担心？如果你和大多数人一样，你就几乎意识不到自身的货币风险，但这是你应该认识到的。

那么，让我们来探讨一下货币风险。

所有货币都出现过贬值，甚至消亡

1700 年以来，世界上存在过大约 750 种货币，其中只有约 20%

的货币目前仍然存在，这些货币均出现过贬值。例如，1850 年的世界主要货币与当今的货币迥然不同。虽然美元、英镑和瑞士法郎当时就存在，但那个时代最重要的货币都已经消失。1850 年，在当今的德国所在地，人们使用的货币是基尔德或泰勒。日本当时没有日元，而是使用日本金币或者 ryo。意大利当时使用 6 种货币中的一种或几种。西班牙、中国和大多数其他国家当时使用的货币也与现在不同。有些货币已经彻底消失（出现这种情况的大多数国家经历了恶性通胀且 / 或是战争中的战败国，拥有巨额战争债务），并被全新的货币取代。有些货币合并为取代它们的货币（如欧洲一些国家的货币合并后成为欧元）。有些货币一直存在，但已经贬值了，如英镑和美元。

货币相对于什么出现贬值

印钞的目的是减轻债务负担，因此最重要的是货币对债务的贬值（即让货币数量相对于债务数量增加，使债务人更容易偿还债务）。债务是对未来交付资金的承诺，因此给需要资金的人提供更多的资金，就能减轻他们的债务负担。这些新增资金和信贷的流向决定接下来将会发生的情况。**如果债务减免促进这些资金和信贷转化成公司的生产率和利润，实际股价（即经通胀调整后的股票价值）就会上涨。**

一旦货币的创造严重损害现金和债务资产的实际和预期回报率，这就会导致资金流出这些资产，流入通胀对冲资产，例如黄金、大宗商品、通胀指数债券和其他货币（包括数字货币）。这将导致货币价值加速下跌。央行有时会面临这样的抉择：允许实际利率（即剔除通胀率后的利率）上扬，给经济造成损害（并且引起公愤），或者通过印钞以及购买现金和债务资产，避免实际利率上扬。央行会选择第二种做法，但这将加剧现金和债务资产回报不佳的状况。

这种情况在长期债务周期中出现得越晚，货币和货币体系崩溃的可能性就越大。货币和货币体系崩溃通常发生在以下情况下：债务和货币的数额过大，无法转化为它们索取的商品和服务数额的实际价值；实际利率（低到足以使债务人免于破产）低于债权人将债务作为可行财富贮藏手段所需的水平；央行传统的资本配置工具失效。这些工具包括调整利率（我称之为“第一种货币政策”——MP1）与/或印钞和购买高质量债务（我称之为“第二种货币政策”——MP2）。在这种情况下，货币政策的职责变成协助政治体系，以非经济的方式分配资源。

有的货币贬值有利于体系（但货币和债务持有者总是需要付出高昂代价），而有的货币贬值则有害于体系，这种货币贬值会破坏信贷/资本分配体系，但它是消除债务以建立货币新秩序的必要举措。搞清二者的差别非常重要。

为此，我先来讲述货币相对于黄金和按消费者价格指数加权的一揽子商品和服务的价值如何发生变化。二者具有可比性，因为黄金是永恒普适的替代货币，而货币是用来购买商品和服务的，因此货币的购买力是最重要的。我还会简要分析货币价值相对于其他货币/债务以及股票的变化，因为这些资产也可以成为财富贮藏手段。在货币大幅贬值的情况下，所有这些指标反映出来的情况基本类似，许多其他物品（房地产、艺术品等）也可以作为财富贮藏手段，但黄金可以很好地说明我的观点。

货币相对于黄金的价值

下页图显示 1600 年以来三大主要储备货币相对于黄金的现汇汇

率。我们稍后将会对此进行深入考察。首先，我们重点考察 1850 年以来的所有主要货币的现汇汇率以及赚取利息的现金货币的总回报率。

储备货币对黄金（现汇汇率）

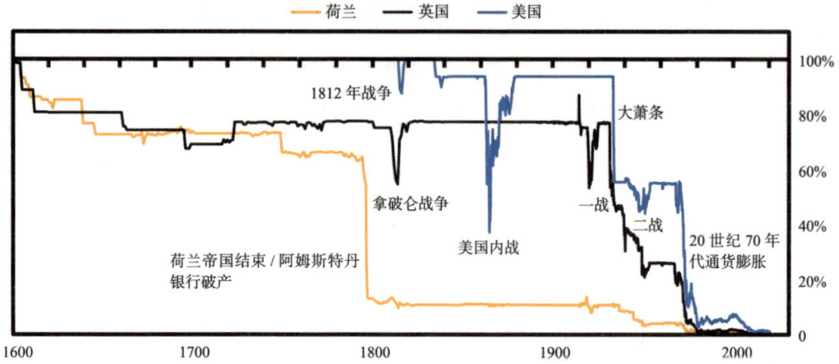

如下图所示，货币贬值通常相当突然地发生在债务危机期间，而两次债务危机之间是较长的繁荣稳定时期。我注意到主要货币的 6 次大幅贬值。当然，一些次要货币的贬值次数明显更多。

现汇汇率对黄金

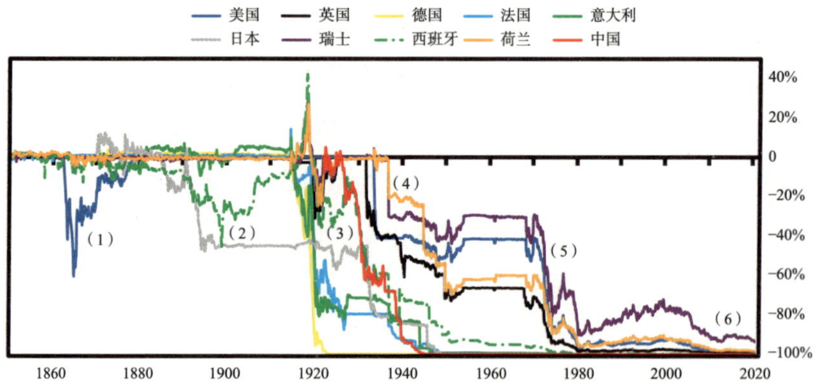

为了正确地比较一种货币的现金相对于黄金的回报率，我们需要把现金的利息考虑进去。下页图显示每种主要货币的现金相对于黄金的回报率（即包括价格变化和赚取的利息）。

外汇总回报率对黄金（取对数值）[1]

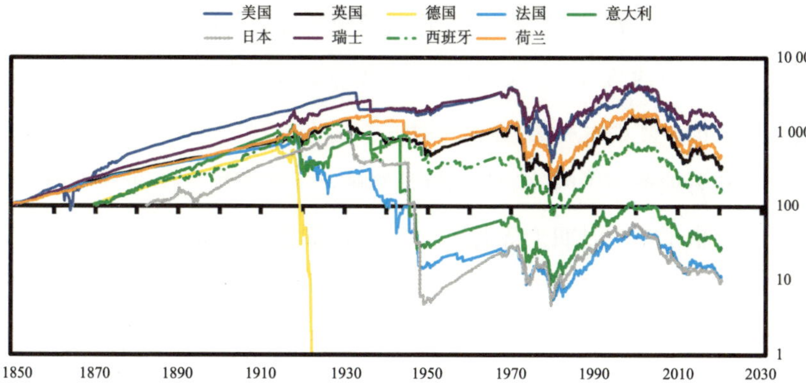

以下是值得注意的要点。

- **货币大幅贬值往往具有突发性和偶发性，而非逐渐演变而成。**过去 170 年间，主要货币曾经出现过 6 次大幅贬值（不过次要货币的贬值次数明显更多）。
- 在 19 世纪 60 年代，美国内战期间，政府暂停黄金兑换并发行纸币（被称为“绿钞”），旨在将战争债务货币化。
- 19 世纪 70 年代中期，美国恢复金本位制，一些其他国家也实施了金本位制。直至一战之前，大多数货币一直与黄金挂钩。主要例外是日本（19 世纪 90 年代之前，日本一直实施银本位制，在此期间，由于银价下跌，其货币相对于黄金贬值）和西班牙（多次暂停黄金兑换以支撑巨额财政赤字）。
- 一战期间，交战国面临巨额赤字，各国央行通过印钞和发债为这些赤字融资。由于国家之间缺乏信任（和信贷），黄金成为国际交易货币。战争结束后，新的货币秩序建立，黄金和与黄金挂钩的战胜国货币成为新秩序的基础。

1　由于缺乏数据，本章有几张图片中没有显示中国。

- 即便如此，1919—1922年，欧洲的一些国家（特别是一战的战败国）被迫增印纸币，让其货币贬值。德国马克及其债务在1920—1923年大幅贬值。一些战胜国也持有债务，只有让货币贬值，才能有新的开端。
- 随着债务、国内政治和国际地缘政治完成重组，20世纪20年代迎来了繁荣时期（特别是在美国），债务泡沫随之膨胀。
- 1929年，债务泡沫破裂。这使各国央行在整个20世纪30年代都在增印货币，并让货币贬值。二战期间，为了给军事开支提供资金，各国不得不增印货币，让货币进一步贬值。
- 1944—1945年，战争结束后，新的货币体系建立。在新的体系中，美元与黄金挂钩，其他货币与美元挂钩。德国、日本、意大利、中国和一些其他国家的货币和债务迅速被彻底摧毁，而大多数战胜国的货币和债务则缓慢地出现大幅贬值。这一货币体系一直持续到20世纪60年代后期。
- 1968—1973年（其间最重要的是1971年），支出和债务创造变得过度（尤其是美国），要求兑换成黄金的票据数量远远超过可供兑换的黄金数量，从而导致美元与黄金脱钩。
- 这催生了以美元为基础的法定货币体系。以美元计价的货币和信贷随之大幅增加，引发了20世纪70年代的通胀，导致20世纪80年代的债务危机。
- 2000年以来，货币相对于黄金贬值，原因有二：一是大规模货币和信贷创造，二是利率相对于通胀率保持在低位。由于货币体系允许汇率自由浮动，因此没有发生过以前那样的突然中断，货币价值只是在缓慢且持续地下降。低利率（有些情况下甚至是负利率）没有为货币和信贷增长以及由此引发的通胀（尽管程度较轻）提供补偿。

让我们更深入地考察这些事件。

1850—1913年，与黄金的回报率相比，货币（即提供利息的短期债务）的回报率普遍更高。大多数货币能够继续与黄金或白银挂钩，借款和贷款对借贷双方都很有利。这一繁荣时期被称为第二次工业革命。在此期间，借款者用借来的资金获取了收入，因而能够以高利率偿还债务。尽管如此，这是一个动荡不安的年代。例如，在20世纪第一个十年早期的美国，由债务融资支撑的股市投机热潮过度扩张，引发了银行和券商危机，进而导致1907年恐慌。与此同时，贫富悬殊和其他社会问题（如妇女选举权和工会）造成了政治紧张局势。**资本主义受到挑战，政府开始通过增税为财富再分配提供资金。**美联储和美国联邦所得税都是在1913年设立的。

尽管相隔万里，中国也受到类似局势的影响。橡胶生产股引发的股市泡沫（相当于中国的铁路股泡沫，美国的铁路股泡沫给整个19世纪的美国带来了恐慌）在1910年破裂，造成股市崩盘。有些人认为这是导致债务/货币/经济下行、促使中国封建帝国终结的一个因素。

然而，在这段时期的大部分时间里，大多数国家一直实行第二类货币体系（即银行票据可以兑换成金属货币），票据持有者赚取较高的利息，而无须让金属货币贬值。主要的例外是，19世纪60年代，美元贬值（旨在为美国内战债务融资）、西班牙的货币频繁贬值（缘于该国作为世界大国的地位削弱），以及日本的货币大幅贬值（直至19世纪90年代之前，日本一直实施银本位制，而白银价格相对于黄金价格下跌）。

1914年，一战爆发，各国通过大规模举债为战争融资。当国家必须消除战争债务时，这引发了债务周期后期的危机和货币贬值，严重摧毁了战败国的货币体系。1918年战争结束，巴黎和会试图基于国际

现汇汇率对黄金（1850—1913 年）

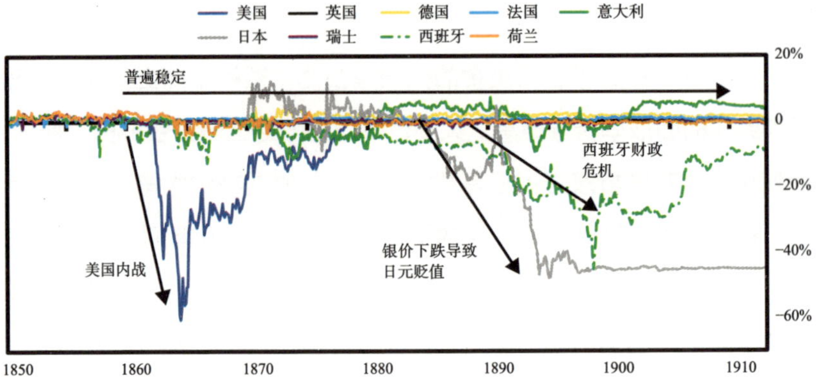

联盟建立新的国际秩序，但是，这些合作未能避免债务危机和货币波动，因为战败国面临巨额战争赔偿，获胜的同盟国也彼此欠下大笔战争债务（尤其是对美国）。

德国的货币和信贷价值完全消失，导致魏玛共和国时期**出现了历史上最具标志性的恶性通胀**（我在《债务危机》一书中进行了更详尽的分析）。在此期间，世界还暴发了西班牙流感。该疫情始于 1918 年，并于 1920 年结束。**除了美国，几乎所有国家都让自己的货币贬值，因为各国必须将部分战争债务货币化。**如果一国不随其他国家一起让货币贬值，就无法与那些贬值了的国家在国际市场上竞争。战争接近尾声时，随着银价上涨，中国与白银挂钩的货币相对于黄金（和与黄金挂钩的货币）显著上扬，之后，由于美国面临战后通缩，银价大幅下跌，中国的货币也相应贬值。**经历了战争和货币贬值、新的世界秩序于 1918 年建立之后，世界步入持续较长且富有成效的经济繁荣时期，尤其是在美国，这段时期被称为“咆哮的 20 年代”。与所有类似时期一样，繁荣时期也助长了巨额债务、资产泡沫和贫富悬殊。**

接下来，在 20 世纪 30 年代，同样的事件再次发生，只是具体情况略有差异。1930—1933 年，全球债务危机引发经济萎缩。在这种

现汇汇率对黄金（1913—1930 年）

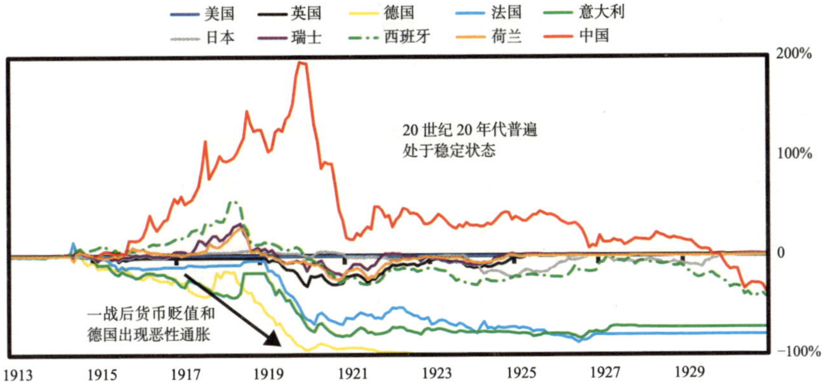

情况下，几乎所有国家都开始印钞，采取竞争性货币贬值。这种做法在二战爆发前就侵蚀了货币价值。国家内部的财富冲突导致国家之间的冲突激化。在战争期间，所有参战国都累积了战争债，而美国则获得了大量财富（黄金）。**战争结束后，对于战败国（如德国、日本和意大利）和中国，其货币和债务的价值完全消失了。即便英国和法国被视为战胜国，其货币和债务也严重贬值。战争之后，新的世界秩序诞生，经济步入繁荣时期。**我不会展开分析，但需要指出，这一时期的过度借贷为下一次大规模货币贬值（出现在 1968—1973 年）埋下了种子。

现汇汇率对黄金（1930—1950 年）

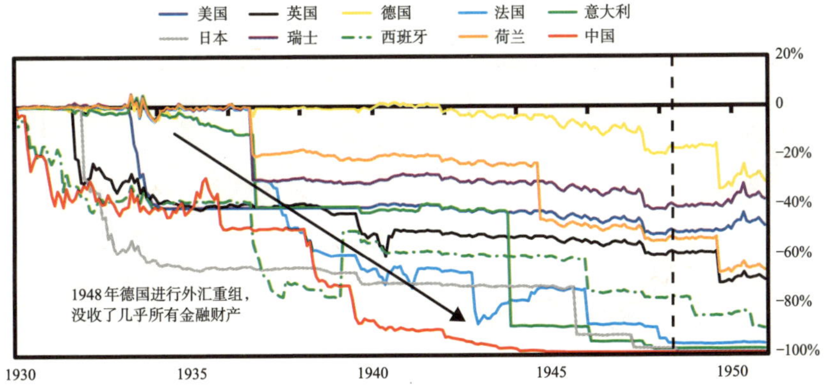

到了20世纪50年代中期，美元和瑞士法郎是仅有的价值是19世纪50年代汇率的一半的两种货币。如下图所示，从1968年开始，各国货币面临下行压力，黄金面临上行压力。**1971年8月15日，尼克松总统终止了布雷顿森林货币体系，让美元贬值，美国退出了第二类货币体系（即美元与黄金挂钩），开始实施法定货币体系（我将在第11章中对此进行更详细的介绍）。**

现汇汇率对黄金（1966—1977年）

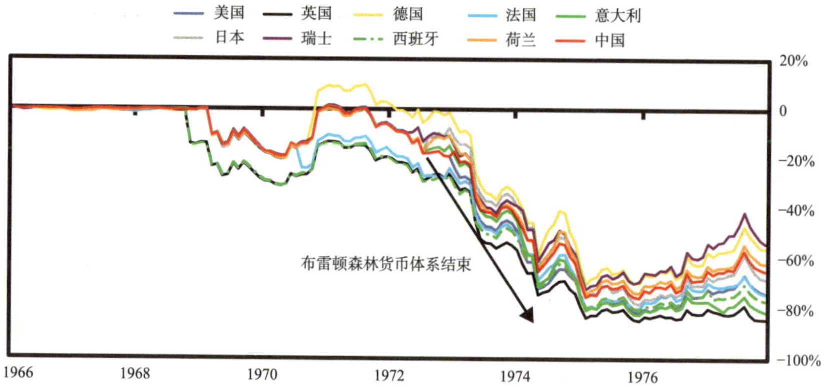

2000年之后，各国货币以黄金衡量的总回报率呈更为渐进的、有序的下行走势，与各国实际利率普遍降低的趋势吻合。

现汇汇率对黄金（1998年至今）　　实际长期利率（1998年至今）

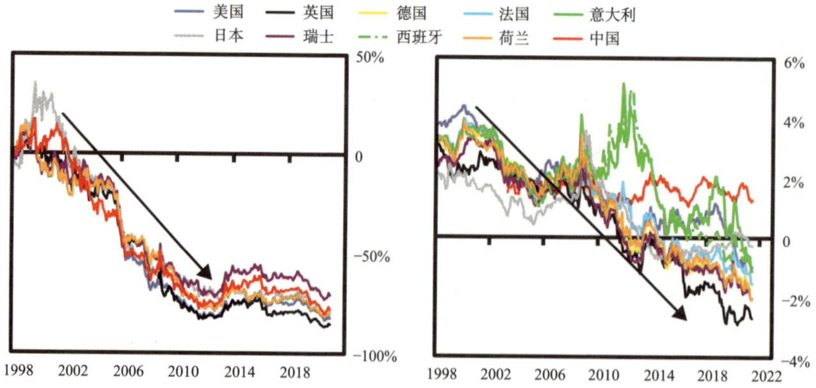

概要如下：

- 1850 年至今，赚取利息的现金货币的年均回报率是 1.2%，略高于黄金的实际平均回报率，即 0.9%。但不同国家在不同时期的回报率存在巨大差异。
- 1850 年至今，在大约一半的国家，现金货币的实际回报率为正值，另一半则为负值。德国出现过两次其货币价值全部消失的情况。
- 赚取利息的现金货币的实际回报主要来自繁荣时期。此时大多数国家实施金本位制（例如第二次工业革命时期，当时债务水平和偿债负担相对较低，收入增速几乎与债务增速相当）。
- 1912 年以来（现代法定货币时代），现金货币的实际回报率是-0.1%。黄金在同期的实际回报率是 1.6%。在此时代，只有大约一半的国家，赚取利息的现金货币能够得到正实际回报率，其他国家则蒙受重大损失（在法国、意大利和日本，每年损失超过 2%；在德国，受恶性通胀影响，每年损失逾 18%）。

1850 年以来主要国家的货币和黄金的实际回报率
（相对于消费者价格指数，年率）

	实际回报率（相对于消费者价格指数），年率					
	1850 年至今		1850—1912 年		1912 年至今	
国家	持续投资政府债券	黄金	持续投资政府债券	黄金	持续投资政府债券	黄金
英国	1.4%	0.7%	3.1%	−0.1%	0.5%	1.1%
美国	1.6%	0.3%	3.6%	−1.0%	0.4%	1.0%
德国	−12.9%	2.0%	3.0%	−0.9%	−18.2%	3.1%
法国	−0.7%	0.6%	2.6%	−0.3%	−2.6%	1.1%

（续表）

国家	实际回报率（相对于消费者价格指数），年率					
	1850 年至今		1850—1912 年		1912 年至今	
	持续投资政府债券	黄金	持续投资政府债券	黄金	持续投资政府债券	黄金
意大利	-0.6%	0.3%	4.7%	-0.5%	-2.6%	0.5%
日本	-0.7%	1.0%	5.0%	0.4%	-2.2%	1.2%
瑞士	1.5%	0	3.4%	-0.5%	0.5%	0.3%
西班牙	1.4%	1.1%	4.5%	0.1%	0.3%	1.5%
荷兰	1.4%	0.5%	3.3%	0	0.4%	0.7%
中国	–	3.3%	–	–	–	3.3%
平均回报率	1.2%	0.9%	3.6%	-0.3%	-0.1%	1.6%

瑞士的数据是 1851 年以来的数据；德国、西班牙和意大利的数据是 1870 年至今的数据；日本的数据是 1882 年以来的数据；中国的数据始于 1926 年（不包括 1948—1950 年）。平均回报率没有经过调整，也不包括中国。

下页图显示 1850 年至今黄金的实际回报率。如图所示，1850—1971 年，平均而言，黄金带来的回报（通过自身升值）与通胀造成的货币损失相当。围绕这一平均水平，各国的情况存在很大差异（例如，在德国，黄金的表现明显优于其他国家，而在美国等货币贬值幅度有限的国家，金价增速没有赶上通胀增速）；不同时期的情况也截然不同（例如，20 世纪 30 年代的货币贬值、二战时期的货币贬值，这些情况是 1944 年建立布雷顿森林货币体系的部分原因）。战争结束后，1971 年之前，大多数国家的黄金价格保持稳定，同时货币和信贷出现扩张。1971 年，各国从第二类货币体系（即票据与黄金挂钩）转向第三类货币体系（法定货币体系）。由于货币与黄金脱钩，央行可以不受约束地创造货币和信贷，从而营造了高通胀率、低实际利率的局面，致使黄金实际价格大幅上扬，这一局面直至 1980—1981 年才有所改变。当时，利率上调至明显高于通胀率的水平，推动货币走强，导致黄金价格下跌。直到 2000 年，央行下调利率，使其低于通胀率。当央行无法通过常规手段进一步降息时，就转向印钞和购买金融资产。这种做法为黄金价格构成了支撑。

黄金的实际回报率（相对于消费者价格指数，取对数值）

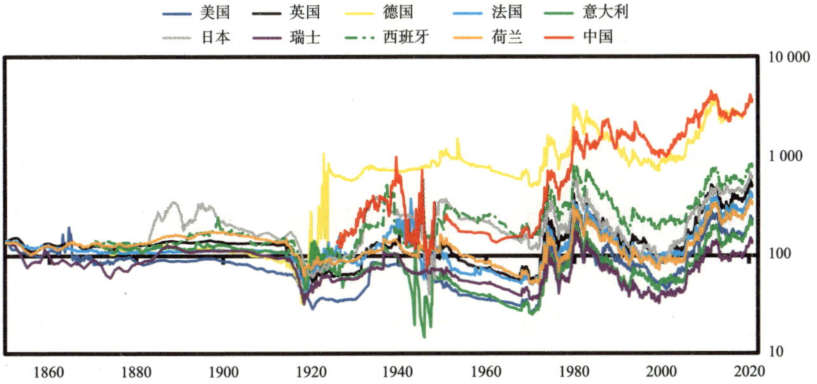

货币相对于商品和服务的价值

至此，我们对比分析了货币和黄金的市场价值。由此引出的一个问题是，黄金是不是衡量价值的合适工具。**下页图根据以这些货币计价的商品和服务的消费者价格指数篮子，显示赚取利息的现金货币的价值，从而反映这些货币的购买力变化。**如图所示，在两次世界大战期间，货币的回报率相当低下，之后有起有落。在大约一半的货币中，赚取利息的现金货币提供了高于通胀率的回报率，另一半的实际回报率则为负值。围绕着这些平均值，所有货币都出现了为期 10 年左右的大幅波动。换句话说，**历史告诉我们，特别是在债务周期后期阶段，将赚取利息的现金货币作为财富贮藏手段存在巨大风险。**

纸币的实际回报率（相对于消费者价格指数）

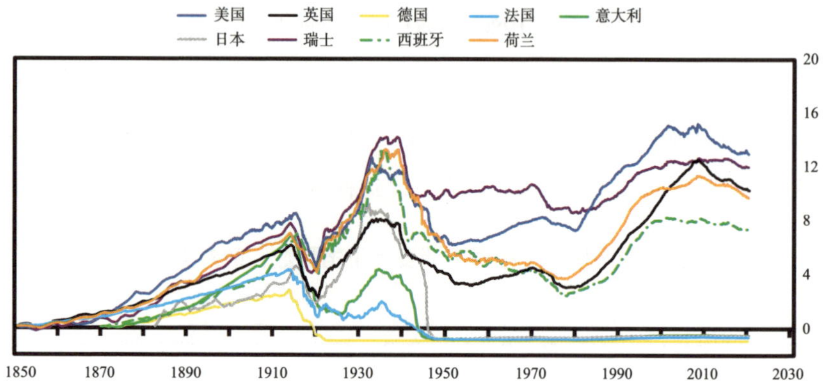

国家货币贬值并失去储备货币地位的典型模式

货币贬值与货币失去储备货币地位不一定是一回事，即便两者都是债务危机造成的。失去储备货币地位是长期大规模货币贬值的结果。如前所述，货币和信贷供应的增加导致货币和信贷价值的下降。这不利于货币和信贷的持有者，但有助于债务人减轻偿债负担。如果债务减免促进这些货币和信贷转化成公司的生产率和利润，实际股价就会上涨。但是，这可能会损害现金和债务资产的实际和预期回报率，促使人们抛售这些资产，转而持有通胀对冲资产和其他货币。在这种情况下，央行开始印钞，并且购买现金和债务资产。但是，这么做会强化现金和债务资产回报不佳的走势。这种情况在长期债务周期中发生得越晚，货币和货币体系出现崩溃的可能性就越大。决策者和投资者必须能区分对体系有利的货币贬值和对体系不利的货币贬值。

这些货币贬值具有哪些共性？

- **在第二部分深入考察的主要案例中，所有经济体都出现过典型**

的挤兑现象，即央行发行的债权票据总额超过可供提取的硬通货总额。硬通货通常是黄金。不过，导致英国储备货币贬值的原因是美元，因为当时英镑与美元挂钩。

- **央行的净储备在实际贬值前就已开始减少，在某些央行，甚至在货币贬值前几年就开始减少。**同样值得注意的是，一些国家在汇率真正开始下跌前就暂停了硬通货兑换，例如英国在 1947 年暂停兑换，英镑在 1949 年才开始贬值；美国在 1971 年暂停兑换。
- **货币挤兑和贬值的出现通常伴随着严重的债务问题**，通常与战时支出相关（第四次英荷战争期间的荷兰、两次世界大战期间的英国、越南战争期间的美国），这些压力迫使央行增印纸币。战败国面临的情况最糟糕，通常来说，这些国家的货币和经济随之彻底崩溃，不得不进行重组。然而，对于战胜国，如果债务明显超过其资产规模，这就会使其竞争力削弱（如世界大战后的英国），最终丧失其储备货币地位，但过程更加缓慢。
- **通常来说，央行最初的反应是，提高短期利率，但从经济角度看，这种做法过于痛苦，因此央行很快会放弃这种做法，转而增加货币供应。**央行通常在货币贬值后降息。
- **不同国家的结果截然不同，一个重要变量是，该国在货币贬值时保存了多少经济和军事实力。**一个国家的经济和军事实力越强，储户继续持有本国货币的意愿就越大。针对主要储备货币的具体分析如下。
  - 在荷兰，荷兰盾崩溃的影响巨大，速度较快（只用了不到 10 年的时间）。在 1784 年第四次英荷战争结束时，荷兰盾的实际流通量迅速减少。荷兰盾的崩溃缘于荷兰作为世界大国的地位显著降低，首先在与英国的重要战争中败北，之后遭遇了法国的入侵。

- 在英国，英镑的衰落过程更为缓慢：英镑经历了两次贬值，在布雷顿森林会议之后完全失去了储备货币地位，但在此期间，英国经历了数次周期性的国际收支紧张。在继续持有英镑作为储备的国家中，许多是迫于政治压力，英镑资产与同期美元资产相比明显表现欠佳。
- 在美国，美元出现过两次突如其来的重大贬值（1933 年和 1971 年）。2000 年之后，美元相对于黄金逐渐贬值，但这些贬值并没有让美元失去储备货币地位。
- 通常来说，在一个国家的货币失去储备货币地位之前，这个国家已经丧失经济和政治的主导地位，输给一个崛起的对手，从而面临某种脆弱性（如荷兰不敌英国，或是英国不敌美国），并且央行通过印钞和购买政府债券，将不断增加的巨额债务货币化。其结果是，本国货币以不可阻挡的、自我强化的方式不断走弱，因为财政和国际收支赤字规模过大，无法通过削减开支来填补。

第二部分将连续性地讲述过去 500 年的国家兴衰历史及其原因。你会看到，同样的因果关系驱动国家的崛起和衰落。但在接下来的两章，我们首先探讨内部与外部秩序和混乱大周期。

5

内部秩序和混乱大周期

人与人之间的相处方式是决定他们所获得的结果的首要影响因素。国家内部存在的制度或者说“秩序”规定人们之间应该如何相处。这些制度和人们在这些制度下的实际行为会产生相应的结果。本章将探讨一些永恒普适的因果关系。这些因果关系决定内部秩序，也会影响人们的行为，导致秩序时期和混乱时期交替出现。

通过这些研究，我发现内部秩序（即国家内部的治理制度）和世界秩序（即影响世界治理权力的制度）都在不断变化，所有国家都是如此，而且变化方式类似，国与国之间的相互影响也与日俱增。自有历史记录之日至今，所有变化百川归海，共同构成一个包罗万象的总体形势。我发现许多相互关联的案例共同演变，这有助于我发掘这些案例背后的模式，以此为基础展望未来。最重要的是，我发现对财富和权力的持续争夺如何导致内部制度 / 秩序和外部制度 / 秩序的持续演变，以及这些内部和外部秩序如何相互影响，整个世界（即世界秩序）就像一台永动机一样运转，在不断进化的同时，以基本相同的原因周而复始。

● ***我发现自古至今，在大多数国家，影响大多数人的最主要因素***

是人们如何努力创造、获取和分配财富与权力，尽管他们也在其他方面发生斗争，其中最突出的是意识形态和宗教。**在时间的长河中，这些斗争以永恒普适的方式出现，给人们生活的各个方面都造成了重要影响（从税收、经济到人们在繁荣与萧条时期、和平与战争时期如何相处），而这些斗争循环往复地出现，就如同潮起潮落。**

我发现，当这些斗争以良性竞争的形式出现，激发人们将精力用于生产性活动时，就会带来有效的内部秩序和繁荣时期；当这些精力被用于具有破坏性的内部斗争时，这就会造成内部混乱和困苦时期。生产性有序状态与破坏性无序状态之间的更迭通常发生周期性演进，而这些周期是由符合逻辑的因果关系驱动的，所有国家都以几乎相同的原因发生更迭演进。那些伟大的国家之所以伟大，是因为一系列主要因素的综合影响使其变得伟大，而国家衰落的原因是这些主要因素的影响消失了。

在我撰写本书时，全球一些主要国家出现了越来越多的混乱现象，其中最值得注意的是美国。为了在历史背景下分析这一混乱情况，我构建了相关指标，展开了本章分享的研究。鉴于美国如何应对其面临的混乱现象，将给美国人、全球其他人以及大多数经济体和市场带来重要影响，本章将侧重于美国，而不是其他国家。

下页图大致显示了美国和中国在典型大周期中所处的位置，这是根据上文阐述的决定因素进行衡量的结果。美国正处于我所称的第五阶段，即在财务状况不佳、冲突不断激化的同时，主要国家仍然拥有其他强大实力（如技术和军事），但这些实力正被相对削弱。一般来说，这个阶段出现在支出和债务严重过剩、财富和政治鸿沟扩大的时期之后，以及革命和内战之前。

需要澄清的是，我并不是说，美国或其他国家在不可避免地走向加速衰落或内部和外部冲突激化的时期。我的意思是，现在是一个尤

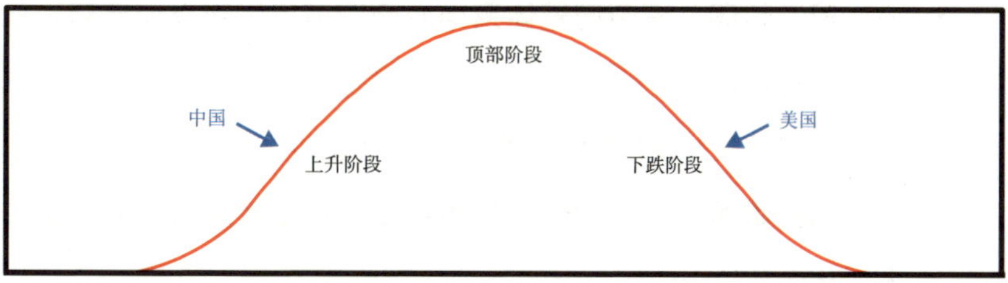

为重要的时刻，这些国家应该了解并关注各项指标，从而理解当前正在发生的状况，考虑未来存在的所有可能性。本章通过借鉴类似的历史案例分析这些指标。

内部周期的 6 个阶段

内部秩序通常（但并非总是）通过一系列相对标准的阶段发生变化，就像疾病的发展过程一样。通过考察当前情况，我们可以辨别这些国家所处的阶段。例如，癌症三期与癌症四期不同，区别在于现有和已发生的病情不同，而这些病情是由之前阶段出现的病情导致的。内部有序 / 无序大周期的不同阶段也是如此。像疾病一样，不同的情况需要以不同的行动来解决，而且不同的情况造成不同的可能性范围，解决行动又将带来新的可能性范围。例如，与年轻、强壮的患者相比，年老、衰弱的患者会面临不同的可能性范围，需要不同的疗法来医治。**像治疗癌症一样，最好是阻止不良情况的发展，以免发展到更晚期的阶段。**

研究历史使我发现，从内部有序到内部无序再回到内部有序的典型周期分为以下阶段：

- **第一阶段：新秩序开始，新领导层巩固权力，**接下来……

- ……**第二阶段：资源配置体系与政府官僚机构建立和完善**，如果行之有效，就会……
- ……**第三阶段：出现和平与繁荣**，进而出现……
- ……**第四阶段：支出和债务严重过度，贫富差距和政治分歧扩大**，从而导致……
- ……**第五阶段：财政状况糟糕，冲突激烈**，之后……
- ……**第六阶段：出现内战 / 革命**，然后再回到……
- ……第一阶段：发展到第二阶段，以此类推，整个周期循环往复。

每个阶段都呈现出一组不同的情况，身处其中的人们必须加以应对。一些情况比另一些情况更为棘手。例如，在长期债务周期的初期，政府有充足的能力创造债务，为支出提供资金，因此比较容易处理当下情况；到了长期债务周期的后期，政府几乎无法创造货币和信贷，难以为支出融资，就不容易处理当下情况了。因此，领导者可能采取的措施和面临的挑战取决于这个国家在周期中所处的阶段。不同的阶段展现出不同的挑战。要想有效地应对这些挑战，领导者需要具备不同的素质、认知和技能。[1] 在特定阶段里，人们对当下情况（例如我们面对自身的情况、领导者面对集体的情况）的了解和适应程度将会影响未来的结果，而未来的结果则在一系列可能的范围之内（特定阶段的情况决定存在的可能性范围）。不同的文化以不同的方式应对这些情况。那些能够很好地了解和适应的领导者与文化会取得明显更好的结果。这就是永恒普适原则的作用所在。

尽管每个阶段持续的时间可能长短不一，而且差别很大，但整个

1 要想全面理解在不同情况下，伟大的领导者应该具备哪些素质，我推荐亨利·基辛格即将出版的关于领导力的书。

周期的演化通常需要 100 年时间（出入可能很大），周期中也会发生很大的波动。像通常的进化过程一样，内部秩序的演进也常以周期性方式发生。在一系列连续性进程中，一个阶段通常发展到下一个阶段，这个过程会不断重复。在此过程中，内部秩序向更高的层面演进。例如，第一阶段（新领导人通过内战 / 革命上台，建立新的内部秩序）通常在第六阶段（出现内战 / 革命，是周期的低点）之后到来；第一阶段发展到第二阶段，再到第三阶段（这是周期的高点，因为这个阶段充满和平与繁荣）；在第四和第五阶段里，经济繁荣变成发展过度，促成新秩序的产生（第一阶段）。这个循环反复发生，并呈上行走势演进。如前所述，这种典型周期通常历时 100 年（出入可能很大）。每个周期内部还有类似的小周期，例如通常每 8 年左右出现一次的短期债务周期（导致泡沫和衰退）、以大致相同频率出现的政治周期（在左、右派之间发生政权交替）等。**每个国家都在经历这些周期，不同的国家处于不同的阶段。例如，中国和印度所处的阶段与美国及大多数欧洲国家截然不同。各国相比于其他国家所处的阶段会影响国家之间的关系，也是整个世界秩序的首要决定因素。我将在本书最后一章分析所有这些情况。内部秩序周期的典型演进过程如下图所示。**

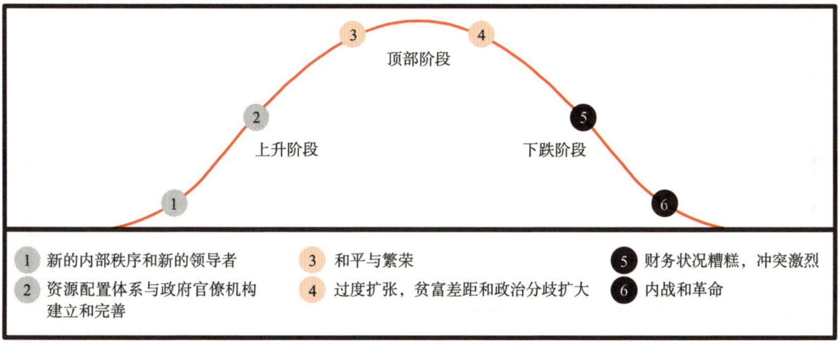

这就是完整的内部秩序周期。当然，这一周期会不断重复，随着新领导取代旧领导，整个周期会重新开始。一个国家能以多快的速度

重建繁荣并达到新的高峰取决于（1）导致上个周期终结的内战 / 革命有多剧烈，以及（2）新周期的领导者有多大能力构建成功所需的秩序。

自有历史记录以来（也许是更早的时候），这些周期就一直运转。许多周期连接起来，呈现出向上倾斜的演进轨迹。因为随着时间的推移，这些周期以渐进的方式发展。

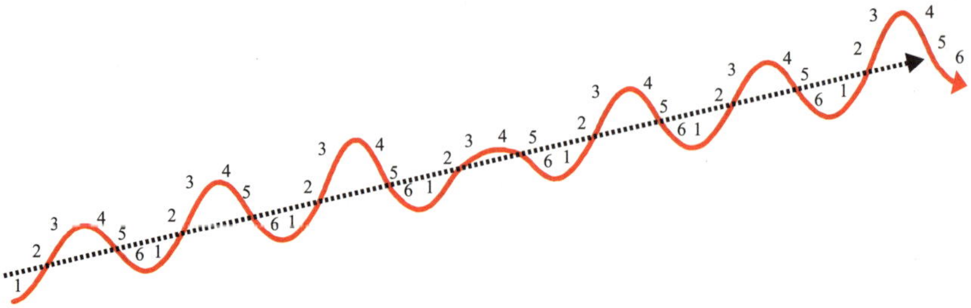

为了从国家层面进行分析，我们来看看中国。**下图根据我的估算数据，显示中国的*绝对*实力，并象征性地说明中国自大约 600 年以来的大周期。**这是一张极其简化的图（还有更多的王朝和复杂因素），目的是从宏观角度展示这些周期的演进过程。

中国主要朝代及其所处的阶段（具有指示意义的向上演进过程）

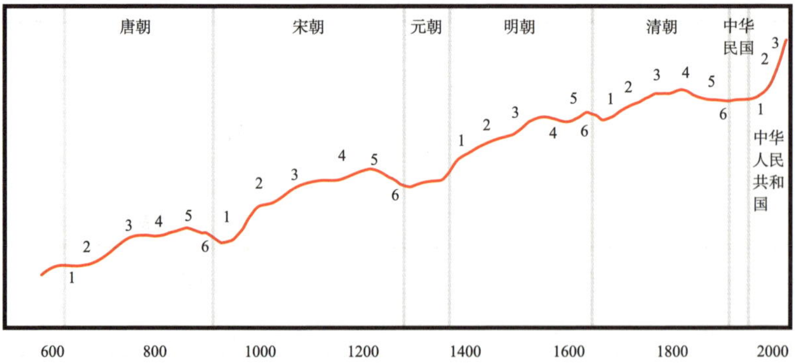

下页图显示中国的*相对*实力。这张图和上张图的区别在于，上张图显示绝对实力水平，而这张图显示中国相对于其他大国的实力水平。

中国主要朝代及其所处的阶段

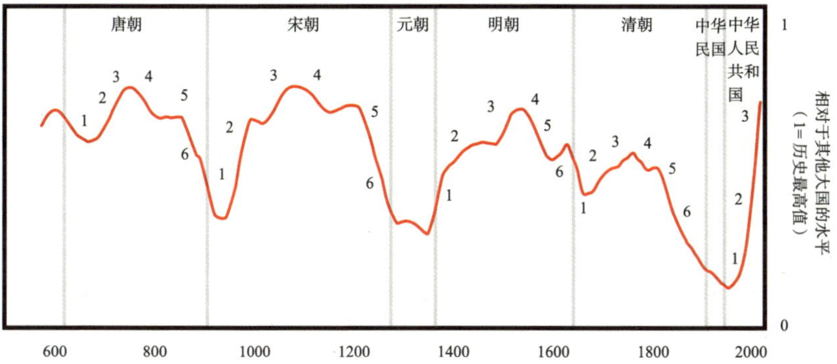

不同国家通常处于周期中的不同阶段，各国竞相夺取财富和全球政治权力，因此在一些国家崛起的同时，另一些国家走向衰落。全球整体的波动程度比任何单个国家都要小。换言之，各国间的区别产生了一种分散效应，这使全球的演进过程比任何单个国家都更平稳。这一点反映于下页图的全球实际 GDP 中（是第 1 章中显示的全球实际 GDP 一图的更新）。这张图不是一种象征性的展示。这确实就是我们对实际人均 GDP 的最佳估算数据。该图涵盖了主要帝国（尤其是荷兰、英国与中国的明朝和清朝）的兴衰、许多次战争，以及许多次经济兴衰。这些事件没有表现在全球层面上，因为它们彼此产生了分散效应，而且这些事件相对于大趋势来说规模较小，尽管对亲历这些历史的人来说是重大的。

重申一下，上文显示 6 个典型阶段的象征性图只是实际情况的简化版本。制作简化版本的目的是，首先表述不同阶段的本质，其次深入探究细节。尽管这些周期基本上像我描述的那样发展，但不一定总是严格遵循这些发展轨迹。例如，就像疾病发展的不同阶段（如癌症三期）一样，处于一个阶段的病人并不注定会进入下一个阶段。但这些阶段确实为我们提供了很有价值的信息。就像对疾病来说，某些症状十分明显，可以确认病人在疾病周期中所处的阶段；针对这个阶段，

全球实际人均 GDP（以 2017 年美元为基准，取对数值）

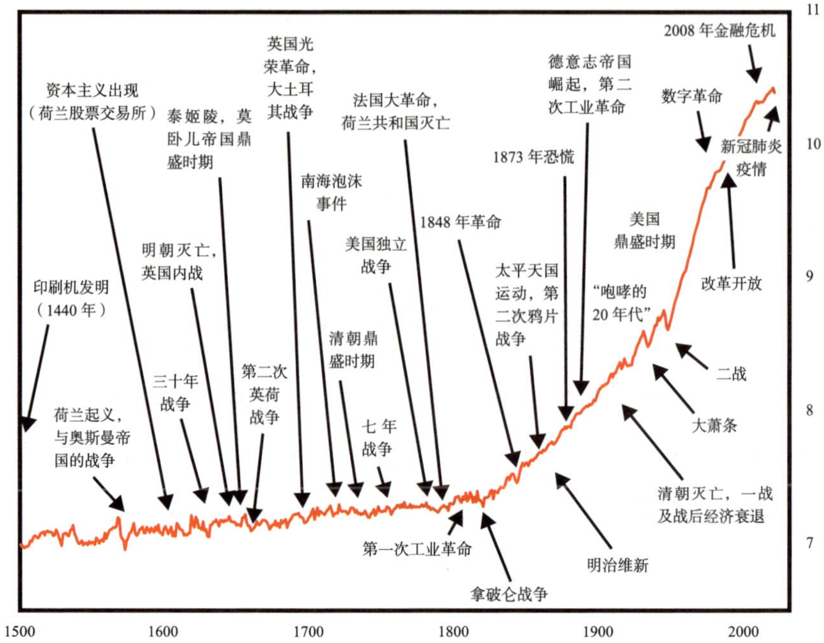

1870 年之前，全球实际 GDP 主要是欧洲国家的综合数据，因为在此之前，其他国家的可靠数据有限。

我们必须了解相应的风险和对策，因为这个阶段的风险和对策与其他阶段不同。例如，同样一组形势出现在内部秩序和混乱周期的第四阶段和第五阶段，其意义是不一样的——出现在第五阶段会加大其发展至第六阶段的可能性（尽管不一定是必然的）。根据清晰和客观的指标来识别每个国家（或州、城市）所处的阶段，通过理解造成变化的因果关系，我们可以更好地了解可能性的范围，相应地进行自身定位，尽管我们永远不可能完全正确。

举个例子，我们制作了一个指数，该指数显示历史上不同时期出现的经济危险信号数量，包括严重不平等、高债务和高赤字、通胀和低经济增长率等指标。我们考察这些信号对接下来发生的内战和革命有多大的预示作用。下页图根据危险信号数量，估算发生内战型冲突的可能性。基于我们观察到的历史情况，我们估计当 60%~80% 的危险信号出现时，爆发严重内部冲突的可能性约为 1/6；当大量危险信号出现时（超过 80%），爆发内战或革命的可能性约为 1/3，虽然可能性依然不大，但已足以令人不安。美国目前处于 60%~80% 这一区间。

根据比临界状态差的经济指标所占的比例（>1Z）
估算发生内部冲突的历史可能性[2]

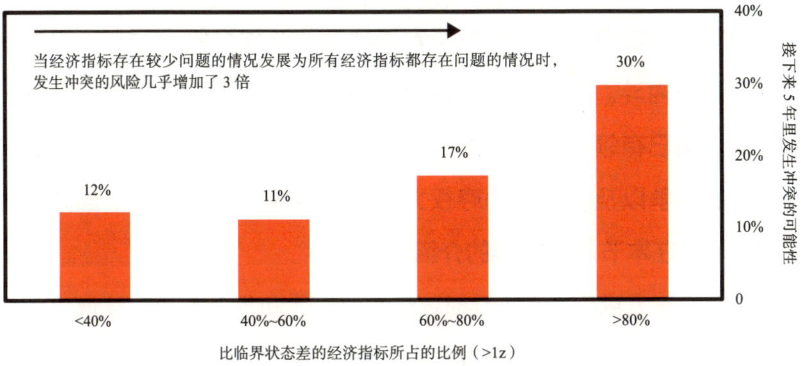

虽然我不会逐一解析每个阶段中的所有因素及其组合，但我将概述每个阶段中最值得注意的要点和标志性要素，尤其关注当前美国的混乱状态和事态发展。

深入研究内部周期的 6 个阶段

接下来，我们更详细地研究 6 个典型阶段的具体情况，以便在看到这些情况时，我们可以轻松地识别国家所在的阶段，从而更好地预估接下来可能发生的情况。

2　该图是基于对 9 个大国的历史分析而做的（总历史跨度约为 2 200 年）。计算发生冲突的可能性是根据内战、起义和革命的主要案例，但不包括没有改变已有体制的和平革命。该分析没有计算已经处于内部冲突时期（以及冲突结束后的 5 年里）的国家发生冲突的可能性，以避免算入冲突本身导致经济不佳的时期。

第一阶段：新秩序开始，新领导层巩固权力

无论是内战还是革命（即使是和平的革命）都是一场巨大的冲突，最后，一方取胜，另一方落败，国家遭受损伤。第一阶段出现在战争之后，获胜者夺取了控制权，而失败者则必须屈服。在新秩序的第一阶段，获胜者因足够强大而获胜，其必须还有智谋，才能巩固权力并重建家园。

在赢得控制权之后，新领导者通常会清除残余的反对派，并为争夺权力展开内斗。事实上，也许可以说，革命通常分为两部分：第一部分是推翻已有领导者和体制的斗争，第二部分是消除前领导者的忠诚分子的斗争以及胜者为争夺权力而进行的内斗。我将第二部分称为“清洗”，并在本节进行简要的介绍。

在这些权力巩固/清洗时期，清洗的形式和程度各异。这取决于以下因素：新领导者与其反对者之间的冲突烈度、新领导者内部的冲突程度，以及新领导者继承的各种政府部门和官僚机构的发展程度。

在这个阶段，在一些国家，残余的反对派被杀害或囚禁。这样，新领导者就可以确信，他们的敌人不会卷土重来。同样在这个阶段，曾联合起来获胜的革命者会为争夺权力而展开内斗。

在几乎所有革命之后，这一阶段都会出现，但其强度不尽相同，通常与这个阶段之前的内战/革命烈度成正比。最糟糕的情况是，由于革命后巩固权力的争斗，国家陷入了历史上最残酷的时期，如1789年法国大革命之后的“恐怖统治”时期等。在一些情况下，这样的清洗只在革命刚刚结束后发生一次（如“恐怖统治”）；在另一些情况下，这样的清洗在几十年里有间断地发生多次。这些清洗是为了巩固政权，清除被认为是意识形态敌人和国家敌人的群体，有时比革命本身还要残酷。但如果条件允许，领导者就能够维持基本的体制，人们仍然尊重体制，就会出现最好的情况，例如1861—1865年

美国内战结束之后的时期，或20世纪30年代和平的罗斯福新政时期。

在这一阶段，最有成效的领导人是“权力巩固者”。他们通常具有上个阶段获胜的革命者那样的素质，他们是顽强而机智的勇士，具有不惜一切代价取胜的能力和动机。但是，在这个阶段，他们还需要有更精明的政治头脑，因为此时的敌人远不像上个阶段那么明显。一些领导者在这个阶段表现非凡，例如唐太宗、罗马皇帝奥古斯都。还有一些近代领导者，如美国的国父、法国的拿破仑和德国的俾斯麦，他们提供了很好的例证，显示出一个国家如何有效地从战争时期过渡到重建时期。

随着新政权的确立，所有人都厌倦战争，国家完全走上了重建之路，这一阶段就结束了。

第二阶段：资源配置体系与政府官僚机构建立和完善

我也把这一阶段称为早期繁荣时期，因为这通常是和平与繁荣时期的开始。

在新领导者推翻旧秩序、巩固权力之后，或者新旧秩序交替时期，新领导者必须开始建立新的体制，从而更好地分配资源。在这一阶段，体制和机构建设最为重要。领导者需要设计和创建一个系统（秩序），使人们遵守规则和法律，朝着同一个方向努力，追求类似的目标。领导者还需要建立一个有效配置资源的系统，迅速提高生产率，使大多数人受益。即使在战败之后，国家也需要重新设计和建设，重建仍然是必不可少的工作。很多国家经历过这一阶段，包括美国在1776年宣布独立后的15年，在1799年法国大革命结束时拿破仑通过政变夺权后的拿破仑时代初期，紧随1868年日本政治革命后的明治维新初期，日本、德国及大多数国家从20世纪40年代末到20世纪50年代的战后时期，中国 1949 年建国后的时期，以及俄罗斯在苏联解体之后的时期。

这一阶段的一个永恒普适原则是，● ***一个体制要想成功，就要为大多数人（特别是广大中产阶级）创造繁荣。***正如亚里士多德在《政治学》里说的："如果中产阶级规模大，那么在可能的情况下，中产阶级比另外两个阶级都强大，这样的国家可能是治理良好的国家……中产阶级规模大的地方，派别纷争出现的可能性最低……因为假如没有中产阶级，而贫困者又过多，麻烦就来了，国家会很快走向灭亡。"

这一阶段的成功领导者通常与第六和第一阶段的迥然不同。我称这个阶段的领导者为"土木工程师"。他们必须有智慧，最好还有能力和感召力，但最重要的是，领导者（或者其下属）必须能够设计和构建一个对大多数人来说都高效的体制。第六（以革命为主）和第一阶段的成功领导者具备的素质与第二阶段（以重建和治理为主）的成功领导者具备的素质是不一样的，二者的区别很好地反映在丘吉尔和毛泽东身上。两位领导者都是了不起的"励志将领"，但作为"土木工程师"存在不足。这一阶段的伟大领导者包括德国的康拉德·阿登纳、新加坡的李光耀和中国的邓小平。这些领导者都是在战争后上台的，他们建立的体制为国家创造了繁荣，繁荣时期在他们去世后延续了很久。

最非凡的领导者能够带领国家度过第六、第一和第二阶段（即内战/革命时期、权力巩固时期、体系和机构建立时期，这些体系和机构在他们去世后很久仍然高效运作），并且在大规模层面上完成这些工作。有史以来最杰出的此类领导者或许包括唐太宗（7 世纪中国唐朝的革命性缔造者之一，他使中国出现了约 150 年的和平与繁荣，成为当时世界上规模最大、实力最强的国家）、罗马皇帝奥古斯都（公元前 27 年即位的第一任罗马帝国皇帝，他开启了大约 200 年的和平与繁荣时期，使罗马成为当时世界上最大的帝国），以及成吉思汗（他从 1206 年开始建立和领导蒙古帝国，蒙古之后出现了 100 多年的繁荣，成为当时世界上规模最大、最强盛的帝国，尽管在他去世后不久就发生了多次内战）。

国家重建总是按照这一次序进行，但重建规模因国而异，这取决于一个国家所需变革的规模。一些国家经历了残酷的革命之后，几乎需要重建一切；另一些国家则只需修改现有机构和体系，以适应新的领导者。

第三阶段：出现和平与繁荣

我也将这个阶段称为中期繁荣时期。这是内部秩序周期中的最佳时期。在此期间，人们拥有取得效益的大量机会，并且对此热情高涨，融洽合作，取得许多成果，变得更加富裕，并因成功而受到钦佩。在此阶段，几乎所有人的生活条件都不断改善，大多数下一代人会比上一代人过得更好，所以人们对于未来普遍乐观且充满向往。历史告诉我们，如果治国有效，人们就会拥有近乎平等的各种教育机会，以及择优录用的工作岗位。国家在最大范围内吸引人才，打造大多数人认为公平的体制。成功的企业家、发明家和冒险家提出新想法，推动社会的进步，因此成为英雄而受到仰慕。因为他们提出了颠覆性的创新想法，改善了人们的生活，所以得到回报。债务增长促进生产率提高，进而推动实际收入增长，减轻债务偿还负担，提供超额利润，取得出色的股本回报率。收入超过支出，储蓄超过负债，储蓄将为未来投资提供资金。第三阶段是一个激动人心的时期，整个社会充满着巨大的创造力、生产力和正能量。

这一时期的例子包括：英国维多利亚时代的大部分时间（涵盖了 19 世纪的大部分时间，其标志是第二次工业革命推动发明创造，从而快速提升了繁荣水平）、19 世纪末的德意志帝国（工业化和技术创新迅速发展，军事实力快速增强），以及 20 世纪 60 年代的美国（例如，登月计划是国民拥有共同使命的见证。登月成功时，美国全民欢呼雀跃，更加紧密地团结在一起）。

这是“鼓舞人心的远见卓识者”大展身手的时代。他们可以（a）设想从未存在过的未来，并把这幅激动人心的图景传达给民众；（b）将这一设想付诸实现；（c）利用取得的成就，让更广泛的社会成员享受繁荣，并投资于未来。此外，他们（d）维持稳健的财政状况；（e）建立良好的国际关系。因此，他们可以保护或扩张自己的帝国，而无须投入削弱经济和社会的战争。实例包括：

- 在 19 世纪中后期的英国的维多利亚时代，首相威廉·格莱斯顿取得了以下成就：保持高水平的生产率；实施严格的预算控制，因此国家拥有强大的财力；大力支持普通民众，从而获得“人民的威廉”的称号。他还实行促进和平与繁荣的外交政策。
- 在 19 世纪后期的德意志帝国时期，宰相俾斯麦统一德国，把 39 个不同邦国和不同宗教的群体团结在一起，使德国成为经济强国。在他的领导下，德国实现了经济繁荣和财政稳健。他还出色地驾驭国际关系，使国内受益，也避免了消耗国力的大规模战争。
- 1959—1990 年，李光耀担任新加坡总理，并在卸任后作为内阁资政引导国家，直至 2015 年去世。他成功领导新加坡度过了这些阶段。他为国家制定原则，塑造新加坡的未来，这些成就在他去世后很久都在延续。此外，他使新加坡在不失权力的前提下避免了战争。
- 在二战后的美国，肯尼迪只担任了 34 个月的总统（1961 年 1 月

20 日—1963 年 11 月 22 日），但他激发美国完成登月计划，推进民权运动，与副总统林登·约翰逊一起展开“向贫困宣战”的运动，避免美国卷入主要战争，同时强烈遏制反美势力。

- 在中国，邓小平使中国从疲弱低效的计划经济体制过渡到高效的市场经济体制。为了很快地改变国民心理，他提出了一些口号，如“致富光荣”,“黄猫、黑猫，只要捉住老鼠就是好猫”①。在邓小平的领导下，中国的经济和财政实力强大；大多数人的教育和生活质量大幅提升；人均寿命明显延长，贫困率下降。此外，他坚决维护国家主权，同时避免了中国与外部发生重大冲突。

一个国家维持在这个阶段的时间越长，享受的美好时光就越长。

在这个阶段，值得关注的势态发展是，机会、收入、财富和价值观方面的差距扩大，同时大多数人面临不公平的困难处境；精英享有奢华和对他人不公的特权；生产率下滑；过度创造债务导致财政状况糟糕。这些自然发展趋势对国家构成巨大的风险，破坏自我维持的良好结果。伟大的国家能够实现自我维系，避免这些风险，继续留在第三阶段。如果不能避免这些风险，国家就会发展到第四阶段，即过度时期。在第四阶段，做成（或通过举债做成）一切的诱惑会将一个国家推至冲突边缘。

第四阶段：过度时期

我也将这一阶段称为泡沫繁荣时期。因为我之前谈及过，下文将做简要描述。这个阶段的典型特征包括以下方面。

① 邓小平：《怎样恢复农业生产》,《邓小平文选》第一卷。

- 通过债务融资来购买商品、服务和投资资产的情况迅速增多，因此债务增速超过偿付债务的未来现金流增速。这就产生了泡沫。举债购买活动背后的原因是，投资者、商业领袖、金融中介、个人和决策者往往认为未来会像过去一样，所以他们大举押注于过去的趋势将会持续下去。他们错误地认为，如果资产价格已经大幅上涨，这就是个好投资，不意味着成本过高，所以他们通过举债来购买这些资产，导致这些资产的价格升高，泡沫继续膨胀。这是因为随着他们所持有的资产升值，他们的净资产和支出收入比双双提升，这使他们更有能力借贷，从而加快了杠杆化进程，于是债务规模呈螺旋式上升，直到泡沫破裂。这种情况的典型案例包括 1988—1990 年的日本、1929 年的美国、2006—2007 年的美国、1977—1979 年的巴西和大多数其他拉丁美洲大宗商品生产国。
- 资金和时间的花费方式发生了变化。更多资金用于普通消费和购买奢侈品，更少资金用于营利性投资。由于基础设施、资本品和研发投资削减，相关生产率增长减缓，进而导致城市和基础设施老化、效率降低。
- 在这一阶段，为扩大和保护全球利益，国家为军事建设而耗巨资。全球主要大国尤其如此。
- 国际收支状况恶化，表现为借款增多，竞争力下降。如果这个国家拥有储备货币，借款就比较容易，因为非储备货币国家的储户更希望存储储备货币和 / 或放贷给储备货币国家。
- 财富和机会差距巨大，不同群体之间出现怨愤情绪。

在这一阶段，典型的最佳领导者是“稳扎稳打、纪律严明的领导者”，他们理解和展示高标准的行为准则，实现经济效益，打造稳健财

政，他们对大众的过度行为加以约束。在人们变得富裕后，他们带领国家继续把大量收入和时间再投资于生产性活动。如前所述，在新加坡前总理李光耀的领导下，新加坡在变得富有之后，仍然保持了良好教育、严明纪律和坚强性格的文化。但这样的领导者凤毛麟角，而且间隔甚久。因为阻止大众激情是很不得人心的。在几乎所有案例中，在变得富裕后，国家（及其领导者）都会堕落，过度消费，通过举债维持过度支出，使国家丧失竞争力。这样的衰落时期以一些堕落的领导者为代表，例如臭名昭著的罗马皇帝尼禄（他利用罗马全城大火的机会没收土地，修建宏伟的宫殿）、法国国王路易十四（在他的权力达到最高峰的时期，尽管生产率下降，民众生活艰难，但他依然扩建了凡尔赛宫）、中国明朝的万历皇帝（他不再积极治理国家，把心思全用于给自己修建宏伟的陵墓）。

第五阶段：财政状况糟糕，冲突激烈

在一个大周期中，最重要的影响因素是债务、货币和经济活动。因为我在第 3 章和第 4 章中全面阐述了这个周期，所以在此不再赘述。但要想理解第五阶段，我们就需要认识到第五阶段的状况是发生在第三阶段（出现和平与繁荣，以及有利的债务和信贷形势）和第四阶段（过度和颓废导致形势恶化）之后。这个过程以最艰难、最痛苦的方式达到极限，即第六阶段。在第六阶段，实体耗尽资金，通常会以革命或内战的形式发生严重冲突。在第五阶段，财政状况恶化和群体之间的紧张关系达到顶点。不同的领导者、决策者和群体以不同的方式应对冲突，这对一个国家是和平还是暴力地进行必要变革有着重大的影响。

你可以从许多国家的当前形势看到：那些财政状况良好（即收入多于支出、资产多于负债）的国家处于较好的态势；那些财政状况欠佳的国家处于较差的态势，它们希望从其他国家那里得到资金。但问题是，比起处于良好态势的国家，处于较差态势的国家明显更多。

你还可以看到，这些不同的态势是不同国家、州、城市、公司和个人在大多数方面（如教育、医疗、基础设施和福利）存在差异的主要原因。此外，不同国家应对紧张局势的方式存在显著的文化差异，一些国家以更和谐的方式来应对，另一些则更倾向于争斗。

第五阶段是内部周期的关键阶段，也是许多国家目前所处的阶段，所以我将详细阐述这个阶段背后的因果关系，指出在考察这一阶段的发展过程时需要关注的主要指标，然后更具体地分析美国目前的处境。

典型的有害组合

● ***导致重大内部冲突的典型有害因素包括：（1）一个国家（或州、城市）及其民众处于糟糕的财务状态（如承担大量债务和非债务性义务）；（2）实体内部的收入、财富和价值观存在巨大差距；以及（3）受到严重的负面经济冲击。***

上述因素的组合通常导致混乱、冲突甚至内战。经济冲击可能出于多种原因，包括金融泡沫破裂，流行病、旱灾、洪灾等自然灾害，以及战争。这相当于对财务状况进行压力测试。在压力测试时，财务状况（以收入支出比、资产负债比来衡量）可以充当减震器，一个国家的收入、财富和价值观差距反映其体制的脆弱程度。当一个国家出现财务问题时，通常首先影响私营部门，其次影响公共部门。因为政府决不允许私营部门的财务问题拖垮整个体制，所以政府的财务状况是最大的决定性因素。当政府耗尽购买力时，体制就会崩溃。但走向崩溃的过程中，会有很多争夺金钱和政治权力的斗争。

通过研究50多场内战和革命，我们可以清楚地看到，最可靠地预测内战/革命的先行指标是，政府财政破产和贫富悬殊。这是因为如果政府缺乏财力，它们就无法从经济上救助私营部门的实体；而要使体制保持运转，政府就得拯救这些实体（这就是2008年年底，以美国为首的大多数国家的政府的做法）。如果政府缺乏财力，就无法购买所需的东西，也无法向人们提供资金，使人们去做政府需要他们做的事情。政府已经无能为力了。

政府拥有巨额赤字，因而发行大量债务，使可供出售的债务超过本国央行的购买能力，又没有其他买家愿意买入。这是第五阶段的一个典型标志，也是丧失借款和支出能力的一个先行指标（进入第六阶段的触发因素之一）。换言之，如果不能印钞的政府被迫增税和减支，或者如果能够印钞的政府大量印钞且大举购债，这个预警就会出现。更具体地说，当政府的资金耗尽时（承担巨额赤字、大量债务和无法获得充足的信贷），就面临有限的选择：要么增税并大幅减支；要么大量印钞，这会导致货币贬值。那些能够印钞的政府总是选择印钞，因为这样做的痛苦会小得多，但这会导致投资者抛出政府发行的货币和债券。那些不能印钞的政府只能增税减支，这会驱使有钱人逃离这个国家、州或司法管辖区，因为他们不能忍受缴税增多而服务减少的境况。如果在这些无法印钞的实体中，选民之间贫富悬殊，那么增税减支举措通常会导致某种形式的内战/革命。[3]

在我撰写本书时，长期债务周期后期的这些现象已在美国显现，无论是州还是联邦层面都是如此；二者的主要区别是，州政府不能通过印钞来还债，而联邦政府则可以。在今天的美国，联邦政府及许多州和城市的政府都面临巨额赤字、巨额债务和巨大的贫富差距，而

3 需要澄清的是，一个政府的财政状况不佳，并不一定意味着该政府的购买力将耗尽。但这确实意味着，与政府财政状况良好相比，发生购买力耗尽的风险要高得多。

央行（美联储）有印钞权。所以，在我撰写本书的时候，美联储正在大规模增印货币，购买大量联邦政府债券，为联邦政府支出提供资金，而目前联邦政府的支出远大于收入。这一做法帮助了联邦政府及其试图帮助的群体，但也严重削弱了美元和美元债务持有者的实际购买力。

● ***贫富差距最大、负债最多、收入下滑最显著的地方（城市、州和国家）最有可能发生最严重的冲突。***值得思考的是，美国人均收入和财富水平最高的城市和州，通常也是负债最多、贫富差距最大的城市和州，如纽约市、芝加哥市、旧金山市、康涅狄格州、伊利诺伊州、马萨诸塞州、纽约州和新泽西州。

面对这些情况，决策者只有两种选择：要么削减支出，要么以某种方式筹集更多资金。接下来的问题：谁来出钱解决这些问题？是富人还是贫困者？显然不能是贫困者。削减开支对贫困者来说是最不能容忍的，所以政府需要给富人增税，与此同时，爆发某种形式的内战或革命的风险加大。**但如果富人意识到，政府为了偿付债务和削减赤字，将对他们课税，他们通常就会离开所在的地方，造成上文所述的空心化趋势。**目前，一些人已经从美国的一些州搬到另一些州。如果经济形势不佳，那么空心化进程将会加速。这些情况是税收周期的主要影响因素。

● ***历史表明，在贫富悬殊和经济不佳的情况下，政府进行增税和减支，则尤其是内战或某种类型革命的主要预示信号。***需要明确的是，这些革命不一定是暴力革命，但有这种可能性。

通过与他人的交流，我了解到这些周期正在发生。例如，我住在康涅狄格州，该州的人均收入是全美最高的，贫富差距和收入差距是全美最大的，人均债务和无基金养老金义务也是全美最高之一。我看到富人和贫困者只过自己的日子，没有太多往来，互不关心。我有机会既看到富人的生活，也看到贫困者的生活。因为我住在富人社区，我与同社区的人打交道，同时我妻子致力于帮助贫困社区的弃学、与学校失去联系的高中生，因此能接触那些贫困社区的居民。我看到那些贫困社区的条件极其恶劣，同时（那些在贫困者看来似乎富有而堕落的）富人并不觉得自己富有。我看到他们都专注于自己的奋斗：富人努力实现工作与生活的平衡，确保子女得到良好的教育，等等；贫困者则在努力谋生，解决温饱问题，躲避暴力，努力让他们的孩子接受良好的教育，等等。[4]

我看到两个群体苛刻而刻板地对待对方，因此更加互不喜欢，而不是以同理心看待彼此，视对方为同一共同体的成员，从而互帮互助。我看到由于存在这些刻板印象，而且富人并不觉得自己已经赚够了，也不觉得应当为贫困者提供经济援助，所以两个群体相互帮助的情况极难发生。鉴于目前状况及恶化的可能性，我对未来感到担忧。我近距离观察到，新冠肺炎疫情对医疗和预算方面的冲击，使贫困者恶劣的生存条件浮出水面，拉大了贫富差距。这可能会造成典型的有害组合。

● ***相比于受困者的数量和他们的权力，平均水平就不那么重要了。*** 有些人支持有利于整体的政策，如自由贸易、全球化以及取代人的技术进步，而不考虑如果整体的分配方式不能惠及大多数人，那么社会将

4　当然，这两种奋斗并不等同。尽管如此，我仍然发现，这两个群体都只关注自己的事情和社区，不了解与自己没有直接交流的其他群体的处境。在许多社区，人们的生活极度贫困，而且被忽视，贫困者的孩子最令人痛心。贫困者身无分文，难以负担基本开销，无法购买足够的学校用品、营养食品和基本的医疗，同时充满暴力和创伤的环境导致一种恶性循环，在这种环境中长大的儿童从小营养不良，智力开发不足，备受创伤，这导致他们成年后处于弱势地位，因而难以谋生，从而使恶性循环持续下去。看看这一事实：我们的基金会资助的一项最新研究显示，康涅狄格州（全美人均收入最高的州）有 22% 的高中生处于“弃学”或“失联”状态。弃学的学生是指旷课率超过 25% 且考试不及格的学生。失联的学生是指教育系统再也找不到的辍学生。思考一下，10 年后这会造成什么后果，以及这种恶性循环所造成的人力和社会成本。美国社会还没有对此进行限制，情况只会不断恶化。

会发生怎样的情况。这些人忽视了整体将会面临风险这个事实。● ***一个社会要想拥有和平与繁荣，就需要拥有惠及大多数人的生产率***。你认为我们今天具备这样的条件吗？

从历史经验看，要想提高生产率，造福于大多数人，破产的政府应该怎么做？历史表明，对足够部分的已有债务和非债务性义务进行重组和/或贬值，会起到很大的作用。这是在第五和第六阶段中的典型做法。一旦重组或贬值让债务负担降低（这通常是个很痛苦的过程），破产的政府就可以进行重建工作了。

● ***成功的一个关键要素是，要把创造出来的债务和资金用于促进生产率的提升，创造良好的投资回报，而不是只把资金发放出去，但未能提高生产率和收入，因为如果这样做，货币就会大幅贬值，导致政府及所有人的购买力大幅缩水。***

● ***历史表明，如果将放贷和支出用于广泛提高生产率、使投资回报超过借贷成本的项目，就可以提高生活水平，同时偿还债务。这样的政策就是好政策。***如果放贷金额不足以偿付债务，那么央行完全可以印钞并成为最后贷款人，只要确保这些资金的投资回报率较高，足以偿还债务就行了。历史和逻辑都表明，有效地投资于各级教育（包括职业培训）、基础设施与能够提高生产率的发明和研究，都会很有成效。例如，尽管从投资到见效所用的时间相当长，但大规模的教育计划和基础设施建设计划几乎总能带来充足的回报（如中国的唐朝以及许多其他朝代、罗马帝国、伊斯兰教的伍麦叶哈里发帝国、印度的莫卧儿帝国、日本的明治维新，以及过去几十年中国的教育发展计划）。事实上，教育与基础设施的改善（即使靠的是债务融资）是几乎所有国家崛起背后的重要因素。这些方面的投资和质量下滑，也几乎总是国家衰落背后的原因。如果做得好，这些干预措施就可以充分抵消典型有害组合造成的影响。

典型的有害组合通常伴随着其他问题。下列情况出现得越多，发生内战、革命等严重冲突的可能性就越大。

+ 堕落

在周期的早期，人们通常会把更多时间和资金投入生产性活动，而到了周期后期，时间和资金则更多地用于享受型活动（如“生活中更精美的东西”，即昂贵的住宅、艺术品、珠宝和衣服等）。这一现象开始于第四阶段，当时这种消费方式似乎时尚，但到第五阶段就变得怪异了。堕落性消费的资金来源通常是借款，这会使财政状况恶化。伴随这些变化而来的心理变化是可以理解的。富人觉得他们可以把自己赚来的钱，依自己的心愿花在奢侈品上，而贫困者认为在他们受苦时，富人这么豪奢是不公平和自私的。除了加剧人们之间的怨恨外，堕落性消费（与储蓄和投资截然不同）还会使生产率降低。● ***一个社会如何使用资金是个很重要的问题。相比于不能提高生产率和收入的消费项目，投资于可提高生产率和收入的消费项目，才能带来更好的未来。***

+ 官僚主义

● ***在内部秩序周期的早期，官僚主义较轻，但在周期的后期，官僚主义严重，阻碍人们做出明智和必要的决策。***这是因为随着事物的发展，它们往往变得越来越复杂，直到发展到一个地步——连明显有益的事情也无法完成。这时就需要根本性的变革。在一个以法律和契约为基础的体制里（这样的体制有诸多好处），这可能成为一个问题，因为法律可能妨碍人们去做明显有益的工作。我举个身边的例子，这涉及我和我妻子都很关心的一个问题。

因为美国宪法并没有把教育规定为中央政府的职责，所以州和地方政府主要负责为学校筹资，学校的经费来源是当地城镇的税收收入。尽管各州的具体情况不同，但一般而言，富裕州的富裕城镇的儿童比贫困州的贫困城镇的儿童享受着明显更好的教育。这显然是不公平的，也不利于生产率的发展。尽管大多数人同意儿童应该享有平等的教育机会，但因为这个结构已经牢固地构建于美国的政治体制内，所以除非美国进行根本的结构性改革，否则几乎不可能解决这个问题。官僚主义阻碍人们做出明智而有效的改革，这方面的例子太多了，因时间和篇幅有限，我无法一一罗列。这是美国目前面临的一个大问题。

+ 民粹主义和极端主义

混乱和不满会滋生这样的领导人：他们具有强烈的个性，反对精英主义，声称会为普通人而奋斗。他们被称为民粹主义者。民粹主义是一种政治和社会现象，它所迎合的那些普通人认为，自身的问题没有得到精英的关注和解决。民粹主义通常在以下情况下滋生和发展：财富和机会存在差距，人们认为来自国内外的不同价值观对自己的文化构成了威胁，权势群体的“建制派精英”未能使大多数人获益。民众希望掌权者为民奋斗，当这些情况挑起民众的愤怒情绪时，民粹主义者就会上台。民粹主义者可能是左翼也可能是右翼，他们比中间派极端得多，通常会迎合普通人的情绪。他们往往选择对抗而不是合作，倾向于排他而不是包容。因此，左翼民粹主义者与右翼民粹主义者围绕不可调和的分歧而大打出手。他们的极端程度各有不同。例如，在20世纪30年代，左翼和右翼民粹主义都出现了暴力形式，同时美国和英国发生了非暴力的革命性变革。最近在美国，2016年特朗普当选总统，是向右翼民粹主义迈出的一步，而伯尼·桑德斯、伊丽莎白·沃伦和亚历山德里娅·奥卡西奥–科尔特斯获得了极高的支持率，这表明左翼民粹主义广受欢迎。在许多国家，民粹主义运动日益增多。可以说拜登的胜选表明，人们希望少一些极端主义，多一些温和主义，不过时间会见证一切。

我们可以把民粹主义和两极分化作为指标。民粹主义现象越多，两极分化越严重，一个国家在内部周期的第五阶段就会走得越远，越接近内战和革命。在第五阶段，中间派变成少数派。在第六阶段，中间派不再存在。

+ 族群斗争

在第五阶段，族群斗争激化。因为一般来说，● ***当困难和冲突加剧时，人们更倾向于：刻板地把他人看作一个或多个族群的成员；把这些族群要么看作敌人，要么看作盟友。***这一情况在第五阶段变得更加明显，在第六阶段变得危险。

第五阶段的一个典型标志是，人们把其他族群的成员妖魔化（这种现象在第六阶段有所增加），通常会把一个或多个族群变成替罪羊，指责它们是问题的源头，故而想要排斥、监禁或消灭它们（发生在第六阶段）。少数民族、种族、社会阶级群体通常被妖魔化。最典型、最恶劣的例子是纳粹对犹太人的迫害。纳粹把德国的几乎所有问题都归咎于犹太人，并且迫害他们。同样，在经济和社会面临困境的时期，居住在非华人为主国家的华人少数群体也被妖魔化，被当作替罪羊。在很多严峻年代（如光荣革命和英国内战时期），英国的天主教教徒被妖魔化，被当作替罪羊。把他人妖魔化和当作替罪羊，是一种典型的表现形式和问题，我们必须密切注意这种现象。

+ 公共领域中真相的消失

人们变得更加两极分化，更加情绪化，更加受政治因素左右。由

于宣传和媒体报道愈加失真，人们不知道何为真相。这种现象与日俱增。

在第五阶段，争斗中的人们通常与媒体人士合作，通过操纵民众情绪来赢得支持，并摧毁反对派。换言之，在这场争斗中，左翼媒体人士与左翼的其他成员联合，右翼媒体人士与右翼的其他成员联合。媒体像义务警察那样狂热：人们经常被媒体攻击，实质上是被媒体审判和定罪，他们的生活不经法官和陪审团的评审就被摧毁。20 世纪 30 年代，左翼民粹主义者和右翼民粹主义者都在控制媒体，并设立宣传部长来指导媒体。他们建立媒体的明确目标是，煽动民众反对政府视为“国家敌人”的群体。在一战和二战期间，实行民主制的英国政府设立了信息部，用以传播政府信息，主要报纸出版商如果配合政府打赢宣传战[5]，就得到政府的支持，如果不合作就遭受诽谤和损失。革命者也以同样的方式在各种出版物上进行宣传。在法国大革命期间，革命党人主办的报纸挑起反君主和反宗教的情绪，但在获得权力后的“恐怖统治”期间，他们关停了持不同政见者的报纸。在贫富悬殊、民粹主义思潮弥漫时期，打压精英的报道广受欢迎，并给媒体带来丰厚利润，尤其是右倾媒体里打压左倾精英的报道，以及左倾媒体里打压右倾精英的报道。历史表明，此类活动显著增多是第五阶段的一个典型问题。如果除了上述行为，媒体还可以对他人施加其他惩罚的话，媒体就会变成一个很强大的武器。

在我撰写本书的时候，很多人看到了这些现象。传统媒体和社交媒体报道的真实程度处于我们一生中的最低时期。例如，2019 年盖洛普的一项研究显示，仅有 13% 的受访美国人“非常”信任媒体，仅有 41% 的受访者表示“相当”或“非常”信任媒体，而 1976 年，信任

5　在一战期间，诺斯克里夫子爵控制了英国将近一半的日报发行量，以刊载反德报道而闻名。1918 年英国政府任命他为“对敌国宣传主管”。

媒体的人占 72%。这不只是边缘媒体的问题，也是主流媒体的问题，是美国整个社会的问题。信任度的剧烈下滑甚至影响了以前备受信赖的标志性媒体，如《华尔街日报》和《纽约时报》，这两份报纸的信任度都在大幅下滑。除了受政治因素驱动外，当新闻业面临财务困难时，耸人听闻的报道带来了经济回报。与我交流的大多数媒体人士和我有同样的担忧，尽管他们一般不会公开表示这种担忧。然而，在反思这个问题时，时任《华盛顿邮报》执行主编马丁·巴伦说："假如在一个社会里，人们对基本事实都无法达成一致，民主制度怎么能正常运转呢？"这种状况正在妨害言论自由，因为人们不敢说出自己的想法，他们担心传统媒体和社交媒体会攻击他们，通过扭曲他们的言论来打压他们。

现在即使是很有才干、很有权势的人，也很害怕媒体，不敢就重要问题发声，也不敢竞选公职。因为大多数知名人士被打压了。在与我交流过的人中，几乎所有人都认为，成为一个备受关注、直言不讳、为真相和正义而战的人是很危险的，尤其是不能得罪那些喜欢利用媒体进行斗争的人。因害怕遭受媒体报复，人们不公开讨论，私下里却不断讨论这个问题。例如，不久前我与一位美国将军共进午餐，他曾在政界担任要职，当时刚刚离开政府部门。我们一起谈到他下一步的计划。我问他最有热情做什么，他说："当然是为国效力。"我问他那么是否会考虑竞选公职，他解释说，尽管他愿意为国家牺牲，但他不会去竞选公职，因为他的反对者可能利用媒体和社交媒体来编造谎言，伤害他和他的家人。这位将军以及我认识的几乎所有人（我们应当听到他们的真实想法）都害怕公开发言，因为他们担心，反对他们的极端分子会攻击他们，耸人听闻的媒体会帮助和放大这种攻击。许多朋友都告诉我，最好不要如此公开地探讨有争议性的话题（如本书涉及的许多话题），因为一些个人或群体注定会试图通过媒体把我打倒。我想他们也许是对的，但我不会因这样的风险而却步。[6]

+ 规则渐渐不被遵守，粗野争斗开始

● ***如果人们认为自己所热衷的某些追求比决策体系更为重要，那么决策体系危在旦夕。规则和法律只有在下述两个前提下才能生效：规则和法律必须清晰明了；多数人把在规则和法律的范围内行事看得足够重要，因此愿意为规则和法律行之有效而做出妥协。***如果这两个前提都有所欠缺，那么法律体系危在旦夕。如果竞争各方均不愿意理性地对待他方，也不愿意为了维持整体的利益而以文明的方式做出决策（这往往需要他们放弃一些他们想要而且通过争斗有可能获得的东西），某种“内战”就会出现，相关各方以相对实力验证自己。到了这个阶段，不惜一切代价取胜将成为游戏规则，无底线的竞争将成为常态。在第五阶段的后期，人们为激情而抛弃理性。● ***在取胜成为唯一***

---

6 对这个问题我们可以采取什么对策？新闻媒体很独特，这是唯一一个没有品质控制、其权力不受制衡的产业。我和大多数人认为，政府监管媒体是很糟糕的想法，但我们同时也认为，必须采取一定的措施来解决这个问题。如果人们的抗议足够强烈，这也许就会促使媒体成立自律性组织，像电影协会那样建立评级机制，管理这个行业。我并不知道应当怎么做，因为这个问题不属于我的专业领域，试图提出解决问题的建议也不是我的职责，但我有义务指出，在我们所处的时代，哗众取宠、商业主义和操纵人们观点的政治欲望，已经取代准确性和新闻诚实性，成为大多数媒体从业者的首要目标，这个问题就像是一种威胁我们福祉的癌症。如果你认为虚假和扭曲的媒体是一个问题，也密切关注媒体/宣传，探究这样的情况是否发生，以及是如何发生的，那么以下有几个值得留意的常见问题，不妨自问一下：

（1）这篇报道是充满了情绪化的、未经证实的指控，还是事实得到了确证，消息来源得到了说明？如果这篇报道为了编造一个激动人心的故事，把事实搁置一旁，没有透露消息来源，那么不要相信这篇报道。

（2）作者如何对待反驳其断言的回复或争论，是否把这些回复或争论与报道一起发表出来？

（3）这篇报道中的指控是否符合司法体系已经确认和证实的事实？如果媒体指控某些人或团体做坏事，但司法体系并没有指控他们做坏事，也没有做出判决（司法体系会遵循程序，努力核实证据，探求真相），那么至少问问自己为什么会出现这样的情况，或许不要相信这篇报道为好。

（4）如果作者或媒体已经显现出偏颇性，那就假定作者观点以及媒体报道是偏颇的。

重要之事的时候，不道德的争斗就会以强化自身的方式愈演愈烈。如果每个人都为了自身的某种追求而不惜争斗，而且任何人都无法对任何事达成共识，体制就濒临内战／革命。

这种情况通常以两种形式发生。

- **在第五阶段后期，司法系统和警察系统的掌控者通常将其用作政治武器。私人警察系统也开始建立，比如殴打他人并夺取资产的暴徒、保护他人免遭这种伤害的保镖。**例如，纳粹在掌权前建立了一个准军事组织，掌权后将该组织变成官方组织。20世纪30年代昙花一现的英国法西斯联盟和美国的三K党实质上也是准军事组织。这样的情况很常见，所以我们可以把这种情况的出现视为走向下一个阶段的预警。
- **在第五阶段后期，抗议事件越来越多，也变得越来越暴力。**因为健康的抗议和革命的爆发之间并不总有清晰的界限，所以掌权者往往很难权衡，如何既容许抗议活动，又不让抗议者认为他们可以自由反抗体制。领导人必须妥善处置这些情况。当示威活动变成革命时，典型的两难困境就出现了。对领导人来说，允许自由抗议和镇压抗议都是有风险的选项，因为这两种选项都可能导致革命势力壮大，乃至推翻体制。没有任何体制允许民众推翻自身。在大多数体制里，企图推翻体制的行为是叛国罪，当事人通常可以被处以死刑。然而革命者的任务就是推翻体制，所以政府和革命者彼此试探对方的极限。当普遍不满情绪加速膨胀而掌权者又任其发展时，这种情绪可能走向白热化，乃至于当掌权者想要压制时，反而导致势态爆炸。第五阶段后期的冲突通常会逐渐升级，引发暴力争斗，这标志着进入历史学家所称的正式内战时期，我将这段时期称作大周期的第六阶段。● ***如果有人在战斗中丧生，这就发出了一个警示：几乎可以肯定地说，斗争走向下一个更暴力的内战阶段，这一阶段将持续到胜者和败者明显确定为止。***

这就引出了我的下一个原则：● ***若你有疑虑，就要撤离。如果你不想被卷入一场内战或战争，就应该趁早撤离。***这种情况通常出现在第五阶段。历史表明，当局势恶化时，想逃脱的人往往已经无法逃离了。投资和资金也是如此，因为各国在这些时期会采取资本管制及其他措施。

● ***当解决分歧的体制变得无效时，第五阶段（财政状况糟糕，冲突激烈）结束，第六阶段（发生内战）开始。***换言之，发生这种情况时，体制已经崩溃到无法修复的地步，人们暴力相向，领导层丧失了控制能力。

你也许已经想到了，相比于在现有体制/秩序内部进行革命性变革，打破旧体制/秩序重建新体制的影响要大得多。尽管后者带来的创伤更大，但这一选择未必比继续运营已有体制更糟糕。

是保留和修复已经出现问题的旧秩序，还是废除旧秩序，代以新秩序？这历来都是个艰难的选择。在新秩序的未来景象尚不清晰或是取代像内部秩序这么重要的秩序的时候，这个选择就更不容易了。无论如何，这些变革都会发生，但这通常不由理性决定，而更多地受情绪的驱动。

● ***当一个国家处于第五阶段后期时（如美国目前的情况），最大的疑问是，体制在崩溃之前有多大的韧性。***民主体制基本上尊重民心，也更有韧性。因为民众可以选择替换领导层，而且出了问题只能归咎于自己。在这样的体制下，政权更迭更容易通过和平的方式进行。但一人一票的民主程序有一个缺点：领导者是通过民众支持率选出的，而大多数人不大会慎重地评估候选人的能力（大多数组织在为要职寻找合适人选时会进行慎重评估）。事实证明，这种民主体制在重大冲突时期可能会崩溃。

民主还需要达成共识的决策和妥协，很多观点不同的人需要在体制内部通力合作。西式民主制度确保了拥有大量选民的政党能派出代表参政，但像所有由观点很不一致（甚至彼此不喜欢）的群体组成的大型委员会一样，这样的决策体制无助于高效的决策。● ***西式民主国家面临的最大风险是，在决策的过程中，存在太多的分裂和对立，因而决策可能缺乏效率，产生不佳结果，进而引发由民粹主义者领导的革命，这些专制者代表很大一部分群体，这些群体希望有一个强大的、有能力的领导人控制混乱局面，进而使国家能够很好地为他们造福。***

同样值得一提的是，历史表明，在联邦民主制国家（如美国）发生重大冲突期间，各州和中央政府之间通常会为相对权力发生冲突。这是一个值得注意的迹象，目前美国尚未出现这种情况，一旦发生，就标志着内部秩序周期进一步走向第六阶段。

有太多民主体制崩溃的案例值得探讨，更不用说逐一描述了。我考察了一些案例以寻找规律，但未做全面研究，故而不做赘述。需要指出的是，一旦第五阶段所述的那些因素走到极端（恶劣财政状况、堕落、内部纷争、混乱和/或重大外部冲突），国家就会出现一系列失灵状况，还会发生以强势领导人为首的权力之争。典型案例包括：从公元前 5 世纪末到公元前 4 世纪的雅典；公元前 27 年前的约 100 年里罗马共和国的终结[7]；20 世纪 20 年代的德国魏玛共和国；20 世纪

7　罗马共和国和雅典都有民主元素。尽管民主制已经存在了几千年，但并不是所有人都能合法地参与投票。直到近代，大多数人才有权投票。例如在美国，非洲裔美国男性直到 1870 年才获得普选权，所有种族的女性直到 1920 年才获得普选权。

20—30 年代几个弱小的民主国家——意大利、日本和西班牙，为了结束混乱和恢复秩序，转而实施右翼（法西斯主义）专制。

● ***要想取得最好的结果，不同的阶段就需要不同类型的领导人。*** **第五阶段是个交叉路口，一条路可能走向内战 / 革命，另一条路可能走向理想化的和平共存。** 和平与繁荣显然是理想之路，但要艰难得多。这条路需要一位“强有力的和平缔造者”，他能把全国人民团结在一起，主动向他方伸出橄榄枝，让各方参与决策，重塑大多数人认为公平和有效的内部秩序（即高效地让大多数人获益）。**这样的领导人在历史上寥寥无几，我们为他们祈祷。** 第二类是一位“强有力的革命者”，带领国家走出内战 / 革命的深渊。

第六阶段：出现内战

● ***在长期没有经历内战的国家，人们通常认为不会发生内战，但历史告诉我们，内战是不可避免的，因此，我们与其假设“这种情况不会在这里发生”，不如对内战保持警惕，观察那些显示本国离内战有多近的指标。*** 上一节探讨了内部秩序中的非暴力革命，本节将考察内战和革命的标志和模式。内战和革命几乎总是以暴力的方式推翻旧秩序，建立新秩序。**尽管有无数的案例可供我们分析、理解其背后的机制，但如下页表所示，我选择了我认为最重要的 29 个案例。我把这些案例分为两类，一类使体制 / 政体发生了巨变，另一类则没有。** 例如，美国南北战争是一场极血腥的内战，但最终未能推翻体制 / 秩序，所以它属于第二类，处在该表的下方。那些推翻了体制 / 秩序的内战与革命则处于该表的上方。当然，这样的分类是不精确的，但和此前一样，我们不会过于求精，从而忽视全局性视野。尽管我们不能保证所有情况，但大多数内战与革命是以本节描述的典型方式发生的。

冲突	国家	开始年份	
尼德兰革命	荷兰	1566	造成体制或政体变更的案例
英国内战	英国	1642	
英国光荣革命	英国	1688	
美国独立战争	美国	1775	
法国大革命	法国	1789	
西班牙立宪革命	西班牙	1820	
1848 年法国革命	法国	1848	
明治维新	日本	1868	
辛亥革命	中国	1911	
俄国十月革命与内战	俄国	1917	
德国革命 / 君主制终结	德国	1918	
希特勒崛起 / 政治暴力	德国	1929	
日本军国主义者崛起	日本	1932	
西班牙内战	西班牙	1936	
中国国共内战	中国	1945	
詹姆斯党人起义	英国	1745	未造成体制或政体变更的案例
普加乔夫起义	俄国	1773	
荷兰“爱国者”起义	荷兰	1781	
白莲教起义	中国	1794	
1848 年德国革命	德国	1848	
太平天国运动	中国	1851	
云南回民起义	中国	1856	
美国南北战争	美国	1861	
回民起义	中国	1862	
巴黎公社	法国	1871	
义和团运动	中国	1899	
1905 年俄国革命	俄国	1905	
护国运动	中国	1915	
1934 年 2 月 6 日危机	法国	1934	

有些内战打破了旧体制，需要建立新体制，一个典型的例子是1917年俄国十月革命。这场革命建立了共产主义的内部秩序。该秩序在20世纪80年代后期进入第五阶段。苏联试图在体制内部实行革命性变革，就是所谓的“改革”（即重组）。这一尝试失败后，苏联于1991年解体。旧秩序延续了74年（1917—1991年）后，取而代之的是新体制/秩序，也就是当前俄罗斯推行的体制/秩序。旧秩序崩溃后，新秩序是通过典型的途径建立的，本章稍前的第一和第二阶段讲述了这些典型途径。

另一个典型案例是日本的明治维新。明治维新是一场持续了三年（1866—1869年）的革命。发生的原因是日本人与外界隔绝，未能取得发展。所以美国人迫使日本人开放门户，这促使一个革命性团体奋起战斗，打败了日本统治者（以军方幕府将军为首），推翻了统治日本的内部秩序。这一旧秩序是由4个群体管理的：军队、农民、工匠和商人。传统派管理的旧秩序极端保守（例如，社会流动是非法的），取而代之的是相对进步的革命派，他们使天皇制现代化，恢复皇帝的权力，从而改变了日本的一切。在这一阶段的初期，贫富差距和经济不佳等典型原因，让日本发生了很多劳资纠纷、罢工和骚乱。在改革过程中，领导层普及初级教育，采纳资本主义理念，向外部世界开放。他们采用了新技术，使日本极具竞争力，并且获取了财富。

还有很多像日本这样的国家，它们采取了正确的措施，实现了革命性的良性变革，同时，也有很多革命者走上了错误的道路，给国民带来长达几十年的巨大苦难。顺便说一句，受益于改革的结果，日本在大周期的几个典型阶段中继续发展，成为极其成功和富裕的国家。但随着时间的推移，日本变得堕落，过度扩张，出现分裂，陷入经济萧条，加上成本高昂的战争，这一切最终导致了这个阶段以典型的方式终结。日本的“明治秩序”及其典型的大周期延续了76年，即

1869—1945年。

● ***内战和革命注定会发生，从根本上改变内部秩序。这包括财富和政治权力的彻底重组，也包括债务、财务所有权以及政治决策权的彻底重组。***这些变化是需求带来的自然结果，因为已有体制内无法实现重大变革。几乎所有的体制都会经历这些变革。因为几乎所有的体制都以牺牲一些群体为代价，让另一些群体获益，最终前者变得无法忍受，他们通过斗争来改变未来的方向。当贫富和价值观差距变得巨大，又伴随着糟糕的经济形势时，体制就不能惠及很大一部分人，这些人会通过斗争来改变体制。为了获得更多的财富和权力，最贫困的群体与拥有财富和权力、受益于现有体制的群体展开争斗。革命者希望彻底改变体制，所以他们自然愿意推翻当权者要求他们遵守的法律。这些根本性变革通常是通过内战、以暴力的方式发生的，不过如前所述，革命性变革也可能在不推翻体制的情况下以和平的方式发生。

内战通常是极其残酷的。在内战的初期，各方通常以强硬而有序的方式来争夺权力。随着战斗和情绪的激化，各方为了取胜而不择手段，战争的残暴程度就会加剧，加剧速度出人意料。所以在第六阶段内战与革命中，战争的真实残酷程度是在第五阶段时不可想象的。在研究许多内战和革命的历史（如西班牙内战、俄国十月革命和法国大革命）时，我读到精英与中间派逃亡、被囚禁或被杀害，不禁毛骨悚然。

内战是如何发生的？我在稍前讲述了第五阶段的变化机制，它们导致周期进入第六阶段。在第六阶段，所有这些局势都明显激化。下文进行具体阐释。

内战和革命的过程

如前所述，随着财富日益积累，贫富差距扩大，很小比例的人口控制极大比例的财富，最终，占多数的贫困者发动内战和革命，推翻占少数的富人。这种情况发生的次数之多超乎人们的想象。

在大多数典型的内战与革命中，权力从右派向左派转移，但在一些情况下，财富和权力也从左派向右派转移。不过后一种情况相对较少，具体情况各不相同。右派战胜左派的情况通常发生在以下时期：现有秩序陷入失效的无政府状态，很大一部分人渴望的是有强有力的领导、严格的法纪和高效的生产力。右派战胜左派的革命包括：20世纪30年代的德国、西班牙、日本和意大利；20世纪90年代初的苏联解体；1976年阿根廷政变，军政府取代伊莎贝尔·庇隆；1851年法国政变，法兰西第二帝国建立。在我研究过的所有案例中，驱动革命成功或失败的原因都是相同的。像左派那样，如果大多数人能分享经济繁荣，这些新内部秩序就会成功；如果人们不能这样做，新内部秩序就会失败。取得广泛的经济繁荣是决定一个新政体成功的主要因素。一个国家的长期发展趋势应当是，整体财富规模增加，财富分配范围扩大（即改善普通人的经济和健康状况）。人们只经历大周期中的一个阶段，因此很容易失去这种大局观。

历史表明，内战/革命的领导者通常是有中产阶级背景的受过良好教育的人（至今依然如此）。例如法国大革命的三位主要领导者：乔治-雅克·丹东（是出身资产阶级家庭的律师）、让-保尔·马拉（是出身资产阶级家庭的医生、科学家和记者）和马克西米连·罗伯斯庇尔（同样是出身资产阶级家庭的律师和政治家）。法国大革命最初得到了许多自由派贵族的支持，如拉法耶特侯爵，他出身中等富裕的家庭。与此类似，俄国十月革命的领导者列宁研究过法律，另一位领导者托洛茨基出身资产阶级知识分子家庭。**这些领导者通常（如今亦然）也富有魅力和领导才干，他们能够与其他人通力合作，建立有效运营的大型组织，掀起改变体制的革命。如果你想寻找未来的革命者，就不妨留意具有这些素质的人。随着时间的推移，其中有些人会发生转变，**

从试图使体制更加公平的理想主义知识分子，变成不惜一切代价获胜的残酷革命者。

在经济困难时期，贫富悬殊通常是冲突爆发的最主要因素，但总还有其他因素，这些因素汇合在一起，成为反对现有领导和体制的巨大力量。在革命期间，怀有各种不满的革命者联合起来，共同推动革命性变革。他们看起来团结一致，但在革命成功后往往为各种问题和权力而相互争斗。

如前所述，**在内部秩序周期的内战 / 革命阶段，掌权的政府几乎总是陷入严重缺乏资金、信贷和购买力的困境。在这种情况下，政府设法从富人手里获取资金，导致富人向安全的地方转移资产。为了阻止这些转移，政府会实行资本管制，控制资金转入其他司法管辖区（如其他国家）和其他货币，或者转入更难课税的资产和 / 或生产性不高的资产（如黄金）。**

雪上加霜的是，在内部处于混乱状态时，一个国家更可能遭到外敌的挑战。因为国内冲突让国家变得脆弱，使其更可能受到外部势力的袭击。内部冲突导致国民分裂，给国家带来财务负担，领导者专注于处理内部冲突，而没有太多时间关顾其他问题。这一切为外国势力提供了可乘之机。这就是内部战争往往与外部战争相伴的主要原因。其他原因包括：人们的情绪和不满趋于激化；此时上台的强势民粹主义领导人往往天生好斗；发生内部冲突时，领导者会发现，如果国民感到遭受了外部敌人的威胁，就会团结起来，支持他们一致对外，所以领导者往往鼓动外部冲突；贫困会导致国民 / 国家更想为所需的东西而战斗（包括其他国家拥有的资源）。

- ***几乎所有内战都有一些外国势力参与，它们试图影响内战的结果，使其对自己有利。***
- ***内战 / 革命何时开始并不清楚，但当人们深陷其中时，则是显***

而易见的。历史学家会确定内战开始和结束的日期，但这是主观臆断的。事实上，当时几乎没有人知道内战开始和结束的时刻，但他们知道自己何时处于内战之中。例如，许多历史学家把1789年7月14日定为法国大革命开始的日子，因为那天一伙暴徒攻破了一座军械库和巴士底狱，但当时没有人知道这就是法国大革命的开始，也不晓得这场内战和革命会变得多么恐怖和残暴。虽然我们也许不知道将来会发生什么，但我们可以找到一些粗略的标志，帮助自己确定所处的位置，考察未来发展的方向，了解下一阶段可能出现的情况。

内战是极其残酷的，这是决死之战。每个人都是极端主义者，因为每个人都不得不选边战斗。中间派也会在残酷厮杀中败下阵来。

至于哪种类型的领导人最适合领导内战和革命，那就是“励志将领”。这些人勇猛强悍，能够获得广泛支持，在各种非赢不可的战斗中取胜。因为战斗很残酷，所以他们必须足够残忍，才能不惜一切代价赢得胜利。

历史学家所标记的内战时期通常持续数年，他们根据哪方占领首都的政府大楼，确定正式的胜者和败者。但就像内战/革命的开始一样，内战/革命的结束也不像历史学家描述的那样明确。在内战正式结束后，为巩固权力的斗争可能持续很长时间。

内战和革命是极其痛苦的，但往往带来结构性改革。如果其处理得当，就可以为更好的未来奠定基础。内战/革命之后将会出现怎样的状况，这取决于接下来的行动举措。

结语

这些历史研究告诉我，除了进化，没有什么是永恒的。进化过程中存在一些周期，它们像潮水一样起起落落，很难改变或对抗。要想妥善应对这些变化，人们需要知道自己在周期中所处的阶段，并知晓应对这些变化的永恒普适原则。随着形势的变化，最好的做法也发生变化。因为最好的做法取决于具体情况，而具体情况总是以我们以上考察的方式不断变化。因此，我们不应僵化地认为，任何经济或政治体制始终是最好的。肯定会在某些时候，一个体制不再适合其所处的环境，而如果一个体制不适应环境，就会灭亡。因此，最好的做法是不断改进体制，使之很好地适应环境。要想测试任何体制的运行效率，只要看它能否有效地满足大多数人的需求。我们可以客观地衡量任何体制的有效性，也将继续这么做。尽管如此，历史清楚地告诫我们：通过有技巧的合作产生富有成效的双赢关系，既把蛋糕做大，又把蛋糕分配好，让大多数人满意，这比为争夺财富和权力而打内战，导致一方征服另一方的价值大得多，痛苦也小得多。

6

外部秩序和混乱大周期

人们的相互关系及其管理秩序都以大致相同的方式运作，无论是内部秩序还是外部秩序，二者融合在一起。事实上，并非那么遥远之前，内部秩序和外部秩序还没有区别，因为国与国之间没有明确界定和相互认可的边界。因此，**在上一章所述的内部秩序周期中，秩序与混乱之间的 6 个阶段也适用于国家之间，一个主要例外：● *国际关系更多地取决于原始实力的动态机制。*这是因为所有管理体制都需要有效且议定的：（1）法律和立法能力，（2）执法能力（如警察），（3）裁决机制（如法官），以及（4）明确和具体的结果，从而确定罪行并依法执行（例如罚款和监禁）。在外部秩序中，这些规则要么不存在，要么对国际关系的指导不如对国内关系那么有效。**

为了使外部秩序更加遵守规则，各国做出了多种努力（例如，建立国际联盟和联合国），但总的来说，这些努力未能奏效。因为这些组织的财富和权力比不上最强大的国家。**如果一个国家的权力超过国家共同体的权力，那么权力更大的国家将会制定国际秩序。例如，如果美国、中国或其他国家的权力超过联合国，那么决定未来发展方向的就是美国、中国或其他国家，而不是联合国。因为***权力胜过一切*，**旗**

鼓相当的各方极少会不经斗争就放弃财富和权力。

当大国之间出现争端时，它们不会让律师向法官申诉。相反，它们互相威胁，要么达成协议，要么开始交战。**国际秩序与其说是遵循国际法，不如说是丛林法则。**

国家之间的斗争主要有5种类别：贸易/经济战、技术战、地缘政治战、资本战和军事战。让我们从简单定义开始。

1. **贸易/经济战：**冲突涉及关税、进出口限制和从经济上损害对手的其他方法。
2. **技术战：**冲突涉及哪些技术可以共享，哪些技术属于国家安全保护范畴。
3. **地缘政治战：**冲突涉及领土和联盟，解决方式是谈判和做出明确或间接的承诺（而不是战争）。
4. **资本战：**冲突涉及施加经济制裁等金融工具（例如，通过切断资金和信贷来惩罚提供资金和信贷的机构和政府），以及限制外资进入资本市场。
5. **军事战：**冲突涉及实际动武和军事力量的部署。

大多数国家间斗争属于其中一类或多类（例如，网络战争涉及所有类别）。国家为了财富、权力和与其相关的意识形态而争斗。**虽然大多数类别的战争不涉及枪击和杀戮，但它们都是权力斗争。**在大多数情况下，随着对手之间的竞争愈演愈烈，前4类战争会逐步激化，直到军事战爆发。**无论是否涉及枪击和杀戮，这些争斗和战争都是一方对另一方的权力斗争。战争可能是全面战争，也可能限制在一定范围内，这取决于问题的重要性和对手的相对实力。但一旦军事战爆发，交战双方就会尽最大可能地将其他4类战争武器化。**

正如前几章所述，内部秩序和混乱周期与外部秩序和混乱周期背后的驱动因素往往会同时改善或同时恶化。随着形势的恶化，争端与日俱增，交战的可能性就会加大。这是人类的本性，因此好坏时期之间存在更迭的大周期。

● ***全面展开的战争通常发生在生存问题岌岌可危（这些问题对国家来说生死攸关，以至人们愿意为之战斗和牺牲）又无法通过和平手段来解决的情况下。由此引发的战争将会确定哪一方得偿所愿，进而获取霸权地位。***规则制定者的明确成为国际新秩序的基础。

下图根据冲突造成的死亡人数，显示1500年以来欧洲内部和外部的和平/战争周期。如图所示，**其间有三个冲突上升和下降的大周期，平均每个周期约150年。虽然大规模内部和外部战争的持续时间很短，但它们通常是冲突日积月累而触及顶点的结果。**虽然两次世界大战分别受各自所在的典型周期的驱动，但它们也具有关联性。

欧洲冲突死亡人数估值（人口百分比，15年移动平均值）

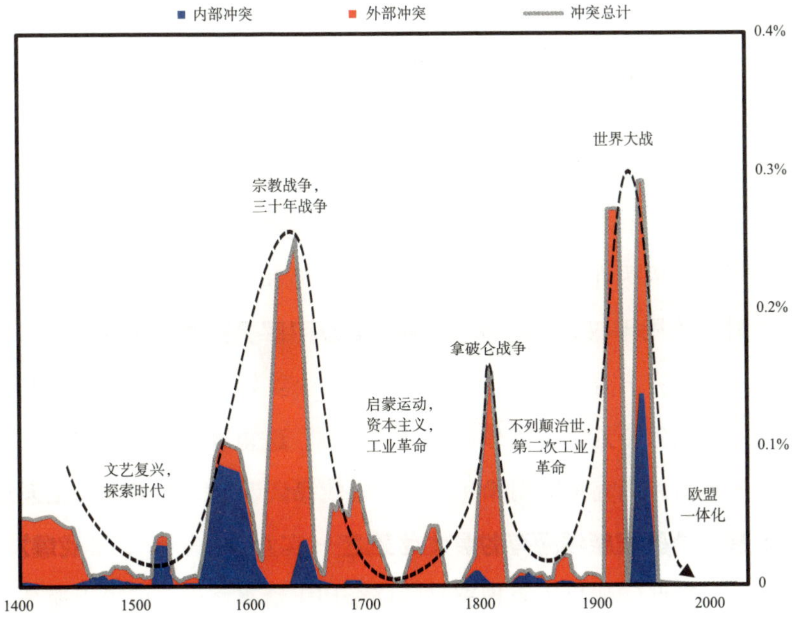

如图所示，**每个周期都包含相对较长的和平与繁荣时期（如文艺复兴、启蒙运动和工业革命），它们为残酷和暴力的外部战争（如三十年战争、拿破仑战争和两次世界大战）埋下了种子。**无论是上升时期（和平与繁荣时期）还是下跌时期（萧条、革命与战争时期），这些周期都影响着整个世界。其他国家并不是随着主要大国的繁荣而繁荣，因为一些国家的繁荣是以其他国家的利益为代价的。例如，由于被西方列强和日本欺凌掠夺，中国在1840—1949年陷入衰落（被称为“百年屈辱”）。

在阅读下文时，请记住，● ***对于战争，最可确信的两点：（1）战争不会按计划进行，（2）战争远比想象的更糟糕。***正是出于这些原因，接下来的许多原则是针对如何避免武力战争的。然而，无论出于何种理由，战争总会发生。需要澄清的是，虽然我认为大多数战争是悲惨的，而且出于荒谬的理由，但有些事情是值得为之奋战的。因为不为之奋战的后果（如失去自由）将是不可容忍的。

外部秩序变化背后的永恒普适力量

正如我在第2章中所解释的，在自身利益和自身生存这两个因素之后，对财富和权力的追求是激励个人、家庭、公司、州和国家的最主要因素。因为在建立军事实力、控制贸易和影响其他国家的能力方面，财富等同于权力，所以 ● ***国内实力和军事实力密切相关。***买枪炮（军事实力）需要财力，买黄油（国内社会支出需求）也需要财力。如果一个国家不能充分提供其中任何一项，就很容易受到国内外反对势力的攻击。研究中国朝代和欧洲帝国使我认识到，● ***在财力上超过对手是一个国家能够拥有的最大优势之一。***这就是为什么美国在冷战中打败了苏联。如果国家把充足的资金用于恰当之处，就可以避免真枪实战。一个国家的长期成功取决于它既能持续提供“枪炮”和“黄油”，又能避免出现过度，以防衰落。换句话说，一个国家只有在财力上足够强大，才能为国民提供良好的生活，同时保护国民不受外敌攻击。真正成功的国家可以在200~300年内都大规模地发展实力，但没有任何国家可以永远这样做。

如果主导大国开始衰弱，或者新兴大国与主导大国实力近乎旗鼓相当，或者两者兼具，冲突就会出现。● ***在以下两种情况下，爆发军事战争的风险最大：（1）双方的军事实力旗鼓相当，（2）双方在生存问题上存在不可调和的分歧。***

对立国家面临的选择是，要么战斗，要么退让，这是一个艰难的抉择。两者都是代价高昂的。选择战斗要付出金钱和生命的代价，选择退让要付出国际地位的代价，因为退让是懦弱的表现，可能导致其他国家的支持减少。当两个竞争对手都有能力摧毁对方时，双方必须极为确信自己不会被对方严重损害或毁灭。然而，处理好囚徒困境是极为罕见的事情（详见第2章附录）。

尽管国际关系中没有规则，唯一的规则是超级大国加于自身的规则，但一些做法产生更好的结果。确切地说，那些更可能带来双赢结果的做法要好过更可能导致两败俱伤的做法。因此，一个至关重要的原则：● ***要想获得更多的双赢结果，双方必须进行良好的协商，既考虑到对方也考虑到自身的优先关注点，并懂得妥善地在二者之间进行权衡。***[1,2]

---

1 举一个双赢做法的极简实例。如果每个国家挑出它们最想得到或最想保护的10项东西，并把100点分配给这10项，以此显示其重要程度，它们就能确定最均衡的博弈点在哪里。例如，我认为，台湾问题将是中国的优先项，他们甚至不惜为此一战。而这在美国的排序中则不会那么高，但美国也有自己的优先项，美国应该愿意拿自己的优先项做交易，从而让双方都满意。

2 听起来也许有些天真，但我希望中美在解决争端的时候，可以利用“深思熟虑的分歧”的力量，能够倾听对方的不同意见，了解对方的出发点和关注点，从而找到双赢的解决方案。我希望有一天两国领导人或代表能够像大选辩论一样，在相互尊重的基础上，展开一系列公开论辩，让两国民众听到和了解双方的观点。我相信这会大大提高我们的见识，增强我们的同理心，加大和平解决争端的概率。

通过巧妙协商、通力合作，双方可以营造双赢关系，有效地增加和分配财富与权力，这样做与一方征服另一方的战争相比，得到的收益要大得多，双方经受的痛苦要小得多。从对手的角度看问题，确认并传达给对手自己的底线（即什么是不可妥协的）是妥善处理分歧的关键。● ***获胜意味着在不失去最重要的东西的前提下，得到最重要的东西。所以，如果丧失的生命和金钱超过带来的益处，这样的战争就是愚蠢的。***但是，愚蠢的战争仍在不断发生。我将解释背后的原因。

国家间很容易出现愚蠢的战争。原因包括：（a）囚徒困境，（b）针锋相对的升级过程，（c）衰落中的大国担心让步的代价，（d）在必须快速做出决策的情况下存在的误解。敌对大国通常陷入囚徒困境，它们需要以某种方式让对方确信，它们不会试图杀死对方，以防对方先下手为强。针锋相对的升级过程极其危险，因为各方都不得不升级，否则就会丧失对手在上一次行动中夺去的东西。这好像胆小鬼博弈，做得过分，就会两败俱伤。

激怒人们的不真实和情绪化的鼓动会加大愚蠢战争爆发的风险。所以领导者最好慎重思考，如实解释真实的情况和应对措施（民主国家尤其如此，因为民众的意见非常重要）。最糟糕的是领导者对民众不诚实、情绪化，甚至接管媒体。

总的来说，双赢与双输关系之间的转变往往具有周期性。在繁荣时期，人们和国家更可能建立合作关系，在萧条时期则更可能发生争斗。当现有大国相对于新兴大国走向衰落时，自然想要维持现状或现有规则，而新兴大国则想改变规则，使其符合不断变化的形势。

在“爱情和战争中的一切都是公平的”这句话中，我不知道爱情的部分，但我认为战争的部分有其道理。例如，在美国独立战争中，当英国人列队准备作战时，美国革命者从树后向他们射击，英国人认为这是不公平的，故而表示不满。获胜的革命者则认为，这是英国人

的愚蠢。为了独立和自由，改变战争规则是正当的。事实就是这样。

这就引出了最后一个原则：● ***获取权力，尊重权力，并明智地运用权力。*** 拥有权力是件好事，因为权力永远超越协议、规则和法律。当势态严重时，掌权者可以强制人们按照他们的解释执行规则和法律，或者推翻现有的规则和法律，这样，他们的意愿将会得到满足。尊重权力很重要，因为打一场注定会输的战争是不明智的，最好是通过谈判达成最佳的解决方案（除非你想成为烈士，而这通常是因为愚蠢的自我膨胀，而不是出于明智的战略理由）。明智地运用实力也很重要。它并不一定意味着强取自己所想要的东西（即恃强凌弱）。双方需要认识到，宽宏大量和信任是产生双赢的强大力量，比两败俱伤的关系能带来更大的回报。换句话说，在通常情况下，运用"硬实力"并不是最好的办法，而"软实力"更可取。[3]

在考虑如何明智地运用实力时，决定何时达成妥协、何时开战也很重要。要做到这一点，就必须认识到一方的实力会随着时间的推移而变化。最好是凭实力来谈判，达成协议，并执行协议，或者当一方的实力最大时进入战争。如果一方的相对实力正在下降，那么尽早开战为好；如果相对实力正在上升，那么推迟战争更合适。

如果一方处于两败俱伤的关系中，就会以某种方式寻求解脱，最好的方式是脱钩，但也可能是战争。运用实力的最好办法通常是隐藏实力，因为炫耀实力会使对手感觉受到威胁，因此会积攒抗衡力量，最终形成一种相互威胁的关系。实力最好像一把隐藏的剑，只在战斗时才亮出来。但在某些情况下，一方也需要展示实力和做出使用实力的威胁，这样做可以最有效地提高谈判地位、避免战争爆发。重要的

---

3 例如，虽然我在桥水拥有独断的决策权力，但我选择不行使这些权力。相反，我创建并实行了一套创意择优的制度（见我的《原则》一书）。在维持极高标准的同时，我选择对同事更加宽宏大量，而不是严厉指责，因为我知道宽容会产生良好的关系和结果——大大优于我以权压人导致的结果。因此，人们应当认识到，良好的关系给予一个人巨大的力量，关系本身就是极好的回报。对个人和集体来说，没有什么比有才干的人们互相关心、相互奉献能产生更大的力量和回报了。

是，要知道哪些是对手最重要的利益，哪些是其不介意的东西，特别是要了解对手会为什么而战，不会为什么而战，从而达到双方都认为公平的平衡，以解决争端。

虽然拥有权力通常是件好事，但没有不必要的权力也不错，因为维持权力会消耗资源，特别是会消耗时间和金钱。权力伴随着责任。权力小的人比权力大的人快乐多了，这常常让我感到震惊。

案例分析：二战

上文讲述了外部秩序和混乱周期背后的机制和原则，这些原则是通过考察许多案例得出的。下文简要介绍二战，因为它反映了最近一次从和平走向战争的标志性机制。虽然这只是一个例子，但我们可以清楚地看到，三大周期的综合影响（即长期债务和资本市场周期、内部秩序和混乱周期与外部秩序和混乱周期的相互重叠和相互关联）为一场灾难性的战争创造了条件，也为新的世界秩序奠定了基础。这一段历史本身值得研究，但重要的是，它为我们提供了借鉴，帮助我们思考当前的状况和未来可能发生的情况。最重要的是，美国和中国正处于经济战争中，而这场战争很可能演变成军事战争。将 20 世纪 30 年代与当今进行比较，给我们带来宝贵的洞见，有助于我们了解未来可能发生的情况，设法避免一场可怕的战争。

战争之路

为了更好地表述 20 世纪 30 年代的情况，我将先回顾 1939 年二战在欧洲打响、1941 年偷袭珍珠港之前的地缘政治关注点，然后简述二战和 1945 年世界新秩序的开始，当时美国的实力处于巅峰。

1929 年大萧条之后，全球经济陷入萧条，几乎所有国家都因财富争夺而出现了严重的内部冲突。各国转向了更具民粹、独裁、民族主义和军国主义的领导人和政策。这些变化要么偏向左翼，要么偏向右翼，而且程度各不相同，取决于各国的国情及其民主或专制传统的程度。在德国、日本、意大利和西班牙，极糟糕的经济环境和不健全的民主传统导致了极端的内部冲突，使国家转向民粹主义 / 独裁的右翼领导人（即法西斯主义者）。在不同的时间点，苏联和中国也处于极端的经济困境，两国转向了左翼领导人。美国和英国的民主传统要强大得多，经济状况也没那么艰难，两国的民粹主义和专制势力有所抬头，但这些势力远不像其他国家的那么强大。

德国和日本

一战之后，德国背负了巨额战争赔款，但在 1929 年，通过实施杨格计划，德国摆脱了战争赔款的束缚并崛起，该计划提供大规模债务减免，并要求外国军队在 1930 年前全部撤离德国。[4] 然而，全球大萧条重创了德国经济，导致失业率接近 25%，大量企业破产，贫困现象非常普遍。就像典型情况那样，左翼民粹主义者和右翼民粹主义者之间开始争斗。主要的右翼民粹主义–法西斯主义者希特勒利用民族耻辱感，激发民族主义狂热。他把《凡尔赛和约》和制定该条约的国家描述成敌人。他提出了一项 25 点的民族主义计划，该计划赢得了广泛的支持。由于人们渴望解决内部斗争和恢复秩序，希特勒于 1933 年 1 月

4 我在《债务危机》一书中详细解释了这一时期的发展状况和具体细节。

被任命为德国总理，他所领导的纳粹得到了惧怕共产主义的实业家的大力支持。两个月之后，纳粹在德国议会赢得了最多的投票和席位。

希特勒拒绝继续支付任何战争赔款。他还退出了国际联盟，于1934年对德国实行专制统治。希特勒同时担任总理和总统，成为德国的最高领袖。在民主国家，总有一些法律使国家领导人获得特殊的权力，希特勒将这一点发挥到了极致。他援引德国宪法第48条，取消了许多公民权利，镇压共产党反对派，强行通过《授权法案》，该法案允许他在未得到议会和总统批准的情况下通过法律。希特勒对任何反对派都毫不留情。他对报纸和广播公司进行审查和控制，建立秘密警察队伍（盖世太保），根除和镇压反对派，剥夺犹太人的公民权利，控制新教教会的财政，逮捕反对他的神职人员。他宣称雅利安民族比任何民族都要优越，禁止非雅利安族德国人在政府任职。

希特勒采用相同的独裁 / 法西斯主义做法，重建德国经济，实施了大规模的财政和货币刺激计划。希特勒将国有企业私有化，鼓励企业投资。他积极提高雅利安族德国人的生活水平。例如，他创立大众汽车公司，使大多数人能买得起也买得到车。希特勒还指示建设高速公路。他强迫银行购买政府债券，为显著增加了的政府支出提供资金。由此产生的债务通过公司盈利和央行（德意志帝国银行）将债务货币化来偿还。总体上看，这些政策有效地实现了希特勒的目标。这是另一个很好的案例，说明如果政府把借来的货币用于提高生产率的投资，再用产生的充足现金流来偿还债务，那么以本国货币进行借款、增加自身债务和赤字的做法就会非常富有成效。即便这么做不能偿还全部债务，这也是一种非常划算的做法，有助于实现国家的经济目标。

至于这些政策带来的经济影响，1933年希特勒上台时，失业率是25%。到了1938年，失业率为零。他上台后的5年间，人均收入增长了22%。1934—1938年，年均实际经济增长率为8%。如下页图所示，

1933—1938年，德国股市稳步增长，涨幅接近70%，直至热战爆发。

德国股票回报率
（以本国货币计价，累计超额回报率）

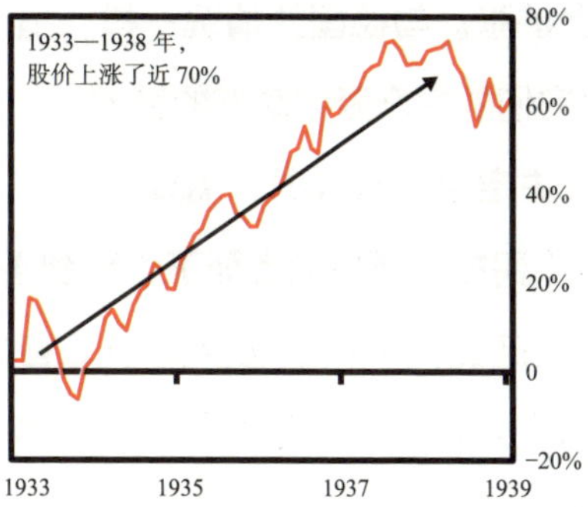

德国人均收入
（以2017年美元计价）

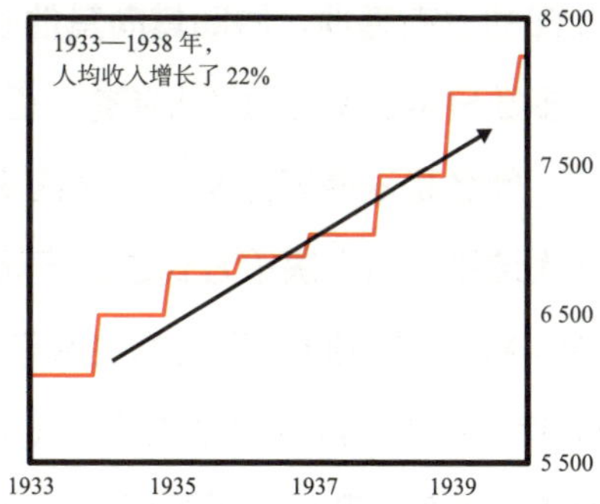

1935年，希特勒开始进行军事建设，强制雅利安人服兵役。德国的军事支出增速明显超过其他任何国家，因为**国内经济增长需要更多的资源，希特勒打算利用军事力量获取资源。**

和德国一样，**日本也受到大萧条的重创，因此变得更加专制。**日本极易受到经济萧条的影响，因为它是个岛国，自然资源匮乏，依赖出口收入来进口必需品。1929—1931年，日本的出口业下跌了约50%，经济遭受严重冲击。**1931年，日本经济破产了，**它被迫动用黄金储备，取消金本位制，允许日元汇率浮动。这导致日元严重贬值，使日本丧失了购买力。**这些糟糕的经济形势和巨大的贫富差距引发了左派与右派的斗争。到1932年，右翼民粹主义和军国主义势力高涨，希望通过武力恢复秩序和经济稳定。为了达到这个目的，日本开始从其他国家掠夺所需的自然资源（如石油、铁、煤和橡胶）和人力资源（如苦役）。1931年，日本入侵中国东北，之后扩张到整个中国和亚洲。和德国一样，可以说比起依赖传统贸易和经济操作的做法，日本通过军事侵略获取所需资源的途径更具成本效益。**1934年，日本的部分地区出现了严重饥荒，导致政局更加动荡，强化了右翼军国主义、民族主义和扩张主义势力。

在接下来的几年里，日本实行自上而下的法西斯主义管控，经济变得更加强大。日本还建立了军工联合体，用来保护其在东亚和中国北部的已有基地，协助其向其他领土扩张。与德国的情况一样，虽然大多数日本公司仍为私人所有，但是它们的生产受到政府的管控。

什么是法西斯主义？一个国家在决定治理方式时，需要做出以下三大选择：（1）决策方式是自下而上（民主）还是自上而下（专制）？（2）社会经济制度是资本主义还是共产主义（社会主义处于二者之间）？（3）崇尚的是个人主义（认为个人利益至关重要）还是集体主义（认为集体利益至关重要）？你不妨思考一下，从每个类别中选出你认为最符合本国价值观和目标的那一项，就得出了你所认为的首选治理方式。法西斯主义倡导专制、资本主义和集体主义。法西斯主义者认为，使国家和人民更加富强的最佳途径是，实行自上而下的专制领导，政府指导私有公司的生产，确保国家的成功高于个人的成功。

美国和盟国

1929 年后，美国的债务问题给美国银行业造成了毁灭性的打击，这些银行减少了在世界各地的放贷，从而影响了国际借款者。同时，大萧条造成需求疲弱，进而导致美国进口量骤降，其他国家对美国的销售大跌。由于收入下降，需求降低，信贷问题加重，经济陷入了强化自身的螺旋式下行困境。同时，为了保护国内就业，美国转向贸易保护主义，1930 年（通过出台《斯穆特-霍利关税法》）上调了关税，进一步抑制了其他国家的经济形势。

● ***在经济低迷时期，加征关税以保护国内企业和就业的做法很常见，但这会导致效率降低，因为生产并未发生在效率最高的地方。最***

终，这会加剧全球经济疲弱，因为关税战争使加税国家的出口减少。但这一做法有利于受到关税保护的实体，也能给征收关税的领导人带来政治支持。

苏俄尚未摆脱一系列重创：1917—1922 年的革命和内战、输给德国的一场战争，代价高昂的苏波战争、1921 年的饥荒。此外，苏联还在整个 20 世纪 30 年代陷入政治清洗和经济困境。1928—1930 年，中国也陷入了内战、贫困和饥荒。**因此，1930 年，随着局势继续恶化，关税开始增加，这些国家的经济形势从恶劣变成绝望。**

雪上加霜的是，20 世纪 30 年代，美国和苏联都出现了干旱。● ***天灾（如旱灾、洪灾和瘟疫）常常使国家陷入经济困境，加之其他的不利形势，酿成一段严重冲突时期。***此外，由于内部政治斗争和对纳粹德国的恐惧，苏联采取了政治极端主义政策，很多人被指控从事间谍活动，遭到清洗。

● ***通缩性萧条是债务人不具备偿债所需的资金而导致的债务危机。为了应对这一危机，政府不可避免地采取印钞、债务重组和政府支出计划等措施。这些措施会增加货币和信贷供应，并降低其价值。唯一的问题是政府官员需要花多长时间才会采取这些行动。***

以美国为例，从 1929 年 10 月股市崩盘到 1933 年 3 月罗斯福采取行动，美国花了三年半的时间。在罗斯福执政的前 100 天里，他出台了许多大规模政府支出计划，这些计划的资金来源是大幅增加的税收和巨额预算赤字（通过债务融资，并由美联储将债务货币化）。他推出了就业计划、失业保险、社会保障支持，以及有利于劳工和工会的各项计划。1935 年实施新税法（被普遍称为“富人税”）后，最高个人边际所得税税率升至 75%（1930 年仅为 25%）。到了 1941 年，最高个人所得税税率为 81%，最高公司税税率为 31%，而 1930 年的公司税税率仅有 12%。此外，罗斯福也征收了其他一些税负。虽然政府征收了这些税款，经济改善也有助于税收增加，但预算赤字仍从 GDP 的约 1% 升至 4% 左右。这是因为支出的涨幅极大。[5] **从 1933 年到 1936 年年底，股市回报率超过 200%，美国的经济突飞猛进，平均实际增长率高达 9% 左右。**

1936 年，为了应对通胀和抑制经济过热，美联储收紧了货币和信贷，导致脆弱的美国经济再度陷入衰退，其他主要经济体也随之走弱，国家内部和外部的紧张局势进一步加剧。

与此同时，在欧洲，西班牙的左翼和右翼民粹主义者之间的冲突激化，演变成残酷的西班牙内战。在希特勒的支持下，右翼的佛朗哥清除了西班牙所有的左翼组织。

- ***在经济严重承压且存在贫富悬殊的时期，国家通常会进行根本性的大规模财富再分配。*****以和平的方式进行，则是对富人大幅增税，显著增加货币供应（使债务人的负债贬值）；以暴力的方式进行，则是强制没收资产。**美国和英国在进行财富和政治权力再分配的同时，维持了资本主义和民主制度。德国、日本、意大利和西班牙的情况则不然。

- ***真枪实弹的战争爆发之前，通常会有一场经济战。***也像典型情况一样，在宣布全面战争之前，双方会有大约 10 年的经济、技术、地缘政治和资本战争，在此期间，冲突大国相互威慑，试探对方实力的极限。虽然 1939 年和 1941 年被认为是二战和太平洋战争正式打响的时间，但在之前的 10 年左右，冲突实际上就已经开始了。**除了国家内部的经济冲突和由此而来的政治变化外，所有这些国家都面临着越来越多的外部经济冲突，各国竞相在不断缩小的经济蛋糕中争夺更大的份额。**因为支配国际关系的是权力，而不是法律，德国和日本愈加走

5 我在《债务危机》一书中详细解释了这一时期的发展状况和具体细节。

向扩张主义，在争夺资源和领土势力的竞争中，它们日趋挑战英国、美国和法国。

在继续讲述热战之前，我想详细说明将经济和资本工具武器化的常见战术。这些战术一直没有改变，现在仍然如此。

1. **资产冻结 / 没收：**防止敌人 / 对手利用或出售它们所依赖的境外资产。这些措施包括冻结某个国家的目标群体的资产（例如当前美国对伊朗革命卫队的制裁，或者二战刚爆发时美国对日本实施的资产冻结），还包括更严厉的措施，例如单方面拒绝偿还债务，或者直接没收某个国家的资产（一些美国高层决策者一直在讨论拒绝偿还对中国的债务）。
2. **阻止资本市场准入：**阻止一个国家进入本国或他国的资本市场（例如，1887 年，德国禁止购买俄国的证券和债券，旨在阻碍俄国的军事建设；美国正在威胁要对中国采取同样的措施）。
3. **禁运 / 封锁：**禁止在本国或一些保持中立的第三国从事商品和 / 或服务贸易，从而削弱目标国家，或者避免该国获得必需品（例如，二战期间，美国对日本实施石油禁运，禁止日本船只在巴拿马运河通行），或者阻止目标国家对其他国家的出口，从而切断其收入来源（例如，在拿破仑战争期间，法国对英国实施封锁）。

要想了解 1600 年至今各国是如何应用这些战术的，请登录 economicprinciples.org 网站。

热战开始

在 1937 年 11 月，希特勒与他的高级官员们举行了秘密会谈，宣布了他的德国扩张计划：准备从其他国家获取资源，把雅利安民族团结在一起。之后，希特勒将他的扩张计划付诸行动，先吞并了奥地利，之后占领了当时的捷克斯洛伐克的部分领土，获取了当地的石油资源。欧洲和美国只是谨慎观望，在遭受一战的破坏后，它们不想很快又被卷入另一场战争。

热战和所有战争一样，未知的因素远远超过已知的因素，因为（a）作战双方只在旗鼓相当的情况下才会发动战争（否则，对实力明显更弱的一方来说，发动战争就是愚蠢的自杀）；（b）对方的行动和反应存在太多的可能性，难以进行预测。在热战之初，唯一清楚的是战争很可能是极其痛苦的，甚至具有毁灭性。因此，明智的领导者通常不会投入热战，除非被对手逼到只有两种选择：要么投入战斗，要么退让而认输。对盟国来说，这一时刻是 1939 年 9 月 1 日，德国入侵波兰。

德国看似势不可当；很快占领了丹麦、挪威、荷兰、比利时、卢森堡和法国，并与日本和意大利结成了更强大的联盟（这三个国家拥有共同的敌人和相似的理念）。通过快速占领领土（如石油资源丰富的罗马尼亚），希特勒的军队保存了已有的石油资源，迅速夺取了其他资源。对自然资源的渴求和获取仍是驱动纳粹战争机器的主要力量，促使其将侵略计划向苏联和中东推进。德国与苏联的战争是不可避免的，唯一的疑问是何时爆发。虽然苏联和德国签署了一项互不侵犯条约，但在 1941 年 6 月，德国入侵苏联。德国从此陷入了两线作战的战争，并为此付出了极高的代价。

在太平洋地区，1937 年日本扩大了对中国的侵略，占领了上海和南京，仅在南京就残杀了约 30 万平民和缴械士兵。虽然美国仍持中立主义态度，但也给蒋介石政府提供了战斗机和飞行员以抗击日本，因此可以说美国也涉足于战争之中。由于一名日本士兵扇打美国驻南京领事约翰·摩尔·艾利森，且日本战斗机击沉了一艘美国炮舰，美国与日本的冲突开始升级。

1940 年 11 月，罗斯福总统因承诺不让美国卷入战争而赢得连任，但事实上，为了保护自身利益（特别是在太平洋地区的利益），美国已经采取经济措施：向其同情的国家提供经济支持，对其反对的国家实行经济制裁。1940 年年初，美国战争部长史汀生发起了对日本的大规模经济制裁，最终出台 1940 年的《出口管制法》。1940 年年中，美国将太平洋舰队移至夏威夷。10 月，美国加大了禁运力度，限制“向除英国和西半球国家以外的其他国家运输钢铁”。该计划旨在切断日本的资源，逼迫其撤离所占领的大多数地区。

1941 年 3 月，美国国会出台了《租借法案》，该法案允许美国将战争物资借给或租赁给其认为“对捍卫美国至关重要”的国家（包括英国、苏联和中国）。从地缘政治和经济角度看，帮助盟国有利于美国，因为美国通过向这些即将成为盟友的国家出售武器、食品和其他物品赚到很多钱财。这些国家无法在战争中维持生产。但是，美国并不完全是为了金钱。由于英国逐步耗尽资金（即黄金），美国将付款时间推迟到战争之后（在某些情况下甚至完全免除）。通过实施这一租借政策，美国虽然没有直接宣布参战，但实际上已结束了自己的中立立场。

● ***当国家处于弱势时，对手国家会利用其弱势为自己谋取利益。*** 当时，法国、荷兰和英国在亚洲都拥有殖民地。欧洲的战争已经使这些国家不堪重负，它们无力帮助其殖民地抵御日本的侵略。从 1940 年 9 月开始，日本入侵了东南亚的几个殖民地，首先占领法属印度支那，其次将“南部资源区”纳入其“大东亚共荣圈”之中。1941 年，日本掠夺了荷属东印度群岛的石油储备。

日本的领土扩张威胁到美国自身在太平洋地区的野心。在 1941 年 7 月和 8 月，罗斯福总统做出回应，下令冻结日本在美国的所有资产，禁止日本船只在巴拿马运河通行，禁止向日本出口石油和天然气。这些措施切断了日本 3/4 的贸易和 80% 的石油资源。日本计算出石油将在两年后耗尽。这促使日本在退让和袭击美国之间进行抉择。

1941 年 12 月 7—8 日，日本对驻守在菲律宾和珍珠港的美军发动了联合袭击。这标志着二战在太平洋地区打响，使美国也卷入了欧洲的战争。虽然日本没有一个公认的取胜计划，但是乐观的日本领导人认为，美国将会失败。因为美国同时进行两线作战，美国采取个人主义 / 资本主义的政治体制，它们比不上日本和德国的独裁主义的法西斯体制及其控制的军工联合体，而日本人更有忍受痛苦和为国献身的坚强意志，这是决定哪一方将会胜出的重要因素。● ***在战争时期，一个人承受痛苦的能力甚至比施加痛苦的能力更为重要。***

战时经济政策

就像经济战争的典型战术值得注意一样，战时经济政策也同样值得关注。在战争时期，随着国家将资源的利用从赢利转向作战，政府几乎控制了一切。例如，政府决定（a）何种物品可以生产，（b）何种物品可以买卖及买卖数量（配额供应），（c）何种物品可以进口和出口，（d）价格、工资和利润，（e）个人是否可以控制自己的金融资产，以及（f）个人是否可以将自己的资金转至国外。由于战争耗资巨大，政府通常（g）发行大量债券，并将债务货币化，（h）依赖于非信贷货币（如黄金）进行国际交易，因为本国的信贷不被接受，（i）实施更加专制的政策，（j）对敌国实施各类经济制裁，包括切断资金渠道，以及（k）面临敌国对己实施的这些制裁。

在珍珠港事件之后，美国加入了欧洲和太平洋的战争。那时，大多数国家在实行典型的战时经济政策，此时采取更专制政策的领导人得到民众的广泛支持。下表显示战争期间各主要国家实施的经济管控措施。

战时经济管控措施

	供应配额	生产管控	价格 / 工资管控	进口 / 出口管控	央行接管
同盟国					
美国	是	是	是	是	是
英国	是	是	是	是	部分
轴心国					
德国	是	是	是	是	是
日本	是	是	是	是	是

在热战期间，随着各方胜负概率的变化，市场走势受到政府管控措施和国家作战表现的巨大影响。下表显示战争期间各国实施的市场和资本流动管控措施。

影响资产的管控政策

	股市关闭	资产价格管控	资产所有权管控	外汇管控	最高边际税税率	新发行债券管控	企业利润管控
同盟国							
美国	无	是	是	是	94%	–	是
英国	是	是	是	是	98%	是	是
轴心国							
德国	是	是	是	是	60%	是	是
日本	是	是	是	是	74%	是	是

股市闭市现象在很多国家都很常见，导致投资者受困，无法获得资金。需要指出的是，战争期间，货币和信贷一般无法在非盟国之间流

动，人们有理由怀疑这些货币日后是否还有价值。正如早先提到的，战争期间，黄金、（在有些情况下）白银或者物物交易是普遍的交易方式，价格和资本流动通常受到管控，因此许多物品的实际价格很难确定。

由于战败通常导致财富和权力的全部丧失，对那些在战争期间仍然开放的股市来说，随着各方胜负概率的变化，市场走势主要取决于各国在主要战役中的表现。例如，二战刚开始时，随着德国掠夺领土并确立军事主导地位，德国的股市表现出色。但在美国和英国等盟国成功扭转了战局后，德国的股市表现不佳。在1942年的中途岛战役之后，同盟国的股市几乎持续上涨，直至战争结束，而轴心国的股市则趋平或下跌。如下图所示，德国和日本的股市在战争结束时都关闭了，直到大约5年后才重开。在此期间，这些股市的价值已经完全消失，但美股的表现极为强劲。

股票回报指数（美元）

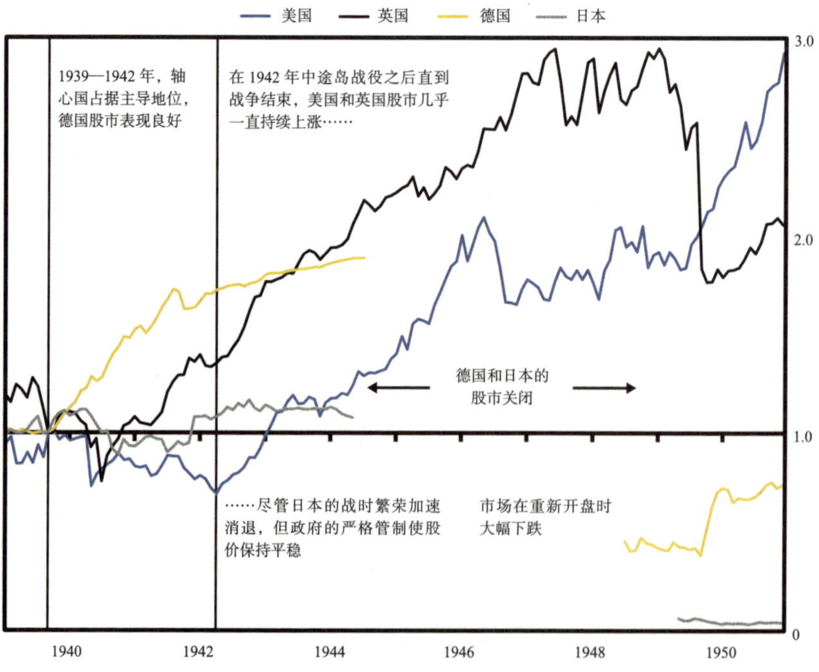

在战争时期，个人财富很难得到保护。由于人们和国家为了生存而奋战，正常的经济活动受到限制，以往安全的投资不再安全，资本流动受到管制，高税政策得以实行。在这个时期，保护财富拥有者的财富不是当务之急，最重要的是将财富再分配到最需要的人手中。对投资者来说，出售所有债务和购买黄金是上策。因为国家通过借款和印钞为战争融资，导致债务和货币贬值。在这种情况下，人们也有理由不接受信贷。

结语

受益于独特的环境与品格和文化本性（如具备高水平的职业道德、聪明才智、纪律、教育等基本要素），**每个世界强国都有过辉煌的时期**，但它们最终都会衰落。一些国家以更和平的方式走向衰落，它们受到的创伤更小，但终究还会衰落；另一些国家在衰落的过程中饱经创伤，从而陷入历史上最艰难的时期，出现了重大的财富和权力之争，历史表明，这些争斗给经济和生命都带来了巨大的损失。

然而，并不是所有周期都需要以这样的方式结束。如果国家在富强阶段时，能够保持生产率，让收入高于支出，使体制惠及大多数人，能够与主要竞争对手建立和维持双赢关系，那么就会维持得更久。许多国家都维持了数百年，而有着245年历史的美国也验证了自己是持续时间最长的国家之一。

在第二部分，我将探讨美国、美国之前的两个储备货币国家，以及一个可能成为下一个储备货币国家的大国。我希望通过清楚地解释典型的大周期以及构成大周期的三个周期，使你了解到历史演进的模式以及对未来的预示。在深入探讨历史之前，我想先从投资者的角度分享这三大周期是如何影响我的投资方法的。

7

从大周期的角度思考投资

我的生活和事业原则是，设法理解世界的运行原理，制定妥善的应对原则，以此为基础进行下注。本书分享的研究正是出于这一目的。在进行这些研究时，我自然会思考如何将其应用于我的投资中。为了做好投资，我需要知晓我的方法能否取得长期效益。如果我不能自信地解释历史背景，或至少做出应对未知情况的策略，那么我认为自己的疏忽是极其危险的。

通过研究过去 500 年以来的历史，我发现在财富和权力大起大落的大周期中，最重要的驱动因素是长期债务和资本市场周期。从投资者的角度来看，我可以将其称为“投资大周期”。我认为，只有充分了解这些周期，才能从战术上调整或分散投资组合的风险，避免受到不利影响，并且 / 或者从中获利。要想做到这一点，我需要了解这些大周期，最好搞清国家在周期中所处的位置。

在大约 50 年的宏观经济投资生涯中，我发现了许多永恒普适的真理。这些真理塑造了我的投资原则。虽然本书不会详述所有这些原则，但我将在我的下一本书 *Principles: Economics and Investing* 中探讨大部分原则。现在，让我们来考察其中的一个重要原则。

● ***所有市场都是由以下4个决定因素驱动的：经济增长、通胀、风险溢价和折现率。***

这是因为所有的投资都是以当前的一次性支付换取未来的支付。这些未来的现金支付取决于经济增长、通胀、风险溢价（即投资者相对于持有现金所愿承担的风险）和决定投资的当前价值（所谓的“现值”）的折现率[1]。

这4个决定因素的变化驱动投资回报的变化。如果能知晓每个决定因素的未来形势，我就可以确定投资策略。这些认知告诉我如何把当前世界形势与当前市场形势联系起来，反之亦然。这些认知还告诉我如何平衡我的投资，使我的投资组合不受任何环境的影响，从而实现良好的分散化投资。

政府通过财政和货币政策影响这些因素。因此，政府目标与当前形势的相互作用成为周期的驱动因素。[2]例如，如果经济增速过慢和通胀过低，央行就会创造更多的货币和信贷，由此产生购买力，拉动经济增长，通胀也会在一段时间后出现上升。如果央行限制货币和信贷供应，相反的情况就会发生：经济和通胀双双放缓。

为了影响市场回报和经济形势，中央政府与央行的职责有所不同。中央政府可以征税和支出，其决定政府资金的来源和去向，但不能创造货币和信贷。央行可以创造货币和信贷，但不能决定货币和信贷是否流入实体经济。中央政府和央行的这些行动影响商品、服务和投资资产的买卖，推动它们的价格上涨或下跌。

在我看来，每项投资都以自身的方式反映了这些驱动因素，从未来现金流的角度来看，这是合乎逻辑的。每一项投资资产都是一个投

1 折现率是用来评估未来货币的当前价值的利率。其计算方法是，比较当前以该利率（折现率）投资的金额与其在未来某个时间的价值。

2 如果政府及其管理体系崩溃，非政府势力就会接管政府。这是完全不同的情况，此处不包括这种情况。

资组合的组成部分，而投资者面临的挑战是，如何根据这些驱动因素妥善地构建投资组合。例如，当经济增速高于预期时，在其他条件不变的情况下，股票价格将会上涨；而当经济增速和通胀率高于预期时，债券价格将会下跌。**我的目标是，将这些基本因素纳入投资组合的战略决策中，基于当前和未来的世界形势（影响这 4 个决定因素），构建具有良好分散性和战术倾斜的投资组合。**这些基本因素适用于国家、环境偏好、单个行业和公司等不同层面。下图显示将这一概念用于均衡配置投资组合的情况。通过这个视角，我可以考察当前形势的历史、市场的历史以及投资组合的表现。

构建均衡分散化投资组合的基本因素

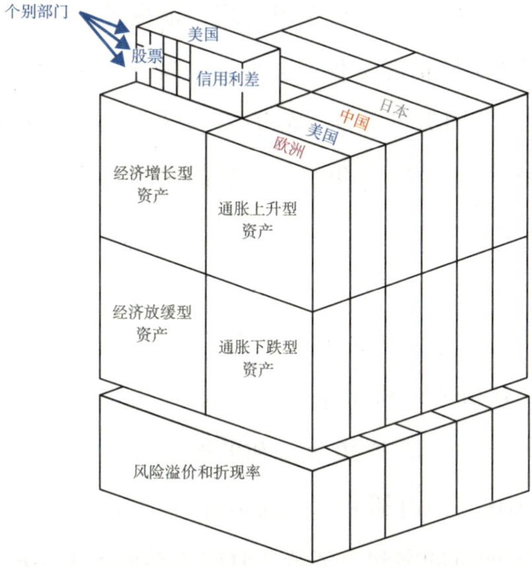

我的方法与大多数投资者不同，这主要有两个原因。首先，大多数投资者不会探究历史上的类似时期，他们认为历史和以往投资回报与自己基本上无关。其次，他们不会通过我刚才描述的视角来思考投资回报。我认为，这些视野给我和桥水公司带来了竞争优势，但采纳与否由你决定。

大多数投资者根据自己一生的经历做出预期。少数勤勉的投资者会回顾历史，查究20世纪50年代或60年代的决策规则。在我认识的投资者和高层经济决策者中（我认识很多出色的投资者和决策者），没有人深刻理解历史上发生的情况及其原因。大多数关注长期回报的投资者都认为，美国和英国的情况具有代表性（这两个国家均在两次世界大战中获胜）。这是因为二战中幸存下来的股市和债市寥寥无几，但这些国家和时期并不具有代表性，因为它们存在生存性偏好。如果你只考察美国和英国的回报，那么你只能看到异常幸运的国家的异常和平与繁荣时期，这是整个大周期的最佳阶段。忽视其他国家和其他时期将失之偏颇。

根据对大周期的理解进行逻辑推理，把视线往前推几十年，考察一下不同国家的不同情况，我们会得到极其不同的见解。接下来，我将讲述这些情况，因为我认为，你也应当有这样的历史视野。

在1945年之前的35年里，大多数国家的几乎所有财富都被摧毁或者没收。一些国家的许多资本家被杀害或监禁，因为当资本市场、资本主义以及旧秩序的其他方面失灵时，人们对资本家感到愤恨。我们从过去几个世纪的历史中可以看到，这种极端繁荣/极端萧条的周期经常发生。从资本和资本主义繁荣时期的正常周期（例如第二次工业革命时期、19世纪末20世纪初的镀金时代）进入过渡时期（例如，1900—1910年，内部冲突日益激化，国际财富和权力冲突不断升级），再进入严重冲突和经济萧条时期（类似于1910—1945年的情况）。我们还可以依据兴衰时期背后的因果关系推断，当前美国的情况更接近于周期后期的衰落和重组阶段，而不是周期早期的繁荣和建设阶段。

我的目标只是尽量了解和理解历史，并且很好地表述我的认知。接下来，我将从1350年讲起，尽管历史早就开始了。

资本主义和市场大周期

大约1350年之前，基督教和伊斯兰教都禁止有利率的贷款（犹太教也是如此），因为它引发严重问题。出于人类的本性，人们的借款往往超过自身偿还能力，导致借贷双方关系紧张，经常发生暴力冲突。由于缺乏贷款，人们使用“硬”货币（黄金和白银）。大约一个世纪后，在探险时代，为了获取更多的财富，探险家们在世界各地收集金银和其他硬资产。当时，人们通过这种方式积累了大量财富。探险家与其资助者平分收益。这是一种有效的激励型致富机制。

今天我们所知的贷款炼金术最早出现于约1350年的意大利。之后，贷款规则改变了，新的货币类型也出现了，即现金存款、债券和股票（与现在的股票十分接近）。财富变成了兑现金钱的承诺（我称之为“金融财富”）。

在债市和股市创建之前，所有的财富都是有形财富。想想看债市和股市的发明和发展带来了多么巨大的影响。想想看这些市场的创建又使“金融财富”增加了多少。想象一下，如果你的现金存款、股票和债券（对未来付款的承诺）都不存在，那么你现在会拥有多少“财富”，结论是不会太多。你会感觉穷困潦倒，你不会像现在这样花钱。例如，你会积累更多的有形财富。这与现金存款、债券和股票出现之前的情况差不多。

随着金融财富的发明和增长，货币不再受到与黄金和白银挂钩的限制。由于货币和信贷及消费能力所受的限制少了，创业者就会经常这么做：他们先想出创建公司的好主意，然后就去借款和/或通过发行股票出售公司的一部分所有权，再将得到的资金用于购买所需的东西。他们之所以能这样做，是因为对未来支付的承诺变成了以日记账分录形式的货币。1350年左右，有些人就开始这么做了（最著名的是佛罗伦萨的美第奇家族），这些人能够创造货币。如果你可以创造信贷[假设是实际资金的5倍（银行可以做到）]，就可以创造大量的购买力，而不再需要那么多其他类型的货币了（黄金和白银）。无论是过去还是现在，创造新型货币都很神奇。那些能够创造和使用货币的人（银行家、企业家和资本家）变得很富有，也很有权势。[3]

金融财富不断扩展，一直持续到今天。金融财富规模变得如此庞大，以至硬通货（黄金和白银）和其他有形财富（例如财产）变得相对不重要。当然，金融财富的承诺越多，无法兑现承诺的风险就越大。这就是为什么存在典型的债务/货币/经济大周期。如今，金融财富大大超过实物财富。想象一下，如果所有人都将自己持有的金融财富兑换成实物财富（即出售金融财富，购买实物财富），这就会像银行出现挤兑一样。这不可能发生。这些债券和股票的价值与所能购买物品的价值相比太大了。但请记住，在法定货币体系下，央行可以印发并提供所需的货币来满足需求。这是永恒普适的真理。

还需要记住的是，纸币和金融资产（如股票和债券，它们本质上是对未来支付的承诺）没有太大用处，只有用它们买到实物财富才有用。

正如我们在第3章中详细讨论的，**信贷发放后，购买力是为了换取支付承诺而产生的。因此从短期来看，信贷刺激经济增长，但从长期来看，信贷抑制经济增长。**这就形成了周期。纵观历史，获得金钱的欲望（通过借款或发行股票）和储蓄金钱的欲望（通过贷款或购买股票进行投资）一直存在共生关系。**这推动了购买力的增长。最终，支付承诺远远超过支付能力，导致债务违约、经济萧条和股市崩盘等危机。**

在这种情况下，无论是象征的还是真实的，银行家和资本家都会

3 如今，我们可以通过数字货币看到这一奇妙的过程。

遭到处决，因为太多的财富和生命被摧毁。为了缓解危机，政府会印发法定货币（政府可以发行货币，但货币没有内在价值）。

从投资者的角度来看大周期的整体格局

逐一陈述1350年至今的所有相关历史似乎过于烦琐，因此，我们将探讨假设从1900年开始投资，会出现怎样的结果。在此之前，我想解释一下我是如何看待投资风险的，因为下文将会重点讨论这些风险。

在我看来，**投资风险是无法赚取足够的钱来满足需求。**它不是用标准差来衡量的波动率，而标准差几乎是用来衡量风险的唯一标准。

我认为，**大多数投资者面临的三大风险是，投资组合将无法提供支出所需的回报，投资组合将面临破产，以及很大一部分财富会被收走（例如，通过高税收）。**

虽然前两种风险听起来类似，但实际上是不同的。因为有一种可能性是，虽然平均回报高于所需水平，但一个或多个时期出现了毁灭性的大幅亏损。

为了进行宏观分析，我想象自己回到1900年，考察从那以后，我的投资在每10年里的表现。为了进行这些研究，我选择了1900年以来的10个大国，略去了不太发达的国家（它们更容易出现不良结果）。事实上，所有这些国家都曾经是或可能成为伟大而富有的帝国。它们都是理想的投资之地，特别是如果投资者想要构建一个分散化投资组合的话。

在这10个国家中，有7个国家至少经历过一次几乎所有财富都全部消失。即使是那些没有经历过财富全部消失的国家，也经历了几个糟糕的10年，其资产回报几乎摧毁了它们的财务。另外，有两个强大的发达国家（德国和日本，在某些时期，人们很容易押注于它们会成为赢家），在两次世界大战中损失了几乎所有财富和许多生命。我看到许多其他国家也有类似的结果。美国和英国（以及其他一些国家）是少有的成功案例，但即便是这些国家也经历了巨额财富损失时期。

如果我没有考察 1945 年世界新秩序开始之前的这些投资回报，我就不会了解到这些毁灭性时期。如果我没有回顾 500 年前的世界历史，我就不会看到这种情况如何在世界各国反复发生。

下面的几张表显示的数字是每 10 年的年化实际回报率，因此，在整个 10 年的整体损失大约是显示数字的 8 倍，而整体收益大约是显示数字的 15 倍。[4]

主要大国的资产回报率（实际回报率，10 年窗口期，年率）

	美国			英国			日本			德国		
	股票	债券	现金	股票	债券	现金	股票	债券	现金	股票	债券	现金
1900—1910	9%	0	1%	3%	2%	2%	4%	1%	4%	3%		2%
1910—1920	−2%	−4%	−3%	−6%	−7%	−5%	1%	−5%	−4%	−14%	−10%	−14%
1920—1930	16%	7%	5%	10%	8%	7%	−3%	12%	10%	−24%	−95%	−86%
1930—1940	0	7%	3%	1%	5%	1%	6%	4%	−1%	7%	11%	6%
1940—1950	3%	−2%	−5%	3%	−1%	−4%	−28%	−34%	−33%	−4%	−16%	−19%
1950—1960	16%	−1%	0	13%	−1%	−1%	27%	−1%	5%	26%	5%	2%
1960—1970	5%	−1%	2%	4%	0	2%	8%	8%	2%	3%	5%	1%

4　10 年复合回报率显示，收益大于损失，因为收益不断积累，而如果国家面临亏损甚至接近破产，以美元计价的未来损失百分比就不那么重要了。年化收益与损失的比率是 10% 的年化收益和−5% 的年化损失的平均复合数据。在更为极端的变化中，这些数据是倍数变化的起点水平。

（续表）

	美国			英国			日本			德国		
	股票	债券	现金	股票	债券	现金	股票	债券	现金	股票	债券	现金
1970—1980	−2%	−1%	−1%	−4%	−3%	−3%	3%	−2%	−1%	−7%	4%	0
1980—1990	13%	9%	4%	16%	8%	5%	19%	9%	4%	10%	6%	3%
1990—2000	14%	6%	2%	12%	8%	5%	−7%	9%	2%	13%	7%	3%
2000—2010	−3%	8%	0	0	4%	2%	−3%	4%	1%	−2%	6%	2%
2010—2020	11%	4%	−1%	5%	5%	−1%	10%	2%	0	7%	5%	−1%

主要大国的资产回报率（实际回报率，10 年窗口期，年率）

	法国			荷兰			意大利		
	股票	债券	现金	股票	债券	现金	股票	债券	现金
1900—1910	1%	3%	2%	5%	1%	1%		3%	4%
1910—1920	−7%	−8%	−6%	1%	−6%	−3%	−9%	−8%	−6%
1920—1930	−2%	−1%	−4%	1%	11%	6%	−6%	−5%	−1%
1930—1940	−10%	2%	0	2%	6%	3%	4%	5%	5%
1940—1950	−20%	−22%	−23%	2%	−3%	−6%	−13%	−30%	−30%
1950—1960	17%	0	−2%	14%	0	−2%	20%	2%	1%
1960—1970	0	2%	1%	2%	0	0	0	2%	0
1970—1980	−2%	−3%	0	−3%	2%	−2%	−13%	−8%	−1%

（续表）

	法国			荷兰			意大利		
	股票	债券	现金	股票	债券	现金	股票	债券	现金
1980—1990	16%	9%	5%	16%	7%	5%	15%	4%	6%
1990—2000	13%	10%	5%	20%	7%	4%	9%	15%	6%
2000—2010	−2%	5%	1%	−6%	5%	1%	−4%	5%	1%
2010—2020	7%	6%	−1%	8%	5%	−1%	3%	8%	−1%

主要大国的资产回报率（实际回报率，10 年窗口期，年率）[5]

	俄罗斯			中国			奥地利—匈牙利		
	股票	债券	现金	股票	债券	现金	股票	债券	现金
1900—1910	−2%	3%	4%	7%	6%	3%	4%	3%	2%
1910—1920	−100%	−100%	−36%	3%	1%	4%	−9%	−10%	−8%
1920—1930				9%	6%	1%	−6%	−44%	−44%
1930—1940				2%	−7%	−6%			
1940—1950				−100%	−100%	−73%			
1950—1960									
1960—1970									

5 对中国和俄罗斯而言，1950 年之前的债券数据是使用硬通货债券回报率进行模拟的，相当于国内投资者以本国货币进行对冲；股票和债券的数据是基于革命时期发生全面违约计算的。年化回报率假设的时间段是整个 10 年，尽管市场在这 10 年期间关闭了。

（续表）

	俄罗斯			中国			奥地利—匈牙利		
	股票	债券	现金	股票	债券	现金	股票	债券	现金
1970—1980									
1980—1990									
1990—2000									
2000—2010	15%		−2%	4%		1%			
2010—2020	7%	4%	1%	2%	2%	0			

也许下图可以做出更清晰的描绘，其显示上述国家的 60/40 股票 / 债券投资组合在 5 年期出现亏损的百分比。

按国家分类的投资组合在 5 年内损失 X % 的比例
（60/40 投资组合，实际回报率）

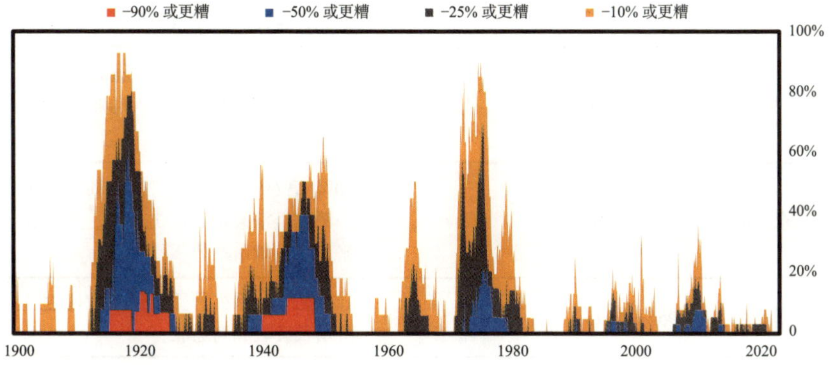

下页表详细显示主要国家中最糟糕的投资案例。美国没有出现在下页表中，因为在投资上，美国不属于最糟糕的国家。**美国、加拿大和澳大利亚是仅有的没有经历过持续损失期的国家。**

最差的投资经历（所有主要国家）[6]

60/40 投资组合的主要案例，20 年窗口期内实际回报率低于-40%

国家	20 年窗口期	20 年期最差回报率（实际累计回报率）	具体情况
俄国 / 苏俄	1900—1918	-100%	苏俄内战结束，实行共产主义统治，拒绝偿还债务，金融市场崩溃
中国	1930—1950	-100%	资产市场在二战期间关闭，在 20 世纪 40 年代末被摧毁
德国	1903—1923	-100%	魏玛共和国的恶性通胀导致了一战后资产崩溃
日本	1928—1948	-96%	市场在二战后重新开放，通胀飙升，日本市场和货币崩溃
奥地利	1903—1923	-95%	类似于魏玛德国（虽然没那么臭名昭著）；一战后，恶性通胀导致资产回报不佳
法国	1930—1950	-93%	大萧条以及之后的二战和德国占领，导致低回报和高通胀
意大利	1928—1948	-87%	与其他轴心国类似，意大利市场在二战结束时崩溃
意大利	1907—1927	-84%	一战后，意大利经历了经济萧条和高通胀，这促成了墨索里尼的崛起
法国	1906—1926	-75%	20 世纪初经历了一战，随后，20 世纪 20 年代初期法国陷入通胀性货币危机
意大利	1960—1980	-72%	20 世纪 60—70 年代，意大利经历了一系列经济衰退、高失业率、通货膨胀，以及货币贬值
印度	1955—1975	-66%	独立后，一系列严重干旱导致印度经济增长疲软和高通胀

6　本表不包括比利时、希腊、新西兰、挪威、瑞典、瑞士等较小的国家以及任何新兴市场国家出现资产回报不佳的案例。请注意，为了简要起见，表中显示的 20 年期最差回报率是针对每个国家 / 时期（即包括 1903—1923 年的德国，剔除了包括德国在内的 1915—1935 年）。对于 60/40 的投资组合，我们假设在 20 年的窗口期内每月进行调整。

（续表）

60/40 投资组合的主要案例，20 年窗口期内实际回报率低于-40%

国家	20 年窗口期	20 年期最差回报率（实际累计回报率）	具体情况
西班牙	1962—1982	−59%	佛朗哥时代后，西班牙向民主制度过渡，加之20世纪70年代的通货膨胀，经济陷入困境
德国	1929—1949	−50%	大萧条和二战造成的破坏致使德国资产陷入极其艰难的时期
法国	1961—1981	−48%	和其他欧洲国家一样，20 世纪 60—70 年代经济增长疲软，货币贬值，高通胀
英国	1901—1921	−46%	20 世纪初经历一战，随后是 1920—1921 年的大萧条

我自然会思考，如果我生活在这些时期，那么我会如何应对这些情况。可以肯定的是，即便看到上述迹象，我也没有信心预测到如此糟糕的结果，如前所述，在 10 个国家中，有 7 个国家的财富全部消失。生活在 20 世纪第一个十年早期的人，即使往回看几十年，也预料不到这些事件的到来，因为从 19 世纪下半叶的形势来看，人们有很多理由感到乐观。

当今的人们往往认为，在一战爆发前的几年，战争的到来一定很容易预见到，但事实并非如此。在一战前的大约 50 年里，世界主要大国几乎没有发生冲突，世界经历了最伟大的创新和前所未有的生产率增长，由此创造了巨大的财富和繁荣。在一战之前的 50 年里，全球出口增长了好几倍，全球化达到新的高峰，各国之间的往来空前密切。美国、法国、德国、日本和奥匈帝国迅速崛起，技术进步突飞猛进。英国仍然在世界上占据主导地位。俄国正在迅速实现工业化。在上页表（最差的投资经历）所示的国家中，只有中国明显处于下行态势。

当时，欧洲大国之间的紧密联盟被视为维护和平与权力平衡的一种手段。1900年之前，除了财富差距和怨恨情绪日益加剧、债务变得极其庞大外，形势似乎一派大好。

1900—1914年，贫富悬殊和债务问题恶化，国际紧张局势加剧，导致我刚描述过的最差投资回报时期的到来。

但这比仅仅是糟糕的投资回报更糟糕。

此外，国家实施财富没收、强制性税收、资本管制和关闭市场等举措对财富产生了巨大的影响。如今，大多数投资者对这些事件并不了解，而且认为不太可信，因为即便往回看几十年，也了解不到这些情况。下表显示这些事件发生的年代。最严重的财富没收案例自然出现在以下时期：在经济恶化或发生战争的同时，贫富差距巨大和内部财富斗争激烈。

财富没收时期[7]

	1900年	1920年	1940年	1960年	1980年	2000年
英国						
美国	有	有				
中国			有	有		
德国		有				
法国						
俄罗斯	有	有	有			
奥匈帝国						
意大利		有				
荷兰						
日本			有			

7　虽然这张表和下张表并不全面，但所包括的每个案例都是我可以在20年期找到确凿证据的实例。在这项研究中，财富没收被定义为私人资产普遍遭到没收，包括政府（或革命时期的革命者）大规模进行强制性的非经济销售。相关的资本管制被定义为投资者进出其他国家和资产的资金受到实质性限制（但不包括针对单个国家的定向措施，如制裁）。

资本管制严格 / 日益加强时期

	1900 年	1920 年	1940 年	1960 年	1980 年	2000 年
英国	有	有	有	有		
美国	有	有				
中国			有	有	有	
德国	有	有	有	有		
法国	有			有		
俄罗斯	有	有	有	有	有	有
奥匈帝国	有					
意大利		有				
荷兰				有		
日本		有		有		

下图显示主要国家在不同时期关闭股市的比例。在战争时期，股市关闭很常见，当然，有些国家关闭股市的时间长达一代人。

主要经济体的股市关闭

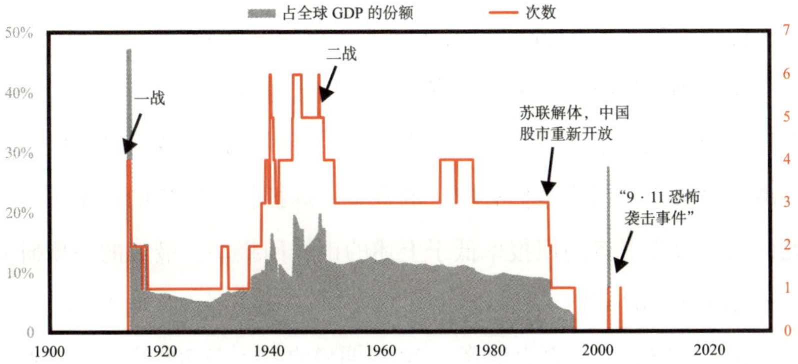

在 1900 年之后的所有周期中，糟糕的时期都同样糟糕。雪上加霜的是，**在这些时期，国家内部和外部的财富和权力斗争使许多人丧生。**

重大暴力冲突中的死亡人数（人口百分比）

内部和外部

	1900	1910	1920	1930	1940	1950	1960	1970	1980	1990	2000	2010
英国	0	2%	0	0	1%	0	0	0	0	0	0	0
美国	0	0	0	0	0	0	0	0	0	0	0	0
中国	0	0	1%	2%	3%	1%	1%	1%	0	0	0	0
德国	0	3%	0	9%	15%	0	0	0	0	0	0	0
法国	0	4%	0	0	1%	0	0	0	0	0	0	0
俄罗斯	0	4%	5%	10%	13%	0	0	0	0	0	0	0
奥匈帝国	0	2%										
意大利	0	2%	0	0	1%	0	0	0	0	0	0	0
荷兰	0	0	0	1%	2%	0	0	0	0	0	0	0
日本	0	0	0	1%	4%	0	0	0	0	0	0	0

即使是战胜国（比如美国在两次世界大战中都是最大的赢家）的幸运投资者，也还会面临两个不利因素：市场时机和税收。

在大势不好时，大多数投资者在股价接近低点时卖出，因为他们需要现金，也出于恐慌。同样，当形势大好时，投资者通常在股价接近高点时买入，因为他们有充足的资金，蜂拥投入狂热的牛市中。因此，大多数投资者的回报率低于上述的市场回报率。最近的一项研究显示，2000—2020 年，美国投资者的年回报率比美股大盘低 1.5% 左右。

在税收方面，下页表估算了 20 年期税收对标普 500 指数投资者的平均影响（整个分析都采用了最富 1/5 群体的平均税率）。纵列代表美股的不同投资方式，包括递延税项的退休账户（在投资结束时才支付税收）、持有实物股票，以及每年再投资股息（相当于把股票放入券商账户)。虽然这些不同方式受到的税收影响不同(退休账户受到的影响最小),但所有这些做法都显示出明显的影响,特别是在实际回报方面,税收可能侵蚀很大一部分回报。在任何一个 20 年期间,美国投资者因纳税而损失了大约 1/4 的实际股本回报。

税收对标普指数 20 年滚动总回报的影响[8]

	(递延税项)税前	税后[401(k)退休福利计划]	税后(券商)
年均总回报率	9.5%	8.2%	7.9%
税收造成的平均拖累(年均总回报率)		−1.3%	−1.6%
税收造成的平均拖累(总回报率的百分比)		−14%	−17%
年均(总)实际回报率	6.2%	4.9%	4.6%
税收造成的平均拖累(年均实际回报率)		−1.2%	−1.6%
税收造成的平均拖累(总实际回报率的百分比)		−20%	−26%

回顾资本市场大周期

我在稍前解释了典型债务和资本市场大周期的运行机制。需要强调的是,**在周期的上行阶段,债务增加,金融财富和负债增速超过实物财富增速,最终,债务人无法兑现对未来支付的承诺(如现金、债券和股票)。这导致了"银行挤兑"型债务问题的出现。在这种情况下,央行不**

8 税收对 401(k)退休福利计划的影响是采用 26% 的所得税税率(根据美国国会预算办公室提供的数据,2017 年最富 1/5 群体的有效平均联邦税率)计算的。税收对券商的影响是分别对股息征税(同样采用了 26% 的所得税税率)。税收对资本利得的影响是根据每个 20 年投资期结束时,对本金和股息再投资的所有资本利得(减去损失后的任何收益)按 20% 的税率缴纳税款计算的。

得不印钞，设法缓解债务违约和股市下跌的局面。央行印钞将导致货币贬值，使金融财富价值相对于实物财富价值下跌，直到金融资产的实际价值（经通胀调整后）低于实物资产的水平。这时，周期重新开始。这是一个非常简化的描述，但情况大致如此。在周期的下行阶段，金融资产相对于实物资产的实际回报处于负值，同时经济陷入困境，这是周期的反资本、反资本主义阶段，这种状况一直持续，直到到达另一个极端。

这个周期反映在下图及下页图中。第一张图显示整体金融资产价值与整体实物资产价值的比较，第二张图显示资金（即现金）的实际回报率。我使用美国数据而不是全球数据，因为前者是1900年以来最具连贯性的数据。**由此可见，当金融财富大大超过实物财富时，走势就会逆转，金融财富（特别是现金和债券等债务资产）的实际回报将会十分糟糕。其原因有二：首先，政府只有让利率和债权人的回报率处于低位且不佳，才能为负债过多的债务人提供救济；其次，政府设法通过继续增加债务来刺激经济增长。**这是长期债务周期后期阶段的典型做法。在这个阶段，政府将增印的货币用于减轻债务负担，创造新的债务以增加购买力。这使得货币相对于其他财富贮藏手段及商品和服务贬值。**最终，金融资产的价值降至低于实物资产的价值，就会达到另一个极端，促使走势发生逆转，回归和平与繁荣，周期进入上升阶段，金融资产重新获取出色的实际回报。**

美国金融资产占总资产的份额

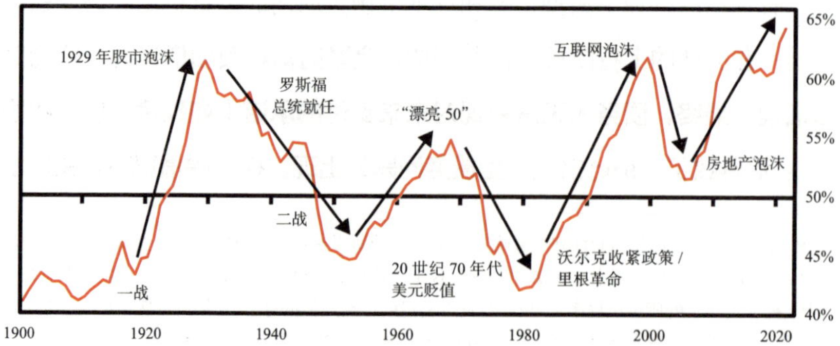

纸币的实际回报率（相对于消费者价格指数）

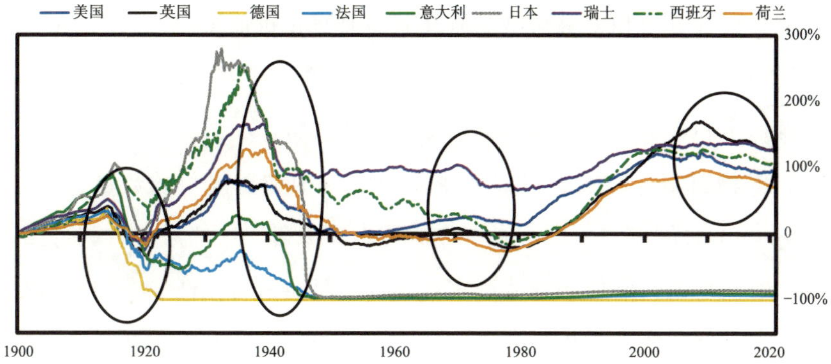

如前所述，在货币贬值期间，硬货币和硬资产相对于现金的价值上升。例如，下图显示当典型的 60/40 股票 / 债券投资组合的价值下跌时，金价就会上涨。我并不是说黄金投资的好坏。我只是在描述经济和市场机制，以及这些机制如何反映在过去的市场走势和投资回报中，从而分享我对历史、未来可能性和原因的分析。

黄金在 60/40 投资组合下跌期间的回报率

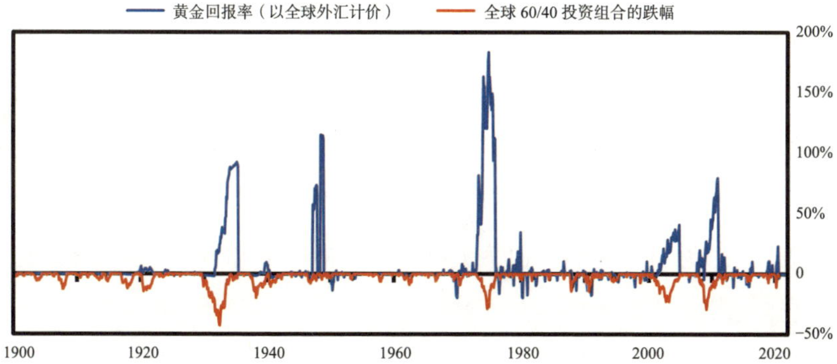

投资者需要经常自问的一个重要问题是，你得到的利息金额是否足以弥补你所面临的货币贬值风险。

典型的债务 / 货币 / 资本市场大周期在不同的国家和不同的时期反复出现，它们反映在上图中，也表现在（1）实物 / 有形货币和实物/有形财富的相对价值中，以及（2）金融货币和金融财富的相对价值中。金融货币和金融财富只有在获得有真正价值（内在价值）的实物货币和实物财富时才有价值。这些周期的运行方式：在上升阶段，金融货币和金融财富（如创造的债务和股权资产）的数量超过实物货币和实物财富（即前者可以要求兑换的货币和财富）的数量。这是因为（a）对创造和出售金融资产的资本家来说，这些业务有利可图；（b）增加货币、信贷和其他资本市场资产是决策者创造繁荣的有效途径，因为这会给需求提供资金；（c）这种做法产生的一种错觉是，人们变得更富有，因为当货币和债务资产的价值下降时，金融投资的账面价值上升。通过这种方式，中央政府和中央银行总是创造出更多的实物货币和实物财富的债权，而这些债权永远无法兑换成实物财富和实物货币。

在周期的上升阶段，股票、债券和其他投资资产会随着利率的下降而上升，因为在其他条件不变的情况下，利率下降会导致资产价格上升。此外，向金融体系注入更多资金会增加对金融资产的需求，从而降低风险溢价。由于利率处于低位，而且更多资金进入金融体系，这些投资的回报率提升，它们显得更有吸引力，但与此同时，利率和金融资产的未来预期回报率都在下降。未偿债权相对于可兑换实物越多，风险就越大。这些风险应该由更高的利率来补偿，但情况通常不是这样。因为当时的形势似乎大好，人们对债务和资本市场危机的记忆已经淡去。

此前显示的周期图不包括一些利率，无法完整地反映实际情况。下页图显示 1900 年以来的利率，即在我撰写本书时，美国、欧洲和日本的（经通胀调整后的）实际债券收益率、（未经通胀调整的）名义债券收益率，以及实际和名义现金利率。由此可见，这些指标的以往水平比现在高得多，现在处于极低水平。在我撰写本书时，在储备货币国家，政府的实际债券收益率接近历史最低水平，名义债券收益率处于零附近，也接近历史最低水平。如图所示，实际现金利率甚至更低，但不像 1930—1945 年和 1915—1920 年大规模货币化时期的负值水平那么低。名义现金利率接近历史最低水平。

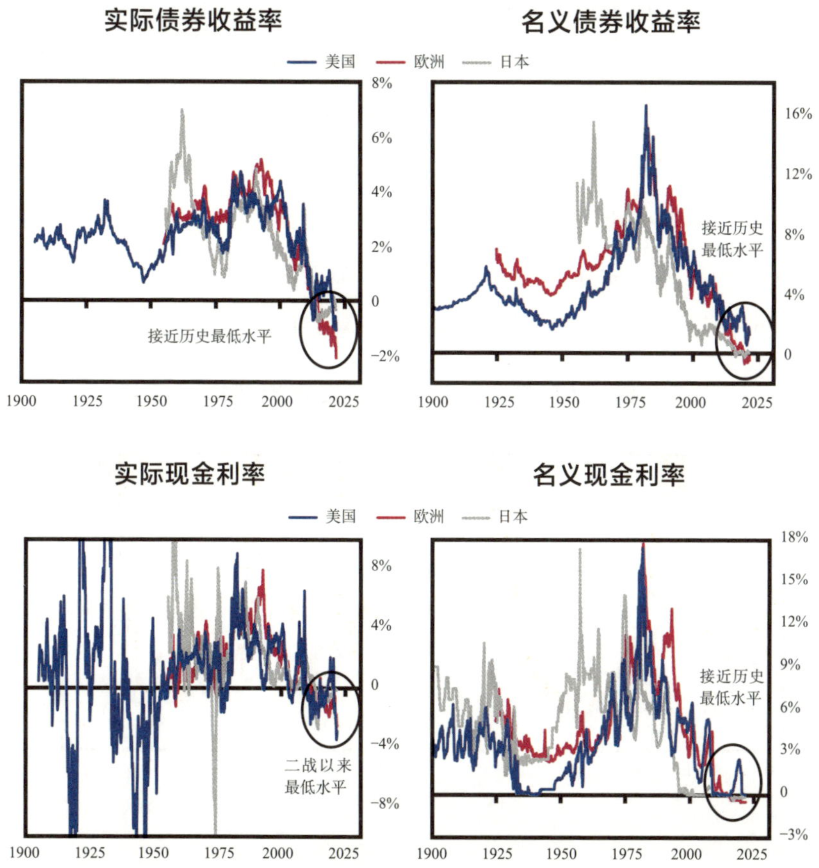

这些情况对投资有何影响？投资的目的是以一种财富贮藏手段储存资金，以便今后将其转化成购买力。投资是一次性地支付未来的款项。我们不妨考察一下，这种交易在我撰写本书时的情形。如果你今天投资 100 美元，那么你需要等多少年才能收回本金，然后开始获得超出本金的回报？在美国，如果你投资日本、中国和欧洲的债券，那么你可能分别需要等待大约 45 年、150 年和 30 年[9]，才能拿回本金（你的名义回报可能很低，甚至为零）。在我撰写本书时，欧洲的名义利率为负，在这种情况下，你可能永远也拿不回本金了。因为你试图储存购买力，所以你必须考虑通胀因素。在我撰写本书时，如果你投资于美国和欧洲，那么你可能永远无法收回你的购买力（在日本，你需要 250 年以上）。事实上，在这些实际利率为负的国家，未来的购买力几乎肯定会大幅缩水。与其得到低于通胀的回报，为什么不去购买那些回报将与通胀持平甚至更高的东西（任何东西）？我看到很多投资机遇，我预期这些投资将获得比通胀高得多的回报。下图从名义和实际水平显示美国的债券和现金取得回报所需的时间。如图所示，目前所需的时间处于历史最高水平，显然是长得出奇。

名义偿付时间（年数）　　　　实际偿付时间（年数）

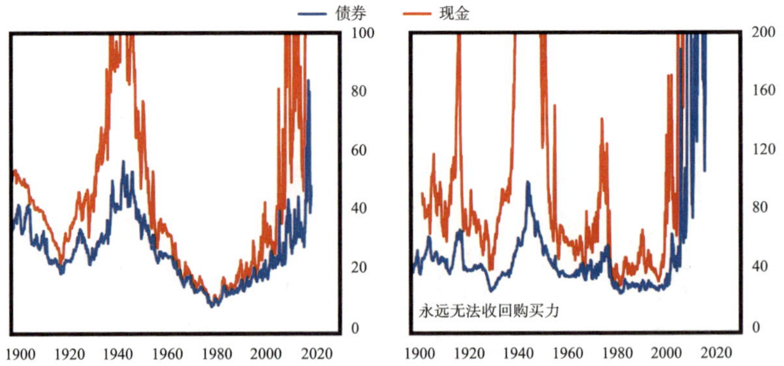

结语

这就是如何从投资者角度来看 1900 年以来的大周期。通过回顾世

9　基于 2021 年 8 月的 30 年期名义债券（视为永续债券）收益率的水平。

界过去 500 年和中国过去 1 400 年的历史，我看到基本相同的原因驱动基本相同的周期周而复始。

如前所述，在 1945 年建立世界新秩序之前的几年里，国家进行根本性变革和结构性重组，经历了一段极为艰难的时期，这是大周期末期过渡阶段的典型特征。虽然从旧秩序到新秩序的过渡充满痛苦，但更大的力量与其抗衡，之后迎来的是欣欣向荣的上升阶段。鉴于这些情况在历史上发生过多次，而且我无法确定未来将会发生什么，因此只有制定出应对这些情况和自身过失的策略，我才能进行投资。

第二部分

500 年
世界
发展史

8

过去 500 年简述

在第一部分，我描述了在我看来，永动机是如何运作的。在第二部分，我将阐述在过去 500 年的历史中，这个永动机创造了什么东西。和第一部分一样，我将以一个简短的概述开始。本章将为第二部分的其余章节奠定基础，那些章节将详细介绍在荷兰、英国、美国和中国，大周期是如何发生的。最后在第三部分，我将分享，根据我的模型对当今一些主要国家的预测，以尝试展望未来。但在那之前，我们需要回顾 1500 年，以便更好地理解这段历程开始时的世界。

1500 年的世界

1500 年的世界与今天大不相同，但运行方式与今天无异。这是因为，虽然自 1500 年以来事物进化了许多，但事物的进化方式始终未变：进化的上升趋势带来了进步，大周期带来了围绕着上升趋势的波动和颠簸。

以下是 1500 年的世界与今天几个最重要的不同之处。

当时的世界要“大”得多。500年前，一个人骑马一天能走大约40千米。今天，人们可以在一天里旅行到世界的另一端。“阿波罗号”宇航员往返月球的时间，远远短于1500年旅行者从巴黎到罗马的时间。因此，当时的地域相关性（例如谁能影响谁的区域）要小得多，所以世界显得大得多。欧洲是一个世界，俄罗斯是另一个世界，中国及其周边区域则是一个更加遥远的世界。现在回头看起来微小而数目众多的邦国，当时看起来却全然不同。因为当时并没有像今天这样的国家边界，邻邦之间几乎不间断地发生财富和权力争斗。

但在1500年，这个局面在迅速变化。欧洲列强进入了以葡萄牙和西班牙为首的探险时代，接触到了遥远的帝国。像所有的伟大进化时代一样，探险时代是技术发展带来的，这些发展能使人们变得富有。这里的技术发展是远航船舶的发明，这些船舶可以周游世界，与探险家发现的地方进行贸易，或者从那里夺取财富，从而积累财富。当时，富有的统治者为探险事业提供资金，从而分享探险家带回的利润。

当时并不存在国家，相反，领土是由家族治理的。1500年，还不存在拥有边界和治理秩序的主权国家。这种形态尚未出现。相反，当时存在的是**被称为王国和王朝的大规模家族统治地域，这些地域由国王和皇帝管理，这些君王几乎不间断地与邻邦争斗，争夺财富和权力。**当一个王国征服领土、发展壮大并占据足够大的地域时，它就被称为帝国。因为当时的统治秩序是以家族为中心的，所以当其他公国的统治者去世而没有血缘关系更近的亲属继承时，王国和王朝就可以继承这些公国的土地，这与今天人们继承财产或家族企业的方式相似。故此，包办婚姻是一种合理的方式，这可以使帝国保留在紧密的家族集团手中，而不是在几代人之后分裂瓦解。

宗教和宗教领袖的权势比现在大得多，而且我们今天所说的科学并不存在。在世界的大部分地区，精英（即拥有大部分财富和权力的一小群人）包括君主、神职人员和拥有土地的贵族，君主的权力被视为神赐，神职人员是神的代表，贵族管理农民，基本把农民当耕牛一样对待。君主拥有大臣、官僚机构和军队，军队负责为君主控制和保卫领土。

尽管当时欧洲人和中国人位于世界的两端，几乎没有接触，但双方的社会运行方式大体相同，只不过中国的制度规模更大、更成熟、宗教性更弱。

当时世界的平等程度低得多。所有人都要平等以待，并由法律来规范，这样的观念当时并不存在。不管是在各王国内部还是王国之间，都是如此，都凭武器和暴力所带来的权力说话。直到 14 世纪和 15 世纪，农奴制（即农民基本上被当作领主的财产对待）还存在于西欧大部分地区，这意味着对大多数人而言，只有通过起义才能维护自己的权利。尽管这种情况在 1500 年发生了很大转变，但直到 18 世纪的启蒙运动之前，普通人所享有的权利一直很薄弱。

1500 年的世界各大国

欧洲

- **哈布斯堡王朝控制着西班牙及其所辖的所有领土，以及神圣罗马帝国的部分地区。这包括我们现在所说的荷兰、比利时、意大利、德国和奥地利的部分地区。**哈布斯堡王朝是西方世界最强大的帝国。
- **瓦卢瓦王朝（后来的波旁王朝）统治着法国，它是哈布斯堡王

朝的主要对手，这导致了两大王朝之间的很多争斗。

- **都铎王朝统治着英格兰**，当时英格兰还不是欧洲的重要势力，不过其实力在不断壮大。
- **佛罗伦萨、威尼斯和米兰经常以共和国形态存在，由显赫家族治理**，是当时的活跃地区。1500 年欧洲的大部分金融、商业、知识和艺术创新都源于这些国家。这些国家非常富裕，在当时和之后的几百年里，因其培育的革命性思想，对塑造欧洲和西方世界发挥了核心作用，我将在后文中详细讨论这些思想。
- **教皇国是由教皇和天主教会统治的。**在整个基督教欧洲，君主、贵族和教会之间的关系遵循着典型的模式：精英相互支持，以使统治秩序符合自身的利益。因此，教会获得了大量财富，这主要来自贫苦农民，他们（通过什一税制度）向教会缴纳金钱，并在教会拥有的农田里无偿劳动。
- **留里克王朝和后来的罗曼诺夫王朝统治着俄国**，当时俄国是一个外围大国，对欧洲人来说似乎很遥远。
- **得名于其统治家族名称的奥斯曼帝国**，以君士坦丁堡为核心，此城由其在 1453 年征服。

除此之外，欧洲各地还有成百上千个家族统治的公国。它们总是征战不休，因为各自都必须不断防御入侵，与邻邦交战。盟友和仇敌关系始终很重要，而且在不断变化。

亚洲

控制着中国绝大部分地区的明朝是当时世界上最先进、最强大的帝国。像欧洲帝国一样，明朝实行世袭制统治，皇帝自称拥有“天

命”。皇帝监督着官僚机构，官僚机构由大臣和军事领袖管理和保护；拥有土地的显贵家族管理着农民，他们与大臣和军事领袖之间存在着共生关系（不过有时会发生争执）。1500 年，明朝正接近力量的顶峰，在财富、技术和权势方面远远领先于欧洲。它对包括日本在内的整个东亚都有巨大的文化和政治影响力。[1]

当时，儒家学者被视为处在社会等级制近乎顶端的位置，这促使他们在政治上得势。要想出人头地，必须深入学习儒家思想，并通过竞争激烈的科举。政治决策经常基于统治者对儒家思想的解读。当时占主导地位的宋明理学，转移了儒家信仰体系的重心，使之变得更加理性化、哲学化、学术化和人文化。这种实用的、以证据为基础的、科学的思维方式，是中国在中世纪远远领先于欧洲的关键原因之一。当时的学者和科学家拥有巨大的权力，这带来了显著的技术进步（火药、印刷术、建筑等）。与当时世界上的其他地方相比，中国的识字率极高，在医学方面也很先进。例如，中国通过一种早期的疫苗接种形式，实行广泛的预防天花的计划，这领先于欧洲几百年。中国的金融体系相对发达，拥有早期形式的公司和银行，有使用（和滥发）纸币的历史，并拥有相对成熟的金融市场。而且中国军事力量强大，拥有全世界规模最大的海军，以及 100 万人的常备军。

历史学家保罗·肯尼迪在其杰作《大国的兴衰》中很好地描述了这一点。

> 前现代的所有文明，没有一个比中国文明更先进，没有一个比中国更具优越感。中国人口众多，有 1 亿 ~1.3 亿，而 15 世纪的欧洲人口只有 5 000 万 ~5 500 万；中国文化卓越；自 11 世纪以来，

1　顺便说一下，中华帝国中存在的家族关系不应被误解为关爱的关系，同欧洲一样，家族成员之间为争夺王朝控制权而进行的争斗是残酷的，经常是殊死斗争。

> 中国拥有极其肥沃的平原，平原上灌溉系统完善，一套宏伟的运河系统将这些平原连接在一起；中国拥有统一的、等级制的行政管理体系，该体系由受过良好教育的儒家文官管理，中国社会因此拥有连贯性和复杂性，为外来者所羡慕。

讽刺而同时又具有一般性意义的是，明朝巨大的财富和力量可能正是导致其最终衰落的原因之一。明朝皇帝自以为万物已备，别无他求，所以结束了探索世界的行动，关闭门户，安享生活，把管理政府的工作交给了大臣和宦官，这导致了功能失调性的内斗、腐败、虚弱和易于被攻击的脆弱。文化风气从务实的科学研究与创新转向了咬文嚼字的学术。正如我们将在第 12 章中看到的，这导致了中国相对于欧洲的衰落。

在亚洲其他地区，1500 年左右是一个分裂化的时代。印度分为数个王国，包括北部的德里苏丹国和南部信奉印度教的毗奢耶那伽罗帝国。印度当时并不起眼，但它在不久之后会变得引人瞩目，因为在 16 世纪 20 年代，莫卧儿帝国开始征服印度，最终使之成为世界上最强大的帝国之一。**同样，日本在 1500 年也分为许多个实体，经历了内战，并与世界其他地方隔绝，所以当时日本也不是一个引人瞩目的强国。**

中东

- **到 16 世纪中期，之前提到过的奥斯曼帝国也控制了中东大部分地区，其主要对手是波斯（现在的伊朗）新兴的萨法维王朝。**

美洲

- **最大的帝国是以墨西哥为中心的阿兹特克帝国（其首都特诺奇蒂特兰的人口规模可能超过当时欧洲的任何城市）和位于南美洲的印加帝国。但很快欧洲人到来，摧毁了这两个强国，导致新殖民地的出现，包括 276 年后建国的美国的前身。**

非洲

- **这个比欧洲大三倍的大洲，当时分为数十个小国，位于这些小国之间的通常是广袤而人烟稀少的地区。**1500 年非洲最大的国家是位于西非的桑海帝国，以贸易中心和伊斯兰学术中心而闻名。

这就是 1500 年的情况。**世界秩序即将发生天翻地覆的变化。**

1500 年以来世界发生的变化

也许正如你们所想到的，1500 年以来发生了太多重要的事情，我无法在这番概述里全面展示。然而，我可以陈述一下 1500 年至今的世界变化历程中的亮点，重点是一些关键的主题和变化，我将在接下来的章节中对其加以更深入的分析。最重要的变化是导致人们行为变化的思想变化，特别是在财富和权力的分配方式方面。这就是这段历史进程背后的因素。我们很容易识别出最重大的变化时期，因为这些时期通常被称为“革命”和“时代”（尽管有时这些时期有别名）。

在阅读这份对过去500年历史的概述时，请注意这些演变和周期。你们会发现这些演变和周期具备两方面特征：（1）几次思维方式上的革命带来了延续几百年的巨大演变和进步；（2）许多周期，和平与繁荣时期和萧条、革命与战争时期交替，后者标志着旧秩序的结束和新秩序的开始。

商业革命（12—16世纪）

商业革命是指从单纯以农业为基础的经济形态转变为包括多种商品贸易的经济形态。这场从12世纪开始直到1500年的演进，以意大利城邦为中心，由于两个因素的共同作用，这些城邦变得极为富有。首先，基督教欧洲与奥斯曼帝国之间的战争使欧洲与世界其他地方的陆路贸易（尤其是香料和奢侈品贸易）的发展大大减缓，这为海上贸易创造了巨大的机遇。其次，一些意大利城邦发展出了以罗马共和国为模板的共和制政府。与欧洲其他地方的政府相比，这些城邦的政府创造力更强，反应更灵敏，这为强有力的商人阶层的发展创造了条件。

威尼斯就是一个典型的例子，其治理体系中存在着多重制衡，以确保它与欧洲其他地方相比，更重视政府的治理才能。威尼斯的领导人被称为总督，无权任命继承人，也不能随意让自己家族的成员在政府中任职。新总督是由一系列委员会投票选出的，委员会的委员有时是从几百个贵族家族中通过抽签选出来的。意大利人打造了运转良好的资本市场。簿记方面的新进步，以及确保合同履行的公正机构，也为资本市场提供了支持。虽然私人和政府借贷并不是新事物，但在1500年之前，这通常是富裕公民之间的双边借贷交易，而且对债权人的违约（或者债权人被驱逐甚至处决）极为常见。靠贸易获利的人，即商人阶层，能从运转良好的金融体系中获益。这是因为在金融体系中，储蓄能转变为投资，而投资可以促进生产率。由于这一点，商人创造了许多金融创新，包括信贷市场。

由于贸易收益的流入，以及对标准化铸币的需求，意大利各城邦铸造的金属货币，尤其是佛罗伦萨的弗洛林金币，具备了稳健的价值，且得到了广泛认可，从而开始被人们接受为全球性货币。这些城邦以稳健的货币为基础，发展出了有效的借贷机制，以及公开交易的债券市场。12 世纪早期，威尼斯构建了一种永续债券，票面利率为 5%，政府可以根据具体时期的财政状况及需要，或者发行这种债券（即借债），或者回购这种债券。威尼斯的商人拥有这些债券，并对政府有重大影响，因此政府只有在最终迫不得已时才能违约。在几百年里，这种债券一直流转，没有出现违约的情况，这使出借人对这种债券产生信心，同时二级市场上交易债券的制度的存在，使这种债券成为一种具有流动性的投资形式。

在威尼斯，人们能够以合理的利率迅速借到资金，这对威尼斯是巨大的利好。尽管 1500 年左右，在一系列战争中失败后，威尼斯最终违约，但具有流动性的债券市场在荷兰、英国等其他地方流行起来。

文艺复兴（14—17 世纪）

1300 年左右，意大利各城邦开始出现一种新的思维方式，这种思维方式在很多方面以古希腊和古罗马为模板。从那时到 17 世纪，这种思维方式在欧洲流传。这一时期被称为文艺复兴时期。文艺复兴时期的思想家做出了一个重大转变，以逻辑推理而不是神意来解释世界的运转。这个转变促成了一系列飞快的新发现，给欧洲带来了艺术和技术进步。文艺复兴始于意大利北部的各城邦，在那里，之前的商业革命已创造巨大财富，依靠理智主义和创造活动的帮助，这些财富带来了贸易、生产和银行业的进步。**文艺复兴是历史上最重大的自我强化循环的案例之一，我在第 5 章中描述过这种循环：和平时期里，创造力和商业彼此促进，带来经济繁荣和巨大进步。**

文艺复兴的核心和推动力是像美第奇家族那样的家族及其成员，他们是商人和银行家，而不是封建君主。他们利用自身财富来支持艺术、建筑和科学。[2] 伴随着艺术和建筑的繁荣，科学、技术和商业也取得了巨大进步。**由于 15 世纪中期印刷机的发明，知识和思想快速传播。**

欧洲主要国家的书籍 / 手抄本出版量（单位：百万）

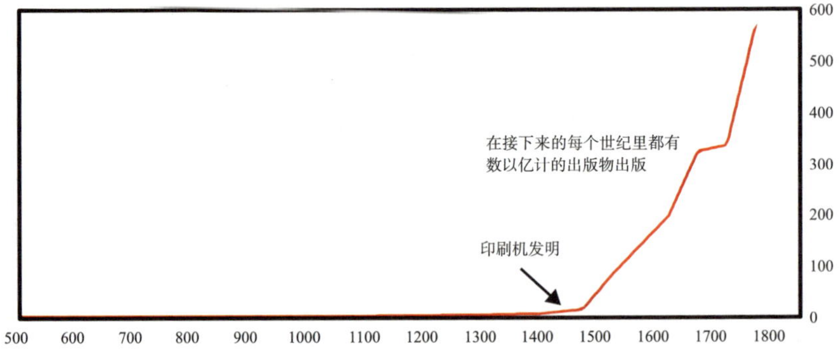

顺便说一下，欧洲文艺复兴的许多创新在出现之前，已经在中国存在几百年了，因为中国人在很早之前就发现了促成创新的关键元

2 美第奇家族在这段时期统治和发展了佛罗伦萨（尽管佛罗伦萨在他们统治的大部分时间里在形式上依然实行共和制），他们是作为商业领袖和银行家获取自身财富和权力的。美第奇家族利用他们的财富、权力和才智获取了更多财富和权力，并对艺术和科学做出了巨大贡献。他们还在欧洲获取了重要的政治权力。例如，在美第奇家族统治时期，为了获得权力和 / 或提供公共服务，4 名教皇来自该家族。许多美第奇家族的成员本身就是艺术家和政治领导人，他们不仅帮助佛罗伦萨的富人，也帮助那里的中产阶级和贫困者。然而，像许多绵延多代的家族和王朝一样，在几代之后，美第奇家族也遇到了问题：国家领导人以及家族首领软弱无力，加上在经济紧张时期美第奇家族被认为铺张浪费，这导致了一场革命。美第奇家族几度失去对佛罗伦萨的控制。尽管在接下来的 300 年里，美第奇家族重新掌权，文艺复兴继续，但战争、贸易路线的改变和不良贷款，损害了美第奇家族的财务状况，加之社会规范和政治实践的变化，这个家族在 16 世纪中期陷入困境并最终分崩离析。

素，如印刷术、科学方法和任人唯贤。我们可以把前文说过的宋明理学视为中国的文艺复兴，因为就像欧洲的文艺复兴一样，它带来了更以逻辑和证据为基础的思维方式，以及更具创造性而非宗教性的世界观。

随着这些新思想在 16 世纪末 17 世纪初在欧洲传播开来，一些杰出人物产生了广泛的影响，如英格兰的莎士比亚和弗朗西斯·培根、法国的笛卡儿和荷兰的伊拉斯谟。生活水平大幅提高，尽管精英的提高幅度比农民大得多。在意大利，这段相对和平与繁荣的时期最终导致了放纵、腐化和衰落，各城邦竞争力下降，财政状况恶化。

探险和殖民时代（15—18 世纪）

探险时代开始于 15 世纪，当时欧洲人在世界各地旅行，寻找财富，历史上第一次在许多不同的民族之间建立起广泛的联系，并开始使世界变小。这个时代与文艺复兴时期大致重合，因为文艺复兴非凡的技术成就转变为造船和航海技术的进步，而远航船带回来的财富为文艺复兴的进一步发展提供了资金。

各国的统治家族支持这些赚钱的探险活动，并与探险者分享利润。例如，葡萄牙国王的兄弟航海家亨利赞助了一些最早的航行，并在非洲和亚洲建立了一个贸易帝国。西班牙紧随其后，迅速征服了西半球的大片土地，将其变为殖民地，包括盛产贵金属的阿兹特克帝国和印加帝国。尽管葡萄牙和西班牙是竞争对手，但尚未被探索的世界还很广阔，于是当它们发生纠纷时，最终调和了。在 16 世纪，西班牙是哈布斯堡王朝的一部分，并控制着利润丰厚的银矿，因此强于葡萄牙，而且在从 16 世纪晚期开始的约 60 年里，哈布斯堡王朝的君主也统治着葡萄牙。两国都把财富转化为了艺术与技术的黄金时代。西班牙帝国领土日益广阔，最终被称为“日不落帝国”，这一名称后来被用于形容大英帝国。

随着欧洲各国找到新的途径，使探险活动所获得的利润增加，全球贸易的兴起也使各国经济发生了重大变化。最值得注意的是，新财富（尤其是白银）流入欧洲，推动了基本商品和服务价格的上涨。这被称为“西班牙价格革命”，**之前几百年里欧洲物价稳定，而在这场革命之后，物价每几十年翻一番，这提醒我们，大变局会产生巨大的经济影响，如果我们只根据最近的经历来判断，就会觉得这样的巨变是不可思议的。**

英国消费者价格指数

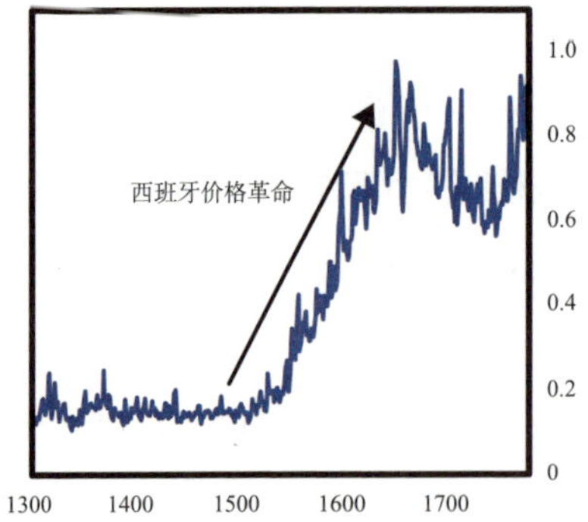

墨西哥和秘鲁的白银产量（单位：吨）

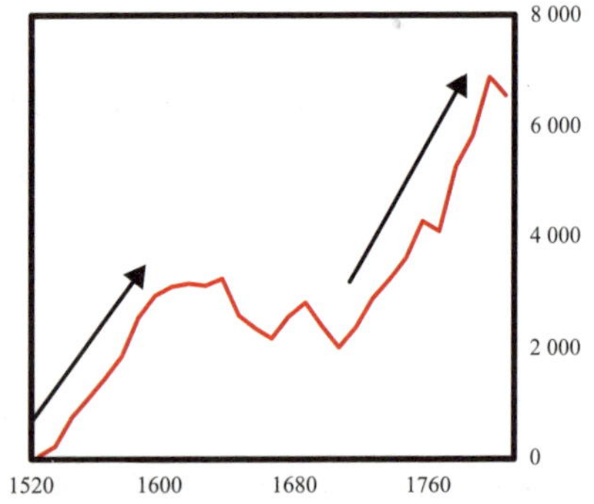

最终，这种推动探险活动的因素使欧洲与亚洲进行贸易（并开发亚洲），尤其是与中国、日本和印度次大陆。葡萄牙人是第一批接近中国的探险家，于 1513 年来到中国，尽管之前马可·波罗等其他欧洲探险家也与中国接触过。中国瓷器、丝绸等商品的精美品质令欧洲人叹为观止，这些商品变得非常抢手，但中国人对购买他们认为质量低劣的欧洲商品不感兴趣。然而中国人热切地接受了白银作为支付手段，白银在中国和欧洲都被作为货币使用。正如后文会讲到的，几百年来中国一直需要解决贵金属短缺问题，它需要贵金属来确保充足的货币供给。然而欧洲人并没有足够的白银来进行贸易，而中国人又对其他商品不感兴趣，这最终导致了鸦片战争和其他有趣的事，我们将在后文中探讨。

明朝曾有过自己的探险时代，但最终放弃了。从 15 世纪初开始，明朝的永乐皇帝授权他最信任的海军将领郑和领导了 7 次大规模的海上远航，游历世界，这被称为“郑和下西洋”。尽管这些远航不是殖民远征（对于其在多大程度上是商业航行，历史学家仍有争议），但这些航海行动扩大了中国的海外影响力。永乐皇帝的海军是世界上规模最大、技术最先进的海军，船舶之大，建造之精良，是欧洲任何国家在接下来的至少 100 年里所望尘莫及的。

中国的国际影响力迅速增长，这从与中国建立正式朝贡关系的外国城市的数量中可以看出来。但明朝皇帝选择结束这些航海活动，转向内敛。这究竟是因为永乐皇帝的这些军事及海上远征花费浩大，还是因为明朝皇帝们认为中国拥有自己所需的一切，所以没有必要去进行这种探险，至今仍不清楚。

朝贡地区的粗略统计
（基于以 30 多年为一期统计的朝贡航行次数）

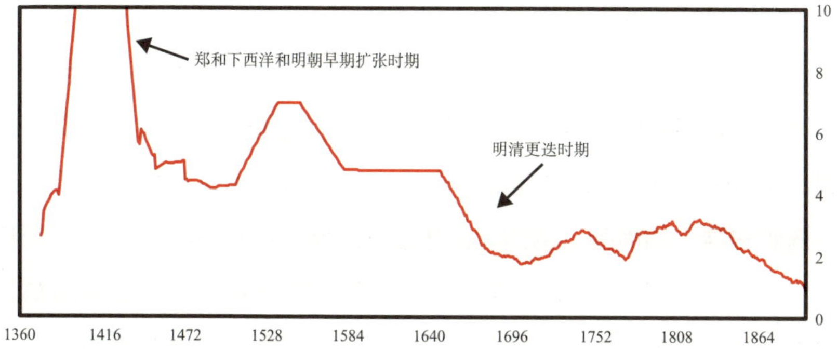

这场内敛的结果是中国进入孤立主义时代，日本也是这样，这在日本被称为“锁国”。在接下来的几百年里，中国和日本基本上断断续续地从对外开放转向了疏离和孤立。

宗教改革（1517—1648年）

在欧洲，从16世纪开始，新教宗教运动发起了一场反对罗马天主教会的革命，这导致了一系列战争，以及当时欧洲的既存秩序被推翻。如前所述，当时的既存秩序由君主、贵族和教会组成，三者结为共生关系。宗教改革针对罗马天主教会的权势和腐败，寻求建立一种独立的宗教，人们直接与上帝沟通，而不是以教会的规则为中介。当时，许多天主教主教及其他高级教士过着宫殿里的王公一样的生活，天主教会出售“赎罪券”（据说这能缩短人们必须待在炼狱里的时间）。当时罗马天主教会既是宗教，也是国家，直接统治着现代意大利领土的相当大一部分（教皇国）。

宗教改革开始于1517年，那一年马丁·路德发表了他的《九十五条论纲》，挑战教皇对《圣经》解释的垄断，以及一般意义上的教皇权力。路德拒绝放弃自己的想法后，被宣布为异教徒，后被逐出教会。但他以及其他神学家的思想还是在欧洲的很多地方生根，这要归功于重要贵族提供的政治支持，以及新的印刷技术。**这场宗教运动以及通常持续不断的权力争斗，打破了既存的欧洲世界秩序。**

在几乎所有基督教大国中，宗教改革的直接后果都是内部冲突和不稳定加剧，而且各国间关系也出现了不稳定。**宗教战争与反对现存秩序和精英的战争交织在一起。其中包括法国的一场旷日持久的内战，估计有300万人在此战中丧生。这些因素后来又导致了英国的一场旷日持久的内战。最终，宗教改革使新教徒获得了大量的权利和自由，并削弱了神圣罗马帝国和哈布斯堡王朝的力量，使德国陷入严重分裂，这种分裂不断加剧，直至17世纪中期，极其残酷的三十年战争结束。宗教改革还导致各国长达100多年的内战。和通常发生的情况一样，大规模战争带来了新秩序，随后是一段和平与繁荣时期。**

三十年战争（1648 年）之后的新世界秩序

表面上看，三十年战争是新教国家和天主教国家交战，然而完整的情况要比这复杂，涉及与财富和权力有关的阵营划分更广泛的地缘政治利益。战争结束时，新秩序在《威斯特伐利亚和约》中得以确立。该和约带来的最重要突破是确立各国的地理边界，并规定各国国民拥有决定本国事务的主权。像大多数大规模战争和新秩序建立之后的时期一样，各国接下来保持了长期的和平，荷兰从混乱中脱颖而出，成为全球第一经济强国。然而，财富和权力争斗仍在整个欧洲大陆上继续，其中最重要的是衰落的君主与其臣民之间的斗争。

资本主义的发明（17 世纪）

从荷兰人开始，开放且公众积极参与的股票市场的发展，使储蓄者有效地把他们的购买力转移给了企业家，而企业家得以将这种购买力用于生产性和盈利性用途。这大大改善了资源配置，并刺激了经济，因为这创造了新的购买力，并且造成了资本市场周期。尽管资本主义的形成涉及许多因素，但一系列相关的经济和金融发展与之不无关联，尤其是公开交易的股票和债券市场的发展，如 1602 年阿姆斯特丹股票交易所开业和 1694 年英格兰银行首次发行政府债券（为对法战争筹措资金）。随着科学革命的发展，资本主义的发明成了实际 GDP 从缓慢增长转变为快速增长的关键因素，我在第 1 章的图中展示了这场转变。我们将在下一章中更详细地探讨这场创新及其巨大影响。

科学革命（16—17 世纪）

文艺复兴时期发生了从宗教中找寻真理到从逻辑推理中找寻真理

的转变，宗教改革推动人们质疑权威、独立思考，科学革命是这两方面的延伸。这些因素促进了科学方法的发展，科学方法加深了人类对世界的理解。这些因素还确立了一定的规程，通过这些规程，人们可以调查和证明科学发现。这些因素还带来了很多发明，这些发明提升了人们的生活水平。

科学方法是在17世纪初由弗朗西斯·培根开创的，尽管天文学的许多重要进展，尤其是哥白尼和伽利略的工作出现于更早的16世纪。自古希腊-古罗马时期以来第一次，这些发现极大地拓宽了欧洲人对太阳系的认识，同时解剖学、数学、物理学（如牛顿运动定律）等许多其他领域也有了一些发现。欧洲各国政府开始支持和资助这样的研究，最著名的例子是英国皇家学会，它成立于1660年，事实证明它在促进思想和新发现的交流方面发挥了重要作用（1703—1727年牛顿任该学会主席）。在接下来的几百年里，科学革命的新发现帮助释放了欧洲大国尤其是英国的经济增长潜力，增强了这些国家的竞争力。通过启蒙运动，作为科学革命基础的思想和方法被应用到越来越多的领域。

第一次工业革命（18—19世纪）

第一次工业革命始于18世纪的英国，它解放了人，使人变得具有创造性和生产性，并为人们提供了资本，这使许多社会向新的以机器为基础的制造过程转型，带来了一个生产率持续和广泛提高的时期，这是几千年来从未有过的事。这些进步始于提升生产率的农业发明，这使人口激增，并随着农业劳动强度的下降，带来了一场朝向城市化的长期转变。随着人们涌入城市，不断增长的劳动力供应使工业受益，这带来了一个良性循环，使各国内部及各国之间的财富和权力格局发生转变。新的城市人口需要新型的商品和服务，这要求政府变大，花钱来促进住房、卫生、教育等事业，并建设新的工业资本主义体系所需要的基础设施，如法院、监管机构和中央银行。权力转移到了中央政府的官僚和控制生产资料的资本家手中。

从地缘政治上看，这些发展对英国帮助最大，许多最重要的创新是从英国开始的。英国的人均经济产出于 1800 年左右赶上了荷兰，并于 19 世纪中期超过荷兰，当时大英帝国占全球总产出的比重接近历史顶峰（约 20%）。

启蒙运动与革命时代（17—18 世纪）

启蒙运动也被称为理性时代，本质上是用科学方法来指导人的行为。这种思维方式于 18 世纪和 19 世纪在欧洲广泛传播。在更早的思想运动时期，君主和教会的权利衰落，个人的权利提升，这种思维方式是上述趋势的延续。在亚当·斯密等思想家的推动下，经济学等新的领域不断发展，同时约翰·洛克、孟德斯鸠等人物推动政治哲学向新的方向发展。特别是这些人物以及其他人物的启蒙思想促进了理性和个体自由，削弱了君权和宗教权，并带来了一场致力于推翻君主制的运动，此运动也被称为“革命时代”。这一波革命浪潮包括美国革命、法国革命、西班牙革命、德国革命、葡萄牙革命和意大利革命。和通常发生的情况一样，动荡的时代促使一些国家寻找能结束混乱、恢复秩序的强力领导人。法国找到的是拿破仑，他试图征服整个欧洲，从而不仅改变了法国的历史，也改变了欧洲历史。拿破仑是仁慈独裁伟人的典型代表，他结束混乱，带来秩序和繁荣，并以军事力量扩大了帝国。和通常发生的情况一样，他好高骛远，最终失败。

拿破仑战争及其后的新世界秩序（1803—1815 年）

拿破仑战争从 1803 年持续到 1815 年，大英帝国及其盟国打败了拿破仑及其盟国。和通常发生的情况一样，胜利者聚集在一起，经维也纳会议的讨论，建立了新的世界秩序。根据避免战争的均势理念，会议划定了新的各国边界，以确保没有一个欧洲大国能占据主宰地位。大英帝国成为世界首屈一指的帝国，和战争结束、新秩序建立后通常发生的情况一样，出现了一段长期的和平与繁荣，即“不列颠治下的和平”。

西方列强进入亚洲（19 世纪）

从 18 世纪中期到 19 世纪，英国等西方列强带着炮舰来到印度、中国和日本，给这些国家的历史进程带来了巨大的混乱。当时中国和日本都奉行孤立主义。印度由莫卧儿帝国控制，该帝国曾扩张为南亚大国，但在 18 世纪快速衰落。西方列强当时在军事上先进得多，希望以武力迫使这三国开放贸易。中国试图抵抗英国，但失败了；日本人看到了这一点，在 1853 年美军指挥官马修·佩里率领 4 艘战舰驶入东京湾后，实行了贸易开放。**这些历史发展导致清朝最终灭亡，日本内阁辞职，以及英国继续控制印度。特别是在日本和中国，这些历史发展还导致它们意识到自己需要现代化，因而有了（日本的）明治维新和（中国的）洋务运动。日本的这一改革很成功，而中国的不成功，因而继续遭受西方列强欺侮，中国人称此为“百年屈辱”。**

第二次工业革命（19 世纪 50 年代至 20 世纪初）

从 19 世纪中期开始，第二波创新大浪潮出现了，最初是围绕着蒸汽动力的运输（如铁路），接着在 19 世纪末 20 世纪初是电力、电话、可互换的零部件及其他创新。第一次工业革命以英国为中心，而第二次工业革命的主要获益者是美国。**与通常发生的情况一样，这一时期既带来了巨大的财富，也带来了悬殊的贫富差距和资本市场中的放纵行为，使美国进入“镀金时代”。**

共产主义的出现（1848 年）

19 世纪中期共产主义出现并发展起来，这是对以下因素的回应：资本主义；资本主义带来的贫富差距；工业革命的好处更多地为新技术的拥有者所获得，而不是为工人所获得。19 世纪末 20 世纪初，共产主义者与权力既有者之间的冲突加剧，导致了 20 世纪的一系列重大革命，包括俄国十月革命和中国革命，共产主义者在这两国执政。

这就带我们来到了 20 世纪，20 世纪有两个包含繁荣、萧条、战争和新秩序的大周期，我们目前似乎正处于第二个大周期的后期阶段。因为我将在第 10—13 章对这些情况进行全面回顾，且大多数读者对这些情况更熟悉，所以我将就此结束这番概述，转而深入探讨荷兰的发展历程，以及荷兰是如何成为第一个拥有全球储备货币的帝国的。

9

荷兰帝国与荷兰盾的大周期兴衰

16世纪中期，西班牙哈布斯堡王朝统治下的荷兰尝试了一系列起义之后，最终变得足够强大，于1581年获得了事实上的独立。从1625年到1795年崩溃，荷兰获得了足够多的财富和力量，超越哈布斯堡王朝和中国，成为世界上最富裕的帝国。

荷兰帝国崛起的原因，就是前文阐述过的所有典型原因。荷兰在1650年左右达到顶峰，那个时代现在被称为荷兰的黄金时代。虽然荷兰人口不多，领土狭小，无法成为欧洲大陆上的主导性军事大国，但荷兰凭借经济实力、复杂的金融体系和强大的海军，完全弥补了这一劣势。强大的海军能够保护在世界各地拥有交易站和殖民地的荷兰帝国。这使荷兰盾成为历史上第一种全球储备货币。

下页第一张图展示了推动荷兰崛起并导致其最终衰落的8种实力。

这张图没有显示荷兰之前的主导性大国哈布斯堡王朝的衰落情况，其可见于下页第二张图，它显示了荷兰帝国的完整发展轨迹，并标出了其中的重大事件。图中的数字标志着内部秩序周期的6个阶段的大致发生时间。

荷兰关键决定因素指数

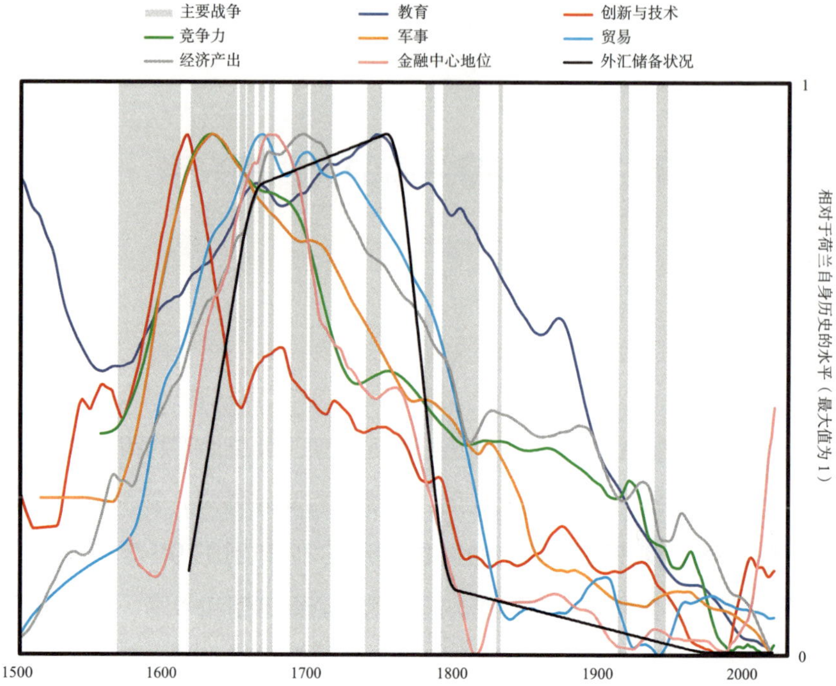

荷兰的发展轨迹（1550—1850年）

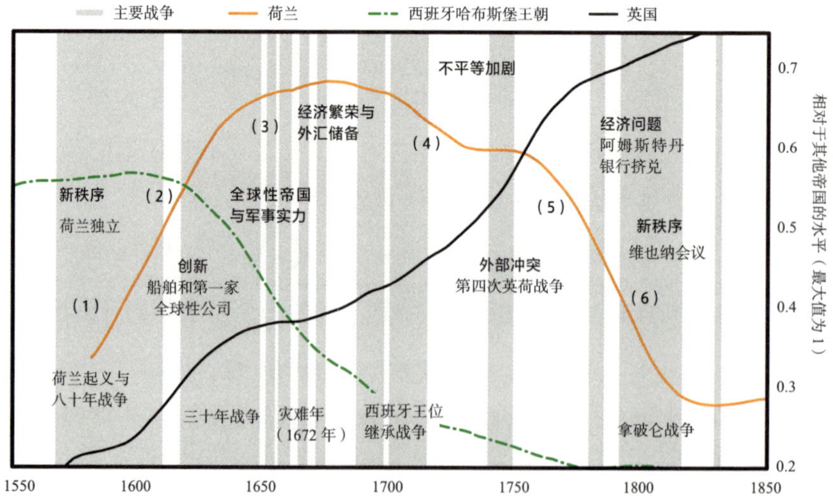

这段历程的起点是西班牙哈布斯堡王朝的衰落，这开启了荷兰大周期的第一阶段。

从西班牙 / 哈布斯堡王朝向荷兰帝国的转变

当旧帝国变得虚弱衰败时，新帝国就会崛起。荷兰帝国发展历程的起点，就是哈布斯堡王朝变得虚弱、衰败和过度扩张之时，哈布斯堡王朝的这场衰落符合所有典型的特征。

1519—1556 年，神圣罗马帝国的皇帝和哈布斯堡王朝的君主是查理五世。他控制的领土包括当今荷兰、比利时、意大利、德国、奥地利和西班牙的大部分地区，这使哈布斯堡王朝成为欧洲最强大的家族统治的朝代。**由于在探险时代获得的财富和力量，西班牙尤其强大。**[1] 西班牙舰队显然是当时欧洲最强大的海军。西班牙银币几乎成了一种储备货币，连遥远的中国都在使用它。16 世纪中期，情况开始变化，**哈布斯堡王朝强盛阶段播下的衰落种子开始发芽，一场革命性的力量转移开始酝酿。**

哈布斯堡王朝的衰落符合许多典型的情况。没有财富和权力的人向拥有它们的精英发动了革命，挑战现存秩序。如我在前一章中所述，新的宗教思想以宗教改革的形式出现，这是一场反对罗马天主教会的革命，罗马天主教会被视为腐朽的剥削势力。当时天主教会和神圣罗马帝国是富有而强大的政治力量，是现存秩序的组成部分。**当一**

1　自 8 世纪以来，伊斯兰势力统治着今天西班牙的大部分地区。到 1500 年，经过基督教诸王国与伊斯兰势力之间 500 多年的冲突，西班牙日趋走向统一。1469 年，最大的两个基督教王国卡斯蒂利亚和阿拉贡的统治者联姻，两国合并。1492 年，两国征服了西班牙在格拉纳达的最后一个伊斯兰王国。逐渐兴起的西班牙拥有强大的军队，与天主教会关系密切。对穆斯林统治的西班牙的再征服运动在很多时候采取了教皇支持的十字军征讨的形式，教权和君主权经常结成紧密联盟，西班牙宗教裁判所就是一个例子。

16 世纪和 17 世纪西班牙哈布斯堡王朝的发展轨迹

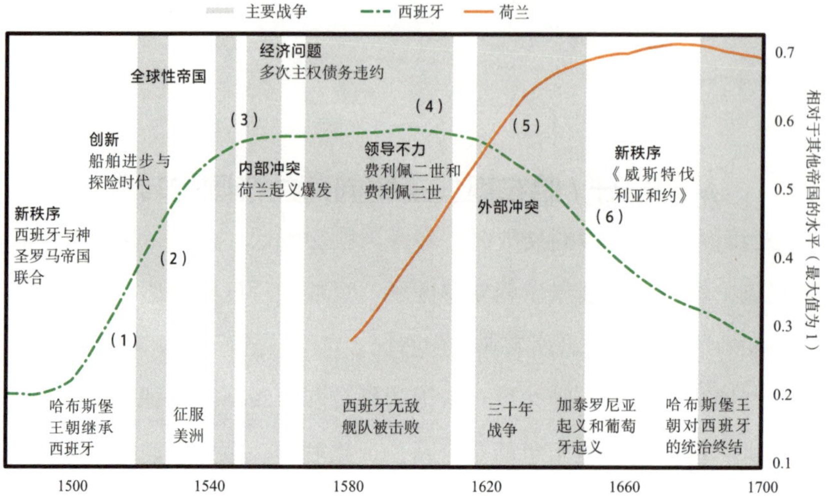

西班牙重大发明占全世界的比重（以 30 年为单位计算）

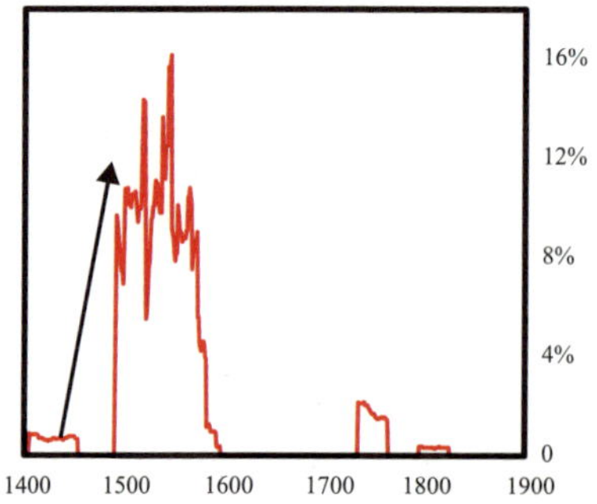

西班牙帝国面积占全世界的比例（估计值）

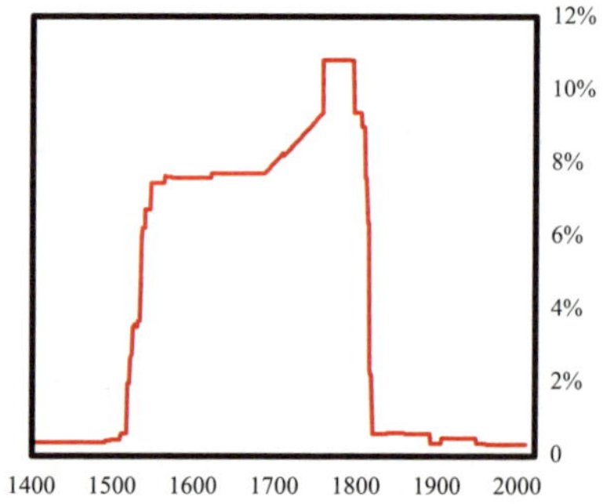

西班牙占全球经济产出的比重

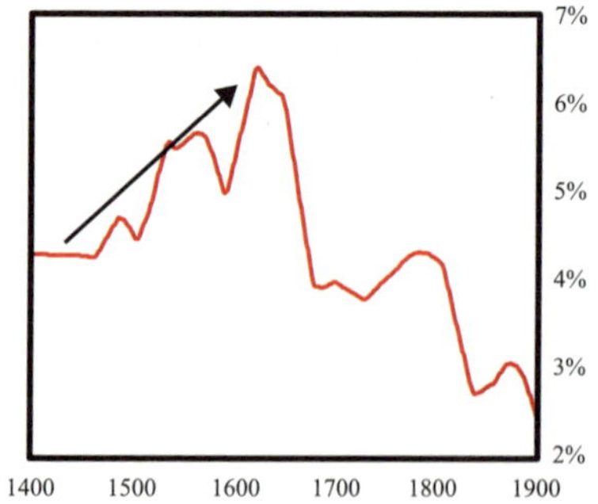

群被统称为新教的宗教反对派群体挑战现存体系时，这场革命爆发了。1517 年，马丁·路德发表了《九十五条论纲》，挑战教皇对《圣经》解释的垄断，以及一般意义上的教皇权力。路德拒绝放弃自己的想法后，被宣布为异教徒，后被逐出教会。但他的思想还是在欧洲的很多地方生根，这要归功于重要贵族提供的政治支持，以及欧洲新的印刷技术。

当时正值经济困难时期，冲突加剧导致不稳定和一系列可怕的内战[2]，最终以 17 世纪中期残酷的三十年战争为顶峰。其最大的负面影响由神圣罗马帝国和哈布斯堡王朝承受。

查理五世未能阻遏宗教改革带来的革命性影响及其对现存秩序的破坏。他被迫在 1555 年签订《奥格斯堡和约》，该和约削弱了神圣罗马帝国和哈布斯堡王朝。他退位并将领土分为两部分：神圣罗马帝国，他传给了他的弟弟斐迪南；哈布斯堡王朝其余的大部分地区，他传给了儿子费利佩二世，其中最重要的是西班牙，但也包括荷兰、比利时、意大利的很大一部分和西班牙的海外殖民地。从那时起，帝国的衰落就遵循着常规脚本。

- **帝国在军事上扩张过度。**西班牙在荷兰的统治不得人心，因此面临着旷日持久的荷兰起义，此外它还与奥斯曼帝国、多个意大利邦国、法国及英国交战。这些战争开支浩大，因此早在三十年战争之前，哈布斯堡王朝就已元气大伤。
- **糟糕的国家财政导致了典型的有害组合：税收增加、印钞和债务增加。**费利佩二世在位时期 4 次对债务违约。
- **不断上升的食品价格令中下阶层深受其苦。**自西班牙价格革命

2　例如，1550—1600 年，法国的宗教战争导致数百万人丧生，同时在 16 世纪的英国，当新君主登基时，暴力冲突致使官方的宗教信仰几经转变。甚至后来 17 世纪中期造成严重破坏的英国内战，很大程度上也是宗教冲突导致的。

以来，食品价格就一直以前所未有的速度上涨。

- **内部冲突加剧。**这是以上所提到的所有原因造成的。
- **领导力恶化。**费利佩二世及其子费利佩三世沉迷于奢侈的生活，不注重治国理政，最终通过印钞来弥补巨额赤字，这造成了高通胀和经济痛苦。他们身边的大臣也如出一辙。

下图显示了以白银为单位计算，当时最流行、最普遍流通的金属货币的价值。当时，给货币供应中添加廉价的贱金属是“印钞”和使货币贬值的流行方式。你们可以看到这种做法开始于17世纪初。

西班牙马拉维第币的币值（单位：克白银，指数化）

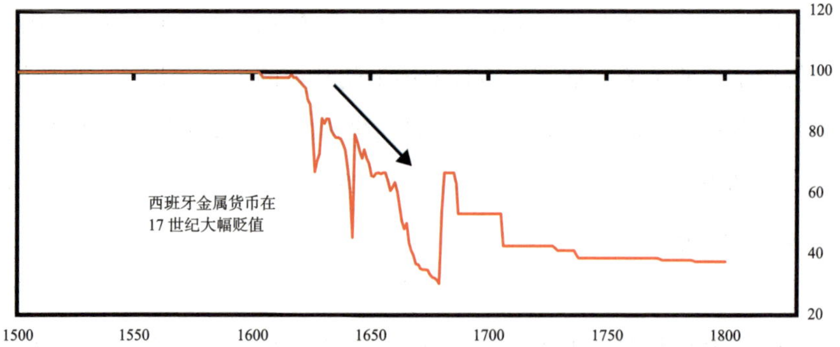

16世纪发生的这些事件并不意味着哈布斯堡王朝的终结，它甚至没有放弃对荷兰的领土主张——直到1648年三十年战争结束时它才放弃这一主张。但这些事件的确为荷兰的兴起创造了一系列条件。

兴起

从1581年到1625年左右，荷兰帝国兴起，这一过程遵循着帝国崛起的典型步伐，第1章中对此有过描述。更具体地说：

- 在“沉默者威廉”的领导下，荷兰在八十年战争中反抗西班牙统治，最终胜利，1581 年荷兰共和国独立。基本上是荷兰国父的威廉是一位有才干的军事指挥官，他联合了荷兰各省反抗西班牙。
- 尽管在之后的几十年里西班牙人和荷兰人继续交战，但荷兰人已获得了独立，一个更为统一的荷兰共和国崛起的种子已经播下（尤其是费利佩二世切断了与荷兰的贸易，这迫使荷兰人依靠自身力量在海外拓展）。
- **因为荷兰共和国的建立是为了让每个省保持高度的主权，所以荷兰帝国的崛起是由一群政治家推动的，而不是由一个君主或领导人推动的。**尽管贵族扮演着最重要的角色，但这个体系带来了制衡和被证明行之有效的伙伴关系。
- **荷兰价值观和文化重视教育、储蓄、才能和宽容。**
- 脱离西班牙使荷兰能建立一个**更开放和更具创造性的社会。**
- **荷兰人发明的船舶能周游世界收集财富。能为这些活动及其他生产性活动提供资金的资本主义以及许多别的突破，使荷兰变得富裕而强大。荷兰人创建了世界上第一家大型公司——荷兰东印度公司，其贸易额占到了全世界的 1/3 左右。**[3] **荷兰人对新思想、新人才和新技术的开放态度帮助他们快速崛起。**
- 为支持贸易，**荷兰政府增加了军事投资**，从而在一系列军事冲突中遏止英国，并且控制了更多的贸易。
- **荷兰人还创造了除金银之外世界上最早的储备货币荷兰盾。荷兰盾的基础是一套具有创新性的银行和货币体系，该体系是通过阿姆斯特丹银行的成立而形成的。**[4]

3　根据我的计算得出的粗略估计。

4　在本章中，当谈及“荷兰盾”时，我们通常指的是阿姆斯特丹银行使用的纸币形式的荷兰盾，而不是贵金属铸造（即属于第一类货币的）的硬币（也叫“荷兰盾”）。

由于采取了这些经典而稳健的基本措施，荷兰变得富裕起来，其人均收入达到大多数其他欧洲国家的两倍多。荷兰人继续在教育和基础设施方面大举投资，以巩固他们的成功。荷兰人的识字率达到世界平均水平的两倍。他们继续发展资本市场，**阿姆斯特丹成为全世界最重要的金融中心。**荷兰人口只有 100 万 ~200 万，却做到了这一切。

我们从下面的几张图中可以看出 17 世纪荷兰教育、创新和贸易方面的一些特性，以及这些因素对荷兰国民收入的影响，这一切我们都将在本章后文中探讨。

简言之，荷兰人的教育水平很高，非常勤奋并富有创造力。事实上，荷兰在鼎盛时期，即摆脱西班牙独立前夕，贡献了全世界约 1/4 的重大发明。

荷兰成立的大学占全世界的比例

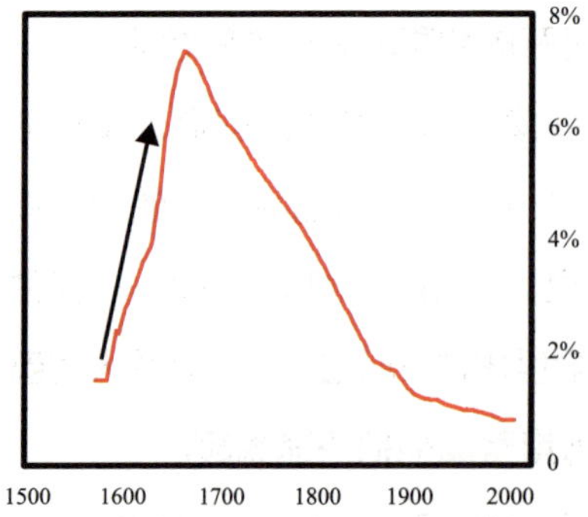

荷兰出版的书籍占全世界的比例

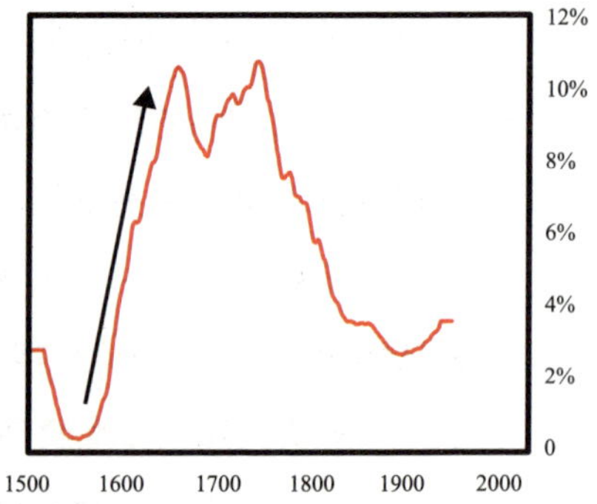

荷兰重大发明占全世界的比例
（以 30 年为周期计算）

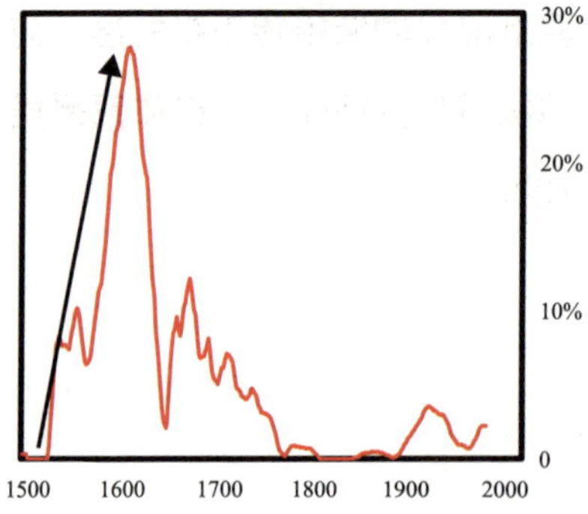

荷兰出口占全世界的比例

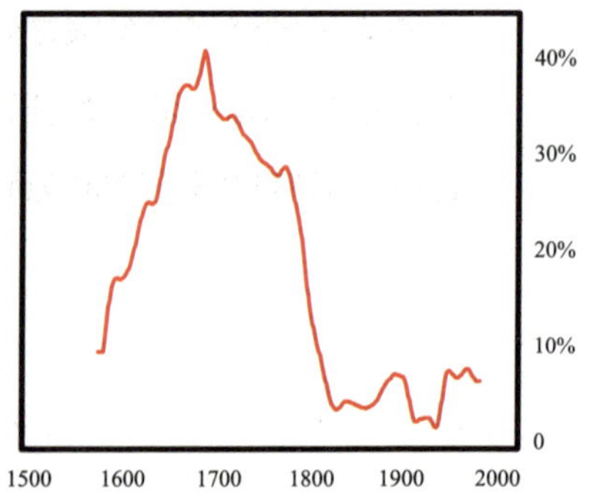

重大发明（每 100 万人口）

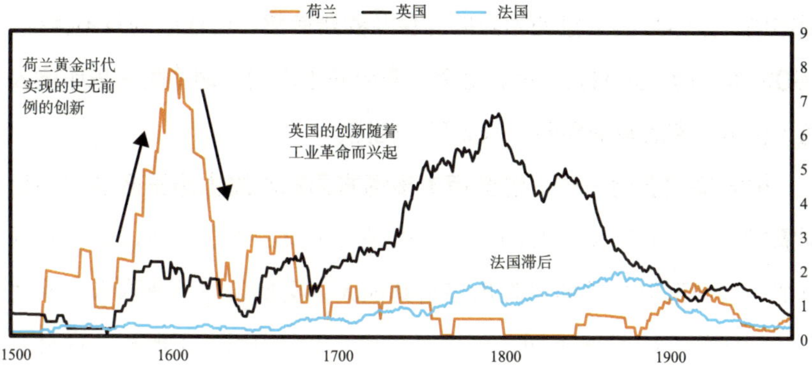

人均实际 GDP（以 2017 年美元为基准）

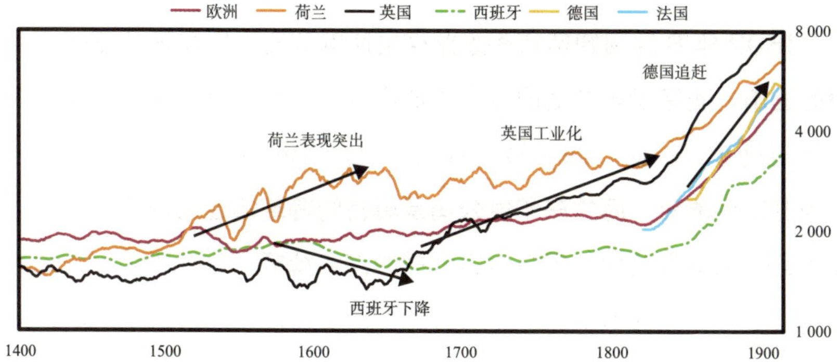

重申一遍，荷兰人两个最重要的发明是：（1）效能极其优异的帆船，使他们能在世界各地航行，这一点再加上他们从欧洲战事中获得的军事技能，使他们能收集巨大的财富；（2）为这些行动提供推动力的资本主义。

荷兰的资本市场周期

荷兰人发明了我们所知的资本主义。对荷兰和全世界来说，这都很了不起，但像大多数伟大发明一样，这也伴随着一些潜在的致命后

果。尽管生产、贸易和私有制以前就存在，**但大量的人能通过公开股票市场，集体购买以营利为目的的企业的所有权，这在以前并不存在。1602年，荷兰人创立了世界上第一家公开上市的公司（荷兰东印度公司）和第一家股票交易所，从而开了先河。**

像大多数发明一样，这些资本市场方面的发展也源于必要性和自利需求。寻找新贸易路线的世界远航是有风险的事业，所以商人有理由把一些与远航相关的风险出售给其他人，交换条件是获取未来利润中的一部分。16世纪中期，荷兰人在远航事业中引入了股权，这具有革命性。在1600年之前，这些股份只由少数商人持有，在很大程度上缺乏透明性，流动性差，所以这些股份对外部投资者的吸引力有限。

1602年8月阿姆斯特丹股票交易所的成立，以及荷兰东印度公司的上市，使持股人的范围变得更加广泛（持有股票的荷兰成年人的比例超过2%）。而且该交易所对股票的持有和转让有明确规定，使市场变得更透明。**荷兰东印度公司是具有同等革命性的发明。这是世界上第一家跨国公司，具有今日公司的许多特征**，包括股东、公司标识、董事会等。资本市场使投资者能够储蓄，商人能够筹集资金，人人都有机会进入一个具有流动性的市场，在这个市场中，人们可以轻松、有效地进行资本转移，这催生了一个财富积累的新时代。荷兰东印度公司在18世纪初发展到顶峰，其股息占荷兰总GDP的近1%。

重要的是，荷兰在竞争中领先于西班牙和葡萄牙，从而赢得了主要奖品——欧洲与亚洲（特别是中国和印度尼西亚）贸易中的更高份额，这带来了巨大的利润。

除创建股票市场外，荷兰还建立了一个具有创新性的银行体系，这个体系迅速发展，并开始为荷兰与外国商人之间的国际贸易提供融资。在荷兰银行业创新之前，国际货币形势一片混乱。16世纪晚期，约800种不同的外国和本国金属货币在荷兰流通，其中的很多都已贬

荷兰东印度公司股息占荷兰 GDP 的比例

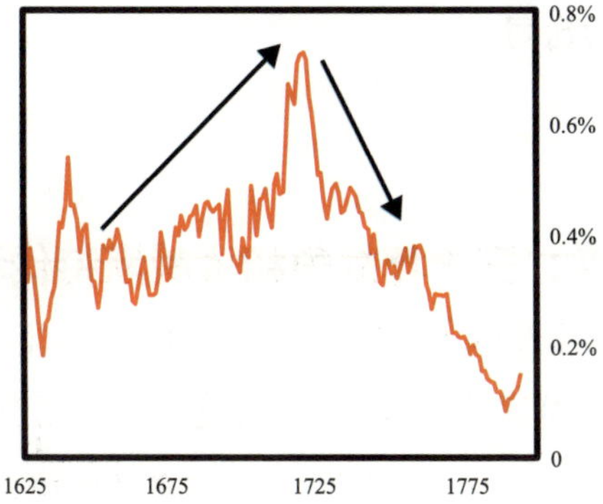

值（即其中贵金属的含量变低了），真币与假币难以区分。这给货币价值造成了不确定性，使国际贸易速度变慢、成本变高。

1609 年，阿姆斯特丹银行成立，作为一家外汇银行，保护商业债权人不受一般流通中的不稳定的商品货币的冲击。阿姆斯特丹银行采取一系列行动，实现了货币稳定性，并使荷兰货币、该银行的信用证和荷兰金融体系成为全球金融的核心。值得注意的是，这种银行荷兰盾尽管以硬通货为后盾，但本质上是第二类货币。这使荷兰盾成为一种真正的储备货币，这是世界历史上最早的储备货币。

每荷兰盾所含的纯银克数

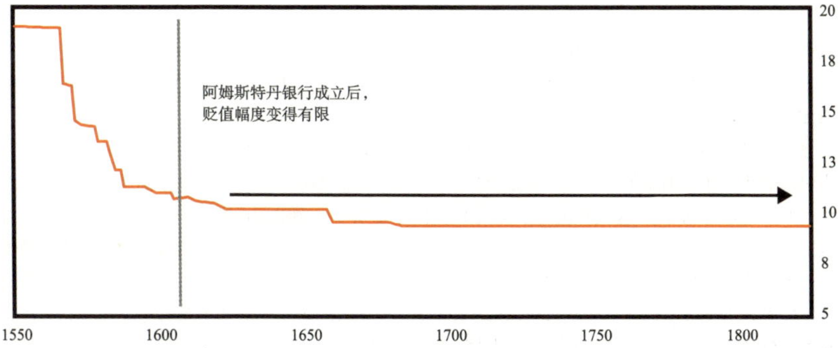

在这一制度作用下，荷兰盾作为交换媒介和财富储存手段，一直有效。**阿姆斯特丹银行的汇票提升了荷兰盾作为储备货币的地位。在**

波罗的海贸易和俄国贸易中，人们完全依靠荷兰盾和阿姆斯特丹银行汇票来定价和结算合同。[5]

新世界秩序：三十年战争和《威斯特伐利亚和约》

接着发生了三十年战争（1618—1648 年）。尽管在这场全欧洲范围内的冲突中，荷兰扮演着相对次要的角色，但考虑到这场战争对更广泛的欧洲内部与外部秩序的重要性，我们有必要较为详细地说一下这场战争。这也是内部与外部秩序共同作用的一个经典案例。

所有典型的均势动态机制都发挥了作用。在这个案例里，三十年战争是一场典型的财富和权力争斗，只是其持续时间比一般的斗争长得多。战争的一方是信奉天主教的奥地利哈布斯堡王朝的皇帝，与他结盟的是德国天主教地区（最重要的是巴伐利亚），以及西班牙和教皇国。另一方是德国新教贵族，他们分别在不同时期与丹麦、荷兰、瑞典和法国结盟。交战的原因涉及金钱、宗教（新教徒对抗天主教徒）和地缘政治。战争中的结盟关系非常复杂。例如，尽管法国君主信奉天主教，并由红衣主教黎塞留[6]主导国家政策，但法国与信奉路

---

5 到 1650 年，伦敦的商人在从俄国进口商品时，用以在阿姆斯特丹银行的存款为基础开具的汇票来支付，像这样的做法已经相当普遍了。1650 年，阿姆斯特丹银行的账户数目和存款基础都在持续增多。

6 红衣主教黎塞留是当时法国最重要的领导人，他在 1624—1642 年担任首席大臣。黎塞留很聪明，当时两股势力在法国竞争王权，一方是摄政王后，另一方是摄政王后年少的儿子路易十三，而黎塞留对双方都进行辅佐。（像这样的巧事是编不出来的。）对于一国的国内秩序应如何运作，黎塞留有自己的独特观点，那就是国家应该无比强大，国家的重要性应当高于君主、教会或贵族所想要的程度。黎塞留不仅是一位总览全局的大思想家，还是一位了不起的行政管理者，使法国的体制运转良好。他提高了全法国的效率，有效地收税并控制了贵族和地方政府的权力。他提出了国家利益概念和均势概念，如认为政策的主要目标应当是让法国能够平衡哈布斯堡王朝的霸权。这是在马基雅维利的理论最初传播后不久发生的事。他认为应当保持中欧的分裂和均势（因为该地区若联合起来将会主宰其他地区）。从 1624 年到法国大革命时期，他的这一思想一直行之有效（如想更深入地了解这一问题，可参考亨利·基辛格的《世界秩序》）。

德宗的瑞典和主要信奉加尔文宗的荷兰结盟（起初是秘密结盟，后来变成公开结盟）。原因是金钱和地缘政治因素比宗教意识形态因素更重要。

哈布斯堡王朝输掉了这场战争，其实力被明显削弱。建立新国际秩序的《威斯特伐利亚和约》扩大了神圣罗马帝国诸王公的自治权，进一步削弱了奥地利皇帝对其他邦国拥有的有限权力。更重要的是，**该和约发明了我们今天所说的国家，亦即，该和约承认了国家主权，承认国家能在其地理边界之内制定决策**（如决定本国的宗教、语言和所有法律法规），同时也规定要尊重各国之间的边界，再也不能让无视边界、随心所欲攫取权力的行为发生（当然一国有意发动一场大规模战争的情况除外）。国家概念的出现带来了民族主义和对国家利益的追求，这重塑了敌对国家之间力量平衡的概念。**这也大大削弱了宗教当局的权力。**

《威斯特伐利亚和约》反映了我所说的"战争带来的疲惫"，这促成了接下来一段很长的和平与繁荣时期。像所有大规模战争一样，三十年战争造成了毁灭性的生命、财产与财富损失。欧洲1/4的人口死于战争、疾病或饥饿。**因为战争的恐怖性甚至大大超出渴望战争者的想象，所以战争带来重新界定秩序的和约，战后出现和平时代，直到下一次大规模战争爆发。**

新的均势和相对稳定时代的到来，令荷兰获益良多。也许更重要的是，这保护了荷兰免受哈布斯堡王朝统治的威胁。

同时，● ***战争会造成毁灭性的财政打击，对战胜方如此，战败方更不言自明。***例如，法国虽然是"战胜国"，且仅间接参与了大部分战事，但法国遭遇了很严重的财政问题和不稳定，并因此面临广泛的国内叛乱。战败的哈布斯堡王朝受到的打击更大。与法国和西班牙相比，荷兰在财政上受到的损害较小。荷兰从和平中获益，这也促进了荷兰黄金时代的到来。战争中发生的军事改进也让荷兰人获益，因为军事改进加上荷兰东印度公司的航运能力，这种强有力的航运与军事的结合扩大了荷兰在世界各地的实力。

顶峰

荷兰黄金时代使荷兰人把注意力转移到“好好过日子”上，这削弱了荷兰的财政实力。其他国家也崛起并开始挑战荷兰。资本主义的出现，以及启蒙运动带来的新思路，引发了一场被称为工业革命的经济转型，这场转型以英国为中心。荷兰曾于17世纪在创新、贸易和财富方面是无与伦比的领导者，但这次未能跟上发展的步伐。最终，维持一个衰落和过度扩张的帝国变得不可持续。

下图显示了形势发展中的一些主要事件。

荷兰相对于其他大国的地位（估计值）

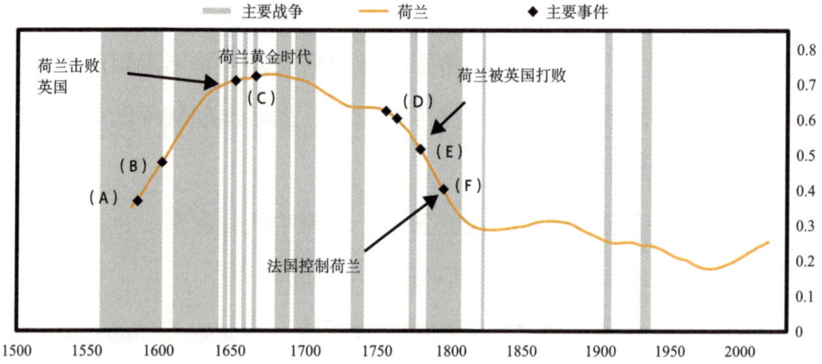

（A）荷兰宣布脱离西班牙独立。

（B）荷兰东印度公司、阿姆斯特丹银行和阿姆斯特丹股票交易所成立。

（C）第一次和第二次英荷战争。

（D）七年战争和1763年的影子银行危机。

（E）第四次英荷战争，阿姆斯特丹银行挤兑。

（F）荷兰东印度公司被国有化，荷兰帝国衰亡。

在顶峰时期，荷兰在很多因素上发生了逆转，我们之前曾讨论过这些典型因素。

- 荷兰**教育和技术优势受到侵蚀。**
- 由于荷兰东印度公司的衰落，荷兰总体上变得**竞争力不足**。
- **18 世纪，工业革命使英国超越荷兰，成为欧洲首屈一指的经济和金融强国。**
- 相对于其他国家，荷兰经济增长放缓，使之无力维持庞大的帝国（特别是考虑到荷兰本国如此之小）。（为保护在世界各地的巨大财富而进行的）越来越多的军事冲突使荷兰**扩张过度、负债过度**。
- 这一切导致**荷兰盾的储备货币地位衰落**。在与英国的对抗中，荷兰**输掉了一场战争**（也因此输掉了重要资产），荷兰盾的储备货币地位最终恶化。
- 随着荷兰帝国的衰落，荷兰的**金融中心地位受到侵蚀**，特别是在一系列债务危机和央行与货币遭遇挤兑之后。

虽然《威斯特伐利亚和约》给欧洲带来了相对和平与稳定，但荷兰在帝国时期仍参与了一系列冲突，这是因为对手看到了荷兰的弱点并发起了攻击，尤其是争夺贸易利益的海战。以下是荷兰为建立和维持帝国而进行的一系列战争的概述。

- **八十年战争（1566—1648 年）**：这是信奉新教的荷兰反抗信奉天主教的西班牙的起义。荷兰人首先在 1581 年宣布独立，直到 1648 年的《威斯特伐利亚和约》结束三十年战争和八十年战争，荷兰才实现完全独立。

- **第一次英荷战争（1652—1654 年）**：这是一场贸易战争，起因是 1651 年英国议会通过《航海条例》，规定所有从英国美洲殖民地运出的货物都必须由英国船舶运输。这场战争大体上不分胜负，未能解决英荷两国的贸易竞争问题。
- **丹麦–瑞典战争（1657—1660 年）**：这场战争始于瑞典对荷兰的盟国丹麦宣战，威胁到利润丰厚的波罗的海贸易路线。荷兰打败了瑞典。
- **第二次英荷战争（1665—1667 年）**：英格兰与荷兰因另一场贸易纠纷而开战，最终荷兰获胜。
- **法荷战争（1672—1678 年）和第三次英荷战争（1672—1674 年）**：这些也是贸易战争。荷兰挫败了法国征服荷兰的计划，并迫使法国削减一部分关税，但荷兰付出了巨大的战争成本。
- **第四次英荷战争（1780—1784 年）**：为报复荷兰在美国独立战争中支持北美殖民地，英国发动了这场战争。最终荷兰大败，宣告荷兰盾作为储备货币的时代终结。

讽刺的是，一场军事胜利使权势从荷兰转移，那场胜利开始了近 100 年的和平。1688 年，奥兰治的威廉三世与玛丽二世结婚，后者是不受欢迎的英国国王的女儿，随后威廉三世成功入侵英格兰并夺权。这被称为“光荣革命”，并给英国带来了一种新的国内秩序。虽然威廉三世当上英国国王无疑在短期内对荷兰有利，但**经济一体化和军事合作的次级后果，对其后 100 年里荷兰经济实力和荷兰盾的衰落发挥了重要影响。**

1688 年之后，随着英国变得更具竞争力，荷兰商人将业务转移到伦敦，进一步促使伦敦崛起为国际金融中心。英荷结盟还使英国商人能够参与荷兰贸易。威廉三世迁至英格兰，而不是专心治理荷兰。1702 年威廉三世去世，死后无嗣，英荷两国之间的直接联系没有了，曾在威廉三世统治下统一的荷兰各省开始分裂。尽管在第四次英荷战争爆发之前的 80 多年中，英格兰与荷兰在大部分时间里继续保持着军事合作关系，共同对抗法国，但到 18 世纪中期，两国因共同参与许多市场而开始发生冲突。

到 19 世纪中期，荷兰帝国已不再是世界领先的帝国。其他国家特别是英国借鉴了荷兰的创新，也在教育方面进行投资，以增强本国国民的能力。这些能力加上资本主义的运用，带来了一系列进步，形成了工业革命。工业革命带来了现存概念的不断改进，从而使生产效率变得更高，例如标准化的投入和将生产从个体工匠那里转移到工厂。工业革命还带来了革命性的新发明。这提高了英国的生产力，使英国获得了更多的贸易，并形成军事实力。

此外，和通常发生的情况一样，**荷兰人在变得极其富有的同时，其竞争力减弱了**，例如荷兰人的工资通常高于欧洲其他国家的人。荷兰东印度公司也失去了竞争优势。例如，在茶叶等流行的新产品的交易方面，该公司效率低下。**荷兰经济增长率相较于其他大国放缓，使之更加难以支付和维持庞大的帝国。**为保护本国拥有的巨大财富，荷兰介入了越来越多的军事冲突，导致**扩张过度**。

故此，从约 1725 年到约 1800 年，荷兰的金融衰落进程以典型的方式展开。下页的两张图很好地反映了阿姆斯特丹银行的崛起和衰落。

和通常的情况一样，虽然这一时期荷兰其他方面的实力开始衰落，但荷兰盾的储备货币地位依然坚挺。由于汇票是国际贸易信贷的主要工具，所有想和荷兰进行贸易的商人都必须在阿姆斯特丹银行开设账户，**因此大约 40% 的全球贸易是在阿姆斯特丹用银行发行的荷兰盾来结算的**。荷兰在贸易和金融交易中占有重要地位，阿姆斯特丹银行

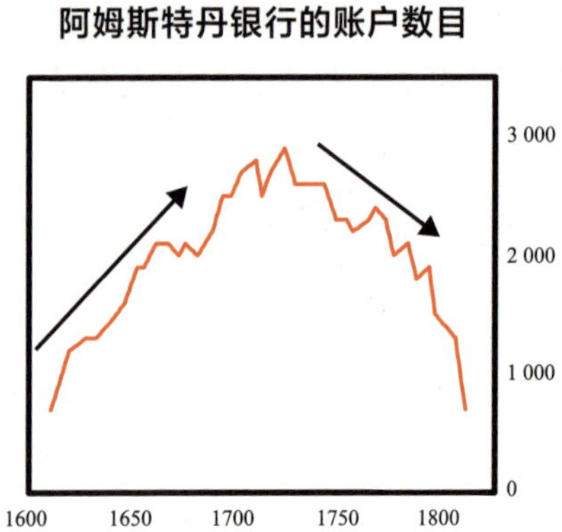

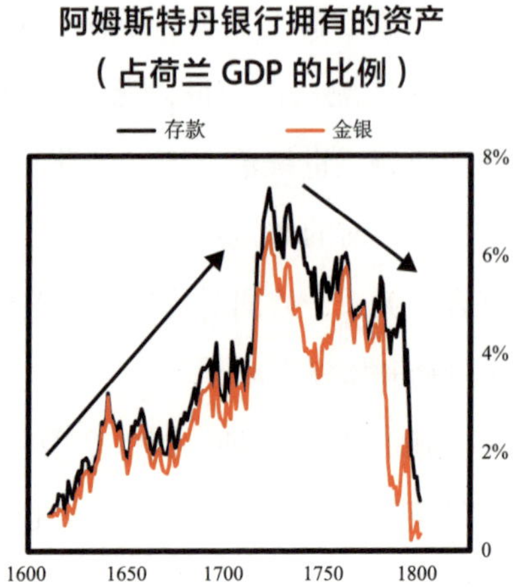

的政策使荷兰盾成为很有效的交换媒介和财富储存手段，荷兰商业实体和银行坚持要求使用荷兰盾，这些因素都巩固了荷兰盾作为最早的全球储备货币的地位。[7]这给予荷兰“极大的特权”，使荷兰能背负很多债务。

衰落

1750 年左右，英国（以及法国）变得比荷兰强了，这既是因为它们自己的国力增强了，也是因为荷兰变弱了。和通常的情况一样，荷兰（a）负债更多，（b）国内发生了许多财富争斗[8]，（c）军事实力衰落。这些都使荷兰易于遭受衰落和外部攻击的伤害。

随着来自海外的收益下降，富有的荷兰储蓄者将现金转移到更具

7　现有的支付数据显示荷兰盾在全球贸易中占很大份额：每年通过阿姆斯特丹银行进行支付的总金额在 18 世纪 60 年代达到最高峰，约为荷兰共和国年度 GDP 的 1.5 倍（有一些估计认为比这更高）。1868 年英国和 1955 年美国的类似比率分别为 3.6 倍和 2.7 倍。

8　当时荷兰“爱国者运动”的流行就是关于这一点的一个好例子。

吸引力的英国投资项目中，因为英国经济增长强劲，投资收益率更高。[9] 尽管如此，荷兰盾仍被广泛作为全球储备货币使用。如前所述，储备货币地位改变的时间，通常晚于帝国兴衰的其他主要推动因素恶化的时间。接着，**和通常的情况一样，一个崛起的大国在一场战争中挑战现有大国。**

从 18 世纪 70 年代起，英国开始干预荷兰的航运，在美国独立战争期间荷兰与北美殖民地进行武器贸易后，冲突升级。作为报复，1781 年英国在加勒比海对荷兰海军进行了大规模打击，占领了荷兰在该地区以及东印度群岛的一些领地。荷兰东印度公司失去了一半的船舶，也被隔绝于关键贸易航线之外，为维持生存，不得不从阿姆斯特丹银行大举借债。与荷兰竞争的国家趁着荷兰失败，从荷兰那里夺走了更多的航运业务机会。英国对荷兰和东印度群岛的封锁造成了一场流动性危机。这些事件造成的财务影响可见于下面的这几张图。

荷兰东印度公司资产负债表（占荷兰 GDP 的比例）[10]

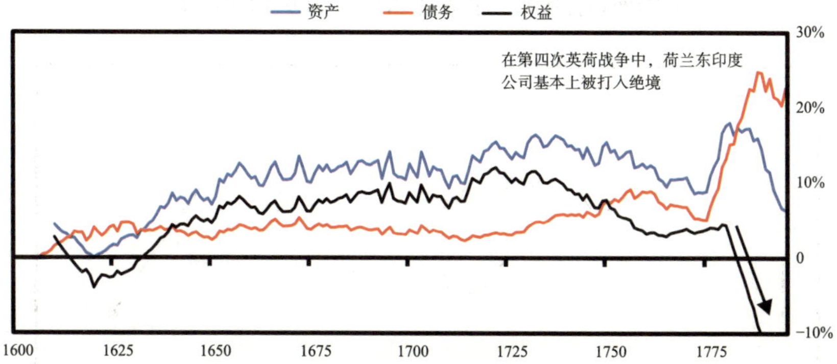

9　这段时期荷兰的对外投资总体上增加。例如，荷兰人购买英国东印度公司的股票，伦敦金融城向荷兰投资者出售债券（被称为 term annuity）。For a further description, see Hart, Jonker, and van Zanden, *A Financial History of the Netherlands*.

10　这张图只显示了荷兰东印度公司在荷兰本土的财务业绩。该公司亚洲业务的收入和负债不包括在内，但该公司从亚洲采购商品后在欧洲销售获得的收入包括在内。

荷兰东印度公司的盈亏（单位：百万荷兰盾）

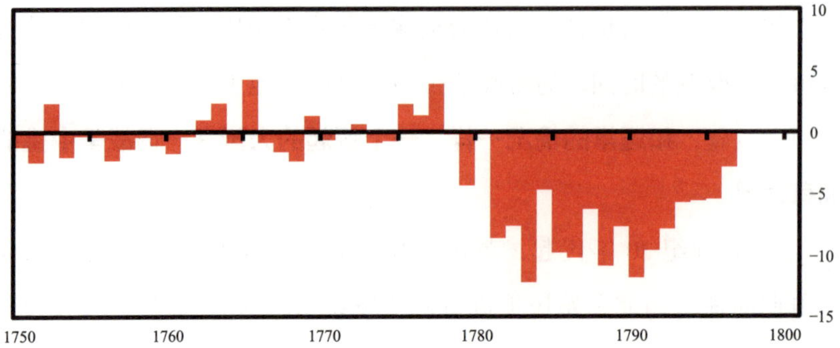

财务损失和巨额债务导致了典型的反应：央行发行更多货币。为了向荷兰东印度公司提供贷款，阿姆斯特丹银行发行的纸币越来越多，随之很快变得明显的是，该行所持有的金银将不足以偿付所有的票据。这导致了常见的“银行挤兑”进程，投资者将纸币换成贵金属。在该行的贵金属储量耗尽的同时，荷兰盾的供给飙升，尽管人们对荷兰盾的需求下降了。这一情况如下图所示。

阿姆斯特丹银行的资产（占荷兰 GDP 的比例）

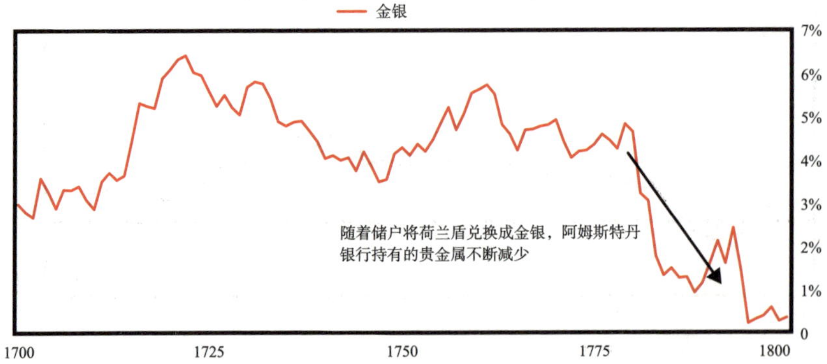

下页图显示了第四次英荷战争期间阿姆斯特丹银行资产负债表上的债务的这种激增。（作为参考，这场战争开始时整个资产负债表上约有 2 000 万荷兰盾未清偿，所以这代表阿姆斯特丹银行资产负债表大约 50% 的扩张）。阿姆斯特丹银行别无选择，荷兰东印度公司太大而不能倒，因为荷兰政府依赖该公司提供的贷款。

阿姆斯特丹银行的未偿贷款（单位：百万荷兰盾）

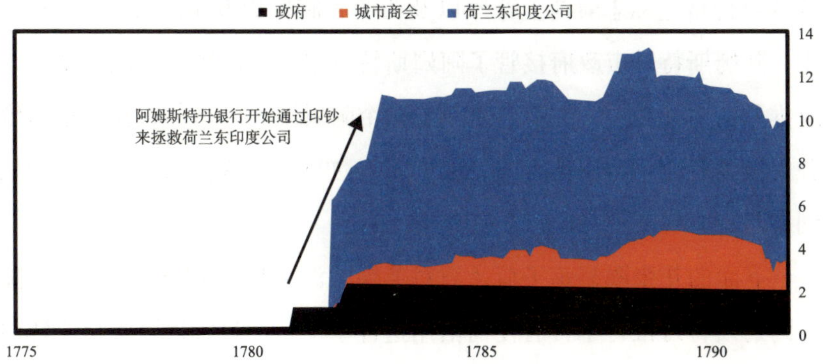

利率上升，阿姆斯特丹银行不得不让荷兰盾贬值，这削弱了荷兰盾作为财富储存手段的可信度。[11] 结果，英镑取代荷兰盾成为世界最主要的储备货币。

荷兰遇到了常见的情况，跟第 1 章中对帝国兴衰的概述与第 3 章中对货币、信贷和债务的运行方式的描述一样。**阿姆斯特丹银行最初使用第一类货币体系（贵金属），然后演变为第二类货币体系（与贵金属挂钩的纸币）。**和通常的情况一样，这场转变是在财政紧张和军事冲突期间发生的。危险在于这场转变削弱了人们对荷兰盾的信任，加剧了类似于银行挤兑效应的风险，后来真的发生了这样的事。近 200 年以来，阿姆斯特丹银行的存款（即其持有的那些短期债务）一直是一种可靠的财富储存手段。它们开始以很大的折扣交易（由金银铸成的）作为金属货币的荷兰盾。阿姆斯特丹银行用其持有的金属货币和贵金属（即其储备）在公开市场上购买荷兰盾，以支持存款的价值，但它缺乏足够的外汇储备来无限期地进行这种购买。随着金币和银币的所

11　阿姆斯特丹银行这次提前行动了，使用了分类账而不是真正的“纸币”。See Quinn & Roberds, “The Bank of Amsterdam Through the Lens of Monetary Competition.”

有者要求返还这些金属货币，该行持有的以金属货币为后盾的账户从1780年3月的1 700万荷兰盾锐减到1783年1月的仅30万荷兰盾。这场银行挤兑标志着荷兰帝国以及荷兰盾储备货币地位的终结。1791年，阿姆斯特丹市政府接管了阿姆斯特丹银行。1795年，法国革命政府推翻荷兰共和国，在荷兰建立了一个附属国。1796年，荷兰东印度公司被国有化，这使其股票失去价值。1799年，该公司的特许经营权到期。

下面的几张图显示了荷兰盾对英镑的汇率和与黄金的兑换率。随着阿姆斯特丹银行不再有任何信用这件事变得明显，投资者纷纷转向其他资产和货币。[12]

荷兰盾[13]

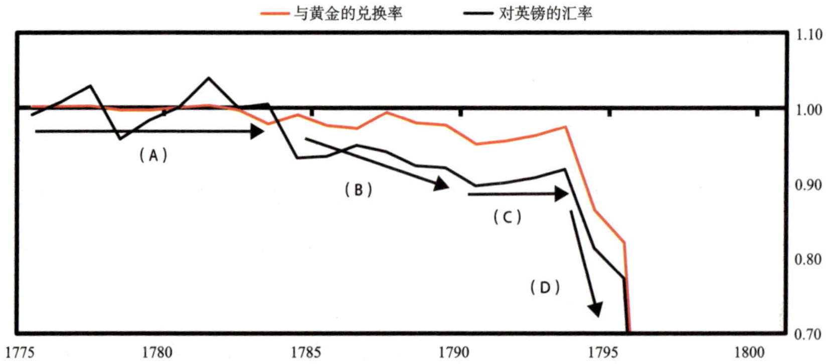

（A）在荷兰衰落时代的大部分时间里，荷兰盾币值保持稳定。
（B）第四次英荷战争导致印钞和荷兰盾开始受到压力（阿姆斯特丹银行的挤兑）。
（C）法国大革命之初，随着投资者寻找安全避风港，出现一段短期的稳定。
（D）法国推翻荷兰政府，阿姆斯特丹银行的账户基本上消失一空。

12　历史数据显示，到1795年，阿姆斯特丹银行存款的交易价格比实际的金属货币低25%。See Quinn & Roberds, “Death of a Reserve Currency.”

13　为充分显示阿姆斯特丹银行储户所受的可能的经济影响，我们假设在该银行关闭时，每个储户都按比例收到了当时仍在该银行金库里的贵金属（这相当于完全以贵金属为后盾的账户金额的20%左右，因此总的贬值幅度约为80%）。

荷兰盾币值

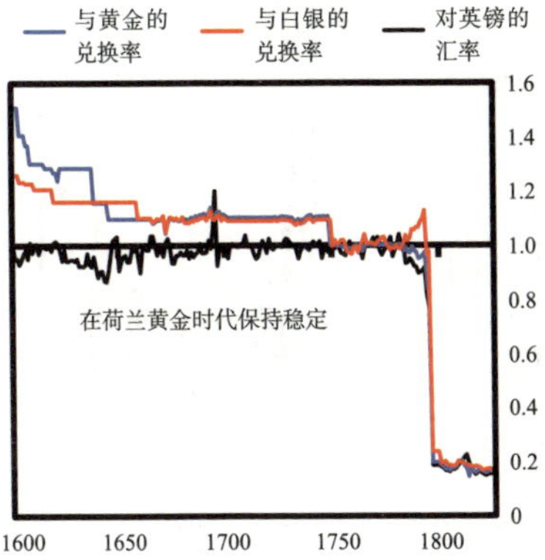

阿姆斯特丹银行准备金率
（贵金属与货币负债的比率）

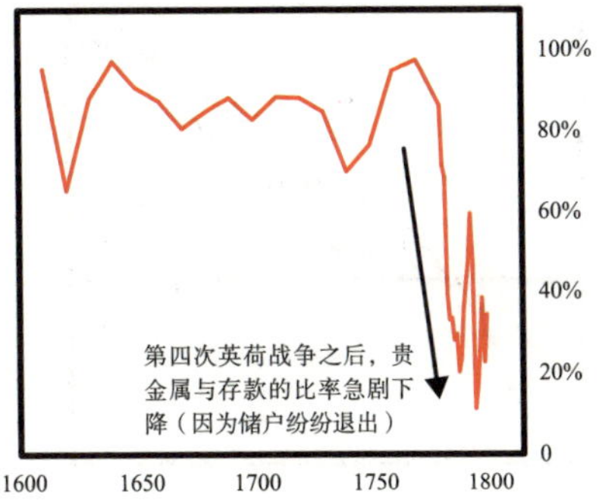

下图显示了从不同年份起持有荷兰东印度公司股票的回报率。和大多数泡沫公司一样，该公司最初业绩良好，似乎基本面很好。这吸引了更多投资者，即使在该公司基本面开始走弱之后依然如此。最终该公司失败的基本面和过度的债务负担导致其破产。

在不同初始投资年投资荷兰东印度公司获得的总回报
（初始财富为 100，以 50 年为周期计算，取对数值）

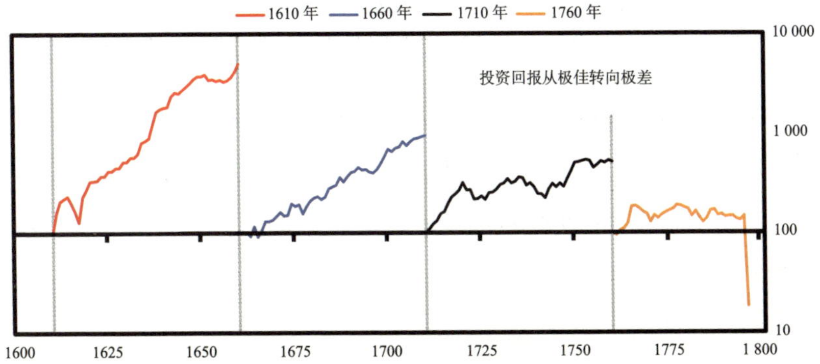

和通常的情况一样，相对于投资崛起帝国所获得的回报，对衰落帝国的投资资产所获得的回报降低。例如，投资英国东印度公司获得的回报，远远超过了投资荷兰东印度公司获得的回报，荷兰政府债券的回报率也远低于英国政府债券的回报率。

总股本回报（指数化）

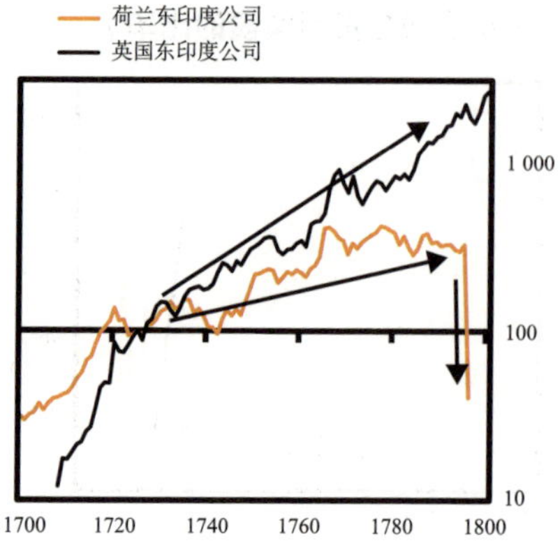

政府债券收益率

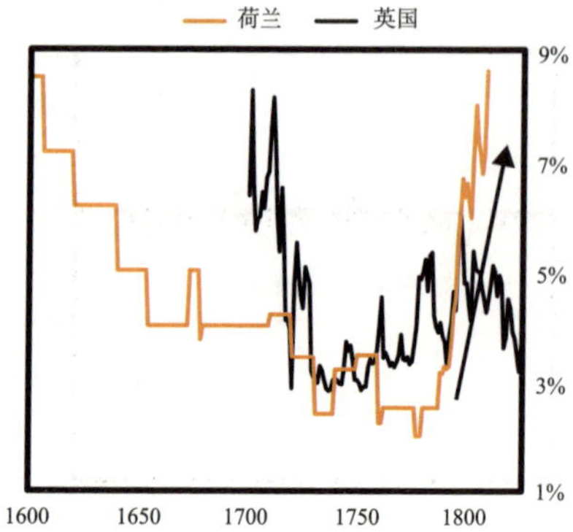

荷兰债券价格（定期年余）

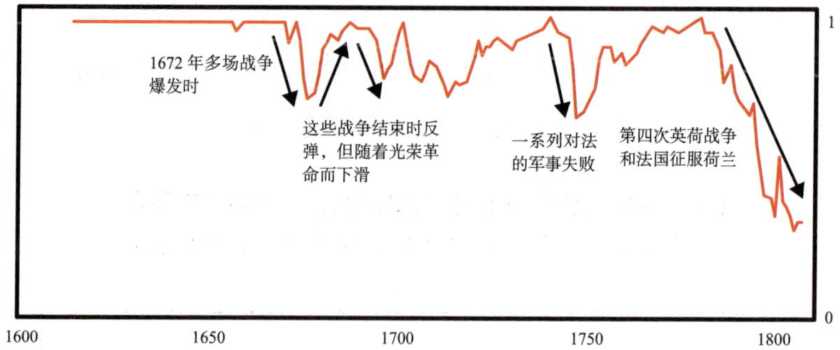

荷兰帝国的衰落导致世界历史上的下一个大周期：大英帝国及其储备货币的兴衰。下一章将讲述这个故事（基本上是同样的故事，只是晚了约 100 年，在更先进的技术条件下，剧中人衣着不同、语言不同罢了）。

10

大英帝国和英镑的大周期兴衰

世界秩序的变化发生于两个或两个以上实力相当的国家（或国家联盟）斗争时，一方取胜，成为主导者，有能力制定新的规则，这就是新的世界秩序。在这之前，崛起国需要让本国实力达到与霸权国相当的水平，所以任何大国都是在远未成为大国之前，就开始本国的崛起之旅的。同样，在任何大国不再是大国之后的很长时间里，其衰落之旅还在延续。这一点反映在我之前分享过的弧形图里，那张图展示了荷兰帝国、大英帝国、美帝国与中华帝国兴衰周期的简化版本。我在此处再次分享。

世界秩序的变化（概念示例）

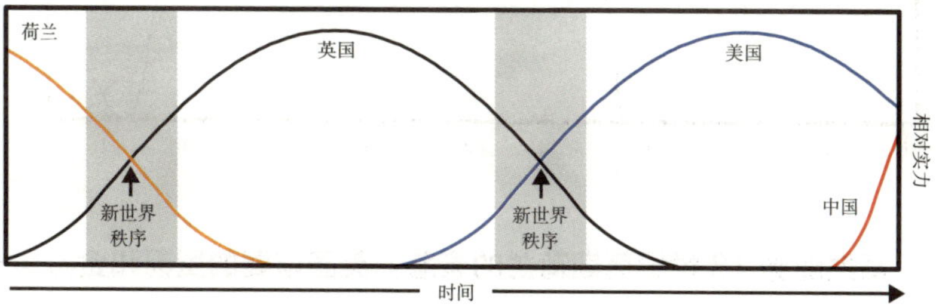

远在英国变得显赫之前，大英帝国的崛起之旅就已经开始了，因为英国必须先打造自身的教育、制度和技术实力，以提高竞争力，然

后才能挑战和击败荷兰。下图显示了我对 1600 年至今大英帝国 8 种实力指标的测量。如图所示，竞争力、教育、创新与技术的水平在 17 世纪早期急剧上升，到 1800 年一直稳步上升，这在 1700—1900 年产生了回报，英国的经济产出、占世界贸易的比例和军事实力都提升了。在一段通常都会有的延迟之后，英国的金融市场也发展起来，其金融中心（伦敦）成为世界领先的金融中心；在一段更长的时间之后，英镑取代荷兰盾成为全球储备货币。

英国关键决定因素的指标

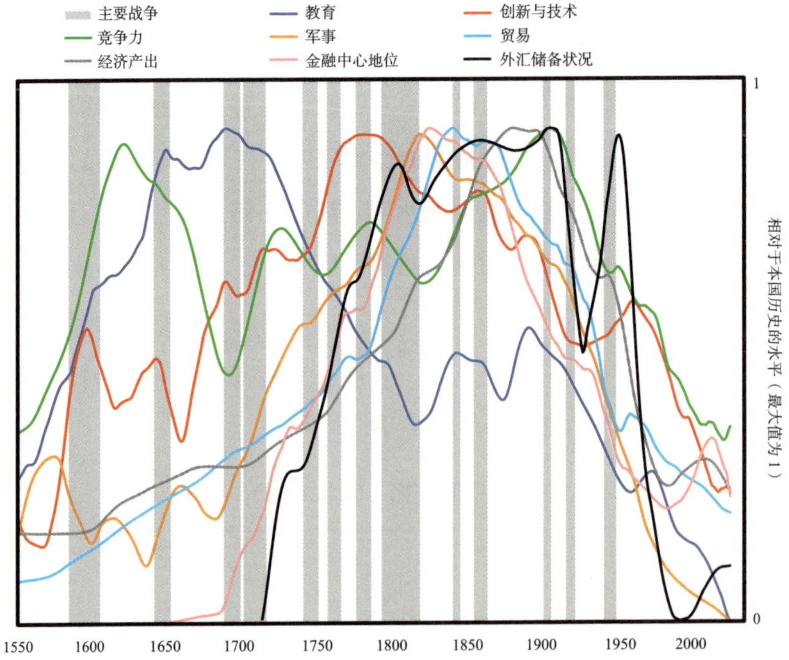

虽然随着 18 世纪后期荷兰的衰落，英国首要的贸易和金融竞争对手失势了，但直到 19 世纪早期，英国才完成崛起，因为它还要打败最后一个强大的对手——拿破仑领导的法国。拿破仑急于通过拿破仑战争征服欧洲，成为第一强国。这就带来了我在第 2 章附录

里描述过的常见的大国竞争和均势斗争态势，联盟的组建和局势的升级都进入了一个大高潮。为解释大英帝国的崛起，本章稍后将简要介绍法国的情况，法国的历程也具有典型意义。但在这里我直接跳到重点：**英国通过有效的经济战和军事战取得了胜利。接着，遵循确立主宰权的战争之后的典型大周期脚本，出现了一种由胜利者建立的新世界秩序，之后是一段长期的相对和平与繁荣，在这个案例里是 100 年。这正是英国成为有史以来最大帝国的时候。**在英国鼎盛时期，其人口只占全世界的 2.5%，但大英帝国创造了全世界总收入的 20% 以上，并控制着世界上 20% 以上的陆地和 25% 以上的人口。

我在这里说得有点儿快了。如上页图所示，英国崛起的历程开始于 1600 年左右，所以我们应当以那个时候为起点。下图显示了英国的发展轨迹和关键事件的发生时间。图中的数字标志着内部秩序周期的 6 个阶段的大致发生时间。

1600 年至今英国的发展轨迹

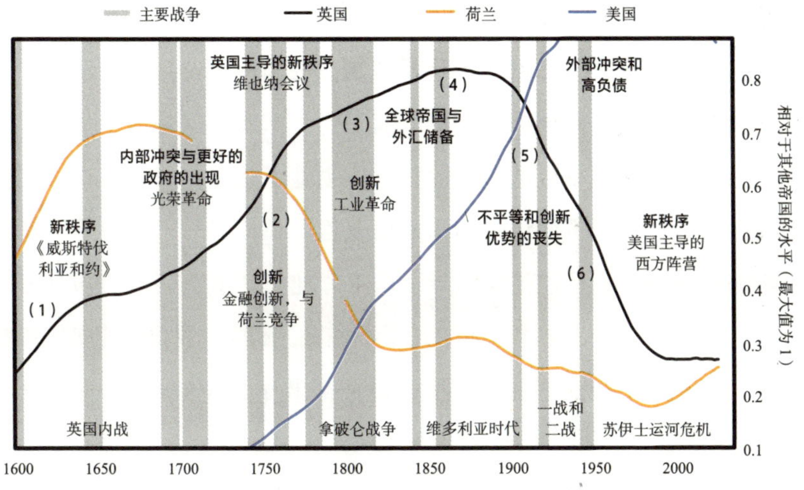

兴起

为阐述英国兴起的背景，我们需要描述17世纪末英国所处的形势，以及大的欧洲背景。对英国和欧洲来说，17世纪早期发生了大规模的冲突，大大改变或者颠覆了之前的所有秩序。如上一章所述，**三十年战争之后，欧洲发生了大规模的破坏和变化，因为这是一场不同意识形态、宗教和经济阶层之间的战争，最终通过《威斯特伐利亚和约》形成了新的欧洲秩序。该和约确立了我们今天所知的国家，并造成了一个分裂的欧洲，导致不同国家做出不同的选择。**英国国内也为争夺财富和权力而发生混乱，即英国内战，这场残酷暴力的战争是之前几百年里不同阶层斗争的延续，接着是光荣革命，它以不那么暴力的形式使荷兰统治者威廉三世成为英格兰国王。这些冲突的共同之处是都削弱了君主并强化了议会，也为英格兰、苏格兰和爱尔兰三国的关系奠定了基础。**英国内战导致国王（查理一世）被审判和处决，君主政体被由英格兰、苏格兰和爱尔兰组成的联邦取代，其统治者是领导反王室起义的将领奥利弗·克伦威尔。**

这些冲突建立了法治而不是君主制，在国王和议会之间建立了一种新的力量平衡，为英国后来的崛起奠定了基础。这是由于强有力的议会为相对唯才是举地选拔国家领导人创造了条件，因为首相必须获得议会的信任，而不能仅仅为王室所宠信。在英国后来崛起并发展到顶峰的过程中，一些政治家领导了国家，他们是塑造英国的强有力的力量，例如老威廉·皮特和他的儿子小威廉·皮特、罗伯特·皮尔、威廉·格莱斯顿和本杰明·迪斯累里。他们都出身于商人家庭，而不是乡绅家庭。

议会的这种革命性的强化，在很大程度上受到了新的启蒙思想的影响，这些思想与如何在各机构间分权、政府应当如何运作有关，从

17 世纪末开始在欧洲各地传播开来。这些思想是由更早时期的英国人弗朗西斯 · 培根（1561—1626）的科学思想塑造的。**这种以人为中心的新哲学的核心思想是，社会应该建立在理性和科学的基础之上，政府的权力来自人民，而不是上帝。**

辩论和质疑受到鼓励。基础教育进步（这带来识字率的上升），思想通过印刷材料传播（最早的百科全书和字典是在这一时期大规模印刷的），越来越多的跨国精英（他们博览群书并营造了跨国联系）出现，这些因素带来了一个新的范围更大的政治和社会思想的“公共空间”。这一时期的重要思想家提出的思想和概念至今在西方世界仍很重要。

启蒙思想以不同的方式影响着不同国家，从俄国的叶卡捷琳娜大帝这样的专制君主到美国开国元勋采用的代议制政府。**英国尤其受益于启蒙运动带来的强有力的政治制度和法治，以及启蒙运动对科学的重视，这为重大发现提供了支持。**

尽管这些实力没有带来立竿见影的繁荣，**但随着时间的推移，英国制度对法治的尊重，以及有力的教育，为英国在商业和创新方面取得竞争优势奠定了基础，从而带来了大英帝国的崛起。**

同时，**英格兰在财政上变得强大起来，因为它建立了一个强大的集中化的财政管理体制，这使英国获得了大量财政收入，收入比其国际竞争对手多得多。到 18 世纪，英国的税负几乎是法国的两倍。1694 年，英格兰银行成立，这促使英国政府债务标准化，增强了政府债务的流动性，提高了政府的借贷能力。**与这些改革相一致的是，18 世纪初，政府债券收益率大幅下跌，既是直接下跌，也是相对于其他国家下跌。

到 18 世纪初，英国也呈现出其他帝国崛起的典型迹象。在下页第四和第五张图中，你们可以看到当时与主要竞争对手相比，英国在创新方面占据领先地位。

英国政府债券收益率

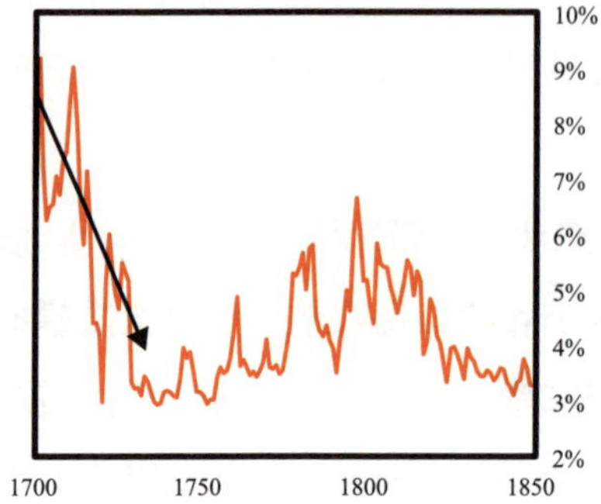

英国政府债券收益率相对于主要国家中间值的变化

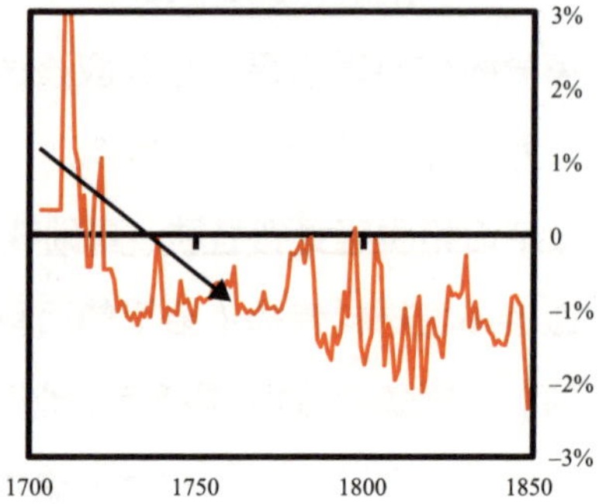

英国政府财政收入占 GDP 的比例

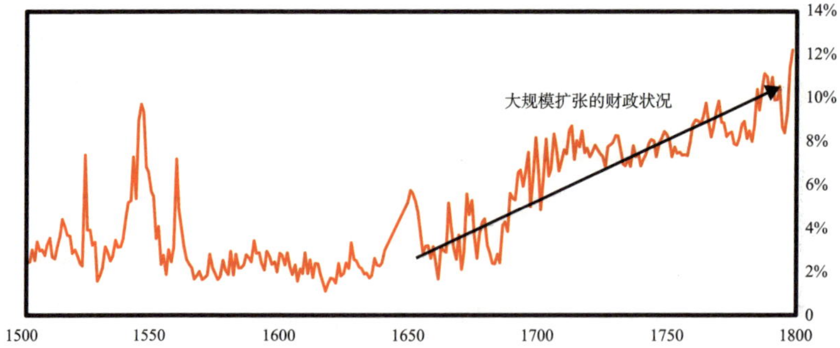

重大发明（每 100 万人）

重大发明占世界的比重

荷兰　英国　法国

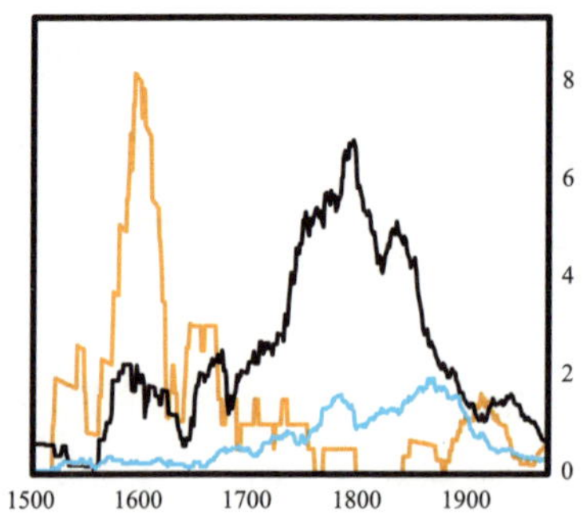

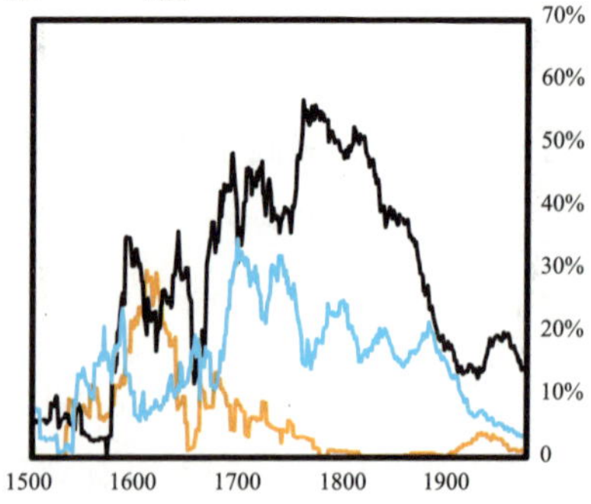

工业革命

受过良好教育的人口，重视发明创造的文化，新想法（尤其是关于如何改进机器的效率，更好地完成此前靠大量人力完成的工作）的发展能够得到资本的经济支持，这些因素创造了一大波竞争力提升与繁荣。英格兰在地质上拥有丰富的铁和煤，这极大地推动了这场被称为第一次工业革命的经济转型。如第 8 章所述，这场转型改变了欧洲。此前欧洲主要是一个农村和农业社会，大多数人很贫困，权力掌握在地主精英手中。此后欧洲成为城市化和工业化社会，民众整体上富裕多了（尽管精英获得了不成比例的高收益），权力掌握在中央政府官僚和资本家手中。从地缘政治上看，英国取得这些实力后，得以在 1750 年左右超过荷兰，成为欧洲首屈一指的经济和金融强国。30 年后，英国在战争中击败荷兰，明显地成为世界第一帝国。

这场生产力革命始于农业领域。农业发明提高了生产率，降低了农业的劳动强度。这还使食物种类更丰富、价格更便宜，从而使人口激增。这些因素共同促使人们涌向城市，劳动力供给不断增加，从而惠及工业。工业革命的推动力不仅是蒸汽机等全新的发明，还包括对现有概念的调整和改进，以提高生产效率，例如标准化的投入和将生产从个体工匠那里转移到工厂。充足的劳动力和能源以及相互联系的全球市场，共同推动了创新的爆发。下面列出了英国创新的时间和节奏。

- 1712 年：蒸汽机发明。
- 1719 年：丝绸工厂建立。
- 1733 年：飞梭纺织机（基础性纺织机）发明。
- 1764 年：珍妮纺织机（多轴纺织机）发明。
- 1765 年：（用于蒸汽机的）的分离式冷凝器发明。

- 1769 年：水力纺纱机发明，蒸汽机得到改进。
- 1785 年：动力织布机发明，铁精炼技术得到发展。
- 1801 年：带轮子的蒸汽机车发明。
- 1816 年：铁路蒸汽机车发明获得专利。
- 1825 年：连接曼彻斯特和利物浦的铁路开始建设。

通过农业和工业方面革命性的变化，欧洲变得城市化和工业化，商品由城市工厂里的机器生产。新的城市人口需要新型的商品和服务，这要求政府变大，花钱来促进住房、卫生、教育等事业，并建设新的工业资本主义体系发展所需要的基础设施，如法院、监管机构和中央银行。**权力转移到了中央政府的官僚和控制生产资料的资本家手中。**

这一点在英国最为明显，**英国有许多最重要的创新，并利用新的生产方法领先于其他国家，成为世界第一超级大国。**正如人均经济产出所显示的，英国的生活水平在 1800 年左右赶上荷兰，并于 19 世纪中期超过荷兰，当时英国在世界经济产出中所占的份额接近顶峰（20% 左右）。伴随经济增长的是英国成为世界上占主导地位的贸易国家，在 18 世纪晚期远超荷兰，并在 19 世纪一直保持这一地位，这一地位又促

人均实际 GDP（以 2017 年美元为基准）

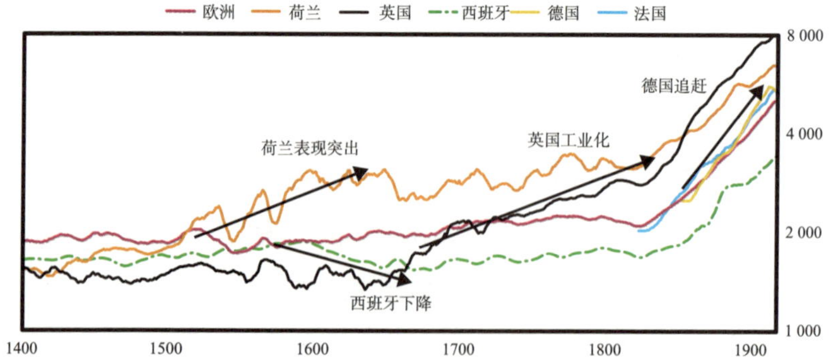

进了英国的经济增长。同时，在 19 世纪的大部分时间里，所有国家的经济产出都在加速增长。当时世界上大多数国家处于内部秩序周期的第三、第四阶段。

自然，随着英国成为世界经济强国，它需要具备军事斗争能力，以保护和维持自身的利益。**英国的军事实力，特别是海军，帮助它建立殖民地，夺取其他欧洲国家的殖民地，并确保对全球贸易路线的控制。帝国的盈利大于军费开支，因为军费开支支持了经济活动。**由于英格兰银行的金融创新和荷兰盾的衰落，**伦敦成为世界金融中心，英镑成为世界储备货币。换言之，大英帝国在沿着崛起帝国的典型大周期步伐前进。**

英国还取代荷兰，成为对华贸易量最大的国家。工业革命发生后，欧洲需要从中国购买的奢侈品减少，但欧洲想要一种商品——茶叶。中国则对欧洲商品不感兴趣，继续寻求外国在购买时支付贵金属。这给英国与中国的严重冲突埋下了种子，导致了鸦片战争和中国的“百年屈辱”。这谁能想到？

回头来看英国崛起的历程是显而易见的。回顾并叙述所发生的事情是很容易的，但要在当时预估和察知这一趋势，并为此做好准备，则是另一回事。我不知道我当时会怎么想。我不知道能否通过观察我设定的指标和系统以及对形势的思考，做出很好的押注。因此对我而言，拥有数据和决策规则，以了解我当时实际上会怎么做，结果会是什么，是非常重要的。我现在可以看到若放在当时，我的指标会显示什么样的情况，并知道指标将会展示我刚刚描绘过的那幅画面，而且我可以从中看到，情况并不能清晰地显示大英帝国会继续发展为主导性的世界帝国。假如我活在 18 世纪早期，观察我设定的指标时，我会看到荷兰仍处于顶峰，波旁王朝统治的法国作为大国也在崛起，当时我会认为这两个国家都处于很好的状态。

为什么不是法国

18 世纪早期法国是教育和学术的中心，是启蒙运动的枢纽，拥有伏尔泰、孟德斯鸠等著名思想家，其出版业蓬勃发展，所以我设定的指标会显示法国是与荷兰、英国一样的强国。1720—1780 年，巴黎出版的艺术和科学书籍翻了一番。随着信息量的增加，人民的识字率也提高了。在 18 世纪，法国的识字率几乎翻了一番。

法国成立的大学数量（占世界的比例，以 30 年为平均周期计算）

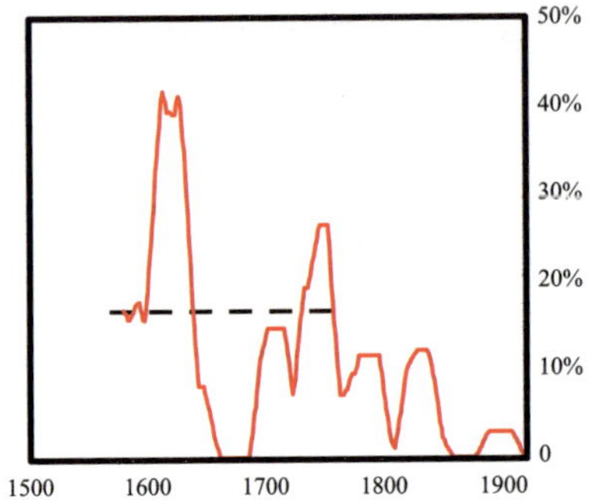

识字率（占人口的比例）

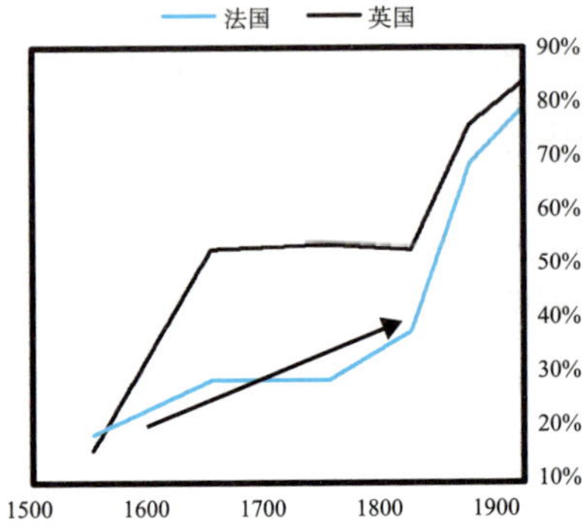

当时法国正处于大债务周期上升阶段的早期，本应展现出强劲的经济实力。当时一场投资热潮即将变成泡沫，这个泡沫后来破裂了。其时法国最著名的经济学家约翰·劳（出生于苏格兰）认为创造新货币可以刺激经济。1716 年，他创建了一个国家银行，其以土地、黄金、白银和国家票据为后盾发行纸币。这开启了经济周期的上升阶段。这家银行名为通用银行，初始资本由担任该行董事的股东提供。自 1673 年法国财政大臣让-巴蒂斯特·科尔贝的《贸易条例》被编入商法[1]以来，法国就有了股票市场。所以法国具有出现典型的资本市场上升周期的所有要素。同时劳还创立了西部公司。西部公司，或称密西西比

1　这项法律设立了在东印度群岛和西印度群岛从事贸易的垄断性股份公司。科尔贝制定这项条例的动机是希望贸易公司通过私人资金而非政府进行融资。

公司，是一家在法属路易斯安那（该地区占今天美国领土的一半）拥有垄断权的贸易公司。劳允许人们用法国政府债券来购买密西西比公司的股票。有了这样一家新公司讲述开发新边疆机会的令人兴奋的故事，加上银行和政府出资支持这一行动，可谓万事俱备。随着该公司的扩张，国债持有者一有机会就把国债转换为股权。这就使人们认为这是一项很不错的投资。你会买入吗？我会买入吗？如果我们不买入，那么我们会不会后悔？该公司的股价飙升，最终形成泡沫，其形成过程符合泡沫形成的典型特征。当泡沫破裂时，该公司股价和国家票据都迅速失去价值，这是出于常见的原因：对实际资产所要求的未偿索赔权远远多于作为这些索赔权后盾的实际资产。

很自然地，法国人纷纷放弃贬值的纸币，转向金属货币。新的法律禁止设定超过 5% 的利率，这意味着只有信用最良好的借款人和最稳定的投资才能获得资金。结果，新企业几乎不可能获得资金。没有那么多的实际货币。

此外，也很符合典型情况的是，代价高昂的战争使财政状况恶化。以下是法国参与的部分战争。

- **奥格斯堡同盟战争（1688—1697 年）**：法国在路易十四的领导下扩张到今天的德国西部，引发了对英格兰、西班牙、奥地利和一系列日耳曼邦国的战争。
- **西班牙王位继承战争（1701—1714 年）**：与西班牙结盟的法国，与英格兰、奥地利和荷兰结成的联盟交战，争夺西班牙王位继承权。战争以法国继承人登上西班牙王位告终，但法国对其他大国做出了各种让步（包括把西班牙在意大利和比利时的领土让给奥地利，给予英格兰和荷兰殖民与贸易特权）。
- **奥地利王位继承战争（1740—1748 年）**：法国与西班牙、普鲁士及其他日耳曼公国结盟，对抗奥地利和英国，以支持日耳曼各国君主对奥地利的领土野心。

- **七年战争（1756—1763年）**：法国与奥地利、瑞典和俄国结盟，与英国和普鲁士交战，争夺日耳曼领土及海外的英法殖民地，特别是北美的殖民地。（这场战争也称为法国印第安人战争。）
- **美国独立战争（1775—1783年）**：法国、西班牙与美国独立运动结盟，反对英国政府。

虽然其中的一些战争给法国带来了领土和战略收益，但最终结果是花费远远大于收益，这最终严重损害了法国政府的财政。法国没有现代金融体系，故而与英国相比，较难以通过举债来为政府融资，所以法国不得不更多地依赖不受欢迎的沉重税收。法国财政状况不佳影响其地缘政治地位的一个例子是英国和法国在美国独立战争期间的经历差异。法国完全通过浮动贷款来支付这场战争的费用，其利率至少是英国政府面对的利率的两倍。这使得法国的偿债额上升到超过1 400万英镑，而英国仅为700万英镑（两国的国债均为2.2亿英镑左右）。由于贵族、神职人员甚至一些特权城镇经常交较低的税，所以社会其他成员背负的债务水平很高。这加剧了法国本已很高的收入不平等程度。许多法国劳动者难以满足基本需求。这引发了更多的阶级斗争。

除了极端的收入不平等，上层人还穷奢极欲。路易十六的宫廷以挥霍无度而臭名昭著，例如在凡尔赛宫花园附近斥巨资修建仿乡村风格的观赏农庄——玛丽·安托瓦内特农庄。**七年战争和美国独立战争这两场大规模战争导致了严重的赤字。**美国独立战争期间，财政赤字约为GDP的2%~3%，约为法国年度税收的1/3。同时，美国独立战争进一步普及了自由和平等的启蒙思想，**1788 年和 1789 年的歉收导致面包价格飙升和饥荒**。这为革命的爆发准备了充足条件。

由于法国低效和非代议制的政治决策系统，政府无法筹集所需的收入，也无法制定所需的变革措施。“旧制度”做出的任何决策在下面实施时可能且往往遭到破坏。贵族和神职人员抵制损害其利益的决定，并能够为自身争取到广泛的特权。地方当局（即议会）需要采取行动实施税收政策，但它们经常拒绝这么做。法国拥有的最接近立法机构的组织是三级议会。当国王召集三级议会时，来自法国三个等级（教士、贵族和平民）的代表开会，批准某些立法。据认为征收新的全国性税收需要得到三级议会的同意，但三级议会的职权和组织程序并不明确，一些基本问题没有得到解决，如如何选出代表，每个等级拥有多少投票权等。1789 年，代表平民（平民占总人口的 98%）的第三等级组成了自己的议会，邀请第一等级和第二等级的成员加入。为了阻止国民议会召开，国王关闭了会场。

接着抗议、骚乱和暴动发生。**1791 年，由新选出的代表组成的国民大会宣布法国为共和国。**1793 年 1 月，路易十六（当时对他的官方称呼已改为“公民路易”）被判处死刑。像革命中通常发生的情况一样，暴力很快就爆发了，被认为对革命不够热心的人被清洗。据估计

法国的通胀（以 5 年均值计算）

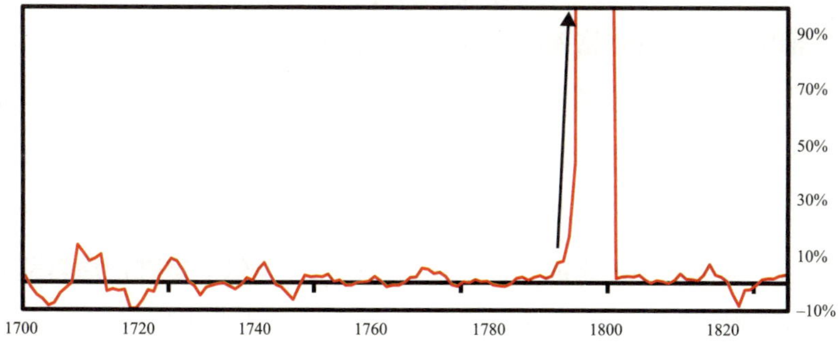

在法国大革命时期，有 2 万 ~3 万人被处决。到 1795 年，法国破产了，法国为维系政府开支而印制的纸币出现了恶性通胀。

和通常的情况一样，这场革命引发了一场反动，革命领导人自己被捕，新宪法被制定和批准。事实证明新的体系（督政府）是低效的，并迅速因财政问题而瘫痪。然而，**该政府仍继续印钞，并迫使富裕公民放贷。**最终，不断攀升的通胀因两个因素停止：一是拿破仑通过在意大利成功的军事征服获得了硬通货，并将其注入经济；二是政府宣布 2/3 的政府债务无法清偿。增税等其他措施进一步改善了政府的财政状况。1796 年，政府举行了一场仪式，摧毁了它曾用来印钞的印钞机。

法国货币与黄金的兑换率（指数化，取对数值）

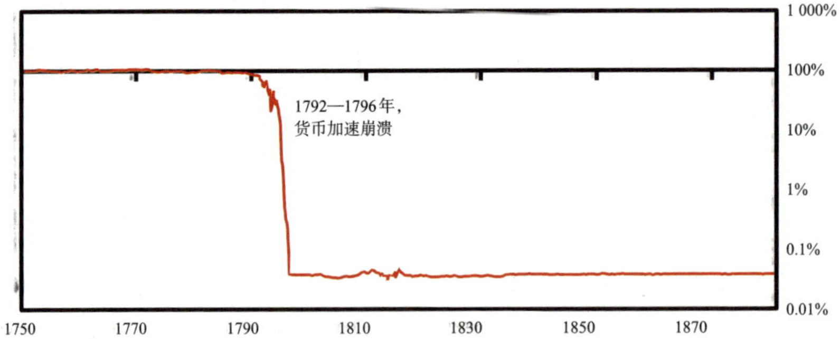

拿破仑因素

泡沫、巨大的贫富差距以及代价高昂的战争导致了政府破产，接着导致革命，革命推翻了旧秩序，建立了新秩序。组成新秩序的革命领袖们相互斗争，造成了 10 年痛苦的混乱，这样的混乱需要一个强有力的领导人来控制。这都与在历史上重演过无数次的典型情节剧剧本相一致。**就像命中注定的一样，拿破仑进入了剧情。拿破仑是典型的时势造出的英雄。**在法国努力在欧洲各地推广其共和制度的过程中，拿破仑作为军事指挥官，获得了卓越的声誉，而且他非常受欢迎。于是在 1799 年，他领导了一场政变，自立为第一执政官，最终成为皇帝，并保持独裁权力直到 1814 年。**凭借集中的权力和广泛的支持，拿破仑稳定了法国经济，并使政府专业化。**法国被普遍视为一个崛起中的帝国，是其他欧洲强国的强大竞争对手。

当奥地利和俄国对法国宣战时，拿破仑在早期取得了不错的军事胜利。不久之后他就控制了西班牙、葡萄牙、意大利以及德国的大部分地区。我不深入讲述拿破仑战争的历史，只是要说像其他类似的领导人一样，他做得过头了。拿破仑对俄国的入侵使战争形势变得不利于他。**最终法国被击败。英国和俄国是主要的胜利者。**

应该指出的是，影响这场战争的一个重大因素是英国的财政实力强大得多。基于自身财力雄厚，**英国能够借很多钱给欧洲盟国来举兵对抗法国。**英国在自身及盟国屡战屡败的情况下还能继续作战，靠的都是本国的财政资源和海军力量。

新秩序：维也纳会议

现在你知道这是怎么一回事了。战争之后，胜利者聚集起来，建立新的世界秩序。维也纳会议上就发生了这样的情况。正如三十年战争的胜利者曾在威斯特伐利亚做的那样，**在 1814—1815 年的维也纳会议上，英国、奥地利、普鲁士和俄国结成的四方联盟以有利于自身的方式重组世界秩序，建立了一套欧洲列强相互制衡的体系，该体系大约维持了 100 年。**亨利·基辛格很好地描述了这些历史发展在地缘政治方面的重要意义。

> 这可能没有实现理想主义的一代人的所有愿望，却给了这一

代人可能更宝贵的东西：一段稳定的时期，在不爆发一场大规模战争或一场永久性革命的情况下得以实现他们的愿望……接着出现的稳定时期最好地证明了一种“合法”的秩序已经建立起来，所有大国都接受这一秩序，故而从此以后它们寻求在该秩序的框架内部进行调整，而不是推翻该秩序。

所有主要大国都派代表出席了维也纳会议，不过最重要的决定是由核心集团与法国谈判做出的。就像美国在一战后巴黎和会和二战后谈判中的表现一样，英国没有寻求获得大片新领土。**英国的主要目标是解决导致战争的原因——欧洲力量不平衡问题。以前由四分五裂的弱国组成的地区，如意大利、德国和低地国家，出现了大规模的领土整合，以抗衡法国这样的更中央集权的国家。**同时各国达成国际河流通航协议，这支持了贸易的增长。从战术上讲，两个《巴黎条约》旨在遏制而不是摧毁法国，法国仅损失了很少的领土。[2]

战胜国都是君主国，其制定的许多政策都是为了恢复原状（例如让波旁王朝在法国复辟）。尽管如此，启蒙运动的新思想继续产生影响力。**各国政府转向更具代表性和更以法治为基础的体系，尽管程度不同（俄国基本上仍是专制的）。**在英国，自由化是渐进式改革的结果，而在欧洲大陆，变革是一系列革命激发的（最著名的是自由主义的1848年革命）。**随着时间的推移，民族主义运动使德国和意大利统一，并导致由多民族组成的奥地利帝国和奥斯曼帝国陷入不稳定。**

2 根据1814年《巴黎条约》，法国的边界恢复到1792年的状态，这意味着法国实际上拿回了一些英国在历次战争中夺取的殖民地领土。拿破仑结束流亡并最终第二次被击败后签订的1815年《巴黎条约》，对法国比较不利，要求法国支付一大笔赔款，接受外国占领军驻扎，并进一步割让一些领土，但依然保有法国大革命时所控制领土的绝大部分。

英国力量接近顶峰

从新的稳定状态中获益最大的是大英帝国。**不仅英国的主要经济和军事竞争对手被削弱，而且各国间的力量平衡使英国能避免在本土附近爆发代价高昂的军事冲突，集中精力于贸易和殖民地事务，这一政策被称为“光荣孤立”，为英国“百年独霸”时代的到来奠定了基础。**当然这段时期里也有一些经济不景气的时候（如英国的 1825 年恐慌和美国 1837 年与 1873 年的两次恐慌），也发生过军事冲突（如克里米亚战争，交战一方为俄国，另一方为奥斯曼帝国和几个西欧强国结成的联盟）。但这些都不足以改变大局，那就是英国处于非常繁荣的巅峰时期。如前所述，英国在 1870 年左右处于巅峰的时候，创造了全世界 20% 的收入，控制着全球出口总量的 40%、全球陆地面积的 20% 和全球人口的 25%。英镑也自然成为全世界无可争议的储备货币。以下几页上的图有助于描绘英国当时的主导性力量。

从地缘政治上看，英国在整个 19 世纪继续向国外扩张，最终囊括了加拿大、澳大利亚、印度以及非洲的大部分地区。[3] 即使在英国没有明确统治权的地区，英国也越来越能进行海外干预，以基于不平等的条件来获得贸易准入（如对中国的鸦片战争，最终签订的条约规定英国有权向中国出口鸦片，尽管中国本土法律禁止这么做）。维持这些殖民地使英国拥有可靠的商品、财富和收入来源，以及优惠的贸易安排。下页图清晰地展现了这一情况。

3　英国早期扩张的一个重要方面是英国东印度公司所扮演的角色，从 18 世纪后期开始一直到 19 世纪，该公司巩固了对今天印度、巴基斯坦和孟加拉国所在地的政治和经济控制。这片巨大的区域一直处在该公司的控制之下，直到 1857 年爆发一场大起义，导致英国政府介入，接管印度并将其纳入英国领土。

大英帝国的面积占全世界的比例（估计值）

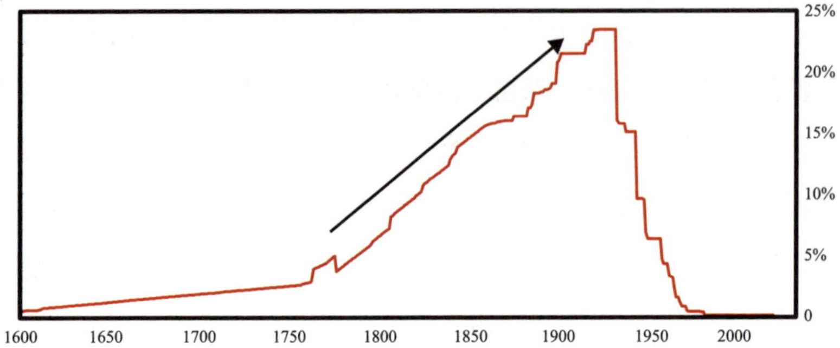

顶峰

英镑作为储备货币的地位，巩固了它在殖民扩张、军事影响力、全球贸易和投资流动方面的主导地位。**随着工业革命的发生和帝国的扩张，英国占全球出口的份额不断上升，在 1850 年左右达到顶峰，约占全球出口的 40%。**而且以英镑计价的贸易所占的份额大于英国贸易所占的份额。1850—1914 年，约 60% 的全球贸易以英镑计价。这些情况播下了后来英国衰落的种子，这种衰落是大周期顶部阶段会发生的典型情况。

英国占全世界出口的比例（占总量的百分比）

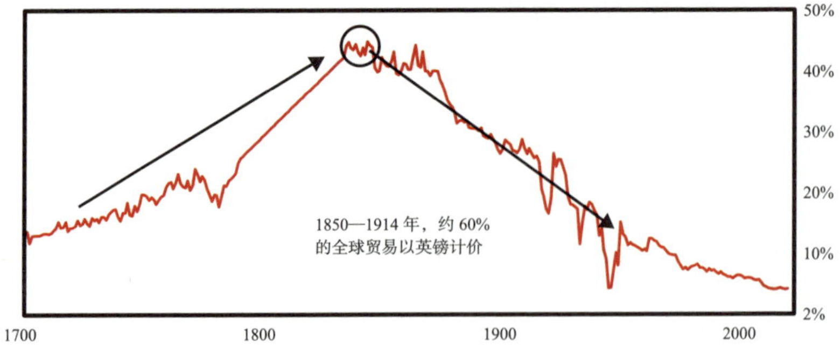

即使在英国占全世界出口的份额减少的过程中，英国也一直保持着经常账户盈余。1870 年之后，这包括由海外投资回报支持的持续的贸易逆差。随着其他国家变得更具投资吸引力，来自经常账户盈余的收入为英国在全球跨境投资中占据越来越大的份额提供了资金。

国际投资占发达世界 GDP 的比例

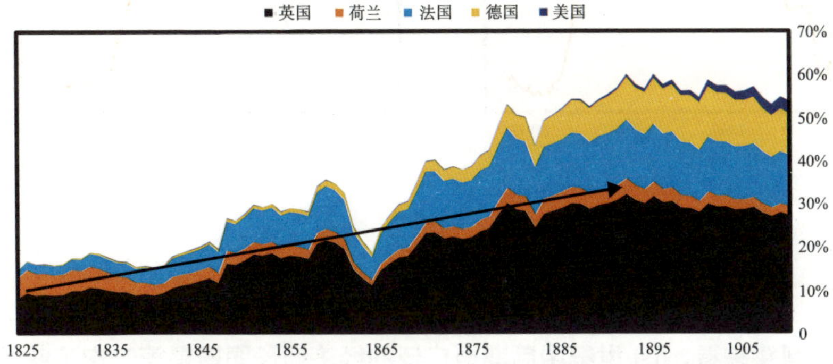

1818 年，英国罗斯柴尔德银行向普鲁士提供了该行的第一笔重要的政府贷款。随着英镑的流动性不断增强，一拨其他的主权借款人随之而来，全球债务、全球贸易和全球资本流动都越来越多地以英镑计价。[4] 英格兰银行的经济管控能力增强了人们对英镑的信任。该行越发充当起"最后贷款人"，以减轻银行业恐慌的影响。[5]

尽管在 19 世纪的最后几十年里，大英帝国继续扩张领土，扩大金融影响力，但其衰落已见端倪，具体包括三个常见因素：（1）竞争力下降；（2）不平等和冲突加剧；（3）新的竞争对手崛起，特别是德国和美国。

4　虽然当时国际上广泛存在私人持有的英镑，但值得注意的是，在 19 世纪的大部分时间里，央行持有英镑的情况并不普遍，特别是与如今美元在央行资产组合中的地位相比。一战期间，央行持有的除本国货币之外的资产通常是贵金属。

5　1866 年的恐慌很好地证明了这一点。大致情况是，伦敦货币市场是在贸易融资方面流动性最高的市场，但在 10 年的繁荣之后，很多贷方过度扩张，其中一家大的（奥弗伦–格尼公司）破产了。这相当于 19 世纪的雷曼兄弟事件。但英格兰银行愿意充当"最后贷款人"，挽救了人们对系统的信心，从而使危机在几天内解决。

以英镑计价的债务占全球
债务的比例（估计值）

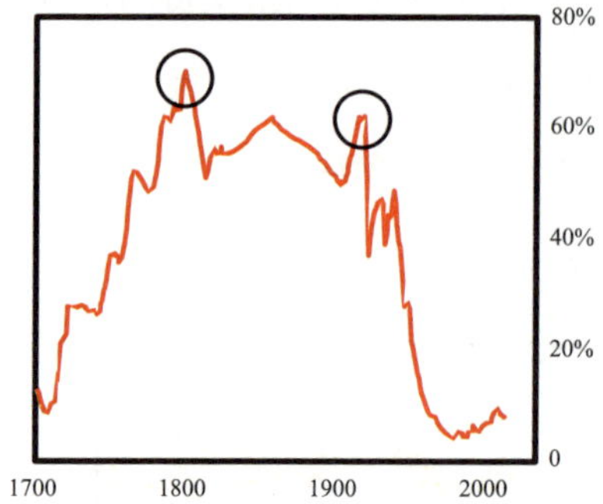

以英镑计价的交易占全球
交易的比例（估计值）

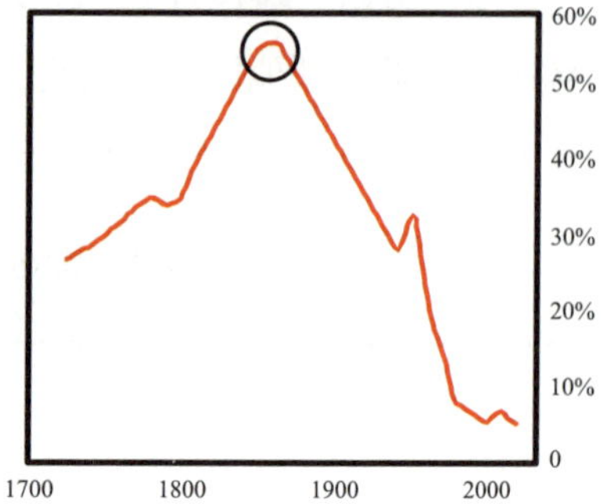

竞争力下降

回头来看，19 世纪中后期更广泛的经济增长图景是第二次工业革命。那是一段持续的创新时期，科学和工程发挥了重要作用，合成材料和新型合金得到生产，石油、电力等新型能源的使用激增。电话和白炽灯泡被发明，很快汽车也被发明。**交通、通信和基础设施得到改善**，公司资本主义的兴起增强了生产力。**结果是，在能够有效进行这**

发明
（占全球发明数量的比例）

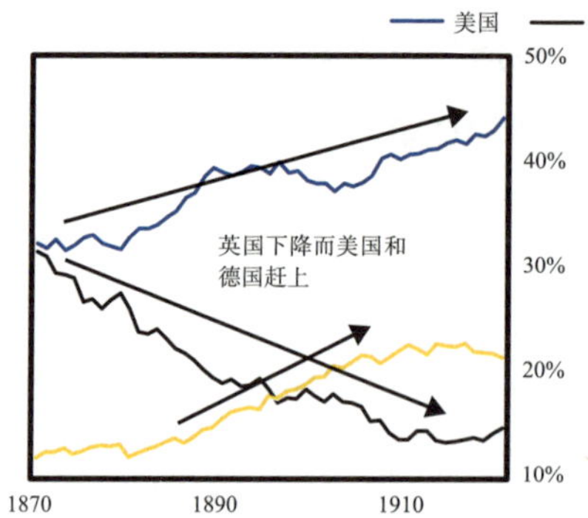

GDP
（占全球 GDP 的比例）[6]

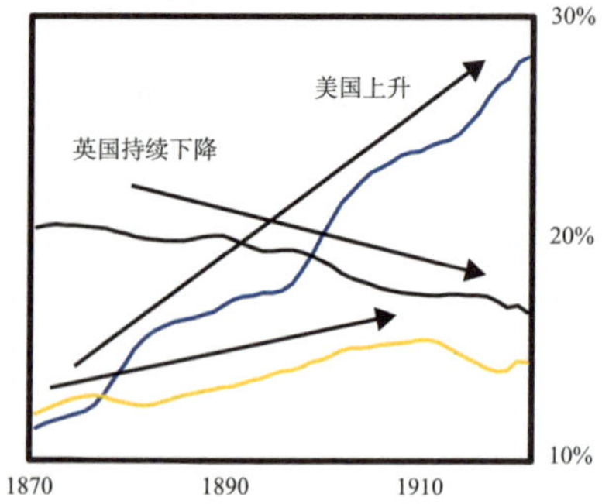

6　英国的 GDP 份额包含一些英国控制的国家的收入。

种转变的国家，尤其是美国和德国，每个工人的产出大幅增加。尽管英国的发明在很多这样的新发展中发挥了关键作用，但英国没有跟上步伐。它未能对其产业进行重组，致使与其他主要工业强国相比，英国每名工人的产出显著减少。你们可以从上页图中看到创新和经济力量的长期转变。

不平等加剧

工业化的成果在英国的分配极度不均，造成了极度的不平等。到 19 世纪晚期，收入最高的 1% 的人占有所有财富的 70% 以上，这个比例高于其他国家。英国收入最高的 10% 的人占有惊人的 93% 的财富。[7]如下图所示，贫富差距的顶峰与大英帝国的顶峰都在 1900 年左右，接着就出现了又一波争夺财富和权力的冲突，其原因是第一部分中描述过的巨大的贫富差距以及典型的大周期后期状况。

英国贫富差距（收入最高的 1% 的人所占有的财富）

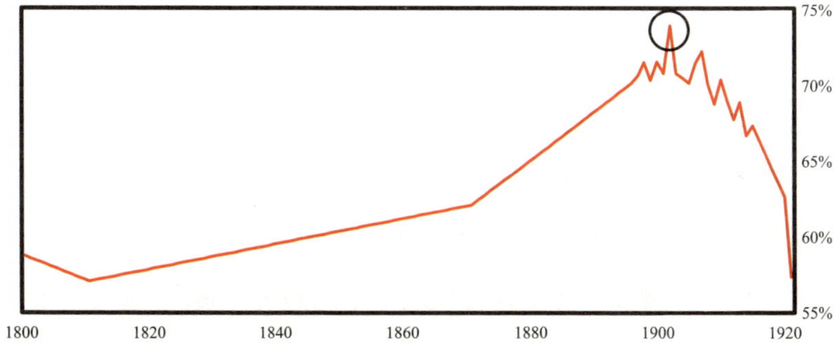

社会变化和日益加剧的不平等引发了严重的紧张局势。英国在 19 世纪中期的政策反应主要集中于制定改革法案，这些法案扩大投票权，

7 作为比较，今天英国收入最高的 1% 的人占有约 20% 的财富，最高的 10% 的人占有约 50% 的财富。

减少影响选举民主性的腐败行为。继这些政治改革之后，20 世纪早期又实行了社会改革，包括实行公共养老金制度、医疗和失业保险以及为学童提供免费午餐。有组织的劳工运动也在兴起，增强了劳动者的谈判权。到 1911 年，大约 25% 的符合条件的男性是工会成员，工党成为重要政治力量。工人力量的提升表现在规模越来越大的罢工，如 1912 年第一次全国煤矿工人大罢工，这场罢工为矿工赢得了最低工资保障。

地缘政治竞争对手出现

除国内问题外，英国在海外也面临着来自他国的挑战。英国与法国在非洲、与俄国在中东和中亚、与美国在美洲争夺影响力。**但英国最重要的竞争对手是德国。**另一个正在崛起的大国美国仍然奉行幸福的孤立主义政策，它与欧洲隔着一个大洋，所以可以基本上忽视欧洲的冲突。

在维也纳会议建立新的世界秩序时，德国仍分为许多较小的国家。尽管哈布斯堡王朝统治的奥地利帝国影响力很大，但普鲁士在迅速崛起，并拥有了一支欧洲最强大的军队之一。**在接下来的 100 年里，普鲁士成功统一了其他日耳曼邦国，成为一流强国。普鲁士能取得这一成就，很大程度上要归功于奥托·冯·俾斯麦出色的战略和外交领导力**[8]**以及其他成功的常见要素——强有力的教育和竞争力。**

统一之后，德国经历了大国崛起中常见的良性循环。新统一的德国以及之前的各邦国都认为，有效的教育系统对德国追赶英国经济来说是关键的一步，所以其从头起步建设教育系统，专注于教授实用的

8　尽管普鲁士和后来的德意志帝国都是霍亨索伦家族统治的君主制国家，但俾斯麦拥有极其有效的权力。他先是被君主任命为普鲁士的首相，然后在 1871 年德国统一后担任帝国宰相，直到 1890 年。据历史学家埃里克·霍布斯鲍姆所说：“在 1871 年之后的近 20 年里，在多边外交棋局中，（俾斯麦）一直是无可争议的世界冠军。”

贸易技能以及高水平的理论与应用科学知识。从 19 世纪 60 年代开始，法律规定所有人都必须接受初等教育。德国还新建了三所研究型大学。

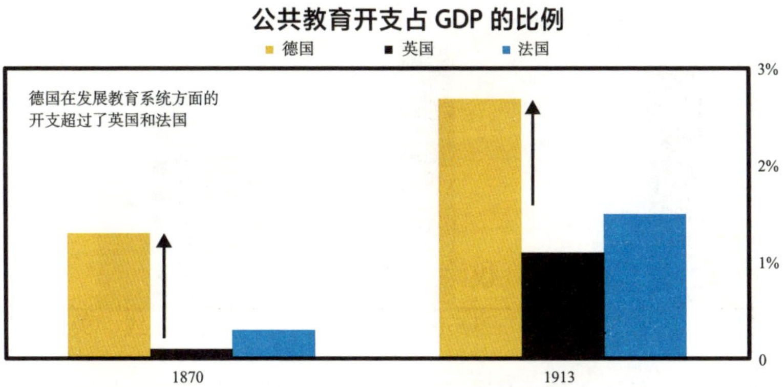

为了营造创新文化，德国政府向企业提供信贷及技术建议和支持，向发明家和移民企业家提供奖励，向企业赠送机器，并为工业设备进口提供退税和免税。德国还维持着严格的法治，其明确目标是促进经济发展。

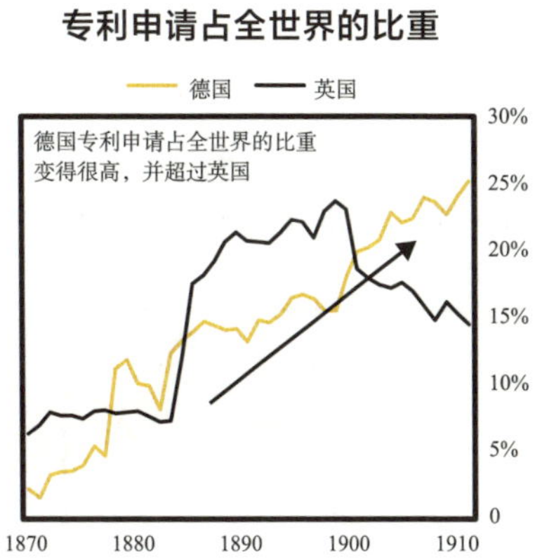

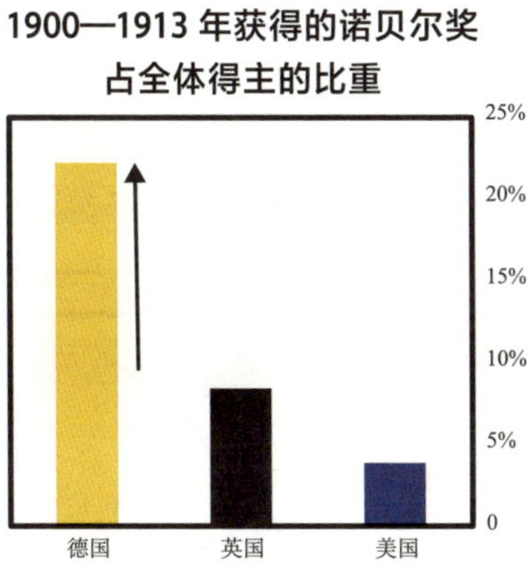

通过这些努力，1860—1900 年，德国占全世界制造业总产出的比重从约 5% 上升到 13%，同期其他欧洲大国所占的比重停滞不前或降

低。**到 1900 年，德国 GDP 超过英国（不包括英国的海外殖民地），尽管英国仍是世界第一贸易国。**

占世界制造业总产出的相对比重

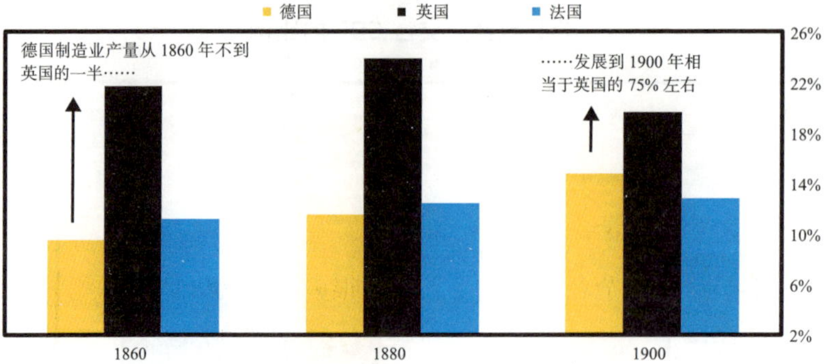

尽管俾斯麦是一位手段高超的外交家，把经济发展和与国际竞争对手的外交放在首位，但他的继任者能力平庸，并变得更具进攻性。**1888 年威廉二世成为皇帝后，迫使俾斯麦辞职，并采取了使德国成为世界强国的政策。**这导致其他大国尤其是俄国和英国日益与法国（1871 年普法战争以来德国的死敌）结盟，以遏制德国。**威廉二世开始增强德国军事力量，特别是海军，引发了与英国的军备竞赛。**由此开始了大国之间的又一轮竞争。

战舰吨位
（单位：千吨）

占全球军事开支的比重
（估计值，以 10 年为平均估值计算）

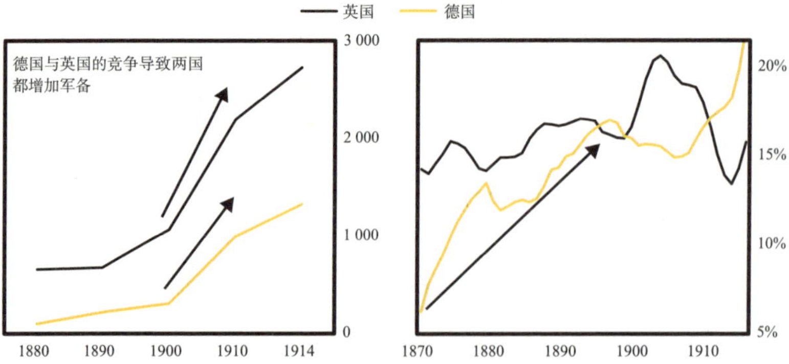

英国保持了海军优势，但军备竞赛使各大国财政紧张，并进一步动摇了地缘政治秩序。**英德竞争只是欧洲各地不断升级的许多竞争中的一场：法国和德国不和，德国对俄国的工业化日益担忧，奥地利和俄国争夺在巴尔干地区的影响力。尽管这些国家间的联姻关系和商业往来比历史上任何时候都紧密，尽管大多数人认为不会爆发大战，但 1914 年火药桶爆炸，全面战争开始。这是一战，因为这是世界第一次变得如此之小，相互联系如此紧密，以至世界上大多数主要地区以某种方式卷入了这场战争。**

关于一战的复杂和规模，前人已有很多论述，因此我在此只想做个总体概括：这场战争十分可怕。**上千万名士兵和平民死于这场战争，战后整个欧洲疲惫不堪、虚弱无力、负债累累。**1917 年，俄国爆发革命。1918 年，西班牙流感暴发，据估计在之后的两年里导致世界各地 2 000 万 ~5 000 万人死亡。一战期间死亡人数占欧洲总人口的比重，超过了拿破仑战争和三十年战争。但战争最终结束，又一个新世界秩序建立起来。

1919 年，战胜国美国、英国、法国、日本和意大利举行巴黎和会，缔结《凡尔赛和约》，勾画新世界秩序。已被公认为领先大国的美国在谈判中扮演了重要角色。事实上，“新世界秩序”一语就是用来描述美国总统伍德罗·威尔逊对全球治理体系（即国际联盟，尽管该组织很快失败了）的愿景的。如果说 1815 年的维也纳会议建立了一个相对可持续的秩序，那么巴黎和会制定的条款则恰恰相反——它使二战变得不可避免，尽管这一点在当时并不明显。战败国（德国、奥匈帝国、奥斯曼帝国和保加利亚）的领土被瓜分，它们被迫向战胜国支付赔款。**因这些债务负担，1920—1923 年，德国出现通胀性萧条。除德国外，世界上大部分地区进入了 10 年的和平与繁荣时期，即“咆哮的 20 年代”。和通常的情况一样，逐渐积累的债务和贫富差距在 1929 年破裂，**

导致大萧条。这两个大的繁荣和萧条周期在时间上异常接近，尽管两个大周期中都出现了常见的几个阶段。20 世纪 20 年代从繁荣到萧条的过程，我在这里不详述，因为本书别的地方对此有所介绍。但我会在介绍大萧条时提及。

大萧条和巨大的贫富差距导致在几乎所有大国，民粹主义和极端主义兴起。在一些国家，如美国和英国，这导致了财富和政治力量的大规模再分配，同时资本主义和民主制得以维持。在其他国家，特别是经济状况较差的国家（德国、日本、意大利和西班牙），民粹主义独裁者取得控制权，并试图扩张帝国。

传统上，在全面战争爆发之前，通常会有 10 年的经济、技术、地缘政治和资本方面的冲突。大萧条和二战之间的时期就符合这一规律。随着德国和日本日益走向扩张主义，它们加紧与英国、美国和法国争夺资源和对各地区的影响力。最终这些紧张局势演变为战争。

一战后短短 20 年发生的二战，造成的生命和金钱成本更高。德国和日本战败，美国、英国和苏联战胜，尽管在经济上英国和苏联也失败了，美国在相对财富方面收获巨大。如下图所示，德国和日本的人均 GDP 至少减少了一半，两国的货币在战后崩溃。**和通常的情况一样，1945 年，二战的胜利者聚集在一起，确定了新的世界秩序。**

德国的人均实际 GDP
（与 1935 年相比）

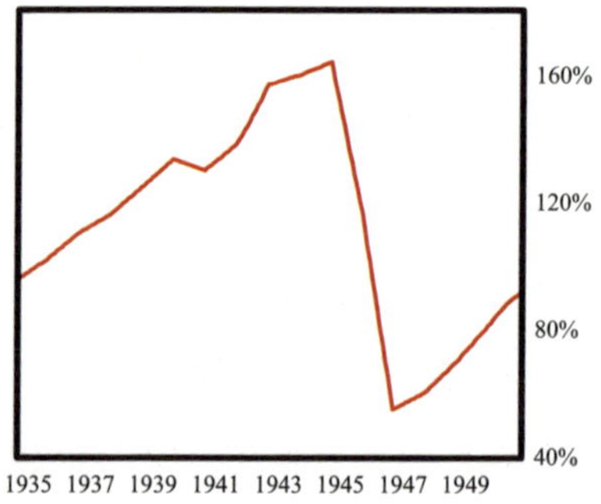

日本的人均实际 GDP
（与 1935 年相比）

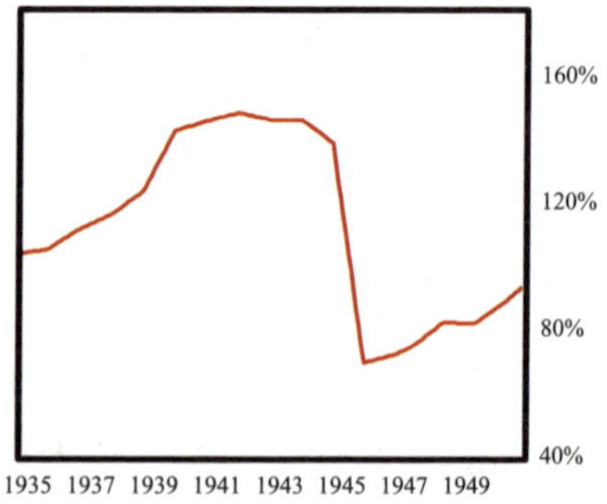

德国马克对美元现汇汇率[9]

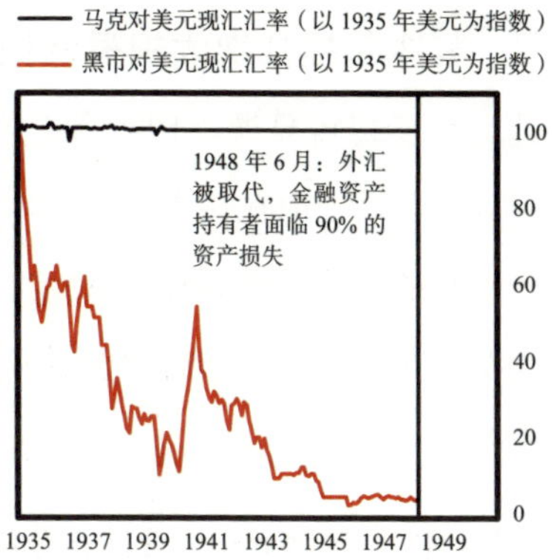

日元对美元现汇汇率（以 1935 年美元为指数）

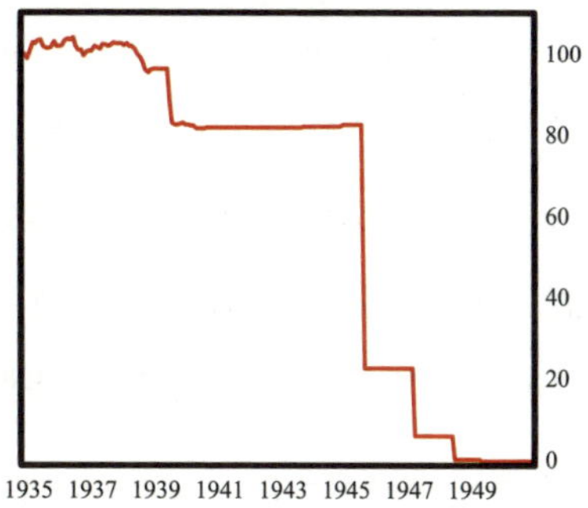

衰落

1945 年盟军的胜利造成了一场财富与权力的巨大转移，就像拿破仑战争之后的英国一样，美国成为全世界占主导地位的帝国。战后英国背负沉重债务，维持庞大帝国的代价变得更高，更难以用帝国的盈利来弥补，英国的许多竞争对手变得更强，英国人贫富差距巨大，这导致了巨大的政治鸿沟。

又过了 20 年，英镑才完全失去国际储备货币地位。正如英语已经深深融入国际商务和外交交流的结构，难以被取代一样，储备货币也是如此。直到 20 世纪 50 年代，其他国家的央行仍有相当大比例的英镑储备；1960 年，1/3 的国际贸易仍以英镑计价。**但自二战结束以来，英镑的地位一直在下降**，这是因为聪明的投资者意识到，英国和美国的财政状况存在巨大反差，英国的债务负担日益增加，英国的净储备

9　这张图显示了美元对德国马克的官方汇率，以及基于这段时期纽约和德国之间实际交易的非官方（黑市）汇率。非官方汇率显示德国马克的真实价值在这段时期崩溃。

较低，这些因素将使持有英镑债务变得不划算。

英镑地位的下滑持续了很长时间，其中包括几次大规模贬值。 1946—1947 年，英国几经尝试却未能让英镑变得可兑换。1949 年，英镑对美元贬值 30%。尽管这一做法在短期内有效，但在接下来的 20 年里，英国竞争力的下降导致国际收支反复紧张，并最终导致 1967 年的贬值。大约在这个时候，德国马克取代英镑成为世界上持有范围第二广泛的储备货币。下图反映了当时的情况。

英镑在全球储备中所占的比重（除黄金外的储备，估计值）

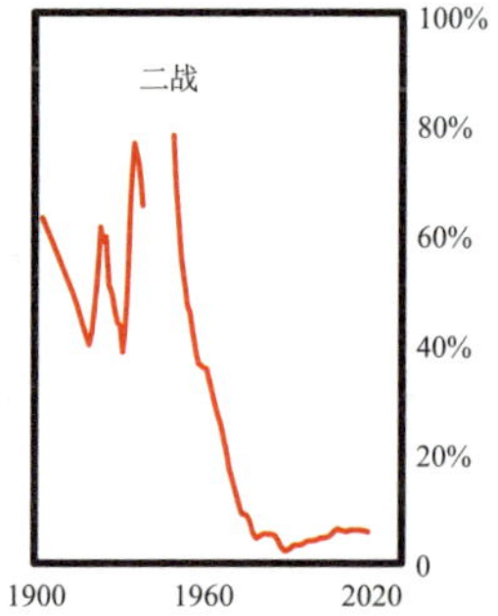

英镑债务在全球债务中所占的比重（估计值）

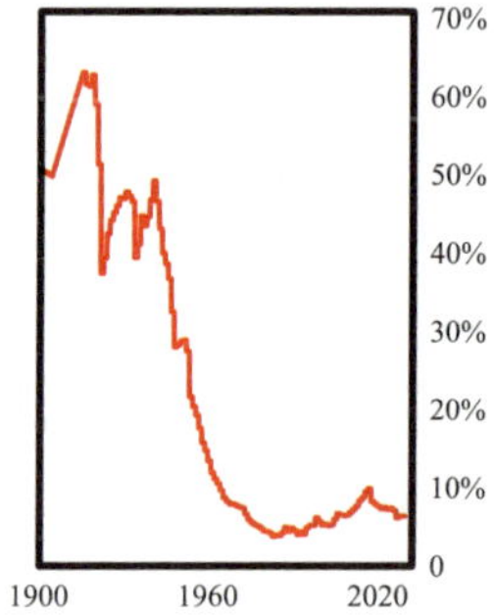

以英镑计价的交易占全球交易的比重（估计值）

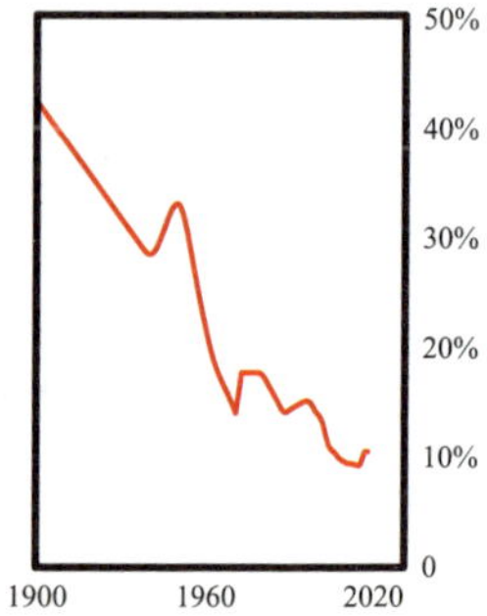

美元对英镑的汇率（反向）

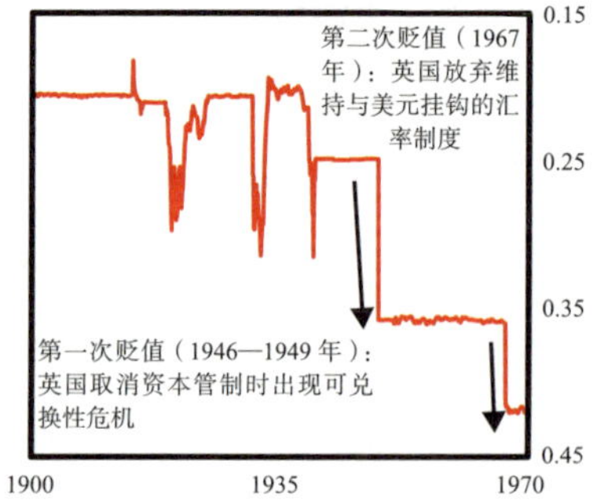

英国外汇与黄金的兑换率（每盎司所值的英镑，反向）

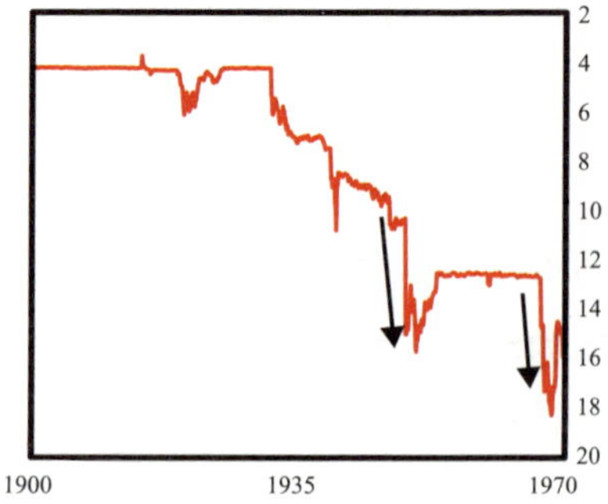

1947 年英镑暂停可兑换和 1949 年英镑贬值

20 世纪 40 年代通常被认为是英镑的“危机岁月”。因为二战，英国不得不从盟国和殖民地大量举债，这些债务必须以英镑偿付。二战结束时，如果不增税或削减政府支出，英国就无法履行偿债义务，因此英国不得不要求前殖民地不得主动出售英国债务资产（即英国发行的债券）。美国迫切希望英国尽快恢复英镑的可兑换性，因为英国的限制措施在减少全球经济中的流动性，影响美国的出口利润。英格兰银行也迫切希望取消资本管制，以恢复英镑作为全球交易货币的地位，增加伦敦金融业的收入，并鼓励国际投资者继续储蓄英镑。**1946 年，一项协议达成，美国向英国提供 37.5 亿美元的贷款（约为英国 GDP 的 10%）**，以缓冲可能出现的英镑遭抛售的情况。和人们预料的一样，当 1947 年 7 月部分可兑换实行时，英镑承受了相当大的抛售压力，英国和英镑区国家转而采取紧缩政策，以维持英镑与美元的挂钩。奢侈品进口受到限制，国防开支大幅削减，美元和黄金储备减少，英镑区国家彼此达成协议，不以增持美元的方式将外汇储备多元化。克莱门特·艾德礼首相发表了激动人心的演讲，呼吁国民发扬战时牺牲精神。

> 我们又在为英国作战。如果只有少数人参战，我们不能获胜。赢得战争需要全国团结一致。我坚信这样的团结将很快到来，我们将再次战胜敌人。

演讲一结束，对英镑的抛售就加快了。**到 8 月底，英镑的可兑换性被暂停，这让美国以及在实行可兑换性前夕购买了英镑资产的其他国际投资者很愤怒。**比利时国家银行行长威胁要停止英镑交易，为此相关方不得不进行外交干预。**两年后，英美两国的决策者认识到，英**

镑无法在现有的汇率下恢复可兑换性，于是英镑贬值。接着英国的竞争力恢复，经常账户改善，到20世纪50年代中后期，英镑的完全可兑换性恢复。下图反映了这一情况。

美元对英镑（反向）

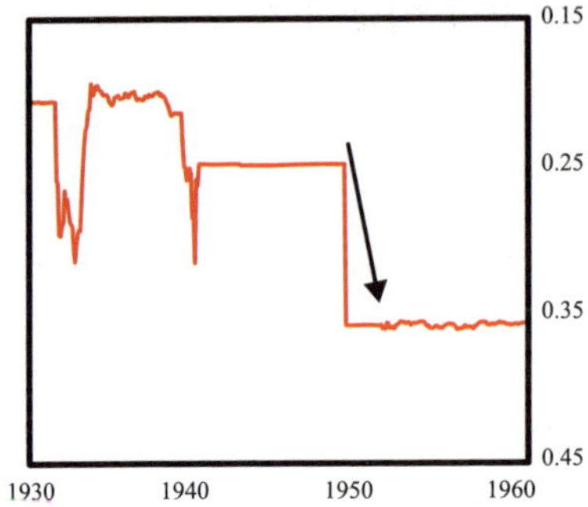

英国实际外汇对贸易加权指数

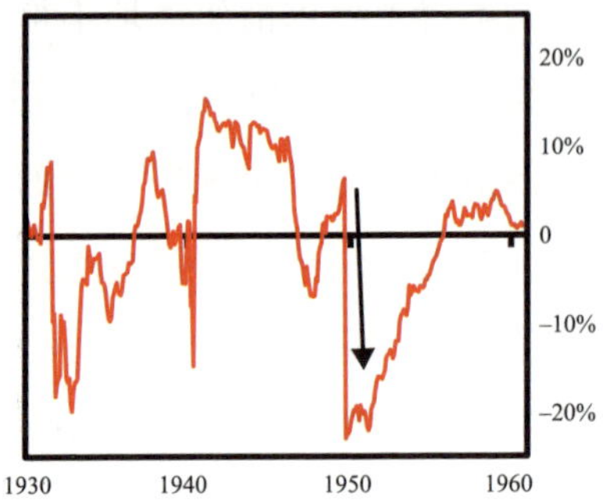

英国经常账户余额占GDP的比例

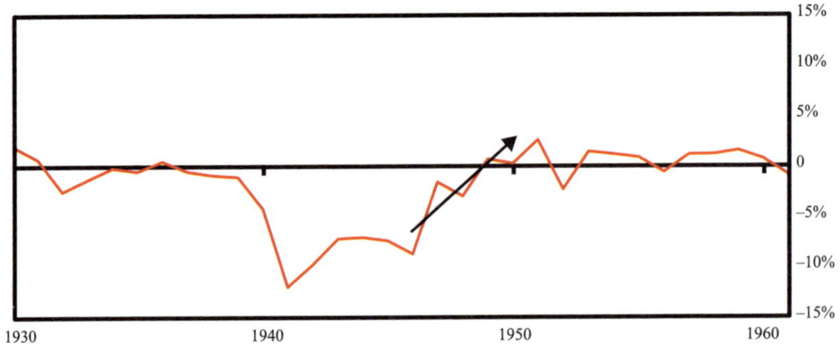

这次贬值没有引起英镑的恐慌性抛售，尽管英国经济基本面依然薄弱。这是因为英国资产的相当大一部分是由美国和印度、澳大利亚等英镑区国家持有的，美国政府为了恢复英镑的可兑换性愿意接受资产估值的减少，英镑区国家的货币因政治原因与英镑挂钩。尽管如此，**战后的直接经历让有见识的观察人士清楚地看到，英镑的国际地位不会和二战前一样了。**

20 世纪 50—60 年代支持英镑的国际努力失败以及 1967 年英镑贬值

尽管 1949 年英镑的贬值在短期内对形势有所帮助，但英镑面临着反复出现的国际收支紧张。国际决策者们对此颇感忧虑，他们担心英镑价值崩溃或迅速转向美元会对新的布雷顿森林货币体系造成巨大损害（尤其是在冷战和国际上担忧共产主义的背景下）。**因此，各方做出了许多努力来支撑英镑，维持其作为国际流动性来源的地位。**此外，英国规定共同市场内的所有贸易都必须以英镑计价，共同市场内的所有货币都要与英镑挂钩。结果是，在 20 世纪 50 年代和 60 年代初，英国在准确意义上是一个区域性经济强国，英镑是区域性储备货币。但那些措施仍未能解决问题：英国负债太多，竞争力太弱，无法在还债的同时进口所需的东西。1967 年，英镑不得不再次贬值。**在那之后，即使是英镑区国家也不愿持有英镑储备，除非英国以美元担保英镑的潜在价值。**

英镑贬值之后，人们对英镑的信心所剩无几。各国央行开始卖出英镑储备，买入美元、德国马克和日元，而不只是在增加外汇储备时减少英镑的份额。英镑在央行储备中所占的平均份额在两年内暴跌。**在 1968 年之后仍在外汇储备中持有大比例英镑的国家实际上**

英国经常账户占 GDP 的比例

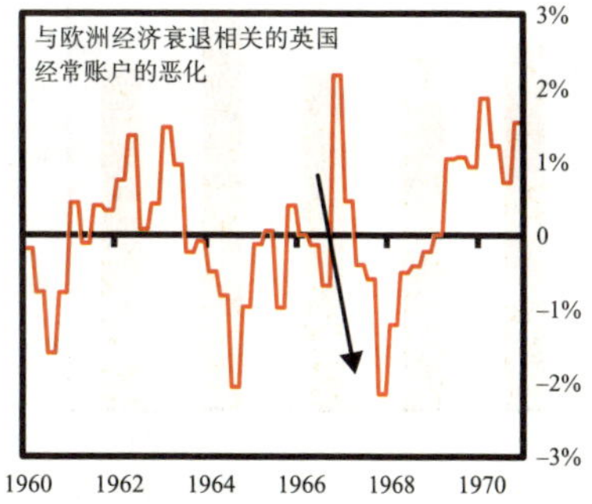

英国黄金储备（单位：百万盎司）

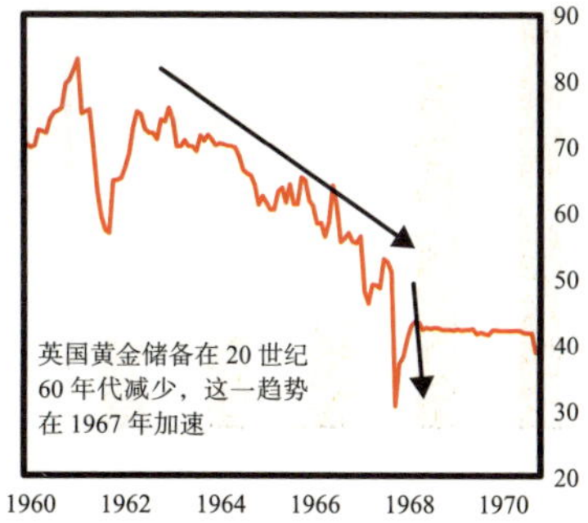

英国短期利率
（与美国利率的差额）

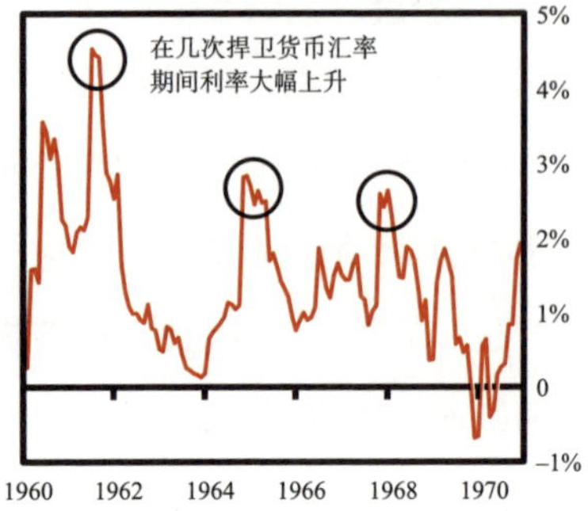

英国实际外汇对贸易加权指数

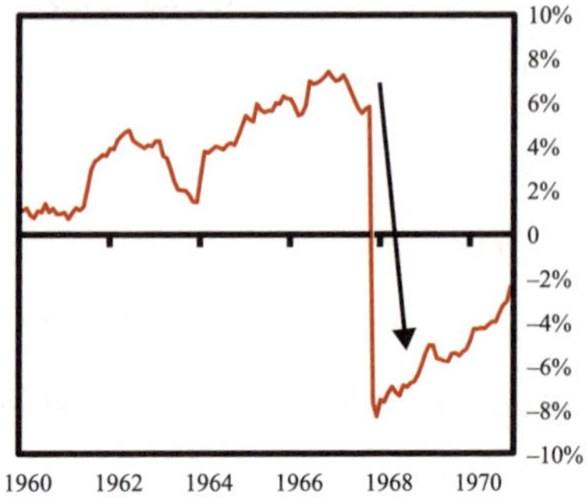

美元对英镑（反向）

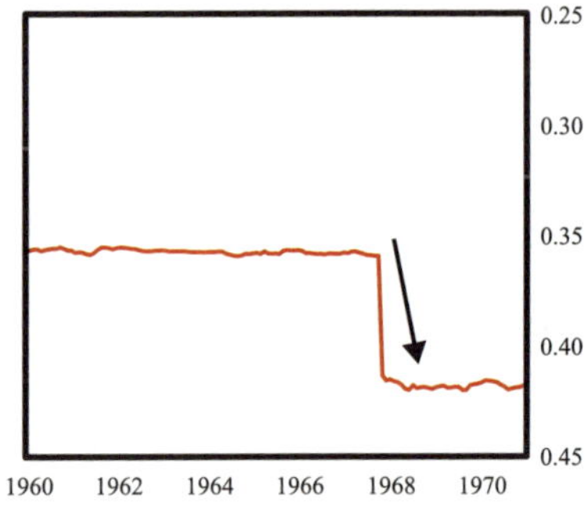

持有的是美元，因为 1968 年的“英镑协议”保证了英镑 90% 的美元价值。

英镑在央行外汇储备中所占的平均比例（占总数的百分比）

所有国家

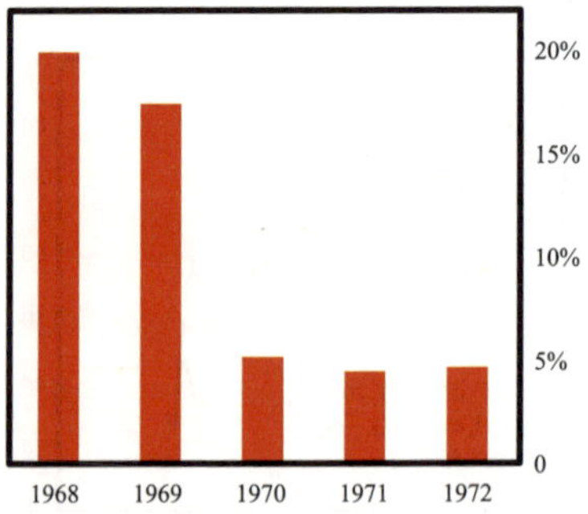

英镑贬值后各国央行开始卖出英镑储备。英镑所占的比例暴跌。

“英镑协议”成员国

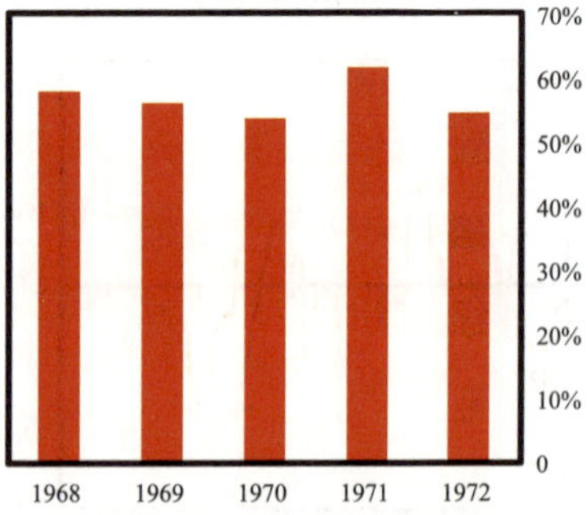

“英镑协议”成员国承诺继续持有英镑，但前提是英镑 90% 的美元价值由英国政府担保。

二战之后的欧洲

正如我们反复看到的，战争的可怕代价促使各国在战后建立新的世界秩序，以确保这样的战争不再发生。很自然地，新的世界秩序围绕着胜利者展开，这通常是新崛起的帝国。二战后，这显然是美国。

战后秩序最重要的地缘政治因素包括：

- **美国是主导性大国，因而成为事实上的世界警察。**很自然地，美国和世界第二强国苏联的关系几乎立即紧张起来。美国及其盟国成立了一个军事联盟，名为北大西洋公约组织，苏联阵营的国家则成立了华沙条约组织，双方在冷战中对峙。
- **联合国成立以解决全球争端。**和通常的情况一样，其总部位于崛起帝国的心脏（这一案例中为纽约），其主要权力机构安全理事会由战胜国主导，这也符合通常的情况。

新世界秩序最重要的金融元素包括：

- **布雷顿森林货币体系确立美元为世界储备货币。**
- **国际货币基金组织和世界银行，旨在支持新的全球金融体系。**
- **纽约成为新的全球金融中心。**

从欧洲的视角看，新世界秩序的关键是这样的转变：原来是一种均势，最强大的欧洲国家位于顶端；现在则是欧洲国家均筋疲力尽，新的超级大国比任何欧洲国家都强大，欧洲光芒不再（特别是在欧洲的殖民地获得独立的情况下）。鉴于这些压力，以及两次世界大战留下的清晰教训，即分裂会带来巨大代价，欧洲团结的价值显而易见。这成为建立新欧洲秩序的动力，该新秩序逐渐发展为欧盟。

欧盟重要创始人罗伯特·舒曼的故事有助于解释欧洲国家为何走到一起。舒曼的父亲曾是法国公民，1871 年德国吞并其家乡阿尔萨斯-洛林后，他变成德国公民。舒曼生为德国公民，但一战后法国收回阿尔萨斯-洛林，舒曼变成法国公民。作为二战期间的一名政治家，他曾加入维希政府，后来背弃维希政府，投身法国抵抗力量。战争结束时他处于隐藏状态，德国悬赏 10 万马克缉拿他。舒曼的重要合作伙伴是战后首任联邦德国总理康拉德·阿登纳。阿登纳曾是一位持中间派立场的市长，于 1944 年被纳粹驱逐出政坛，送入集中营。1949 年以基督教民主联盟成员的身份当选德国总理后，他的政策聚焦于重建德国经济、与其他欧洲大国和解以及反对共产主义。舒曼、阿登纳及其他欧盟创始人的计划是让战争“不仅变得不可想象，而且在实际上变得不可能”。

他们的第一步是建立欧洲煤钢共同体。这听起来像是一项狭义上的经济协定，但其明确目标是创建一个欧洲联盟。《舒曼宣言》里写道：

> 随着煤炭和钢铁生产的集中，建立经济发展的共同基础将立即具备条件，这是建立欧洲联盟的第一步，这也将改变那些长期以来专注制造战争弹药的地区的命运，而受这些弹药伤害最持久的正是这些地区。

该协议创建了几个超国家机构，包括一个最高权力机构、一个共同议会和一个法院。根据规定，各成员国必须遵守超国家机构的决定和法规，这些机构有权征税和发放贷款，并设立劳动者福利项目。6 个国家签署了协议，随着时间的推移又有更多国家加入。最终，该协议演变为一个关税联盟（1957 年，通过《罗马条约》），开放各国边界（1985 年，通过《申根协定》），并最终就建立政治和经济联盟的框架达成一致，该框架包括共同的欧洲公民身份（1992 年，通过《马斯特里赫特条约》）。

和通常的情况一样，这个新的欧洲地缘政治秩序是与新的金融 / 经济秩序一起建立的。《马斯特里赫特条约》为新的共同货币（欧元）和共同经济规则，包括与政府赤字相关的规则奠定了基础。考虑到欧洲许多国家曾经彼此交战，欧盟 27 个成员国（以及这些国家的 4 亿多人口）的一体化是一项了不起的壮举，这使欧盟处于与其他大国相当的地位。

欧元区与美国和中国相比

	欧元区	美国	中国
帝国分数（从 0 到 1）	0.55	0.87	0.75
人均 GDP（以 2017 年美元为基准，经购买力平价调整）	41 504	60 236	16 411
GDP（占世界的百分比，经购买力平价调整）	13%	17%	23%
人口（占世界的百分比）	4%	4%	18%
出口（占世界的百分比）	12%	11%	15%
军费开支（占世界的百分比）	9%	28%	19%
大学毕业生人数（占世界的百分比）	13%	20%	22%
专利（占世界的百分比）	11%	17%	41%
诺贝尔奖（占世界的百分比）	11%	32%	2%
股票市值总额（占世界的百分比）	8%	55%	10%
以其货币进行的国际交易（占世界的百分比）	28%	55%	2%
以其货币持有的官方货币储备（占世界的百分比）	21%	62%	2%

* 为比较的目的考虑，“欧洲帝国轨迹”将主要欧元区国家作为一个单位对待。

21 世纪初欧盟的相对衰落和危机发生的原因，是大周期衰落发生的常见原因，这反映在第 2 章描述的 8 种实力衡量标准和其他指标中。其他帝国经历危机也都是出于这些原因。具体来说，欧洲负债规模大，经济基本面不佳，内部矛盾比较大，活力和创新水平比较弱，军事力量不强。欧盟成员国之间和成员国内部的财富与收入不平等助长了民粹主义者的崛起，他们中的很多人反对欧盟，并成功地使英国退出了欧盟。简言之，欧洲（包括英国在内）作为一个整体已经从不久前的领先帝国地位滑落至次要强国的地位。

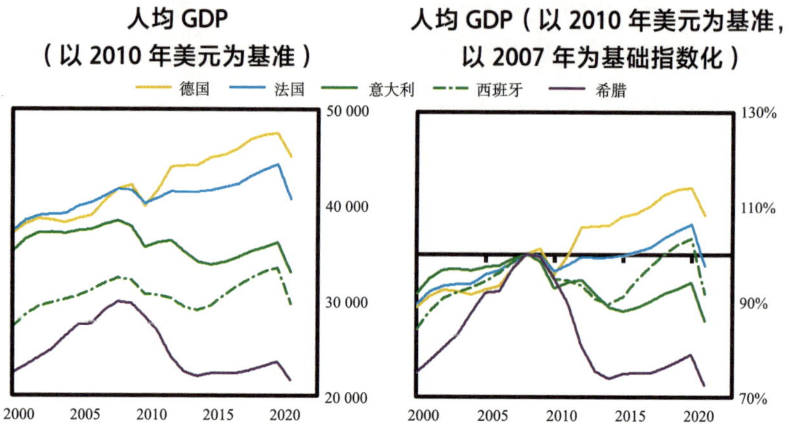

现在让我们把注意力转向美国和中国这两个大国。

11

美国和美元的大周期兴衰

本章讲述美国从 19 世纪开始的大周期兴起，逐渐超越英国成为世界上最强大的帝国，以及近年来的衰落。因为美国作为世界头号帝国的故事仍在展开之中，而且与当今世界高度相关，所以我对美国大周期的阐述将比荷兰和英国更细致，尤其是涉及美元作为全球储备货币的地位和影响美元的经济与货币政策力量的时候。

下页第一张图显示了构成美国整体发展轨迹的 8 种实力。**读者从中可以看到 1700 年以来美国兴衰背后的故事。**强劲的发展和卓越的教育给美国带来了创新与技术方面的进步、在世界市场上的竞争力以及经济产出，所有这些都促进了美国金融市场的发展，树立了美国作为金融中心的地位、美国在军事实力和世界贸易方面的领导地位，并推动经历明显滞后的美元崛起成为储备货币。目前美国在教育、竞争力和贸易方面的相对优势有所下降，但在创新和科技、储备货币地位、金融市场和金融中心地位方面的优势依然强劲。**这张图没有显示美国收入和资产负债表状况的偏差，以及美国的内部冲突，这两方面都更令人担忧。**（欲对当前状况有更完整的了解，参见本书最后一章。）

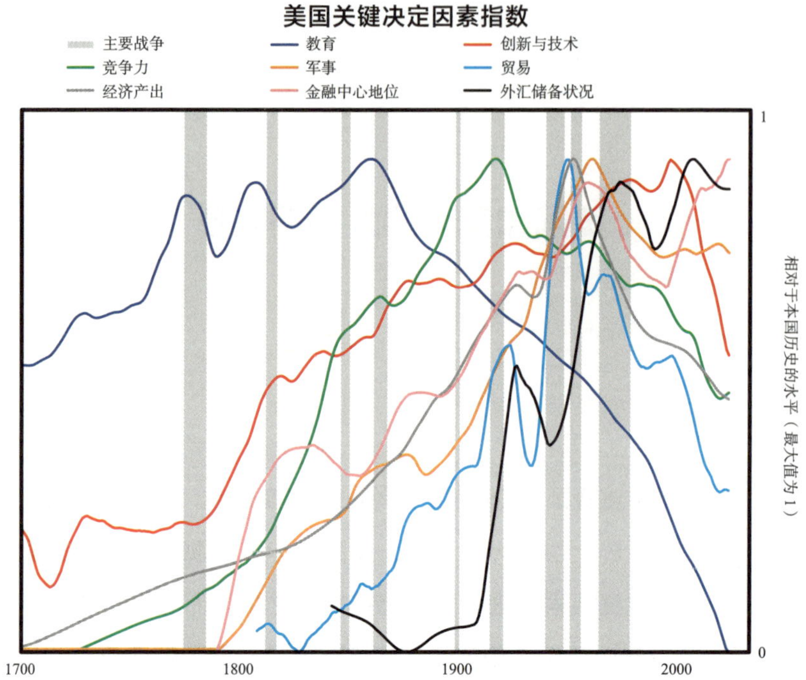

下图综合了所有因素，显示了美国自独立战争前至今的总体发展轨迹，并标示出了这一过程中的关键事件。图中的数字标志着内部秩序周期的 6 个阶段的大致发生时间。

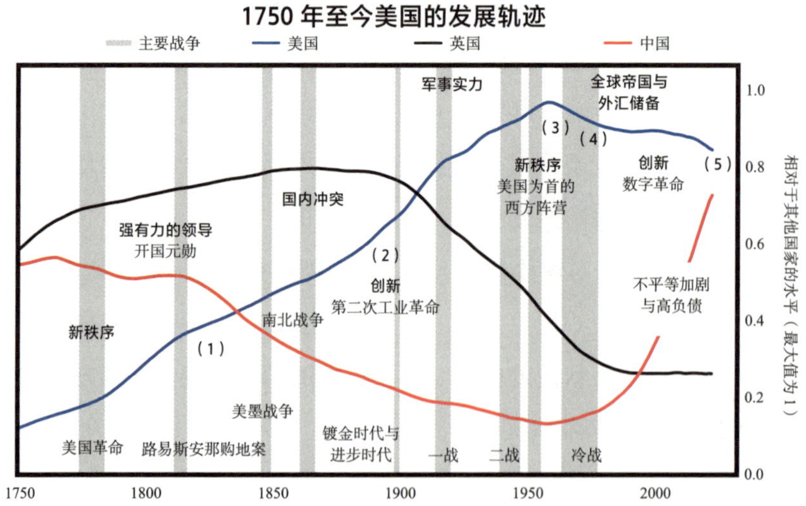

现在我们将回顾一下美国从最初到我写作时的发展历程。

兴起

和所有新国家及王朝一样，**美国经历了通常的革命和革命后进程，建立了一个新的国内秩序。具体过程如下：（1）一个由强有力的领导人组成的协调组织为获得控制权而战斗；（2）这个组织取胜并巩固控制权；（3）新的领导层拥有一个得到民众支持的愿景；（4）新的领导层分裂为不同的派系，就政府应如何行动来实现这一愿景的问题产生冲突；（5）最终这些派系设计出控制系统并将其列明在协议中（在美国的案例中，首先是在《邦联条例》中，其次是在《美国宪法》里）；（6）建立政府的各个部分（如货币和信贷系统、法律系统、立法体系、军队等）；（7）任命人员履行职务，让系统顺利运行。**美国以一种独特的和平方式做到了这一切，它通过谈判、对协议近乎完全的尊重以及良好的治理设计，给国家开了一个好头。

在那张显示 8 种实力的图中，读者可以看到教育水平迅速提高，然后是创新、技术和竞争力的大提升，这个趋势一直延续到两次世界大战，在南北战争时期有所中断。在内部和外部的货币 / 债务、经济和军事状况方面，美国都有许多起起落落。我不会详细介绍这些情况，不过我将指出，所有这些变化都遵循着典型的模式，这些模式的驱动力是前文描述过的同样的基本因果关系。虽然美国的崛起在二战之后最为明显，但这个过程实际上是从 19 世纪末开始的。我们也将从那个时期开始讲述。

南北战争之后发生了第二次工业革命，那是一个典型的时代。那段时期，在英国、欧洲大陆和美国，对财富和繁荣的和平追求创造了

收入、技术和财富的巨大收益。

在美国，实现这些收益的资金来自自由市场资本主义体系，和通常的情况一样，该体系既创造了大量财富也导致了巨大的贫富差距。贫富差距导致了不满和进步时代的政策，这些政策打破了富有和强大的垄断集团（“取缔托拉斯”），并增加了对富人的税收，这一过程始于1913 年通过的宪法修正案，其允许征收联邦所得税。美国实力的增强体现为占全球经济产出和世界贸易的份额上升、金融实力的不断增强（以纽约成为世界领先的金融中心为代表）、在创新方面的持续领导地位，以及美国金融产品的大量应用。

美元及美国资本市场漫长的崛起

美元成为世界主要储备货币的发展过程远非一帆风顺。在美国建国后最初的 100 年里，其金融体系完全不发达。如我在第 3 章和第 4 章中所述，当时美国的银行业是以和大多数国家一样的典型方式运作的。换言之，硬通货被存入银行，而银行贷出的货币总额远多于自身拥有的货币量。这场庞氏骗局被揭穿后，银行就无法履行自己的承诺，并将资金贬值。美国没有央行来控制金融市场或充当最后贷款人。**美国经历了许多繁荣 / 萧条周期，典型过程是一场债务融资的投资高潮（投资于土地、铁路等）扩张过度，导致信贷损失和信贷紧缩。因此，银行系统恐慌成为极为常见的情况。**单在纽约，1836—1913 年就发生了 8 次大规模的银行恐慌。区域性银行恐慌也很常见。这是因为高度分散化的银行系统持有的货币量是固定的，没有存款保险制度，储备系统是金字塔式的（少量的大型银行在纽约充当“通汇银行”或者说为全美的大部分银行持有储备），这种系统加剧了单家银行破产所产生的传染风险。

和伦敦一样，纽约在成为全球金融中心之前早已确立了自己的贸易中心地位，这个变化是在20世纪初之后才发生的。1913年，只有两家美国银行跻身全球最大的20家银行之列，分别排在第13位和第17位。相比之下，英国银行占据了9个席位，包括最大的5家中的3家。要注意的是，当时美国的经济产出远高于英国，在出口市场上所占的份额也与英国不相上下。

在新兴的金融中心纽约，许多最重要的金融创新来自纽约作为一个大型交易中心的需求。投资银行出现于美国，并在19世纪成为资金（其中很大一部分资金来自欧洲）的清算所，以为美国当时的繁荣提供资金。和之前的伦敦一样，保险公司比银行业发展得更快；在一战前，大型保险托拉斯的规模比大银行还要大。

与欧洲和英国市场相比美国经济更具活力、变化更快这一点，也反映在美国股市上。美国股市从南北战争结束后开始快速增长。如前所述，**19世纪下半叶是和平与繁荣时期，被称为“第二次工业革命”、“镀金时代”和“强盗贵族时代”，因为这一时期资本主义和创新蓬勃发展，贫富差距大幅扩大，腐朽颓废现象明显，怨恨不断积累。**这种情况引起的反应开始于1900年左右，1907年发生了一场典型的债务危机。这样的动荡导致了1913年美联储中央银行体系的诞生。到1910年，美国的股票市值已经超过英国。新的行业和企业迅速崛起，如美国钢铁公司，该公司成立于1901年，短短15年后就成为美国市值最高的公司。

接着发生了一战，从1914年开始到1918年结束，几乎没有人预料到这场战争会发生，更没有人预料到它会持续这么久。在一战的大部分时间里，美国不是参战方，而且是唯一一个在战争期间维持黄金可兑换的大国。不仅战争严重损害了欧洲的经济和市场，而且欧洲各国政府采取的政策也进一步削弱了人们对各国货币的信心。相反，一战提高了美国金融与经济的相对地位。盟国的战时债务主要是向美国举借的，这使更多的人使用美元来为全球政府债务计价。

按照标准的剧本，战胜国（这次是美国、英国、法国、日本和意大利）在战后聚在一起建立新的世界秩序。那场会议被称为巴黎和会，召开于1919年年初，持续了6个月，最终签订了《凡尔赛和约》。根据该和约，战败国（德国、奥匈帝国、奥斯曼帝国和保加利亚）的领土被瓜分，被置于战胜国的控制之下。根据规定，战败国要偿付战胜国很多债务，以补偿战胜国的战争费用。这些债务以黄金偿还。

对美元的现汇汇率（指数化）

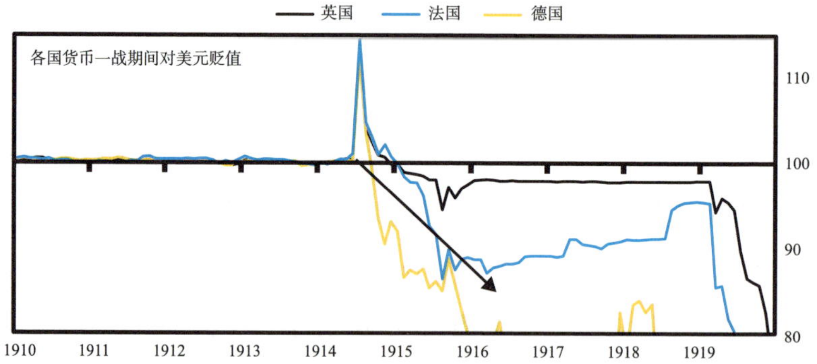

在地缘政治上，美国也得益了，因为美国对塑造新的世界秩序发挥了关键作用，尽管当时英国在继续扩张和监管其全球殖民帝国，美国依然更倾向于孤立主义。一战后初期的货币体系处于不稳定状态。虽然大多数国家在努力恢复黄金的可兑换性，但在经历了一段时期的急剧贬值和通胀之后，货币对于黄金的稳定性才实现。

和通常的情况一样，战后，随着新世界秩序的出现，一段和平与繁荣时期到来了，这是由伟大的创新、生产力和资本市场繁荣推动的，资本市场繁荣导致上升时期出现巨额债务和巨大的贫富差距。在“咆哮的20年代”，人们为购买投机性资产（尤其是股票）而发行了大量

债券（即提供可兑换为黄金的纸币的承诺）。为了遏制这种趋势，美联储在 1929 年收紧了货币政策，从而导致了泡沫的破裂和全球大萧条的开始。这使几乎所有国家都陷入经济困境，并引发了各国内部和各国之间围绕财富的争斗，最终在 10 年后导致热战爆发。

我在第 6 章中深入讨论了二战前夕和二战期间的事件，作为外部秩序和混乱大周期的战争时期的例子。这里需要记住的要点是，1945 年同盟国的胜利带来了世界秩序的又一次转变。这是一场财富和权力的大转移。**在相对意义上，美国是大赢家，因为美国在战前和战争期间出售了很多东西，出借了很多钱，而且基本上所有战斗都发生在美国本土以外，所以美国没有受到实际损害，而且与大多数其他主要国家相比，美国的死亡人数较少。**

顶峰

二战后的地缘政治和军事体系

按照标准的剧本，战胜国开会决定新的世界秩序及新的货币和信贷体系。

美国、苏联和英国在战后同为世界强国，而美国明显最富有，在军事上也最强大。德国、日本和意大利大体上被摧毁，英国基本上破产，法国备受战争破坏，对胜利贡献甚微。当时中国正处于内战中，这场内战是在日本投降后立即重新开始的。**虽然战后初期美国和苏联之间有着相对良好的合作，但这两个意识形态相互对立的最强国家没多久就进入了冷战状态。**下图显示了美国、英国、苏联 / 俄罗斯和中国自二战结束以来的总体实力指数。如图所示，在 1980 年之前，苏联相对于美国一直在崛起，但其实力从未达到接近美国的程度，不过比中国强大得多。1980 年后，苏联 / 俄罗斯开始衰落，中国开始快速崛起，美国则继续其逐渐衰落的趋势。

各大国的相对地位

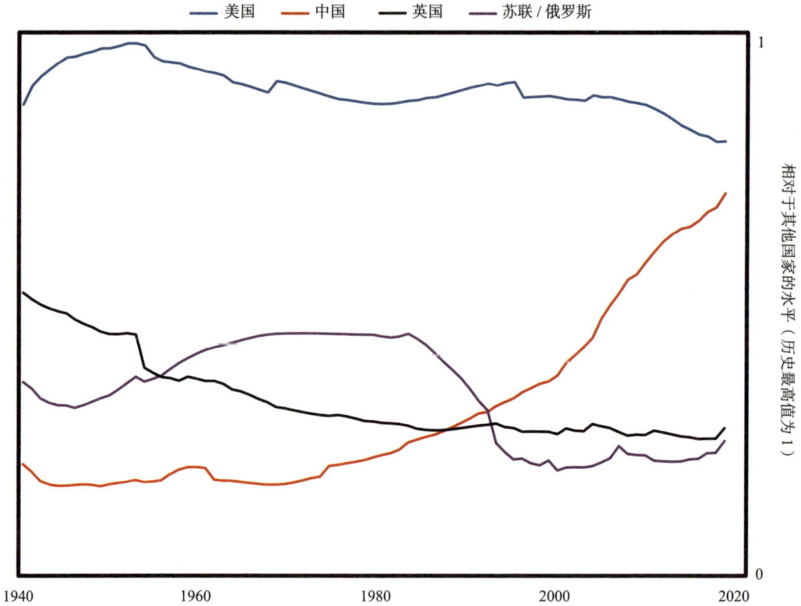

美国和苏联控制的两个集团之间的裂痕从一开始就很明显。哈里·杜鲁门总统在 1947 年 3 月的一次演讲中提出了现在被称为“杜鲁门主义”的原则。

> 每个国家都必须在不同的生活方式之间做出选择。这种选择往往不是自由选择。第一种生活方式基于大多数人的意志，并以自由制度，代议制政府，自由选举，保障个人自由、言论和宗教自由以及免受政治压迫的自由为特征。第二种生活方式基于将少数人的意志强加于大多数人，这种生活方式依赖于恐怖和压迫、受管控的新闻和广播、被操纵的选举以及对个人自由的压制。我

认为，美国的政策必须支持那些抵抗有武装的少数人或者外部压力企图征服的自由人民。

正如我在第 6 章中阐释过的，与国内治理相比，● ***国际关系更多地受到原始动力驱动。*****这是因为国家内部有法律和行为准则，而国家之间最重要的影响因素是原始力量，法律、规则甚至相互达致的条约和仲裁组织（如国际联盟、联合国和世界贸易组织）都不太重要。因此拥有强大的军队和军事联盟是非常重要的。**1949 年，属于美国阵营的 12 个国家成立了军事联盟——北大西洋公约组织（后来又有更多国家加入）。1954 年，美国、英国、澳大利亚、法国、新西兰、菲律宾、泰国和巴基斯坦成立了东南亚条约组织。苏联阵营中的 8 个国家在 1955 年成立了华沙条约组织。

如下页图所示，美国和苏联大力投资制造核武器，不少其他国家紧随其后。今天，11 个国家拥有或即将拥有核武器，其数量和能力等级各不相同。在世界权力博弈中，拥有核武器明显能给予一国一个强大的谈判筹码，由此也可以理解为什么一些国家想拥有核武器，其他国家不想别国拥有核武器。二战以来尽管没发生核大战，但美国已经打了一系列的常规战争，尤其是 20 世纪 50 年代的朝鲜战争，20 世纪 50—70 年代的越南战争，1990 年和 2003 年的两场海湾战争，以及 2001—2021 年的阿富汗战争。这些战争给美国造成了巨大的金钱、生命以及公共支持方面的损失。这些损失值得吗？答案见仁见智。苏联经济远不如美国强大，为了让军费开支规模足以与美国匹敌并维持其国家地位，花费巨大，导致自身破产。

当然，核武器只代表军事力量的一小部分，而且自冷战以来情况发生了很多变化。虽然我不是军事专家，但我与一些人交谈过，他们让我相信，尽管美国仍然拥有总体上最强大的军事力量，但它并不是

核武器库存（核弹头，取对数值）

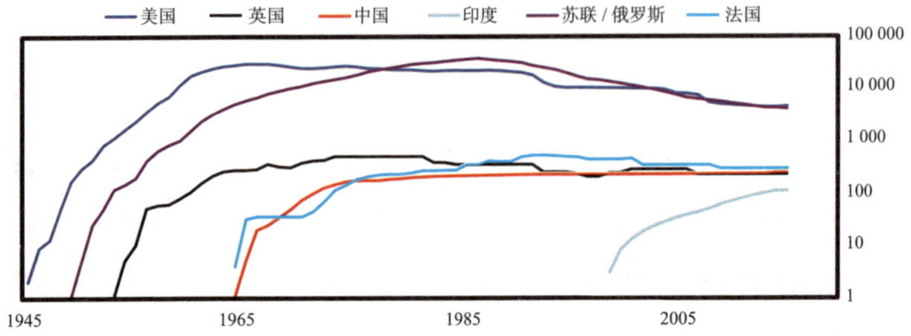

在世界上的所有地方、在所有方面都居于主导地位，美国受到的军事挑战正在上升。美国很有可能在中国和俄罗斯拥有实力的地理区域输掉对中俄的战争，或者至少会受到不可接受的伤害，美国也可能受到一些二线强国不可接受的伤害。现在已经不是 1945 年之后美国一枝独秀的美好时光了。虽然有许多可能的高风险情况，但在我看来，最让人担忧的是台海局势。

接下来的高风险军事冲突将是什么样子的？由于新技术的出现，它将与此前的此类冲突大不相同。一般来说，花得多、投资得多且比对手更持久的国家会赢得战争。但这是一种微妙的平衡。

● ***因为军费开支会占用政府的钱，使政府无法把这些钱投入社会项目。因为军事技术与私营部门的技术是相辅相成的，所以对领先的大国来说，最大的军事风险是它们输掉经济战和技术战。***

在国家之间打交道时，交易双方更为独立。这意味着不太容易人为压低汇率，损害货币持有者的利益，因此国际上交易的货币更有可能是价值更好的货币，比如当某些货币以债务计价形式作为财富储存的手段时。有时，世界各地的债务太多，让本国货币贬值符合所有政府的利益。在这种情况下，黄金（以及最近的数字货币）可能更受欢迎。同时，在这种情况下，各国政府更有可能取缔这些替代货币，尽管不能完全取缔它们。当基于法定货币的货币和信贷体系崩溃时，这最终会引入硬通货货币体系。

二战后的货币和经济体系

就战后的新货币和经济体系而言，存在着分别以美国为首和以苏联为首的两个阵营，尽管也有一些不结盟国家，有自己的没有得到广泛接受的不结盟货币。1944 年，44 个国家的代表聚集在新罕布什尔州的布雷顿森林，建立了一个将美元与黄金挂钩、将其他国家的货币与美元挂钩的货币体系。苏联的体系是建立在卢布的基础上的，而没有哪个国家想要卢布。● ***国家之间的交易和各国国内交易存在很大不同。*** 各国政府想要控制本国境内使用的货币，因为通过增加和减少货币供给、借贷成本和货币价值，各国政府能拥有巨大的影响力。

因为货币和经济学问题非常重要，所以我想回到这个话题，再谈谈这个系统是如何运作的，以及它目前是怎样运作的。在二战后的货币体系中，在各国国内，自然人和公司使用政府控制的纸币。**当其想从另一个国家购买东西时，通常会在本国央行的帮助下，把本国的纸币兑换为那个国家的纸币，本国央行会用黄金与那个国家的央行结算。** 如果是美国人，他们就用美元支付，而另一个国家的卖家要么将这些美元在本国央行兑换成当地货币，要么持有这些美元，认为美元是比本国货币更好的财富储存手段。结果是黄金离开美国央行的储备账户，进入其他国家央行的账户，美元在海外积累。

由于布雷顿森林协定，美元成为世界上最主要的储备货币。这很正常，因为两次世界大战使美国成为迄今为止最富有和最强大的国家。 到二战结束时，美国积累的黄金 / 货币储蓄达到有史以来的最大值，约占全世界政府持有的黄金 / 货币的 2/3，相当于 8 年的进口购买金额。即使在二战结束后，美国仍继续通过出口赚了很多钱。

欧洲和日本的经济毁于二战。作为解决方案，并为了对抗共产主义的传播，美国为它们提供了大规模援助（即马歇尔计划和道奇计划），这些援助（a）对这些受战争破坏的国家有好处；（b）对美国经济有好处，因为这些国家用这笔钱购买美国商品；（c）对美国的地缘政治影响力有好处；（d）有助于巩固美元作为世界主要储备货币的地位。

至于货币政策，1933—1951 年，美联储控制着货币数量、货币成本（即利率）和货币流向，以服务于国家更大的目标，而不只是服务于自由市场。[1] 更具体地说，美联储大量印钞来购买债务，规定了贷款人可以收取的利率上限，并控制了允许进入的资金规模，因此，高通胀并没有把利率推高到不可接受的高度，政府监管也使得其他投资选择不如政府希望人们购入的债券那么吸引力。**在战后因军费开支减少而经历了短暂的衰退之后，美国进入了一个长期的和平与繁荣时期，这是新的大周期开始时的典型情况。**

在战后的衰退时期，失业率翻了一番（达到 4% 左右），约有 2 000 万人需要在军工和其他相关工作之外寻找就业机会。不过与此同时，限制人们购买消费品能力的定量配给法被取消，这让消费支出激增。退伍军人也可以获得低成本的贷款抵押，这带来了房地产市场的繁荣。盈利活动的回归提高了对劳动力的需求，因此就业迅速反弹。出口强劲，这是因为马歇尔计划和道奇计划刺激了外国对美国商品的需求；此外，从 1945 年到 20 世纪 70 年代，美国私营部门走向全球，并在海外投资。股票价格便宜，股息收益率高。其结果是几十年的牛市，巩固了纽约作为世界金融中心的主导地位，吸引了更多投资，并进一步

1　1933—1951 年是从罗斯福结束美元与黄金挂钩到美联储与财政部签订货币协议的时期，但明确的收益率曲线控制政策从 1942 年延续到 1947 年，在该政策下，美联储控制着短期利率和长期利率之间的利差。

巩固了美元作为储备货币的地位。这些都是常见的情况，这是一个相互强化的大周期上升阶段。

美国拥有足够的资金来改善教育，发明令人难以置信的技术（例如登月技术），并做许多别的事情。股市在 1966 年达到最高点，这标志着长达 16 年的好日子的结束，尽管当时没有人知道这一点。大约在那时，我自己与历史事件的直接接触开始了。1961 年，12 岁的我便开始投资。当然，当时我并不知道我在做什么，也没有意识到我们那一代人有多幸运。我的出生可谓天时地利。当时美国是全球领先的制造业国家，因此劳动力宝贵。大多数成年人能得到一份好工作，他们的孩子能接受大学教育，不受限制地向上发展。因为大多数人是中产阶级，所以大多数人很快乐。

美国采取了所有典型的做法，帮助世界变得更加美元化。美国的银行增加了在国外市场的业务和贷款。1965 年，只有 13 家美国银行拥有国外分行；到 1970 年，79 家美国银行拥有国外分行；到 1980 年，几乎每家美国大银行都至少拥有了一个国外分行，国外分行总数增至 787 家。全球信贷繁荣。但也和通常的情况一样，（a）那些发财的人做得过火，在财务上鲁莽行事；（b）全球竞争尤其是来自德国和日本的竞争加剧。结果，随着贸易顺差消失，美国的借贷和财政状况开始恶化。

美国人从来没有想过太空计划、“向贫困宣战”和越南战争要花多少钱。因为他们觉得自己很富有，而且美元的储备货币地位似乎很稳定，美国人认为他们可以无限期地实行“枪炮加黄油”的财政政策。20 世纪 60 年代接近尾声时，美国的实际 GDP 增长率接近于零，通胀率达到 6% 左右，短期政府利率约为 8%，失业率约为 4%。20 世纪 60 年代，美国股票的年回报率为 8%，债券则落后，与股票波动率匹配的债券的年回报率为–3%。官方黄金价格以美元计算依然是固定的，市场价格在 20 世纪 60 年代后期略有回升，大宗商品价格继续疲软，年回报率为 1%。

20 世纪 70 年代：国际收支平衡问题暴露——低增长、高通胀

正如第 3 章所解释的，当对硬通货（即纸币）产生需求时，最初对硬通货的需求量与银行里硬通货的存量数量相同。然而，贷方和银行很快就发现了信贷和债务的奇迹。持债者喜欢这一点，因为他们可以把持有的放款给银行以换取一笔利息支付，这样他们就能得到利息。从贷方借入债券的银行喜欢这一点，因为银行可以把这些钱借给其他人，那些人支付更高利率的利息，这样银行就能获利。从银行借入这些钱的人喜欢这一点，因为这给了他们此前没有的购买力。整个社会都喜欢这一点，因为资产价格和生产率提高了。

1945 年之后，外国央行可以选择持有支付利息的债券，或无利息收益的黄金。由于以美元计价的债券被认为和黄金一样好，可以兑换成黄金，并因其提供利息而收益更高，所以 1945—1971 年，各国央行增加了以美元计价的债券持有量，减少了黄金持有量。**如第 4 章所阐述的，投资者做出这样的举动是一种典型的行为，而且在以下情况出现时这种行为结束：（a）对真实货币（即黄金）的需求大大超过了银行里真实货币的数量，（b）人们可以看到银行里的真实货币（即黄金储备）数量在下降。也就是说，当利率无法高到足以让持有债券（即要求持有硬通货）而不是将手里的纸币兑换成黄金有意义的时候，这种行为结束。这种情况下会发生银行挤兑，违约和债务重组也必然发生。这就是导致与黄金挂钩的布雷顿森林货币体系崩溃的原因。**

1969—1970 年，随着通胀加剧和经济疲软，美联储无力维持严格

的货币政策，所以美国的国际收支状况恶化，美元汇率暴跌。美国不仅没有贸易顺差，反而出现了不可持续的巨额国际收支赤字（即美国从世界其他地方的购买额超过了向世界其他地方的出售额）。1971 年夏，在欧洲旅行的美国人难以将美元兑换成德国马克、法国法郎和英镑。**尼克松政府曾发誓不让美元“贬值”，但在 1971 年 8 月，美国对其大宗商品未能履行以黄金支付的承诺，而是以纸币代之。**货币和信贷增长不再受到限制，滞胀的 10 年开始了。同时，其他工业化国家恢复了经济实力，在世界市场上变得非常具有竞争力。

美国人没有把这些问题看成麻烦即将来临的预兆，而是仅将其看作暂时的挫折。但随着时间的推移，经济问题加重了政治问题，政治问题反过来又加重了经济问题。越南战争和水门事件持续发酵，又出现了石油输出国组织引发的石油价格上涨，以及干旱导致的粮食价格上涨。随着成本上升，美国人为维持自身生活方式而更多举债，美联储允许货币供应加速增长，以适应高借贷状况，并防止不可接受的高利率出现。

这些赤字产生的美元流向了有预算盈余的国家，它们把这些美元存入美国银行，美国银行又把这些美元借给拉丁美洲国家及其他生产大宗商品的新兴国家。储蓄与贷款机构利用短期利率（它们支付的借款利率）与长期利率（它们的贷款利率）之间的正利差作为利润来源，借入短期资金，发放更长期的抵押贷款和其他贷款。通胀及其对市场的影响出现了两波大浪潮，除此之外的时间则是极端的货币紧缩、股市急剧下跌和深度衰退。**在 20 世纪 70 年代初，大多数美国人从未经历过通胀，所以他们对此毫无警惕，任由通胀率大幅上升。到 20 世纪 70 年代末，美国人饱受通胀创伤，并觉得通胀永远不会消失。**

到 20 世纪 70 年代末，美国的实际 GDP 增长率约为 2%，通胀率约为 14%，短期利率约为 13%，失业率约为 6%。在 20 世纪 70 年代，金价飙升，大宗商品价格跟随通胀上扬，年化回报率分别为 30% 和 15% 左右。但高通胀率抹去了 5% 的温和的股票年名义回报率，以及 4% 的与股票波动率匹配的国债回报率。

后布雷顿森林体系

在 1971 年美元和其他货币与黄金脱钩后，世界转向一种非锚定的法定货币体系（或者说是第三类货币体系，正如我在第 3 章中解释的那样），而且美元相对于黄金、其他货币、股票都贬值了，最终几乎相对于一切都贬值了。这个新货币体系是由美国、德国和日本的主要经济政策制定者共同协商建立的。[2] 当尼克松切断美元与黄金的联系时，保罗·沃尔克是尼克松政府中负责国际货币事务的副国务卿，他在 1979—1987 年担任美联储主席。一直以来，他在塑造和引导以美元为基础的货币体系方面做得比任何人都多。我非常幸运与他熟识，所以我可以亲自证明他具有伟大的人格和高超的能力与影响力，而且为人谦逊。在一个缺乏英雄 / 榜样的世界里，特别是在经济公共服务领域，他是一位典型的英雄 / 榜样。我认为他和他的思想值得更多研究。

我十分清晰地记得当时的通胀心理，这种心理导致美国人借钱，并立即拿着他们的工资去买东西，以“跑赢通胀”。他们还买了一些你无法制造更多的东西，比如黄金和海滨房产。对美元债务的恐慌也导致利率上升，并推动金价从原来固定的每盎司 35 美元上升至 1980 年的每盎司 850 美元；每盎司 35 美元是 1944 年确定的，从那时到 1971 年，官方价格一直是这个水平。

虽然大多数人不明白货币和信贷机制是如何运作的，但高通胀和

2 如果你想读一本对这个过程进行精彩描述的书，弄清楚如何从旧的货币体系过渡到新的法定货币体系，那么我推荐保罗·沃尔克和行天丰雄合著的《时运变迁》。

高利率让他们感受到了痛苦，所以这是一个长期的政治问题。同时，美国发生了很多冲突和反抗，诱因包括越南战争、导致高油价和天然气配给的石油禁运、工会因工资和福利问题与公司进行的斗争、水门事件和尼克松被弹劾等。这些问题在 20 世纪 70 年代末达到顶峰，当时 52 名美国人在美国驻德黑兰大使馆被扣为人质长达 444 天。美国人觉得国家正在分崩离析。但大多数美国人不明白的是，社会主义国家的经济状况更糟糕。

正如我们将在下一章看到的，1976 年，中国经济步履蹒跚，并面临着内部冲突。邓小平的改革开放带来经济政策的转变，新的政策纳入了市场元素，如企业私有制、债券和股票市场的发展、企业技术创新和商业创新，甚至亿万富翁企业家的激增——这一切都是在政府的管控之下发生的。这种领导层和做法方面的转变，虽然在当时看来微不足道，但将最终成为塑造 21 世纪的最大一股力量。

1979—1982 年转向紧缩银根和保守主义

吉米·卡特总统像大多数政治领导人一样，对货币机制并不十分了解，但他知道必须采取一定的措施来阻止通胀，并在 1979 年 8 月任命了一位强势的货币政策制定者（沃尔克）担任美联储主席。1979 年 10 月，**沃尔克宣布他将把货币（M1）供应量增长率限制为 5.5%。**我计算了一下并发现，如果他真的按他说的去做，那么将会导致货币的严重短缺，使利率上升到极高的水平，贷款人将无法获得他们需要的信贷以支付债务清偿费用，从而破产。尽管面临巨大的政治阻力，沃尔克仍坚持执行该计划，根据德国总理赫尔穆特·施米特的说法，这将利率推高到了“耶稣基督以来”的最高水平。

在 1980 年的总统选举中，卡特败选，而被视为保守派、会适时

实施纪律的罗纳德·里根当选。当时的主要国家（以 G7 为代表，包括美国、英国、德国、日本、法国、意大利和加拿大，这显示了 40 年前的世界力量平衡状况与今天的区别多么大）也出现了类似的情况，民众选择保守派上台，以整顿国内的通胀乱局。美国的里根和英国的撒切尔夫人在执政初期，都与工会进行了具有里程碑意义的争斗。

● ***经济和政治在极端程度不同的左翼和右翼之间摇摆，这是因为任何一个极端的过度行为都变得令人难以接受，同时对反向极端的问题的记忆逐渐淡去。*这好比时尚——领带的宽度和裙子的长度随时间的推移而变化。如果一种极端情况非常流行，人们就应该预期不久之后将朝着相反方向发生类似规模的变动。**收紧货币的政策压垮了债务人，并使借贷减少，导致世界经济陷入大萧条以来最严重的低迷。美联储慢慢开始降息，但市场继续下跌。1982 年 8 月，墨西哥出现债务违约。有趣的是，美国股市应声反弹。

接下来发生的事情使我得到了一个相当痛苦的教训。虽然我预测到了债务危机并从中获利，但这场危机也让我（a）预计会发生一场债务违约导致的萧条，而这并没有发生；（b）因为押注在这上面而赔了很多钱。由于我个人和客户均遭受损失，我不得不将刚成立不久的桥水公司解散，而我在破产之后境况窘迫，不得不向父亲借了 4 000 美元来支付家庭账单。与此同时，这段痛苦的经历也是我经历过的最好的事情之一，因为这件事彻底改变了我的决策方式。我所忽略的是，如果债务以央行能够印发的货币形式存在，并且央行能够对债务进行重组，那么债务危机就能得到很好的应对，因此不会构成系统性威胁。由于美联储能够向贷款得不到偿还的银行提供资金，因此这些银行并没有出现现金流问题。此外，由于美国的会计制度并不要求银行将这些不良贷款计为损失，因此银行并未出现任何难以解决的重大问题。我从中学到，**资产价值与货币和信贷价值之间是反向关联的关系（即**

货币和信贷越廉价，资产价格越高），而货币价值与现有货币的总量之间是反向关联的关系，因此，当央行提供大量货币和信贷，并使其变得更廉价时，更积极地持有资产是明智之举。

通胀紧缩且经济繁荣的 20 世纪 80 年代

在 20 世纪 80 年代的美国，股市和经济繁荣发展，通胀率和利率不断降低，与此同时，债务缠身的新兴经济体陷入通胀性经济萧条，而这些国家的央行不具备救市的能力。1982—1989 年，债务重组缓慢进行，直至 1989 年签订《布雷迪债券协议》(以时任美国财政部长尼古拉斯·布雷迪的名字命名)。该协议的签订标志着这些国家“失去的 10 年”要结束了（不同国家在 20 世纪 90 年代初签署了相关协议）。**债务周期在 1971—1991 年上下波动，给全世界所有人都造成了严重影响。这一波动缘于美国结束美元的金本位制，进而引发通胀。之后，美国不得不通过收紧货币政策来抑制通胀，进而导致美元走弱，通胀率显著降低。**在各个市场上，大周期的表现包括：（a）在 20 世纪 70 年代，通胀率和通胀对冲资产价格骤涨，债市陷入熊市；（b）1979—1981 年，造成毁灭性影响的货币紧缩政策使现金成为最佳投资，并导致非美债务人

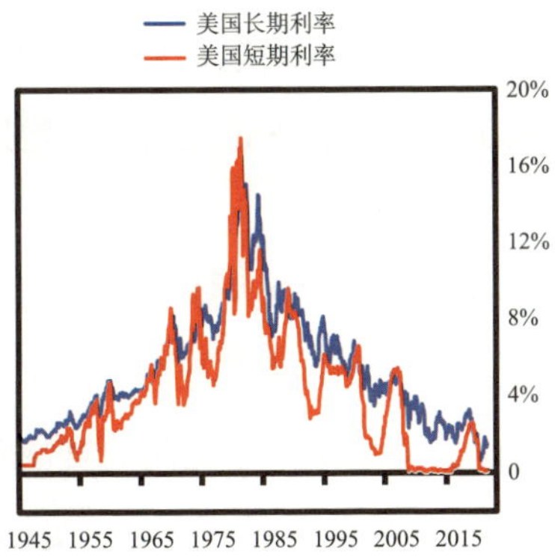

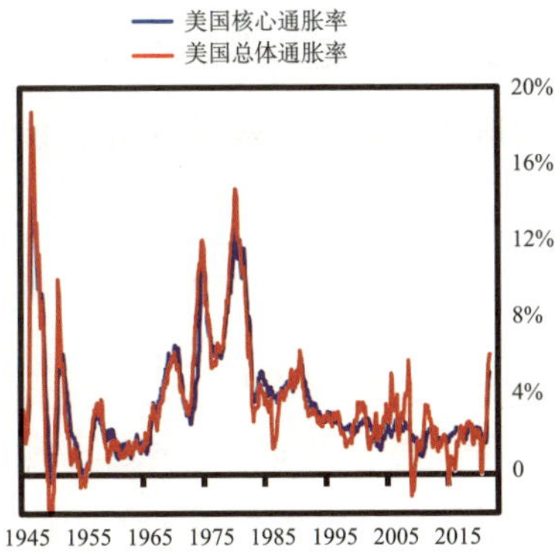

面临大规模通缩性债务重组；之后（c）通胀率下跌，债市、股市和其他通缩性资产在20世纪80年代表现出色。上页图很好地反映出这些情况。我们从中可以看到，1945年至今，以美元计值的通胀率和利率出现上下波动。当我们展望未来时，应该谨记这些波动及其背后的机制。

在上述过程中，美元一直是世界上最主要的储备货币。整个时期有力地证明了拥有全球储备货币给美国带来的好处，即全球大多数债务以美元计值。

1990—2008年：全球化、数字化和债务融资拉动的经济繁荣

由于经济上的失败，苏联无法支撑（a）其帝国、（b）经济及（c）军事，并应付来自美国总统罗纳德·里根的军备竞赛支出。因此，苏联在1991年解体。许多国家放弃实施共产主义，世界进入了全球化和自由市场资本主义的高度繁荣时期。

从那时直到我行文的当下，我们经历了三个经济周期：一个在2000年互联网泡沫期间触顶，导致了之后的经济衰退；一个在2007年股市泡沫期间触顶，导致2008年全球金融危机；还有一个周期在2019年触顶，之后是2020年的新冠肺炎疫情引发的经济衰退。除了俄罗斯的衰退，在此期间，我们还看到了中国的崛起、全球化和科技的进步。其中，科技的进步取代了人工，这有利于企业盈利，但是扩大了贫富和机会方面的差距。

国家和国界的重要性逐渐减弱，商品的生产以及这些商品带来的收入通常出现在成本效益最高的地方。这种情况拉动了新兴经济体的生产和发展，加速了各国之间的人员流动，缩小了国家之间的贫富差距，也导致国家内部的贫富差距扩大。发达国家的中低收入工人受损，

而生产较为高效的新兴经济体的高收入工人则相对大为获益。可以说**在这一时期，机器和其他国家（特别是中国）的工人替代了美国的中产阶级工人。**这种说法虽然过于简化，但是基本准确。

下图显示了按实际（即经通胀调整后的）美元计值，1990 年以来美国和中国各自的商品和服务差额[3]。当本书下一章对中国进行分析时，你将读到 1978 年邓小平在中国实行的改革开放政策，以及中国于 2001 年加入世界贸易组织，这两件事促使中国的竞争力和出口规模出现爆炸性增长。请注意，从 2000 年左右到 2010 年左右，中国的贸易顺差和美国的贸易逆差加速增长，之后，二者之间的差异虽然有所减小（近来疫情期间又在增大），但中国仍趋向于拥有贸易顺差，美国则仍面临贸易逆差。这些顺差使中国拥有巨额储蓄，成为一个金融强国。

商品和服务出口减去商品和服务进口
（实际值，单位：10 亿美元，12 个月移动均值）

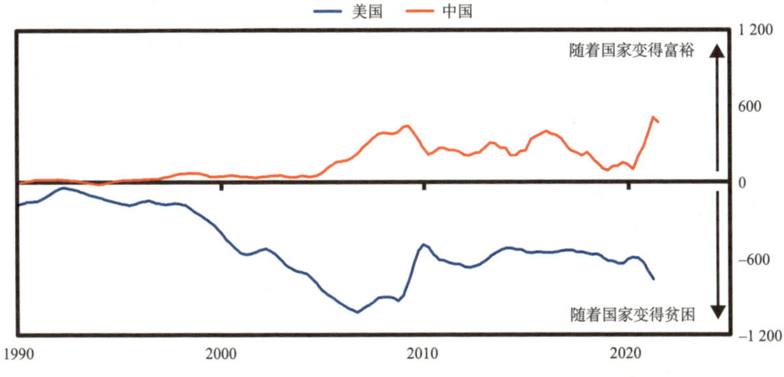

● ***大多数人只关注他们获得什么，而非为此买单的资金源于何处，因此，对当选的官员来说，他们有很大的动力将大量借款用于支出，并向选民做出许多承诺，承诺给他们提供其所想要的，并承担未来可能引发问题的债务和非债务义务。***1990—2008 年这段时期无疑就是如此。

3 这个指标衡量的是整个国家的支出是否大于收入。

1945—2008 年的整个长期债务周期中，每当美联储想要刺激经济时，就会降息，并提供更多的货币和信贷。这会推动股票和债券价格上涨，导致需求增加。这就是 2008 年之前的做法，即降息之后，债务增速超过收入增速，导致美国经济出现不可持续的泡沫。2008 年，情况发生变化，泡沫破裂，利率自大萧条以来第一次跌至零。正如我在《债务危机》一书中详细阐述的那样，货币政策有三种类型：（1）由利率驱动的货币政策（我称之为第一种货币政策，因为这是最先采用的也是最受欢迎的货币政策）；（2）印钞和购买金融资产，其中最主要的是债券（我称之为第二种货币政策，现在被人们普遍称为“量宽”）；（3）协同实施财政政策和货币政策，中央政府进行大量的债务融资支出，央行购买这些债券（我称之为第三种货币政策，因为在前两种政

私营部门非金融债务

（占 GDP 的百分比，6 个月移动均值）

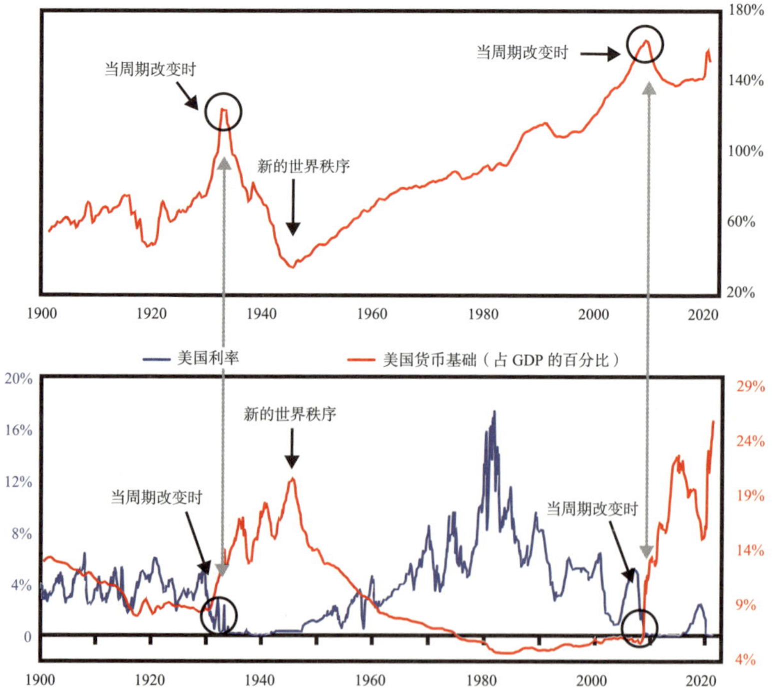

策无法发挥作用的时候，这是第三种也是最后一种调控手段）。上页图显示了 1933 年和 2008 年的债务危机导致利率跌至零，随后美联储进行了大规模印钞。

货币政策的这一转变效果显著，影响巨大。

2008—2020 年通过货币融资实现的资本主义繁荣时期

2008 年，债务危机导致利率不断下调至零，致使三个主要储备货币国家的央行（首先是美联储）从由利率驱动的货币政策转向由印钞和购买金融资产驱动的货币政策。这使资金流向购买其他金融资产的投资者手中，导致金融资产价格上扬。这种情况对经济有利，对那些拥有金融资产的富人尤其有利，因此造成贫富差距扩大。基本上讲，借款实际上是免费的，因此从事投资和企业经营的借款者利用这些廉价融资进行购买，从而拉动股价和公司利润增长。这些资金并未按比例流向不同阶层，因此贫富差距和收入差距继续扩大。贫富差距和收入差距达到自 1930—1945 年以来的最高峰。

美国收入占比

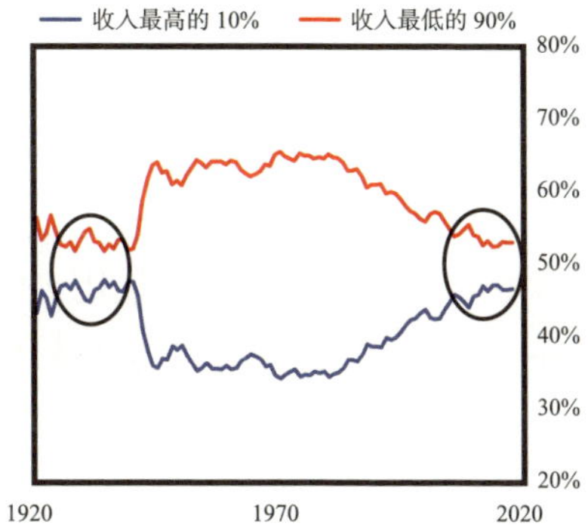

美国财富占比

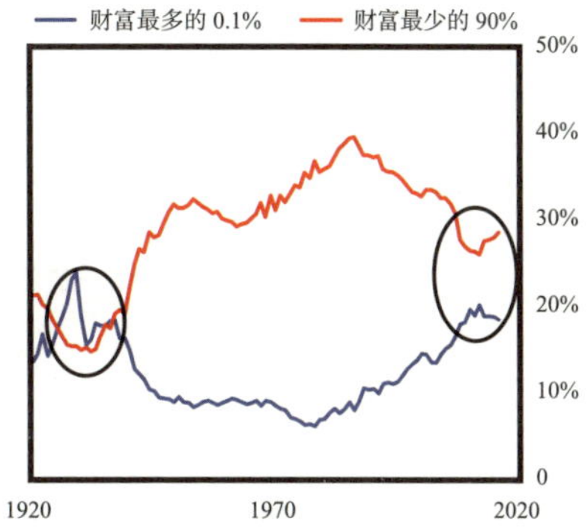

2016 年，唐纳德·特朗普这位直言不讳的商人、资本家、右翼民粹主义者为了当选总统，掀起了一场针对政治建制派和“精英阶层”

的反抗，承诺给那些持有保守主义价值观、失业、生活窘迫的人提供支持。之后，他削减了公司税，并实行大额预算赤字，美联储也对此提供了支持。虽然这种债务增长为市场和经济相对强劲的增长提供了资金，并使低收入群体的生活有所改善，但随之而来的是贫富差距和价值观差异的进一步扩大，导致“穷人”对“富人”越发不满。**与此同时，政治鸿沟加大，一边是日益极端的共和党人，另一边是日益极端的民主党人。**下面的两张图反映出上述情况。下图显示参众两院共和党人的保守程度和参众两院民主党人的自由主义程度相对于过去的情况。我们从这一数据可以看出，这两个党派都变得更加极端，他们之间的分歧也变得比以往任何时候都大。虽然我不确定情况是否确实如此，但我认为这一看法基本上是正确的。

主要政党的意识形态立场

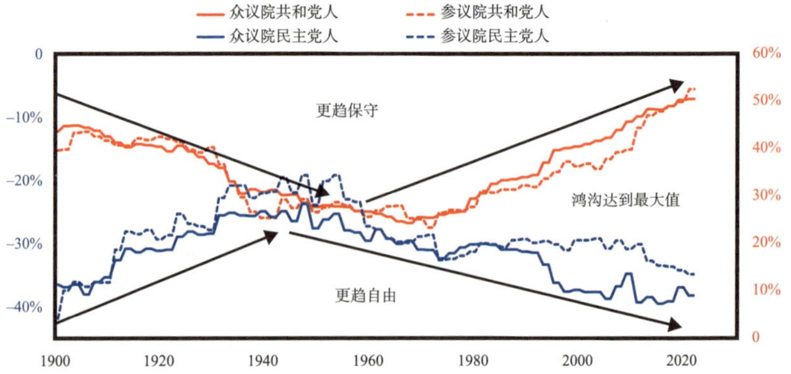

下页图显示的是平均而言议员沿党派路线投票的比例，该比例已达到历史最大值。这继续反映出党派之间相互妥协并达成一致的意愿有所下降。换句话说，美国的政治分裂变得严重且难以消除。

在与国际对手特别是中国和伊朗的经济和地缘政治分歧上，特朗普采取了更加咄咄逼人的谈判姿态；在与欧洲、日本等盟友在贸易和军费支出问题上，他也采取了这样的谈判姿态。2021 年特朗普任期结

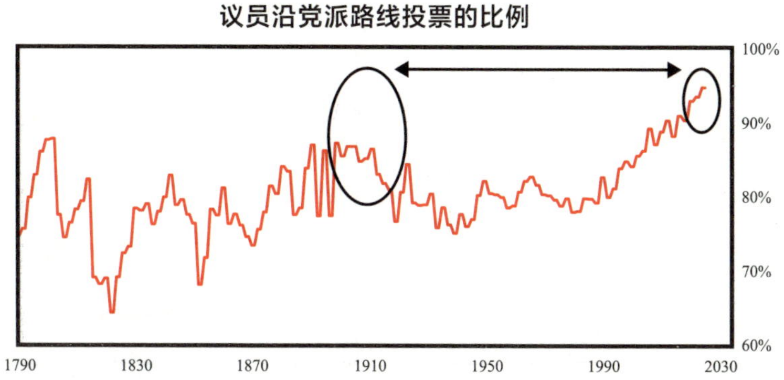

这张图展示了一名议员的左/右意识形态在决定其在每个国会会期的参众两院投票时的平均可预测程度，根据分析意识形态偏好的学术模型 NOMINATE 衡量。

束时，美国与中国在贸易、技术、地缘政治和资本方面的冲突在加剧，美国使用了曾在 1930—1945 年使用过的经济制裁手段，或将这些手段置于谈判桌上以做备用。

2020 年 3 月暴发新冠肺炎疫情后，由于美国（及世界大部分地区）关闭国门，收入、就业和经济活动锐减，美国政府担负了大量债务，向民众和公司提供大量资金，美联储大规模印钞，买入了大量债券。其他国家的央行也是如此。为了反映这一情况，下图展示了有数据可查的各主要国家的失业率和央行资产负债表的情况。如图所示，所有这些央行印钞和购买金融资产的规模都接近或超过之前战时的纪录水平。

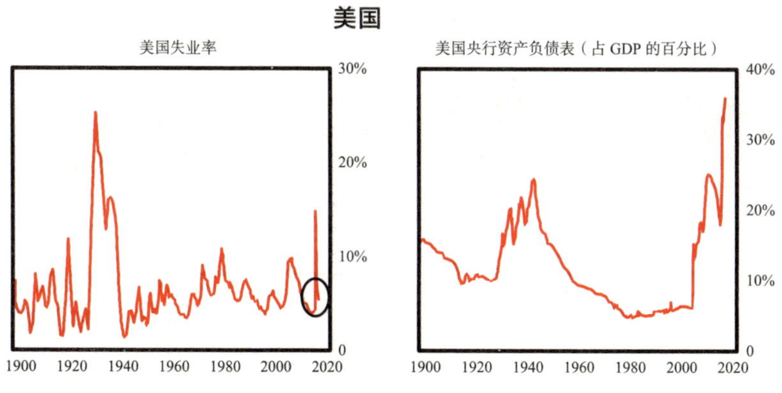

欧洲

欧洲失业率

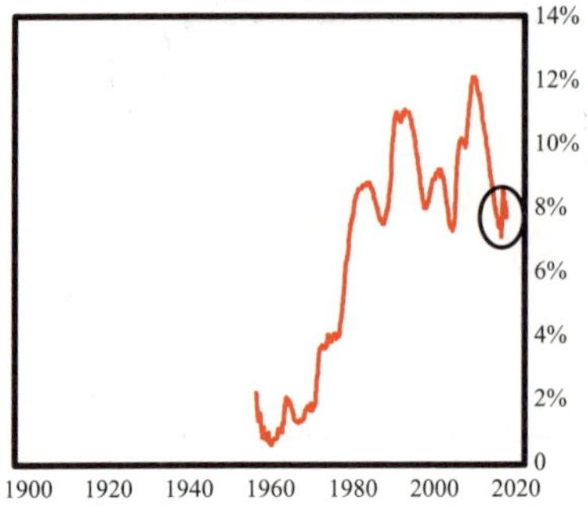

欧洲央行资产负债表（占 GDP 的百分比）

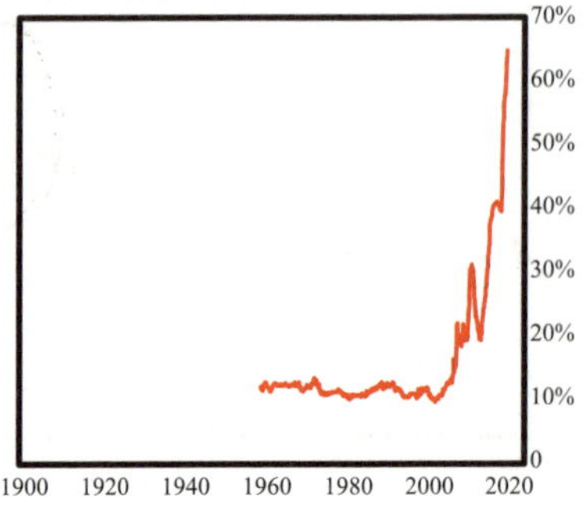

英国

英国失业率

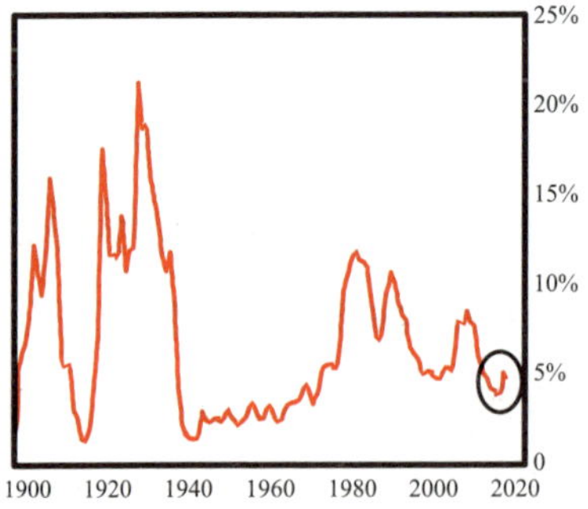

英国央行资产负债表（占 GDP 的百分比）

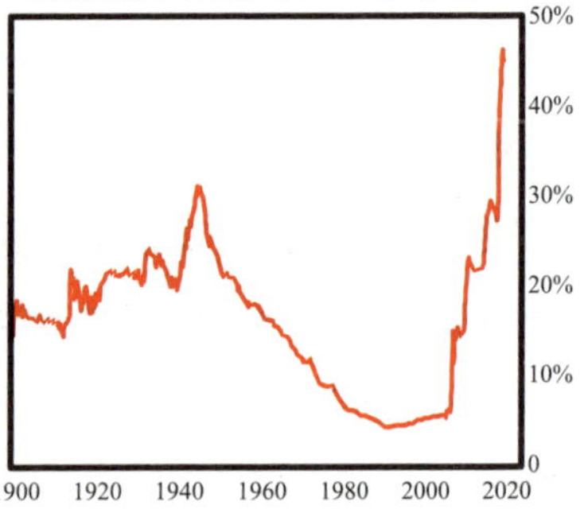

日本

日本失业率

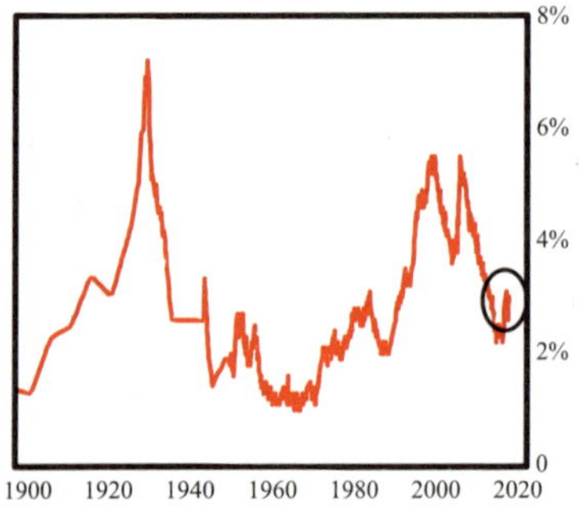

日本央行资产负债表（占 GDP 的百分比）

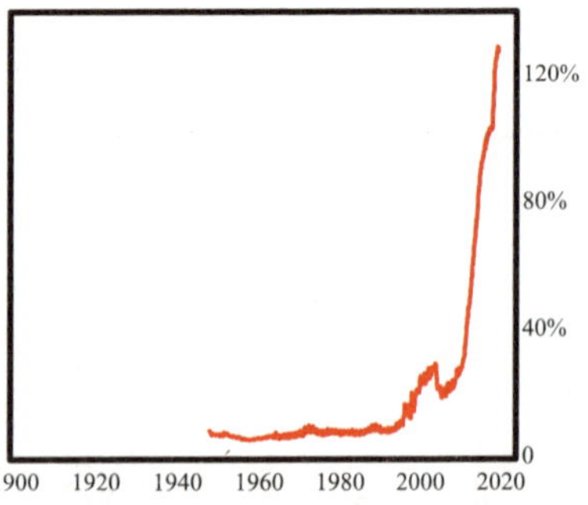

正如历史展现的以及第 4 章所阐述的那样，*如果货币和信贷大幅增加，就会导致货币和信贷价值下降，进而推高其他投资资产的价值。*

美联储在 2020 年印钞和购买债券的行为，很像罗斯福在 1933 年 3 月采取的措施，也类似尼克松在 1971 年 8 月、沃尔克在 1982 年 8 月、本·伯南克在 2008 年 11 月，以及马里奥·德拉吉在 2012 年 7 月采取的措施。这已经成为央行的标准操作流程，将一直沿用下去，直到不再奏效。

美国在自身大周期中所处的位置

我模型中的数据显示，美国在自身大周期中约处于 70% 的位置，误差范围为 10 个百分点。美国还没有越过界限进入第六阶段，即真的战斗打响的内战 / 革命阶段，但其国内冲突激烈程度日益加剧。最近的选举显示了美国有多么分裂，几乎是一半对一半，双方的路线似乎不可调和。

下图代表 50 年前的人口状况，当时两党的大多数人是中间派，极端分子没有那么极端。

50 年前的政治光谱[4]

现在的情况是这样：集中程度更高，极端人士更多。

2021 年的政治光谱

4　颜色深度表示两极分化的程度。

历史告诉我们，● ***更严重的两极分化相当于两种情况：（a）出现政治风险的僵局更大，这使通过革命性变革纠正问题的可能性降低；（b）某种形式的内战/革命。***

在第5章中，我描述了反映从第五阶段升级到第六阶段可能性的典型标志。**我现在看到了三个最重要的标志：（1）规则被无视，（2）双方相互的情绪化攻击，（3）发生流血事件。**

在本书最后一章，我将分享我用来追踪事态进展情况的量化指标。我将继续关注这些指标，并在economicprinciples.org网站上与读者分享我的观察。但首先，我们来关注一下一个崛起的世界大国——中国，以及中美可能发生冲突的方式。

12

中国和人民币的大周期兴起

中美之间情绪如此高涨，以至许多人都劝我不要发表这一章。他们说，我们处在某种形式的战争之中，你写任何赞美中国的东西都会疏远美国读者，而对中国的批评则会激怒中国人，而且媒体曲解你说的一切，会让事情变得更糟。也许会这样，但我不能闭口不言，因为中美关系太重要了，任何像我这样熟悉两国的人都不能不提及此事。不就此诚实地发言将有损我的自尊。

我不害怕批评，而是欢迎批评。我在这里分享的只是我学习过程中最新的一页。我的学习过程是，通过直接经验和研究来学习，把学到的东西写下来，再给聪明的人审阅和批评，以对其进行“压力测试”，探讨我们的分歧，以进一步完善它，如此一遍遍地重复，直到我离开人世。尽管这份研究反映了我近 40 年来以这种方式研究中国的成果，但它仍是不完整的，其对错之处还有待确证。本着去伪存真的精神，这份成果供你使用或者批评。

本章集中探讨中国和中国历史，下一章的主题是中美关系。我希望在本章提供对以下问题的更好的理解：中国人从何而来？在中国历史经验的观照下，中国人如何看待美国人和他们自己？尽管我不是研究中国文化和中国社会运行方式的专家，但我相信，我与中国直接打交道的许多经验、我的历史与经济研究以及美国与全球视角，让我对中国的历史和现状有独特的认识。在阅读之后，你可以自行判断本章内容的正确与否。

我所说的中国文化是指中国人先天固有的期望，即家庭和社会之间应当如何相处；领导者应如何领导，追随者应如何追随。它们是经过中国几千年许多统治王朝的兴衰、儒家哲学以及其他信仰的发展而形成的。我反复看到这些典型的中国价值观和操作方式的体现，例如曾长期担任新加坡总理的李光耀和启动中国改革开放的邓小平在经济和领导力方面的做法。他们都将儒家价值观与市场经济相结合，其中邓小平创立了社会主义市场经济理论。

在过去几年里，作为我研究大国及其货币兴衰的一部分，我还研究了中国历史，以帮助我理解中国人，特别是深受历史影响的中国决策者的想法。我研究的起始点是600年，唐朝建立前夕。[1]尽管对直接接触的人和事物，我对自己的印象有相当大的把握，但对我没有直接接触过的人和事物，我当然就没有这么大的把握了。我对像毛泽东这样的历史人物的看法，是基于收集的事实、从对话和书本中收集的专家想法，以及推测。我能说的是，通过我自己的经验、我的研究团队的努力，以及我与世界上一些最博学的中国问题学者和实践者的广泛沟通，我对我的结论有高度的信心。

自我1984年首次去中国以来，我结识了许多中国人，从底层百姓到高层领导，与他们亲密接触。正如我直接经历了美国近几十年的历史一样，我也直接经历了中国近几十年的历史。所以我相信，我对中国和美国的视角都有很好的体察。我呼吁，假如你没有在中国待过很长时间，你就应该破除你可能有的任何关于旧的“共产主义中国”的

1 关于中国历代王朝的完整报告可以在economicprinciples.org网站上找到。

成见，也别管那些有偏见的人常向你描述的那类图景，因为那都是错的。我建议你把听到或读到的东西，与曾和中国人共事过很长时间的人交流。顺便说一句，我认为，广泛的媒体扭曲以及盲目和近乎暴力的忠诚，阻碍了我们深入思考不同观点，这是我们这个时代的一个可怕病症。

需要说明的是，我不是一个意识形态至上的人。我不会依据是否符合美国、中国或我个人的信念，就在一个问题上选边站队。我很务实，像医生一样对待问题，依赖逻辑和因果关系，并相信经过时间检验的东西。在分享我的认识时，我只恳求你保持耐心和头脑开放。

在本书开头探讨 18 个决定因素时，我列出了我认为对一个国家的健康最重要的因素。其中，我强调 8 种实力指标：教育、竞争力、创新 / 技术、贸易、经济产出、军事、金融中心地位和储备货币地位。我

各大国的相对地位

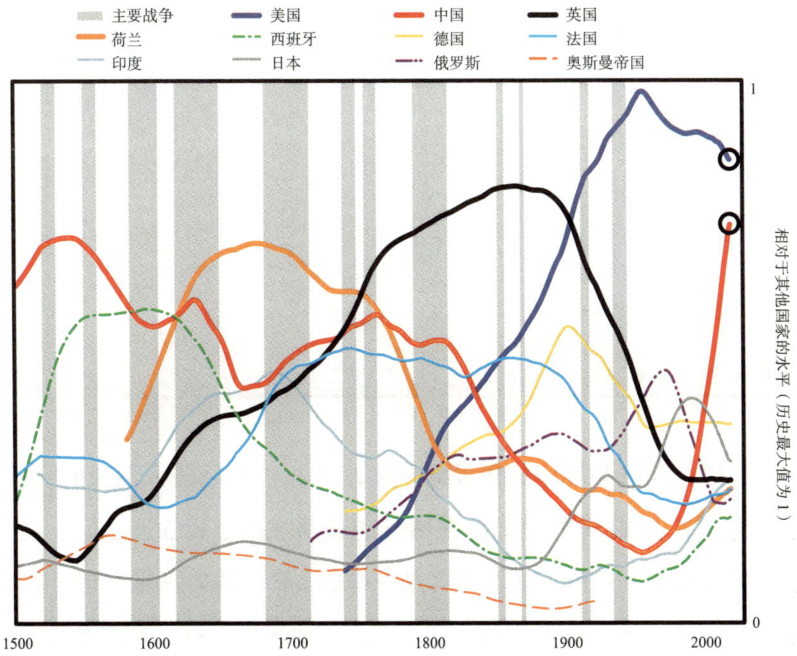

通过这些因素判断中国的优势和劣势。我还试图像中国人一样，通过中国人的视角理解中国的情况。

我们重温一下上页这张图，它显示了世界领先国家的相对地位，衡量指标是 8 种不同的实力。在考察 1500 年以来各大国的兴衰时，我逐一考察了这些指标。现在，我将以同样的方式考察中国，简要介绍其悠久的历史，同时以更细致的方式深入介绍其亮点。

为了进一步分析中国的崛起，下图显示了从 1800 年到现在中国实力的 8 项指标。

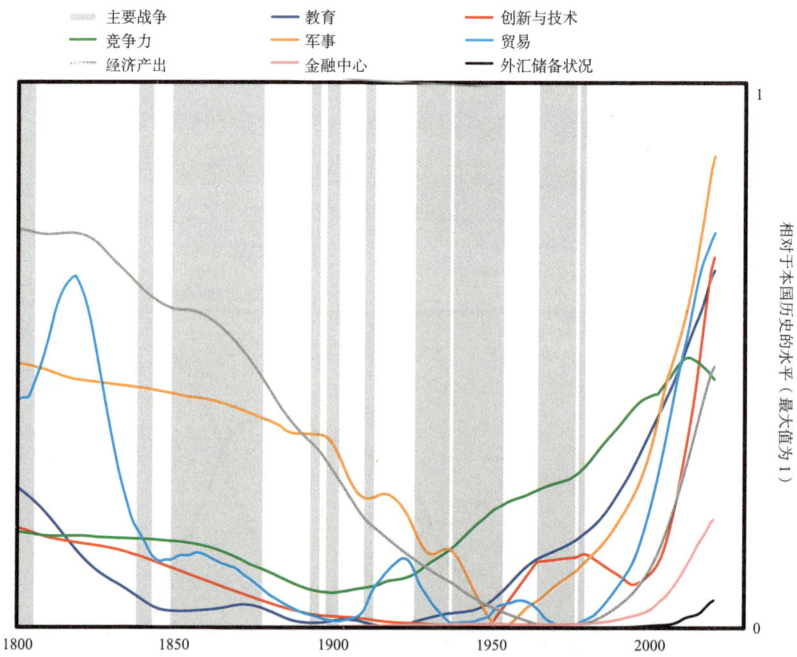

荷兰、英国和美国的周期是从崛起开始，然后进入漫长的衰落，但中国过去 200 年的周期是在漫长的衰落之后出现快速崛起。虽然顺序是相反的，但周期的驱动力是一样的。8 种实力指标中有 7 种在 1940—1950 年跌至最低点。在那之后，大多数指标，尤其是经济竞

争力、教育和军事实力，逐渐提高，直到 1980 年左右，中国的经济竞争力和贸易开始腾飞。那是在邓小平刚实行改革开放政策之后。这并不是巧合。从 1984 年我第一次访问中国到 2008 年左右，债务增长与十分强劲的经济增长保持一致。换言之，经济在没有负债的情况下取得了极快的改善。然后，2008 年全球金融危机到来了，像其他国家一样，中国大规模实施一揽子计划以刺激经济，因此债务相对于收入上升。2012 年起，中国政府大幅改善了中国的债务和经济管理，延续创新与技术的发展，加强了教育和军事，并与美国产生了更大规模的竞争。**现在，中国在贸易、经济产出、创新与技术方面和美国不相上下，都是领先大国，而且是一个强大且迅速崛起的军事和教育大国。中国是金融领域的新兴大国，但在储备货币和金融中心地位上落后。我们将在本章的后面详细探讨这一切，但为了理解中国的现状，我们首先需要深入中国漫长的历史。**

简要介绍中国的漫长历史

任何想从根本上理解中国的人，都需要了解基本的中国历史，其间反复出现的许多规律，以及中国决策者通过研究这些规律所获得的永恒普适的原则。即使对中国历史形成基本了解也需要花费很大气力。中国历史绵延约 5 000 年，浩如烟海，相当复杂，激发了很多不同的、有时甚至是矛盾的解读，所以我确信正确认识没有单一的来源，更确信我不是这来源。但其中仍然有很多有识之士都赞同的东西，而且很多中外学者和实践者与我分享了宝贵的见解。努力汇总这些认识，对我而言是很有价值也很引人入胜的工作。尽管我不能保证我的看法是最好的，但我能保证，我与世界上一些最有见地的人深入交流过这些看法。

中国有文字记载的历史始于公元前2000年左右的夏朝，夏朝持续约400年，被认为给亚洲带来了青铜时代。孔子生活于公元前551年—前479年，他的哲学极大地影响了中国人的为人处世之道，直到今天。秦朝在公元前221年左右统一了我们现在所称的中国的大部分地理区域，随后是统治了中国400多年的汉朝，汉朝开创了至今仍在使用的治理体系。唐朝在618年兴起。

下图把各大国图中相同的总体实力衡量指标应用于中国，覆盖了600年至今1 400多年的历史。历史上中国一直是全世界最强大的国家之一，只有在大约1840—1950年是显著的例外，当时中国陷入急剧衰落。内战结束之后，中国开始再次崛起，起初缓慢，后来很迅速。现在中国仅次于美国，并有望超越美国。

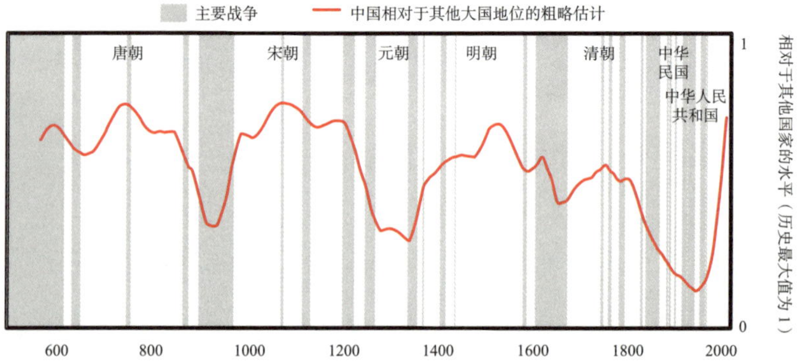

在这段时间里统治中国的大多数朝代文化昌盛，国力强大。（我只在图中列出最突出的朝代，历史上还有许多其他朝代。）每一个朝代都有自己的精彩故事，但要详尽地讲述这些故事，这一章的篇幅远远不够。

- **唐朝（618—907年）被许多中国人视为帝制中国的鼎盛时期。**

唐朝是在长期分裂和内战之后建立的，战争的结局是历时短暂的隋朝重新统一中国，隋朝之后就是唐朝。建立唐朝的是父子两代强人领袖，其中儿子、唐朝第二位皇帝唐太宗尤其著名。他们不仅在军事上统一了中国，而且建立了稳定的政府体系，制定了高效的政策，带来了高质量的教育、卓越的技术发展、国际贸易和多样化的思想。唐太宗是一位了不起的革命型领袖，他巩固了政权，建立了一个伟大的王朝，并实现了良好过渡，使这个王朝在没有他的情况下仍然强大。唐朝的大繁荣持续了约 150 年，极其强大的军事力量帮助唐朝控制了中亚宝贵的贸易路线。但到 8 世纪末，唐朝由于常见原因走向衰落：治理质量下降，经济和价值观差距造成的分裂导致中央政府衰弱腐败（加上内部冲突因素导致了一系列起义），财务状况恶化，自然灾害的影响加剧。

- **接着是北宋和南宋（960—1279 年），在此期间中国是世界上最具创新性和活力的经济体。**唐朝的衰落导致了 10 世纪的内战和分裂。在这场冲突中，960 年，宋太祖建立宋朝。宋太祖是一个典型的强力革命型领袖，他需要并且能够结束混乱，恢复秩序。作为军事领袖，他成功掌握了皇权，然后实施了广泛的改革：（a）将之前争夺权力的不同派系团结在一起；（b）创建了一个中央集权、自上而下的军事和文官管理体系；（c）扩大了教育，增强了治理质量（特别是通过改革科举制度）。在宋太祖及其继任者的领导下，在教育和任人唯贤方面的这些投资，使宋朝走上了一条典型的良好发展道路，带来了巨大的科学技术进步。[2]但在几代人之后，1100 年左右，宋朝因领导乏力、财政

2　宋朝的诸多发明包括活字印刷术、航海指南针和纸币。

问题和其他常见原因而衰落，因此在外部力量面前变得不堪一击。12—13 世纪，宋朝首先失去对中国北方的控制，然后在被称为南宋的复苏时期之后，被蒙古领袖忽必烈征服。

- **忽必烈建立了历时相对短暂的元朝（1271—1368 年）。**在统治的大部分时间里，忽必烈治国有方，表现得像一个典型的王朝创始人：他鼓励教育，统一国家，相对于其他许多蒙古领导人，他以任人唯贤和开放的治理风格脱颖而出。在忽必烈统治下，中国的经济和贸易在长期冲突后得到加强。同时，元朝发动了代价高昂的征服战争。忽必烈统治后期，腐败加剧，因未能制定一个稳定的继承制度，他死后频繁爆发内战和危机。这样的腐败和不稳定助长了起义，导致不到 100 年后元朝灭亡。
- **明朝（1368—1644 年）统治时期帝国大体上繁荣和平。明朝由洪武皇帝建立，他出身贫寒，后来成为一名了不起的将领，攻占北京，推翻了蒙古统治者。他在长达 14 年、导致约 3 万人被处决的清除异己行动中巩固了权力。**在成功反抗不受欢迎的元朝后，明朝早期的领导人建立了一个唯才是举的社会，有良好的教育和文明的行为，促进了创新。随着时间的推移，明朝扩大了与欧洲的贸易（因为中国商品质量极佳），这带来了大量白银，并将国家的精力从维持生计的农业转向了工业。然而，明朝未能很好地管理货币和财政政策，未能维持中国对国际贸易的影响力，也未能充分应对一系列危机，使中国暴露于危机之中，不堪一击。雪上加霜的是，小冰期导致了农业灾难和饥荒。最终，战争、饥荒、生态灾难，加上僵化无能的政府，造成了一场无法挽回的灾难，导致持续近 300 年的明朝在 1644 年灭亡。
- **清朝（1616—1911 年）是邻近的满族利用明朝的不稳定和起**

> **义挑战明朝后夺取政权的。**起义的高潮是起义者攻占北京，明朝末代皇帝自杀。**然后在清朝统治时期，周期又开始了。中国实现了其最大的领土扩张，统治着全世界逾 1/3 的人口，而三位长久在位的皇帝实行的改革带来了长期的经济繁荣。**[3] 接着欧洲列强到来了。在本书前文中，我们看到欧洲列强在探险时代如何利用其军事力量，与拥有丰富资源但军事实力较弱的外国人进行贸易，并剥削对方。这就是 19 世纪初发生的事情，中国所说的“百年屈辱”由此开始。欧洲人提出要进行贸易，但中国人不想要他们提供的任何东西。这导致英国人把鸦片带进中国，让中国人上瘾，这样他们就可以进行贸易。随后在 19 世纪发生了一系列军事战争（最著名的是鸦片战争），加速了中国的衰落。中国想阻止自身衰落，但失败了，出现了大规模的内部冲突和起义（最著名的是太平天国运动），这些冲突和起义一直持续到 1911 年清朝灭亡。

这段历史提供的教训至今依然得到当今中国领导人的重视，而且让我很入迷，特别是在历史模式的背景中。

典型的王朝循环是如何发生的

典型的中国主要王朝像典型的帝国一样，持续时间约为 250 年，可能多 150 年或少 150 年，大体上遵循着相同的兴衰模式。[4] 读者可以

3　在 18 世纪，中国占世界 GDP 的比例升至 30%，人口增长了一倍多。

4　需要澄清的是，大多数朝代是短暂的小朝代或区域性朝代，在中国动荡时期迅速兴衰。不同资料给出的朝代总数不同，因为一个政体是构成一个小朝代或区域性朝代，还是某种其他形式的行政形态，是不清楚的。主要朝代中大约有 9 个统一了中国并统治了很长一段时间。9 个中的 5 个处在我们的案例研究关注的时期——自 600 年至今（唐、宋、元、明、清），4 个处在之前的 800 年间（秦、汉、晋、隋）。

看到第 5 章中描述的内部秩序周期反复上演。周期的过程如下：

- **第一阶段，新秩序开始，新领导层巩固权力，**接下来……
- **……第二阶段，资源配置体系与政府官僚机构建立和完善，**如果行之有效，就会……
- **……第三阶段，出现和平与繁荣，**进而出现……
- **……第四阶段，支出和债务严重过度，贫富差距和政治分歧扩大，**从而导致……
- **……第五阶段，财政状况糟糕，冲突激烈，**之后……
- **……第六阶段，出现内战 / 革命，**然后再回到……
- ……第一阶段，发展到第二阶段，以此类推，整个周期循环往复。

我们来快速回顾一下这个周期。**典型的周期始于强有力的领导人掌控大局，实施建立一个大国所需的改进。**和大多数其他帝国一样，最初的争夺控制权战争胜利之后，**接下来争取大多数人团结一致通常是很难的**（常常是通过冲突来建立领导权力）。这之后通常是一段和平时期，因为没有实体想要挑战主导力量（第一阶段）。

接着新统治者把精力转向建立帝国。要想成功，帝国**国民需要聪明而有决心，并能相互合作**。它还需要**有强大的财政实力**。实现这些要素需要建立一些系统来培养出具有**良好教育和自律能力**的人。**要让最有能力的人担任最重要的职位，就需要进行唯才是举的选拔。在中国的各个朝代，科举经常起到这个作用，新朝代实施教育改革的情况也很普遍。**这还需要**一个有效的资源分配系统**（第二阶段）。

在和平与崛起时期，帝国通常在经济上运转良好，财政状况得到改善。虽然由于前帝国的债务已经被清除，帝国建立时通常财政资源有限、债务水平较低，但在有些情况下，它拥有一些资产，这些资产是在赢得前一场战争后获得的。就中国历史而言，关键的变量是土地所有权分配和土地税——通常新王朝的建立会削弱或推翻前朝的“腐败精英”，极大地改善国家可获得的资源。有了这些资源，王朝就得以获利并扩张。王朝建立相互强化的商业、技术和军事力量。例如，拥有强大的技术在经济上和军事上都有助于王朝，因为技术可以用于经济和军事，强大的军事能保护国家的商业利益（如保护贸易路线），这也能增强王朝的经济实力。在王朝鼎盛时期，朝廷运转良好，资源和人力得到有效利用，先前的投资产生新的收益。王朝经济强大，自给自足，百姓安居乐业，在学术、艺术、贸易、建筑和伟大文明的其他要素方面取得巨大成就（第三阶段）。

帝国衰落的原因通常是让帝国强大的力量减弱，敌对力量出现。领导力削弱，经常导致腐败，而且/或者允许其他人腐败。[5] 此外，王朝通常会过度扩张，并经常负债累累，这会导致债务问题，通常是通过大量印钞来解决，而这又会导致货币贬值。王朝的民众也变得如同一盘散沙，失去团结一致的目标和良好合作的能力。贫富差距扩大，导致生产力削弱和政治冲突。某种形式的自然灾害，往往是干旱或洪水，也会增加王朝面临的问题。同一段时间里这些事件发生得越多，王朝灭亡的可能性就越大。

王朝的衰落本身伴随着起义的升级和之后的血腥内战（第五阶段和第六阶段）。最终一个强有力的新领导人出现，赢得冲突，建立一个新王朝，开始另一轮周期（又回到第一阶段）。

不同王朝的衰落中有一些共同的主题，我们在本书中提到的其他一些国家的衰落中也可以看到这些主题。

5　通常，“坏”皇帝怠于朝政，容忍甚至参与腐败，同时忽视公共投资需求。其中一些意识形态更为僵化，其判断力及其高级顾问的判断力都很差，沉迷于通过自身职位获得的奢侈品。大多数朝代的末代皇帝往往是在王朝已经衰弱之后出现的，通常对朝政控制力有限，甚至参与有限（如幼年皇帝）。

1. **在王朝发展过程中日益加剧的不平等和财政问题是衰落的关键驱动因素。**通常王朝初创时，随着旧王朝精英的集中财产被重新分配，土地和财富持有更为平等，这有助于防止社会冲突和改善财政状况（因为与广泛存在的小地主相比，精英往往更有能力避税）。但随着时间的推移，土地集中于越来越少的家庭，这些家庭可以避税（通过贿赂、利用官方影响力和寻找其他方法来隐匿财富以躲避税收），这又使他们能进一步积累财富。由此造成的不平等直接导致冲突的产生，同时国家税基的削弱使国家变弱，更容易受到危机冲击。
2. **货币问题是帝国衰落的常见原因。**在宋朝、元朝和明朝，政府努力维持充足的金属货币供应，并诉诸印钞，特别是在战争和天灾人祸时期。征税方面的问题使政府更有动力印钞。这导致高通胀或恶性通胀，使情况变得更糟。
3. **治理和基础设施的质量往往在每个朝代的早期上升，然后在朝代发展过程中下降。**在宋朝、明朝和清朝后期，多年的公共工程投资不足，使中国易受饥荒和洪水的影响。虽然很难对几十个皇帝进行概括，但具有远见卓识的王朝开创者（如拥抱科技的宋朝和元朝开创者）之后的统治者通常更僵化和保守（如清朝统治者），过于关注帝国财富和奢侈品（如北宋的末代统治者）和/或不怎么支持对外贸易（如明朝统治者）。
4. **内部冲突通常源于经济差异和经济不景气（最典型的诱因是农业问题、高债务、管理不善和自然灾害，有时是与外部力量的冲突）。**严重的自然灾害和造成巨大破坏力的气候突变往往伴随着王朝的灭亡。典型的下行螺旋是：（1）技术和投资（包括新项目和维护）不足，使基础设施容易受到自然灾害的影响；（2）发生灾害（在中国通常是干旱和主要河流的洪水），破坏作物产量，在某些情况下会摧毁社会，因为作物产量下降会导致食物短缺甚至饥荒；（3）灾难引发国内民众起义。这一过程在宋、元、明、清朝的衰落中起了重要作用。

5. **糟糕的条件和巨大的贫富差距导致最严重的起义**，起义原因是百姓反抗精英的过度行为（如宋朝的方腊起义、元朝的红巾军起义和清朝的白莲教起义）。与此相反，大多数人的良好境况带来的国内稳定是较为繁荣时期的一个关键特征。
6. **由于孤立以及强调士胜于农工商和军事实力的儒家文化的影响，中国在商业、技术和军事上的竞争力较弱，这导致中国被更强大的“野蛮人”打败，或者落后于对方，如蒙古人、鸦片战争中的外国列强。**

中国的自然地理和地质也对朝代的兴衰产生了很大影响。这主要是因为中国地形多变，气候多样。例如，北方地势平坦，更冷、更干燥，而南方多山，更温暖、更潮湿，因此中国不同地区的作物产量往往不一致。尽管如此，由于多样化和各区域的协调，统一的中国在很大程度上是自给自足的。然而，这些条件加上清洁水、农田和沿海海洋渔业的短缺，使中国在历史上很容易出现粮食短缺。由于这个原因，**中国经常处于粮食不安全状态**，甚至在今天也进口大量粮食。**中国还缺乏一些重要的自然资源**，如石油、一些矿产和一些食品。**中国还有空气污染，给民众健康和农业带来不利影响，尽管中国正在迅速改善这些条件。**

这些事件促使**中国过去和现在的领导人吸取教训，并针对这些**不断发生或导致不可接受后果的**自然和政治灾难建立防范措施。**换言之，这些历史中蕴含着许多教训，相信我，所有这些教训都在影响当今中国领导人的决策，无论他们是在做长远规划，还是在处理手头的事务。

我特别感兴趣的是，看看典型的大周期模式可以追溯到多么久远的历史，因为中国历史既悠久又有大量的文献记载。我还很有兴趣看看，17—19 世纪，东方和西方世界的相互交流变得更密切时发生了什么，以及随着世界变得越来越小、联系越来越紧密，中国和西方的大周期是如何相互影响的。

我研究了这么多国家的历史，最重要的收获也许是看到因果关系的大模式的能力。将我的视角转向长期，感觉就像在谷歌地图里缩小视野一样，因为这让我看到了以前看不到的轮廓，以及相同的故事如何由于基本相同的原因重复上演。我也明白自己需要了解如此浩瀚的历史是如何影响中国人的思维方式的，那与美国人的思维方式截然不同，后者更关注当下发生的事情。大多数美国人认为他们自己的历史只有 300 年或 400 年（因为他们认为这个国家开始于欧洲人的殖民），他们不是很有兴趣从中吸取教训。

不管他们是否感兴趣，300 年对美国人来说似乎是很久的，但对中国人来说太短了。大多数美国人无法想象会发生颠覆美国体制的革命或战争，但对中国人来说，革命与战争似乎都是不可避免的，因为他们看到这样的事反复发生，并研究了革命与战争之前不可避免会出现的模式。大多数美国人关注的是特定的事件，尤其是当前事件，而大多数中国决策者则从更大、更渐进的视角来看待当前事件。

美国人冲动，具备战术思维，他们为现在想要的东西而战。大多数中国人具备战略思维，他们为未来想要的东西未雨绸缪。我还发现中国领导人比美国领导人更有哲学意识（他们确实在读哲学）。例如，我曾与一位中国决策者会面，那时他刚会见过特朗普总统，并忧虑中美冲突的可能性。他解释了他在会见之前如何准备，我觉得这种态度可能与特朗普总统持有的态度截然不同。他很有才能，睿智、谦逊、平易近人。他解释说，在会见特朗普之前，他担忧可能出现的最坏情况：以牙还牙的冲突升级会变得失控，导致战争。他回顾历史，认为战争具有很大的伤害性，而如果此时再发生一场战争，将会比上一场战争伤害更大。他阅读伊曼纽尔·康德的《纯粹理性批判》，通过阅读他意识到，只需尽力而为，让结果顺其自然。我跟他讲了“宁静祷文”[6]的力量。我回家后再次阅读《纯粹理性批判》，发现不好读。我当时很钦佩他，很重视他的观点，现在依然如此。

我讲这个故事是为了分享一位中国领导人对战争风险的看法。我与包括他在内的许多中国领导人、中国民众进行过许多交流，这只是其中的一个例子。借这个例子，我想帮助读者通过我的视角了解他们，并通过他们的视角看待问题。

中国历史和哲学，其中最重要的是儒家–道家–法家–马克思主义哲学，对中国人的思维方式影响很大，比美国历史及其犹太教–基督教–欧洲哲学根源对美国人的思维方式的影响要大得多。一位受人尊敬的中国历史学家告诉我，毛泽东把卷帙浩繁的《资治通鉴》通读数遍，这部编年史有 20 卷，记录了从公元前 400 年到公元 960 年这约 1 400 年、共约 16 个朝代的中国历史，他还通读了几遍篇幅更长的《二十四史》，以及许多其他关于中国历史的书籍和外国哲学家的著作，其中最重要的是马克思的著作。他还以哲学的方式写作和言说，写诗，研习书法。如果你对毛泽东的想法感兴趣，或者更重要的是，对他的思维方式感兴趣，我建议你阅读《实践论》和《矛盾论》，当然还有“红宝书”，那是一本涉及许多主题的语录。[7]

中国领导人关心的是百年大计，因为 100 年是一个好的王朝延续的最短时间。他们明白，典型的发展轨迹包含不同阶段，每个阶段持

6 “上帝，请赐予我平静去接受我无法改变的事情，赐予我勇气去改变我能改变的事情，赐予我智慧去分辨两者的区别。”

7 我要感谢澳大利亚前总理、亚洲协会政策研究院院长陆克文为我推荐这些书，帮助我了解中国政治。

续几十年，他们为此进行规划。

中国的第一阶段是在毛泽东领导下发生的，当时革命发生，取得了对国家的控制，权力和机构得到巩固。第二阶段是在不威胁世界领头大国（即美国）的前提下，积累财富、力量和凝聚力，这是在邓小平及其继任者到习近平之前的领导下发生的。第三阶段是要继续巩固这些成就，推动中国前进，以在 2049 年中华人民共和国成立 100 周年之际实现既定目标——成为一个“富强民主文明和谐美丽的社会主义现代化强国”，这将在习近平及其继任者领导下发生。**最终目标是让中国经济总量达到美国的两倍左右，并让经济增长的好处得到广泛分享。**[8] 近期目标和实现目标的途径规定在近期规划里，例如《中国制造 2025》[9]、习近平制定的新的“2035 年远景目标”，以及常规的五年规划。[10]

中国领导人不仅努力实施规划，还制定了清晰的标准来评估规划的表现，而且他们实现了大部分目标。我不是说这个过程是完美的，因为它确实不完美；我不是说他们没有导致分歧的政治及其他挑战，包括就政策选择展开一些激烈的争论，因为他们有分歧。我说的是，中国人拥有更长远的、基于历史的视角和规划视野，并把这落实到短期规划和操作方式中去，通过这一方式，他们极好地实现了自己的目标。巧合的是，我自己探寻历史规律和处理战术决策的做法，对我看待事物和做事情的方式有类似的影响，例如，在我现在看来，过去 500 年是较近的历史，而看待问题时最合适的时间跨度似乎应是 100 多年，通过这样的视角所观察到的规律很有效地帮助我预测事物的发展方向，

8　因为中国的人口大约是美国的四倍，所以只要人均收入达到美国的一半，中国经济总量就会达到美国的两倍。我目前看不到任何阻碍中国和美国实现人均收入相当的因素，如果人均收入相当，中国经济总量就将是美国的四倍。

9《中国制造 2025》的目标是让中国在大多数领域基本实现自给自足，并在人工智能、机器人、半导体、制药和航空航天等高科技领域具备世界领先水平。

10　2021 年 3 月，中国发布了“十四五”规划和 2035 年远景目标。

并让我知道应怎么准备才能应对未来几周、几个月、几年里的挑战。

中国的教训及其运行方式

中国文化是几千年来中国人的经验和教训的延伸。关于事物如何运转，如何最有效地应对现实，人们应该如何相处，政治决策应该如何做出，经济体系应该如何运转，这些都在中国的哲学思想中得以阐明。西方世界的主导哲学是犹太教–基督教、民主和资本主义 / 社会主义。个人通常从这些哲学中选择，形成适合于自己的组合。中国的主导哲学曾是儒家、道家和法家，在 20 世纪早期，马克思主义和资本主义加入这个系列。皇帝通常以自己的喜好做选择，将其付诸实施，并不断学习和适应。如果皇帝选的组合行之有效，王朝就会延续和昌盛（用他们的话说这是得了“天命”），否则王朝就会崩溃，被另一个王朝取代。从有记录的历史开始之前，这一过程就开始了，而且只要有人必须决定如何集体做事情，这一过程就会延续。

虽然我不可能用寥寥数语就充分介绍这些哲学，但我试着介绍一下：

- **儒家寻求实现和谐，确保人们知道在等级制中扮演的角色以及如何扮演好这些角色**，从家庭内部（夫妻之间、父子之间、长幼之间等）开始，扩展到统治者和臣民。每个人都尊重和服从上级，上级既仁慈，同时又规定严格的行为标准。期待所有人都善良、诚实、公正。儒家强调和谐、广泛的教育和任人唯贤。
- **法家主张由专制领导人快速征服和统一“天下”。**法家认为世界是一个无情厮杀、你死我活的丛林，人们必须严格服从皇帝的中央政府，政府不必对民众太过仁慈。

- **道家认为，与自然规律和谐相处最为重要。**道家认为自然是由对立（即阴阳）组成的，和谐来自妥善地平衡对立。

在20世纪早期毛泽东及其继任者崇尚马克思主义之前，儒家和宋明理学是最具影响力的哲学，通常会加入一些法家思想。在探讨20世纪时，我将简要地介绍马克思主义。

古代中国的制度都是等级制和不平等的。一位杰出的历史学家和不同文化的探索研究者告诉我，美国人和中国人的核心差异是，美国人最强调个人至上，而中国人则最看重家庭和集体。**美国是自下而上运行的，追求个人利益最大化；中国是自上而下运行的，追求集体利益最大化。**他解释说，中文中"国家"这个词包含两个字——国和家，每个人都知道自己的位置。因此，中国人更加谦逊、尊重他人、循规蹈矩，而美国人则更加傲慢、平等、厌恶规则。我注意到中国人对提问和学习更感兴趣，而美国人对畅谈他们的想法更感兴趣。

至于治理结构（即在中央政府的等级制中谁向谁汇报，以及如何延伸下达到与区域和地方政府的互动之中），这种方式已经发展了几千年，经历了许多朝代，变得非常成熟，对此我不予赘述，否则会太偏离主题。

与其他曾征服和占领他国的大国不同，中国占领遥远国家的情况相对少见。**中国基本是一个大平原，周围是广阔的自然边界（山脉和海洋），大部分人口分布在平原上。中国的大部分领土在这些边界之内，它所经历的大多数战争是为了争夺对中国内部的控制，主要是中国人之间的战争，不过有时是外来入侵者和中国人之间的战争。**

传统的中国军事哲学认为，赢得战争的理想方式不是打仗，而是悄悄发展自己的力量，不战而屈人之兵。它还主张广泛运用心理战来影响对手的行为。[11] **不过，历朝历代中国内部也发生过许多暴力战争。中国在境外的为数不多的战争是为了建立中国的相对实力和打开贸易机会。**

学者认为，中国不愿意在国外扩张的原因是，中国疆域已经很大，控制起来很费力；中国人更愿意保持文化的纯洁性，而这最好是通过孤立来实现。**传统上在与其他帝国打交道时，中国人更喜欢运用类似于之前提到的哲学所主张的方式，即双方知道自己的地位，并在此基础上行动。**如果中国更强（通常是这样），较弱的国家就会向中国纳贡，包括送礼和给予其他好处，作为回报，它们通常会获得对和平的保证、对它们权威的认可以及贸易机会。这些处于从属地位的国家通常保持自己的风俗习惯，中国不干涉这些国家的运行。[12]

中国的货币和经济史

就中国的货币、信贷和经济而言，相关历史十分悠久和复杂。尽管如此，中国经历过我在前面讨论货币和信贷大周期时描述过的各种货币 / 信贷 / 经济体系和周期。中国人使用最多的货币是金属货币（在国内主要是铜币，也有一些银币），这种情况在北宋发明纸币后持续了很长时间，直到 20 世纪中期人民币的出现。国际上使用的主要货币是白银，不过有时也使用黄金。

11 如果你没有读过《孙子兵法》，那么我建议你读一下，以领悟我所说的东西。

12 历史学家费正清在其优秀著作《中国的世界秩序——传统中国的对外关系》中这样描述中国与外国的关系："中国对外关系的分等级与同心圆结构所包括的其他民族与国家，可以分为三个主要区域。首先是中华区域，包括最近和文化最相似的附属国朝鲜和越南，这两个国家的部分领土古代曾在中华帝国之内，以及琉球群岛，有时还短时间地包括日本。其次是内亚区域，包括内亚游牧或半游牧民族的纳贡部落和国家，他们在种族和文化上不属于中国人，而且处在中国文化区的外面或者边缘上，尽管他们有时会逼近长城边境线。最后是外夷区域，通常由'外夷'组成，陆海距离更远，包括日本、东南亚和南亚的其他国家以及欧洲，中国把这些国家的贸易视为纳贡。"

了解这些不同体系对中国尤为重要，这些体系频繁转换，在不同时期促成繁荣或毁灭取决于管理者如何管理体系。中国经历过几个周期：（1）从硬通货过渡到以硬通货为后盾的纸币（从第一类过渡到第二类）；（2）对货币的信任不断提升，直到没有后盾的纸币流通（从第二类过渡到第三类）；（3）过度印钞和信心丧失造成纸币崩溃，导致恢复硬通货（从第三类过渡到第一类）。

如我在第 3 章中解释的，货币体系有三种基本类型。第一是货币具有内在价值（因为是金币、银币和铜币），我称之为第一类货币体系。第二是货币与有内在价值的资产（通常以纸币的形式，可以以固定价格兑换成黄金或白银）挂钩，我称之为第二类货币体系。在第三类货币体系（或称法定货币体系）中，货币不与任何东西挂钩。下图以极简的方式显示了自唐朝以来中国是如何在这几种货币体系间转换的。事实上，中国不同地区有不同的货币，有时是来自外国的硬币和元宝（例如 16 世纪晚期的西班牙银币）。但**这张图大体能反映实际情况，我想用它来展示中国曾有过全套的各种货币体系，其运转方式与世界其他地方基本相同，最重要的特征是这样的周期：债务问题导致放弃硬通货，进而引发通胀或恶性通胀，最终又导致恢复使用硬通货。**

不同货币类型在中国历史上的转换[13]

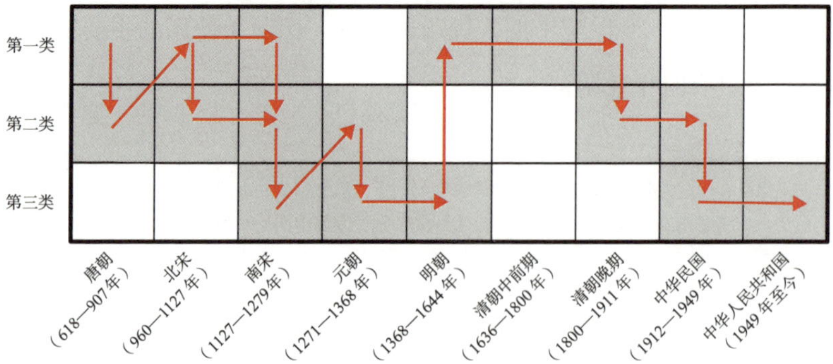

13 我与朱嘉明教授合作制作了这张图。

唐朝初期，货币主要是铜币（即硬通货）。但与通常的情况一样，事实证明硬通货的供应是有限的——中国快速发展，而铜的供应增速相对不及，因而无法提供足够多的货币。此外，每枚铜币的价值都很低，所以商人要进行贸易，可能必须随身携带成千上万枚铜币，这是不现实的。这些压力导致了最早形式的非金属、类似货币工具的发明。"飞钱"最初本质上是银行的票据（类似于支票），但商人将其当作货币进行流通。最终，唐朝政府开始监督其发行和使用。[14] 尽管如此，日常货币交易仍然以铜币为主。

真正的纸币（即作为法定货币广泛使用的纸币）在中国历史上出现得稍晚一些。宋朝时，政府接管了造币业，造出第一种以商品为后盾的纸币。纸币很快被接受，其后盾变得不那么重要了。法定货币体系的早期版本就这样出现了。但与债券类似，这种纸币也有到期日。

宋朝不仅发明了法定货币，而且是最早滥发纸币并导致纸币贬值的朝代。到 12 世纪中期，由于外部战争和内部起义，宋朝的财政需求非常高。作为帝国衰落时期的典型表现，为避免社会不满加剧，宋朝不想增加税收或削减支出，而是通过发行法定货币来填补赤字。最初赤字货币化是可控的：最早的法定货币会子，从 1160 年开始少量发行，并以接近面值的价格交易了 30 多年。但宋朝政府很快就放开发行，使会子的流通量增加了两倍多。由于内部和外部冲突持续令帝国国库紧张，货币供应量在 1209—1231 年又几乎增加了两倍。结果，从 1195 年到 13 世纪 30 年代，这种纸币的市场价值（以铸币计算）下降了超过 90%。

同样的模式又重复了几次。元朝迫于金属货币的局限性，创造了一种新的纸币（马可·波罗对此惊叹不已），但随着过度印钞，货币最

14　这些票据类似于今天的汇票。早期的票据以可变单位计价，但最终政府发行的票据以固定单位计价。政府机构发行这些票据（称为交子和会子）以换取作为现金的金属货币。

终崩溃。明朝早期也迫于金属货币的局限性，创造了纸币，为建设新国家提供资金，但接着过度印钞，最终导致货币崩溃。这些都是有趣的事，我在这里就不详谈了。

明朝初期法定货币失败后，中国放弃了纸币的尝试，直到20世纪。而从14世纪中期到1933年左右，中国有不同类型的金属货币，主要是银币。虽然银币本身有一些溢价，但白银的内在价值构成了其价值的绝大部分。在那段时期的大部分时间里，很大程度上直到1933年，中国都不铸币，金属货币的来源最初是西班牙，再是墨西哥，然后是北美。1933年，中国选择创造本国金属货币，并开始流通。两年后，中国政府为了从一种不能印制的货币转为能够印制的货币，决定用法定货币取代金元。二战期间及接着发生的中国内战的最后阶段，由于中华民国政府过度印钞，法定货币经历了日益严重的恶性通胀。1948年12月1日，第一套人民币发行，人民币开始使用，直到今天。

就中国的总体经济而言，经济体系最初主要是农业和封建经济，然后经历了各种制造业时期，如青铜时代和铁器时代，并发展了与外国人交易的各种做法（最重要的是通过丝绸之路）。这造就了一个富有的商人阶层，也导致了贫富悬殊和富人财富被剥夺的周期循环。由于中国历来是一个智慧、勤劳的社会，无数的科技发明推动了中国经济的发展。私人企业也在中国历史上的不同时期出现，造成一系列周期，周期期间贫富差距不断扩大，直到政府以各种方式征收和重新分配财富。中国也经历过第3章中描述的那种债务周期，其发生的原因与第3章中描述的相同。这些大债务周期中有以下时期：稳定时期，债务并不过度增长；泡沫时期，债务过度增长；危机时期，没有足够的钱来偿还债务；通胀（有时是恶性通胀）时期，政府印钞以缓解债务危机。

值得指出的有趣之处是，尽管最强大的帝国通常拥有全球储备货币，但中国最强大的王朝没有全球储备货币。

原因如下。

- 在频繁的大洋航行出现之前，并没有全球储备货币这样的东西（贸易规模有限，通常以贵金属交易），而且中国自古以来从未有这样的情况：作为一个很广阔的帝国（即“世界性大国”），世界很大一部分国家都想与之进行交易，并将其发行的票据作为财富储存手段。中国从未建立堪与欧洲相比的金融中心，而且中国的商业化程度低得多。尽管宋朝时中国的金融市场发展领先（成立第一家股票公司并使用纸币），但到 17 世纪，中国的金融 / 资本市场发展远远落后于欧洲。文化上，中国统治者并不重视商业，所以中国的商业法律体系和金融市场的发展程度较低。由于商业发展程度较低和更趋向孤立主义的政策，中国通常在创新方面落后于欧洲，我们将在后文中讨论这一点。
- 此外，中国对私人商业和金融市场的支持时强时弱，唐朝和宋朝较强，明朝和清朝则更为敌视，那时全球贸易帝国刚刚建立。因此，社会和法律结构不太有利于资本积累 / 投资（例如公司法远不如欧洲发达，中国企业往往是家族企业）。此外，国家总体上不大愿意也不大有能力投资于战略性产业或推动创新。儒家思想也许是原因之一，因为商人的地位比士农工低，这种观念在明清时期因更保守的儒家派别得势而有所强化。

在 20 世纪 20—30 年代的内乱和战争期间，债务急剧增长，这引发一个典型的周期，政府承诺提供的资金远远超出其能力。这造成广泛的违约，像通常的情况一样导致金属本位被放弃，金属货币和私人拥有白银的权利被取缔。如前所述，**货币被用于：（1）国内交易，政府垄断了国内交易（因而交易可以用法定货币甚至假币进行）；（2）国**

际交易，在国际交易中货币必须具有真实价值，否则不会被接受。衡量一种货币是否具有真实价值的标准是，它是不是被积极使用，是不是在国际和国内以同样的汇率进行交易。当资本管制阻止一种国内货币在国际上自由兑换时，这种货币更容易贬值。按照定义，储备货币不受这样的管制。因此，这里有一项原则：● *当你看到一种货币受到资本管制时，特别是当存在严重的国内债务问题时，远离这种货币。*

20 世纪 30 年代，中国有两种货币：一种是法定的纸币，用于国内交易；另一种是黄金，用于国际支付。法定纸币被大量发行，频繁贬值。在二战和内战的混乱过后，1948 年 12 月，最早的人民币作为法定货币发行，当时的发行量被控制在有限水平上，以结束恶性通胀。1955 年，第二套人民币发行，1962 年第三套发行。1955—1971 年，人民币汇率固定为 1 美元兑 2.46 元。20 世纪 70—80 年代出现了又一轮高通胀。原因包括：1971 年货币相对于黄金的全球性贬值，全球通胀压力，中国逐渐取消价格控制，宽松信贷，国有企业支出缺乏控制。2005 年，人民币结束与美元挂钩。

下图显示了中国自 1750 年以来的通胀率，包括恶性通胀时期。早期通胀相对稳定的时代，很大程度上是由于中国使用金属（银和铜）作为货币，这些货币以重量计价。清朝灭亡后，各省宣布独立，发行了自己的银钱和铜钱，这些货币也以重量计价。因此即使在这个可怕的时期，也没有出现异常高的通胀。

中国的通胀率（同比）

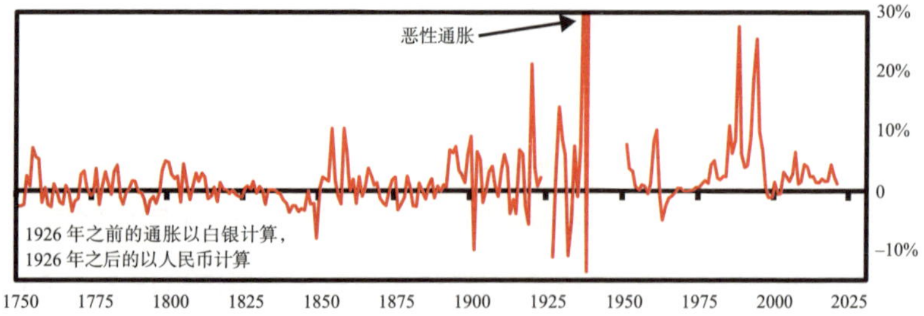

下面的几张图显示了 1920 年以来以美元和黄金计算的中国货币的价值，以及这段时期的通胀率和增长率。如图所示，中国货币有两个主要的贬值时期，一个是 1948 年制定新汇率时，另一个是从 1980 年到 20 世纪 90 年代的一系列贬值，目的是支持出口商和管理经常账户赤字[15]，这导致了很高的通胀率。如图所示，以 1978 年左右为分界点，之前经济增长相对较快但不稳定，之后增长快且稳定得多，直到最近新冠肺炎疫情造成的短暂下降。

人民币对美元（反向）

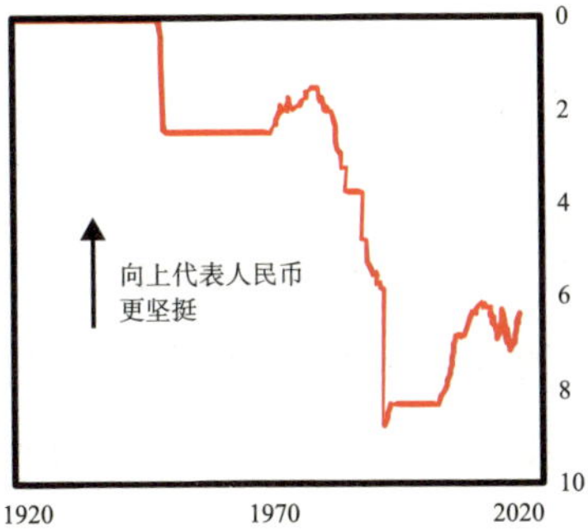

黄金价格（以人民币计算，反向）

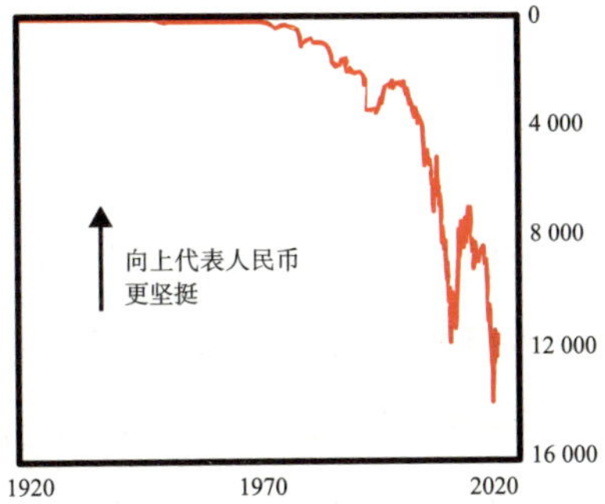

中国的通胀率（同比）

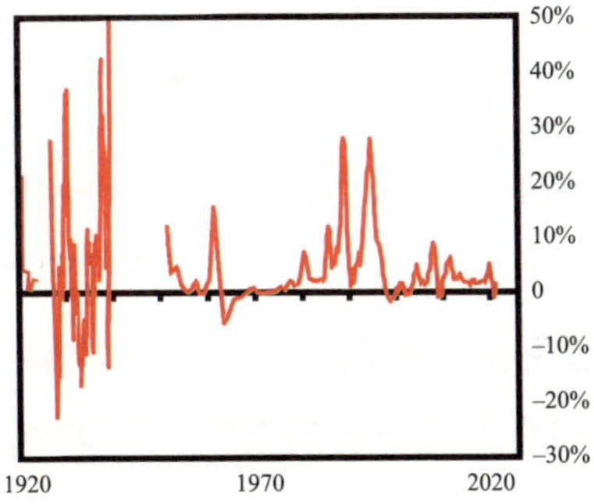

中国实际经济增长率（同比）

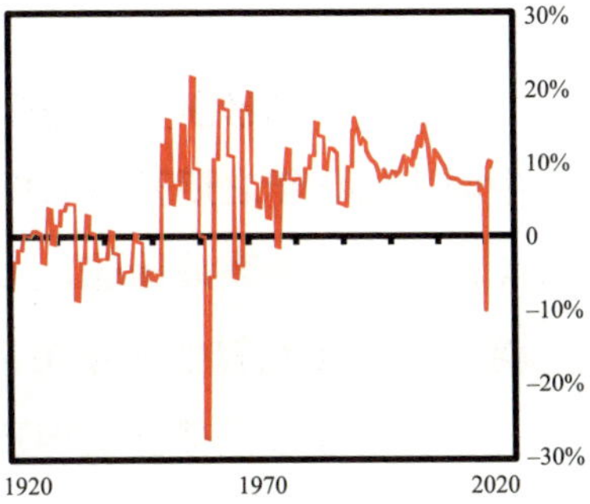

15 1985—1986 年和 1993 年的两次贬值都是在一段时期的贸易开放和经济特区扩张之后发生的。这些开放措施创造了巨大的外汇需求和进口需求，以建设生产能力，但还要等待几年之后，这些经济特区的出口才会大幅提高。这样的不匹配导致中国经常账户赤字增多。

尽管大多数中国人有强烈的储蓄愿望和适度的风险意识，这本能地驱使他们把财富储存于安全的流动性资产（如现金存款）和有形资产（如房地产和一些黄金），但一些投资者在风险较高的资产方面经验有限，如股票和高风险债券，所以他们在这些领域可能还幼稚，不过他们学得很快。但就中国政策制定者对货币、信贷、货币政策、财政政策和对如何重组坏账的理解而言，我发现他们有着深刻而永恒的视角，犹如他们对自己历史的洞见。

从1800年到现在

我想先简单概述1800—1949年中华人民共和国成立的历史，然后略深入地考察毛泽东时代，再更深入地考察邓小平时代（1978—1997年）和从习近平上任（2012年）到今天的时代。接着在下一章，我们将探讨中美关系。

1800—1949年的衰落时期

中国1800年之后开始衰落，原因包括：（a）最后一个中国的朝代（清朝）变得衰败孱弱；（b）英国及其他一些西方国家变得强大，这导致英国和其他资本主义-殖民主义者日益在经济上控制中国；（c）无法偿还的债务负担及印钞导致货币价值崩溃，致使中国金融和货币体系崩溃；（d）发生了大规模的国内起义和内战。这场严重的大周期性衰落从1840年左右一直持续到1949年，其间，所有的主要实力因彼此牵动、相互影响而急剧衰落。1945年二战的结束导致大多数在中国的外国人被遣返（香港地区和台湾地区除外），接着中国发生了内战，即一场共产主义者与资本主义者之间的战争，以决定如何分配财富和权力。**这场漫长衰落是典型大周期的一个典型案例。接着出现了一场同样典型的大周期性上升：新领导人掌控大局，巩固权力，开始建立基本构架，并由后代人继承，在前人成就的基础上添砖加瓦。**

如之前几章所述，19 世纪早期是英国在全球崛起和扩张的时期，这使崛起的英国与中国产生更多联系。英国东印度公司想从中国获得茶叶、丝绸和瓷器，因为这些货物回销英国非常有利可图。然而，英国人没有中国人想要与之交易的东西，所以不得不为这些货物支付白银，当时白银是全球性货币。当英国人花光白银时，他们从印度向中国走私鸦片，卖鸦片换得白银，用白银来买中国货物。这导致了第一次鸦片战争。**1839—1842 年，技术更先进的英国海军击败了中国人。这使英国得以强行与中国签订一项条约，把香港割让给英国，向英国商人开放一系列港口，其中最重要的是上海（在接下来的一系列条约里，中国又向其他列强开放港口）。这又最终导致中国把大片北部领土割让给俄国和日本，并把台湾割让给日本。**

清政府大举向外国人借钱来对付国内叛乱。赔款，尤其是《辛丑条约》的赔款，也造成了巨额债务。《辛丑条约》约定中国对各国赔款 4.5 亿两白银，价息合计超过 9.8 亿两白银，并以关税和盐税等做抵押。清政府财政资源枯竭，在鸦片战争后的几十年里面临许多次起义，它为了筹措镇压起义的经费而花光了积蓄。**被称为“百年屈辱”的这场相互强化并自我强化的衰落的原因包括：（1）没有强有力的领导；（2）没有健全的财政；（3）发生了破坏生产力、耗费金钱、牺牲人命的内部起义；（4）外国入侵，耗资及人员死亡巨大，面临巨额赔款；（5）经历了一些重大自然灾害。**

我们可以很容易地看到，这段时期对塑造中国领导人的观点产生

了重大影响：企业通过帝国主义（即通过控制和剥削各国，就像英国及其他资本主义大国对中国所做的那样）追求利润，这剥削了工人，养肥了贪婪的精英。他们对资本主义的观点与我对资本主义的观点不同，这是因为他们与资本主义打交道的经历和我的经历大为不同。资本主义向我以及我认识的大多数人，包括来自世界各地的移民，提供了大量机会。我成长时所处的美国是一方充满机会的热土，人们可以在此学习，做贡献，得到公正和不设上限的回报。这段通过他人的视角看问题的经历再次提醒我，极度头脑开放和深思熟虑的意见分歧，对探寻真相是多么重要。这促使我学了一点儿马克思主义，以便理解为什么毛泽东及其他人觉得这种哲学有道理。在那之前我倾向于认为，马克思主义明显不切实际，甚至可能是一种威胁，但当时我并不知道马克思到底说了什么。

看看马克思列宁主义

在自行考察马克思列宁主义之前，我以为它是一套失灵的资源分配体系，理论上资源是“各尽所能，按需分配”，但由于缺乏创新和效率的激励机制，所以不能生产多少东西。我原来没有意识到马克思是一位杰出的人物，他提出了一些好的理论和一些不好的理论，他可能会认为这些不好的理论没有经过他所支持的进化体系的充分检验和完善。现在我不禁想知道，作为一个非常务实、认为实践是检验真理的唯一标准的人，马克思将会如何诊断共产主义的挫折，会如何根据诊断结果来修正自己的想法。

马克思最重要的理论 / 体系被称为“辩证唯物主义”。“辩证”是指对立面如何相互作用而引起变化，“唯物主义”是指一切事物都以物质的方式存在，以机械的方式与其他事物相互作用。**简言之，辩证唯物**

主义是这样一种系统：通过观察和影响“对立面”的“矛盾”来创造变化，由此带来“斗争”，“斗争”的解决意味着进步的发生。马克思想把辩证唯物主义应用到一切事物上。体现为资本主义与共产主义冲突的两个阶级之间的冲突和斗争，只是许多此类冲突中的一个。

我觉得这在很大程度上是对的。

尽管我不是研究马克思主义的专家，但辩证唯物主义过程和我发现并在《原则》一书中阐述的过程相像：与冲突做斗争，思考冲突，写下我从中得到的原则，然后改进原则，并以一种永不停歇的进化方式反复这么做，我称这种方式为“循环”。换言之，我认为，而且看上去马克思也认为，从冲突和错误中吸取教训和进化是最佳做法。

我还认为资本主义（一套有激励性的制度，奖励最具创造力和生产力的人，而且拥有资本市场，做出好的资本配置决定的人会受到奖励，做出不好决定的人会受到惩罚）将带来：（a）长期更高的生产力（因此总蛋糕会变大）；（b）巨大的财富差距；（c）资本市场（尤其是债券市场），它会过度扩张，然后崩溃。当发生资本市场/经济崩溃，同时出现巨大的财富差距和价值观差异时，某种形式的革命可能会发生。这样的革命可能会以和谐和有成效的方式结束，但大多数情况下，会导致巨大的冲突和破坏。因此，到目前为止，马克思看待事物的方式和我看待事物的方式并没有根本的不同，但我们的选择和我们认为应该做的事情也许大相径庭。如果你问我：（a）相对于社会主义带来的结果，我是否更愿意接受资本主义带来的结果？（b）我是否认为我们现在所看到的资本主义道路比我们所看到的社会主义道路更符合逻辑？那么我对这两个问题都会回答“是”。另一方面，如果你问我：（a）资本主义和社会主义制度是否都需要改革，以把蛋糕更有效地做大，同时把蛋糕分得更合理？（b）马克思看待事物演变的辩证唯物主义思路是否和我的“五步流程”大体相似，都是良性进化的最佳途径？那么我对这两个问题也都会回答“是”（在这里我就不细谈这两种思路的具体差异了）。同时，就贫富差距而言，我们都认为这一直是历史上的重大问题，可能威胁到所有制度。我还认为冲突带来斗争，努力解决斗争会带来进步。我认为阶级之间的冲突是帝国兴衰的主要驱动因素之一，因而也是历史发展的主要驱动因素之一。这些驱动因素就是本书前文讨论过的三大周期：债务和货币市场周期、内部秩序和混乱周期、外部秩序和混乱周期。

1930—1945 年，所有主要国家的周期都处于衰退 / 冲突阶段，这导致了中国以及世界各地的革命与战争。但像经常发生的情况一样，衰落的力量不断加大，致使新的国内与世界秩序又出现了。具体而言，外部战争在 1945 年结束，外国军队离开了中国的大部分地区。接着中国发生内战，直至 1949 年结束，毛泽东领导下的共产主义国内秩序出现。想想毛泽东在 1900—1949 年这段时期以及 1949 年以后的作为，由此可理解毛泽东为什么是马克思主义者。我们所知的西式民主在中国没有任何根基，传统的法家则有根基。另一方面，市场经济如今正在中国发展，并变得更加根深蒂固。

列宁发展了马克思的论述，提出了建立国家的两步流程，第一步是通过“民主集中制”（只有党员才能投票）建立工人先锋队，这最终将带来一个更高级的社会主义国家，实行生产资料公有制，社会经济平等，普遍繁荣。**毛泽东喜欢这种马克思列宁主义的思路：先经过一段很长的演进过程，才能最终实现共产主义理想。1986 年在接受《60 分钟》采访时，邓小平重申了这一观点。他说：“按照马克思主义观点，共产主义社会是物质极大丰富的社会。因为物质极大丰富，才能实现各尽所能、按需分配的共产主义原则。社会主义是共产主义第一**

阶段……”[1] **也许真会这样，也许不会。时间会揭晓答案。**在我看来，目前为止，无论是在中国还是在其他地方，市场经济正在赢得这场竞争。没人可以反驳，过去 40 年里中国将共产主义和市场经济结合的做法，创造了显著的经济成果。

下一部分我将非常扼要地概述从 1949 年到现在的历史，然后更深入地探讨中国在这段时期里的每个不同发展阶段。

从 1949 年到现在的崛起

尽管有些过于简化，但我们可以把自 1949 年至今的中国发展分为三个阶段。

1. 1949—1976 年。
2. 1978—2008 年。
3. 2008 年至今。

每个阶段都使中国沿着长期发展的弧线前进，不断巩固之前的成就。简言之，事件的发生情况如下。

- **1949—1976 年，毛泽东建立了无产阶级专政，奠定了中国的制度、治理和基础设施基石，领导中国，直到 1976 年去世。**当时中国遵循严格的计划经济制度，并实行严格的管控。毛泽东和周恩来去世后，邓小平带来了第二阶段。
- **以邓小平为核心的领导集体治理中国，直到他 1997 年去世。**

---

① 邓小平：《答美国记者迈克·华莱士问（一九八六年九月二日）》，《邓小平文选》第三卷，人民出版社 1993 年版，第 173—174 页。

在这一阶段，中国转向更有集体色彩的领导模式，对外开放，引入并发展了市场经济，经济实力大增，并在其他方面变得更强大，而又没有显得威胁到美国及其他国家。当时中美关系被视为共生关系，美国从中国购买价格诱人的商品，中国把钱借给美国人，供其购买这些商品。结果，美国获得了以美元计价的债务，中国获得了以美元计价的资产。邓小平去世后，中国政府延续了这些政策方向，所以中国继续以基本健全的方式变富变强，也没有威胁到美国。2008 年全球金融危机爆发，导致美国及其他发达国家围绕财富的社会紧张加剧，民众对制造业工作机会流失到中国的怨愤加剧，同时在包括中国在内的所有国家，通过举债来实现经济增长的做法增多。

- **习近平 2012 年上任，他领导的是一个更富更强的国家，同时中国本身也在应对负债，治理腐败，与美国的冲突加剧。**习近平加快了经济改革，直面挑战，在努力遏制债务增长的同时，大力改革经济，支持打造世界领先的技术，并采取了日益全球化的立场。他还更积极地缩小中国的教育和收入差距，保护环境，提高治理能力。随着中国力量增长，中国的目标（如“一带一路”倡议和《中国制造 2025》）变得更加明确，尤其是在特朗普（民粹主义和民族主义者，竞选政纲是阻止美国制造业岗位流失到中国）当选总统之后，美国与中国的冲突增多。对美国而言，中国成为一个迅速崛起的、挑战其主导地位的国家。

现在我们来更深入地看一下。

第一阶段：奠基阶段（1949—1976 年）

1949 年，共产党赢得了内战，建立了中华人民共和国，并迅速巩固了政权。毛泽东任中华人民共和国国家主席，周恩来任总理。在国内，新政府迅速修复了运输和通信基础设施，将银行系统国有化，将其置于新的央行——中国人民银行领导之下。为了降低通胀，央行收紧了信贷，稳定了货币的价值。政府还将大多数企业国有化，并把大地主拥有的农地重新分配给耕种土地的农民。无论是否工作，人们都得到一份基本收入，没有基于绩效的薪酬。这些有保障的基本收入和福利提供给所有人的保护被统称为“铁饭碗”。这些变化创造了一个稳定的经济，但没有创造什么动力。

国际上，中国实行不结盟政策，但不久新政府就被卷入战争。如上一章所述，1945 年，新的世界秩序将世界分为两大意识形态阵营，即以美国为首的资本主义阵营和以苏联为首的共产主义阵营，此外还有不与任何一方结盟的第三个阵营。当时许多不结盟国家刚刚摆脱殖民地状态，主要是日趋衰落的大英帝国的前殖民地。中国显然处在以苏联为首的阵营里。1950 年 2 月 14 日，毛泽东和斯大林签署《中苏友好同盟互助条约》，两国展开合作并相互提供军事支援。

二战结束时朝鲜处于分裂状态，以“三八线”为界，苏联人控制着北部，美国人控制着南部。1950 年 6 月，朝鲜战争爆发。最初中国没有参战，因为他们专注于本国面临的挑战，不想卷入战争。美国与联合国联合派兵参战，战火烧到朝鲜境内，而朝鲜与中国接壤。中国人将此视为威胁，尤其是在美国将领麦克阿瑟明确表示会攻击中国之后。尽管苏联人和中国人订有彼此支援的条约，但斯大林不愿和美国打仗，所以他没有向中国提供预期的军事支持。尽管面对的美国强大得多，其拥有中国没有的核武器，但准备不足的中国人民志愿军还是参战了，并把美军和联合国军推回到先前确定的边界。这是毛泽东面临的第一场重大挑战。中国人认为这是一场伟大的胜利。

从1949年中华人民共和国成立到1976年毛泽东去世，中国经济保持着6%左右的较高的年均增长率，年均通胀率仅为1%~2%，累积的外汇储备达40亿美元左右。这代表着一定的进步，但中国依然贫困。这一过程也伴随着很多波动。具体而言如下。

- 1952—1957年，在苏联人的帮助下，中国工业产量年增长率达到19%，国民收入年增长率达到9%，农业产量年增长率达到4%。中国政府兴建了工业设施，从苏联进口了大量设备。政府还改革了农业，建立合作社，通过农民集体劳动来实现规模经济效益。这段时期的生产效益很高。但1953年斯大林去世后，赫鲁晓夫上台，批评斯大林及其政策，与中国的关系恶化，这导致中苏领导人公开相互批评，自此苏联支持减少。
- 1960年左右，苏联从盟友变成敌人，撤走了经济援助。
- 1958—1960年，旨在使中国成为工业强国的运动（“大跃进”）却导致经济管理混乱，加上遇上三年自然灾害以及苏联经济援助的减少，中国经济萎缩，并导致约1 000多万人死于饥荒。据估计这段时期工业产量总体下降。
- 1963—1966年，经济复苏并攀升到新高点。但接着发生了“文革”。

“文革”从1966年持续到1976年，这样严重的错误损害了教育，导致中国经济增长缓慢。到20世纪70年代初，在周恩来总理的直接领导下，形势开始稳定下来。1969年，中国和苏联军队在边境发生冲突。

1971年是中国发生大变化的一年。1971年，中国正受到苏联威胁，当时苏联军力比中国强大得多，东段与中国有 4 000 多千米的边界线，这导致了越来越多的边界威胁。美国撤离越南后，1975 年苏联与越南结盟并运送部队和武器进入越南，越南与中国南部约有 1 300 多千米的陆地边界线。毛泽东的一个地缘政治原则是确认主要敌人，削弱敌人的盟友，吸引其远离主要敌人。毛泽东确认苏联是中国的主要敌人，并认识到苏联正在与美国争斗，尽管还没有变成热战，但有这个可能。这促使他做出接近美国的战略行动。亨利·基辛格引述中国官员的话说："美帝国主义者最不想看到的就是苏联修正主义者在一场中苏战争中获胜，因为这将使苏联人建立起在资源和人力方面比美帝国更强大的大帝国。"

中国希望与美国建立关系，以消除苏联的威胁，并希望这能强化自身的地缘政治和经济地位。**因为在 1971 年很明显的是，中美建立关系对两国都有利，所以两国都提出了建立关系的建议。**1971 年 7 月基辛格访华，接着 1972 年 2 月理查德·尼克松总统访华。1971 年 10 月，中华人民共和国恢复联合国合法席位。**尼克松访华期间，尼克松和周恩来签署了一份协议（《上海公报》），美国在协议中宣布，美国"承认在台湾海峡两边的所有中国人都认为只有一个中国，台湾是中国的一部分。**美国政府对这一立场不提出异议。它重申它对由中国人自己和平解决台湾问题的关心"。**尽管存在这些保证，但台湾问题始终是最令双方紧张的问题。**

在这些和解与缓和行动之后，中美关系、贸易及其他交流都开始了。

接着，1976 年 1 月和 9 月，周恩来和毛泽东相继去世，1976—1978 年发生了一场"四人帮"反革命集团和改革派（希望经济现代化和对外开放）之间的斗争。改革派获胜，1978 年邓小平成为领导核心。

第二阶段：通过改革开放赢得实力，同时未对其他国家造成威胁（1978—2008年）

1978年，时年74岁的邓小平成为领导核心。从1978年到1997年去世，他最重要的政策可以用一个短语来表达——改革开放。“改革”的意思是对内改革，即利用市场来帮助配置资源和激励民众；“开放”的意思是对外开放，即通过与外部世界交流来学习和进步，并进行对外贸易。市场经济成为政策组合的一部分。当时中国仍很贫困，人均年收入不到200美元。如果希望中国保持弱势的强大外部国家不破坏这些措施的话，那么这些措施将增强中国经济实力。关键是在实施这些措施时要使之有利于外部大国，而不是威胁它们。**1979年，中美正式建交。**

邓小平很早就编制了一项70年规划：（a）实现国民生产总值比1980年翻一番，解决人民的温饱问题；（b）到20世纪末，使国民生产总值再增长一倍，人民生活达到小康水平；（c）到21世纪中期，人均国民生产总值达到中等发达国家水平，人民生活比较富裕，基本实现现代化。他明确表示，中国实现这些目标的途径是实行“社会主义市场经济”，他也称之为“中国特色社会主义”。他在做出这一重大转变的同时，没有批评马克思列宁主义。事实上，如前所述，他并不认为这两种体制在根本上对立，而是通过辩证唯物主义的视角来看待这两种体制，认为它们是两个可以调和的对立面，调和能带来进步，经过漫长的历程抵达共产主义理想状态。

1982年，中国对宪法进行了大规模修改。修改后的宪法规定了改革开放政策的新内容。新宪法对公民的各项基本权利进一步落实和明确，鼓励“实事求是”。**这些改革保障了改革开放的推进，增加了中国与其他国家的贸易并向其他国家学习，通过这些途径让中国变富、变强。**

收复在“百年屈辱”中被割让的领土也是一个很重要的长期目标。

1984 年，在一系列讨价还价之后，中英同意 1997 年香港回归中国（并实行“一国两制”）。1986 年，中国与葡萄牙达成协议，规定 1999 年澳门回归中国。

1984 年，我第一次与中国直接接触。我应中国国际信托投资公司的邀请首次访问中国，该公司是当时唯一的“窗口企业”（意思是仅有的被允许和外部世界自由打交道的企业），他们邀请我帮助他们理解世界金融市场是如何运作的。该公司是根据邓小平的改革开放政策建立的，由年迈的中国“资本家”荣毅仁管理，荣毅仁曾将家族企业交由公私合营。

当时的中国十分贫困落后，但我很快发现中国人聪明且有教养。在这方面，中国的情况和我去过的大多数其他欠发达国家不同。那些国家的贫困者似乎生活在另一个世纪，而中国的落后是由于其体制缺乏激励性，人们普遍无法接触外部世界。例如，我把 10 美元的计算器作为礼物送给人们，他们都视之为奇妙的装置。当时所有企业（包括小饭馆）都归集体所有，由集体经营。人们无法选择自己的职业，从不关心自己的职业前景，努力工作得不到任何经济激励。人们对房屋等各种财产没有私人所有权，也接触不到世界上最好的做法和产品。

因为在我看来很明显，封闭是中国贫困的原因，所以我相信，去掉这道屏障后，中国的生活水平自然会赶上发达国家，就像水往低处流一样自然。当时很容易设想这种改变的发生。我记得自己当时站在中国国际信托投资公司的“巧克力大厦”的第十层发表演讲。我指着窗外的胡同（贫困社区）告诉听众，不久后这些胡同就会消失，摩天大楼将取而代之。他们不相信我，并告诉我：“你不了解中国。”而我告诉他们，他们不知道经济套利的力量，对外开放将释放这一力量。

对外开放创造了一个巨大的天然良机，而中国人最大限度地利用了这个机会，其表现甚至超出了我的最高期望。中国人做到这一点的原因是根据邓小平的思路规划和落实改革，独特的中国文化因素也发挥了支持作用。在改革开放初期，我频繁听到人们表达的目标是“打破铁饭碗”，即不提供使人消极怠工的保障就业和保障性基本福利，以更具激励性的薪酬取而代之。全球化对此也有很大帮助，世界希望接纳中国。

邓小平是一个好学之人，他指示手下的决策者像他一样借鉴外国经验。他非常重视新加坡总理李光耀的建议。我记得与中国外经贸部工作人员在北京吃饭，他滔滔不绝地讲了新加坡机场运营的许多细节（例如旅客从行李提取处取行李需要等多久），新加坡是如何取得这样了不起的成就的，中国将如何实施这些做法。多年后我有幸在我家招待李光耀，席上还有另一些尊贵的客人。我们请他评价当时和历史上的领导人。我们渴望知道他的观点，因为他认识过去50年里的大多数领导人，他自己也是伟大领导人之一。他毫不迟疑地说，邓小平是20世纪最伟大的领导人。为什么？因为邓小平聪明睿智、头脑开放、极其务实，为中国的10多亿人带来了伟大的发展成就。

1987年，邓小平正式卸任中央政治局常委，但在那之后他依然具有强大的影响力，中国继续对外开放，并以极快的速度发展市场经济。多年来，我也为中国市场经济的发展略尽绵薄之力。1989年，我在中国国际信托投资公司的朋友王莉（她当时负责债券交易）介绍我认识一些人。他们受命创立一个组织（中国证券市场设计研究中心，简称SEEC），以在新中国建立股票市场。在富有远见的经济改革家和历史学家王岐山的要求下，7家公司任命他们创立这个组织。

当时的中国依然贫困，由于缺乏足够的资金，中国证券市场设计研究中心的办公室设在一个脏兮兮的酒店里。但他们拥有最重要的东西：创造伟大变化的明确使命、品行良好的聪明人士、有利于快速学习的开放头脑和实现目标的坚定决心。对他们来说，这不是一项工作，而是改善国家的崇高使命。我很荣幸能帮助他们。在接下来的几十年里，我目睹他们以及许多其他人努力建立中国的金融市场，使之跻身世界最大的金融市场行列。

1989 年那场风波后，大多数国家与中国的关系大幅恶化，但中国并没有因这件事而停止改革。接下来的 10 年里，中国经济继续强劲增长，中国与西方的关系和贸易变得比以往任何时候都好。给予中国巨大帮助的全球化，可以说是在 1995 年世界贸易组织成立时开始的（全球化时代随着 2016 年特朗普的当选而实质上终结）。中国在 2001 年加入世界贸易组织，从此在国际贸易中的地位不断攀升。2001 年，全球 80% 的国家的对美贸易额超过对华贸易额。现在全球约 70% 国家的对华贸易额超过对美贸易额。

在这段全球化时期，中美形成了一种共生关系，中国人以极低的成本生产消费品，同时借钱给美国，以便其购买中国消费品。对美国人来说，这是一笔极有利的“先买后付”交易。中国人也乐见这种交易，因为他们能借此积累美元外汇储备。令我感到奇怪的是，平均收入只有美国人 1/40 的中国人会借钱给美国人，因为通常来讲是富人而不是穷人会借钱给别人。这也让我想到，美国人为了支撑自己的过度消费是多么愿意借债，而中国人是多么重视储蓄。这也反映了新兴市场国家想积累主要储备货币国家的债券 / 债权，会如何导致储备货币国家过度负债。

1992 年，中国“三角债危机”出现。这些债务和经济问题出现的原因是，中国五大国有银行多年来向低效、盈利能力低的大型国有企业放贷，中央政府为此提供隐性担保。朱镕基领导了重组经济以提高经济效率的努力。这个过程引起了很大争议，损害了许多旧体制的既得利益者，所以该政策的执行需要很大的勇气和智慧，以及高层的支持。中国实施了一些国际上最好的做法（例如用“坏账银行”来吸纳、出售和逐步减少坏账），并根据自身环境对其有所调整。1998 年，朱镕基成为总理，并在这一职位上继续积极推动改革，促进经济现代化，提高经济效率，直到 2003 年退休。朱镕基的许多前助手如今都是中国的高级经济政策制定者。

1995 年，我让 11 岁的儿子麦修去中国，与朋友顾女士和她的丈夫住在一起，并在当时条件不太好的史家胡同小学上学。麦修从三岁起就多次随我前往中国，并跟顾女士熟络起来。麦修不会说汉语，所以他必须通过融入中国的环境来学习，他这样做了。尽管这个学校条件不太好（例如 11 月中旬才开始供暖，所以学生上课时都穿着棉袄），但该校的老师很聪明，很有爱心，为孩子们提供优质、全面的教育，包括思想品德教育。虽然麦修得不到他曾习惯的一些舒适条件（例如他无法每天洗热水澡，因为他居住的老居民楼一周仅有两天供应热水），但他得到了很好的教育和很多关爱，比在我们的富裕社区上学发展得更好。他与老师和同学建立了深厚的情感，这些情感至今犹存。这段经历促使他设立了一个基金会来帮助中国孤儿，他曾经营该基金会 12 年。大约那个时候，我也**聘请了一个中国团队，将美国机构资金投资于中国企业。这件事我干了几年，但因发现很难兼顾这家公司和在美国的桥水，我就没有继续。**

李登辉在被提名参加 1996 年台湾地区领导人选举前不久，对美国进行了一次有争议的访问。我的一位中国朋友说，为阻止台湾独立，中国将不惜一切代价，包括开战。1996 年 3 月，正面临竞选连任的比尔·克林顿总统派遣两艘航母进入台湾海峡。接着中美双方都进行了一系列军事调动和威胁。最终，台湾没有举行公投，中国也未实际采取军事行动，台海危机解除。这场危机的结果是，中国大规模增强了在这一地区行动的军事能力。我指出这一点是想表达两点：（a）台湾统一问题对中国的重要性；（b）25 年前的形势是多么危险，而当时中国的军事实力远不如现在。**简言之，我很担心发生又一次台海危机。**

1997 年 2 月 19 日，邓小平去世，他彻底改变了中国的面貌。邓小平 1977 年复出时，90% 的中国人处于极端贫困状态，到他去世时这个数字削减了一半多。从 1978 年邓小平开始改革到 1997 年他去世，中国经济年均增长率为 10%，经济规模增长了 6 倍多，平均通胀率约为 8%。中国的外汇储备从 40 亿美元增加到近 1 500 亿美元（考虑通胀因素根据当前美元价值调整后，外汇储备增加逾 2 500 亿美元）。外汇储备与年进口额的比率从 1978 年的 60% 发展到 1998 年的逾 125%（1998 年外汇储备与外债利息的比率是近 800%）。

中国后来的改革经历了许多起起落落（不过进展多于挫折）。1997 年，亚洲金融危机爆发。在负责这项工作的朱镕基的领导下，中国进行了一场很成功的债务与企业重组，具体措施包括出售效益差的国有企业，发展出口业并积累外汇储备，打击腐败，进一步发展和完善市场及市场机制。这些以及其他改革措施都是变革过程中的重要步骤。我很荣幸地在基层密切参与了其中的一些改革，如债务重组和资产出售。尽管这些当时很重大的事在今天已显得不太重要，但这些都是显著的成绩。在此过程中我也见到过腐败和行为恶劣的情况，并近距离目睹了好人与坏人之间的持续斗争，这些斗争带来了进一步的改革。

作为二战后和平与繁荣时期通常发生的情况，当领先大国没有受到威胁，崛起国家还不构成威胁时，崛起国家能从领先大国那里学到很多东西，它们以一种共生的方式合作，直到崛起大国变得足够强大，足以威胁到领先大国。除了从学习中受益外，它们还从相互贸易中受益（直到这变得对它们不利），并以互惠互利的方式利用资本市场从中受益（直到这变得对它们不利）。

更具体地说，1978—2008 年中国快速发展的原因有两个。（1）世界仍处于大周期里的和平与繁荣时期，全球化和市场经济是被广泛

接受的通往更好世界的道路，这包括如下信念：商品和服务应当在成本最低的地方生产；应当让人才自由流动，不因国籍受歧视；淡化民族主义，重视全球机会平等和追求利润的市场经济。（2）邓小平改革计划经济，实行改革开放政策，取得了很好的效果。这使中国学到了很多东西，吸引了很多外资，成为一个巨大的出口国和储蓄国。

随着中国不断提高生产效率，它先向世界提供了廉价商品，然后又提供了更先进的商品，并在此过程中变富。其他崛起国家也是这么做的，世界经济得到发展，因为最贫困国家的增速最快，而最富有国家的增速较慢，所以最富有国家和最贫困国家之间的财富差距缩小。这些条件几乎使所有人的情况改善，尤其是全球精英。中国崛起为一个几乎可与美国相媲美的大国，新增财富和新技术的大部分是由中美两国创造的。15—20 世纪全球最强大国家的主要出现地欧洲相对变弱，日本和俄罗斯变成了次要大国。所有其他国家都处在边缘。印度等新兴市场国家也有所进步，只是尚没有一个能取得世界大国地位。

第三阶段：中美冲突日益凸显，全球化走向终结（2008 年至今）

与典型情况一样，由债务增长支撑的繁荣时期引发了债务泡沫，造成贫富悬殊。2008 年，美国的泡沫破裂（像 1929 年那样），全球经济萎缩，冲击到美国和其他国家的中产阶级（像 1929—1932 年那样）。利率降至零（像 1931 年那样），但宽松力度仍然不足，于是，2008 年后，各国央行大量印钞，大规模购买金融资产（像 1934 年那样）。这些举措的结果是，从 2009 年开始，大多数国家的金融资产价格上涨（像 1933—1936 年那样）。这使“富人”（金融资产持有者）比“穷人”（没有金融资产的人）更受益，导致贫富差距扩大（类似于 1933—1938

年)。“穷人”，特别是那些工作被外国人和移民抢走的人，开始反抗受益于全球化的精英阶层。像典型情况一样，经济不景气伴随着贫富悬殊，民粹主义和民族主义在全球泛起(像 20 世纪 30 年代那样)。此时，崛起大国对领先大国构成的威胁变得愈加明显。**和平、繁荣和全球化的时代逐步终结，各国国内贫富矛盾激化、崛起国(中国)与世界主导国(美国)发生冲突的时代已经开启。**

当时中国持有大量以美元计价的债务，特别是美国政府贷款机构房利美和房地美发行的债务。很长一段时间里，美国政府没有告知这些债务的中国持有者其是否会为这些债务提供担保。我与这些债务的中国主要持有者们进行了交谈，戴维·麦考密克(现任桥水基金首席执行官，时任美国财政部负责国际事务的副部长)和亨利·保尔森(时任美国财政部长)也与他们谈过。令我们印象深刻的是，这些中国持有者以斟酌与合作的态度面对美国造成的这一两难处境。他们平静，善解人意，乐于合作。

2008 年 11 月，二十国集团领导人聚集在华盛顿，一致决定通过积极的财政和货币政策，携手刺激经济。这需要政府大幅增加债务，由央行通过创造货币和信贷来提供资金。**这些政策导致 2009—2012 年中国的债务增长明显快于经济增长。**

逐渐成为世界大国

2012 年，习近平上任，新一届领导集体诞生。按照传统流程，政治局委员、部长、副部长和部内高级官员依次选出。接着第一轮计划出炉。大家雄心勃勃，摩拳擦掌，要通过清除腐败来增进法治，通过加强和深化市场化改革来强化经济。他们举行了多次集思广益的会议，我有幸参加过几次这样的会议。持不同观点的人各抒己见、精诚合作，他们的坦率、开放、友好和智慧使这些讨论颇有成效。

自那时起，我就仔细研究中国的金融和经济状况，与高层经济决策者多次对话，讨论以下问题：过度债务增长、中国影子银行体系的发展和管理、中国金融体系的脆弱性、中美贸易争端等。我总是设法从他们的角度看问题，思考假如我处在他们的位置会怎么做。我坦率地和他们分享我的观察，就像一个医生与同事讨论病例一样，这也与我在本书中与你们分享的方式大体相同。[16]你们也许已经知道，我认为一切事物都像机器一样运行，具有永恒普适的因果关系。一些中国决策者也这样认为，所以我们几乎总是得出相似的结论。

多年来，中国政府积极推行改革政策，旨在开放市场和经济，管控债务增长，提高人民币汇率的灵活性，支持创业和以市场为导向的决策（特别是在那些中国希望领先世界的产业），建立合理的监管体制，由高度完善的监管机构实施监管，发展未来科技和工业潜能，扩大经济效益，使其惠及最落后的群体和地区，控制污染和环境退化。但许多人对此仍持有不同观点。我认为原因如下：（a）在进行这些改革的同时，政府收紧了其他管制措施；（b）中小企业得到的一些支持（如信贷可得性）不如国有大企业（主要原因是技术性挑战，而不是政府促进中小企业发展的意愿下降）；（c）政府自上而下地指导经济，银行和企业有时发放不符合经济效益却有社会效益的贷款（政府希望做对国家整体最好的事）；（d）政府扶持企业来实现宏观目标；（e）外国公司在华不能享有与中国公司相同的待遇；（f）与主要储备货币国家相比，中国更多地通过协调财政和货币政策来管控经济。这一切通常不受国外资本主义者的欢迎。

16　我从不问令他们感觉尴尬的问题，那种若回答就会要么泄露保密信息，要么不得不拒绝回答的问题。我只是想从他们的角度看待问题，像一个医生帮助病人一样，与其他医生一起讨论病例，找出在当前情况下最适合病人的治疗方法。

当然，许多美国人对这些政策持批评态度。虽然我在此不打算深入探讨这些政策的优劣，但我想说，**各国领导人应当妥善管控和协调货币与财政政策，以使“国家”（政府影响和控制经济）与“市场”（自由市场控制经济和资本市场）之间取得最佳平衡，而且我们也应当尝试理解他们的做法背后的思维。**例如，中国决策者表示，他们（a）希望减少政府在资源定价和配置方面的作用，发展资本市场，刺激创业，同时（b）加强指导宏观经济，监管市场和社会生活的其他方面，以求符合大多数中国人的最佳利益。换言之，他们希望市场经济和马克思主义共产主义结合。想必有些人会对此感到困惑，他们不习惯于看到市场经济和共产主义走在一起，因为他们没有密切观察，没有与决策者沟通以理解其所处的环境和视角。**所以他们看不到在看似巨大的不一致中存在的一致性（即马克思和中国领导人所说的“辩证法”）。**

要理解他们的视角和所处的环境，我建议，不要用刻板印象来看待他们的做法（例如，简单地说这是“共产党员”的做法），而是接受另一个视角：他们在努力而且将继续努力兼顾这两种看似矛盾的东西。在他们看来，市场经济是一种提升大多数人生活水平的方式，不是为资本家服务的。无论是否喜欢这种视角，他们获得的结果是令人印象极为深刻的，所以我们不应期望中国人放弃这种视角，接受美国或西方视角。相反，我们应当研究这种视角，以寻求获益，就像中国研究和借鉴西方一样。毕竟我们面临的是两种做法的竞争，需要理解这两种做法，以更好地进行这场竞争博弈。

在外交政策方面，中国变得日益积极，而美国变得更具对抗性。具体而言，2012 年至今，中国实力不断增强，这一点有目共睹。中国也更公开地展示自己的实力（例如，在《中国制造 2025》中，中国公开计划，要主导一些美国目前控制的产业）。这引起了美国的强烈反应，这一点在 2016 年特朗普当选总统后变得更为明显。

一些美国人受到全球化的冲击，认为中国人抢走了他们的工作，与美国展开不公平竞争。特朗普利用了这些人的情绪，并培育了一种新的保护主义和民族主义。**并不只是特朗普这样。对更为温和的决策者来说，中国的实力也已成为一种挑衅。以前两国互惠互利的关系，已变成激烈竞争。**

由于这一切，认为中国是威胁/敌人的看法出现了，全球化发生了逆转，各种“战争”加剧，从贸易和经济战扩展到技术和地缘政治战，最近又扩展到资本战。与可能出现的糟糕情况相比，这些“战争”仍相对温和，但应当受到密切关注。最终，一个国家被承认的实际力量，将变得与实际存在的力量相一致。实际存在的力量反映在各项指标和其他事实里，我正在观察这些指标和事实，从中寻找启发。

中国在国内持续增长，并在境外扩大投资和商业活动。**“一带一路”倡议贯穿中亚，从中国的邻国（哈萨克斯坦、巴基斯坦、塔吉克斯坦和阿富汗）开始，通过中亚一直延伸到欧洲，并通过阿拉伯半岛和南亚进入地中海和非洲，已投资和将要投资的金额是巨大的。**这引发了美国的不满，因为削弱了美国在这些国家的影响力。

就中国的国内政治而言，共产党的领导更为稳固。本文写作时，巨大的政治变革、管控的加强和财富的更广泛分配，都正在发生。有学者认为，中国正在进入一个更艰难的阶段，世界形势也更具挑战性，在这种时候，团结和领导层的连续性尤为重要，今后几年更是如此。如前所述，● ***在大危机时期，更强有力的领导方式往往更受欢迎。***

接着，2019年年底，新冠肺炎疫情暴发，导致2020年全球经济低迷，以及各国大规模印钞，创造货币与信贷，同时美国发生了各种类型的冲突（最明显的是与种族不公有关的抗议活动，以及一场非常有争议的总统选举）。这就是不久前的情况。

回顾过去40年，中国走向开放，从计划经济转向市场经济。这

些转变给中国、美国和世界经济都带来了重大影响，影响力大于其他任何事件。中国从世界上最落后的国家之一，转变为经济、技术、军事和地缘政治上最强大的两个国家之一。这场进步主要发生在和平与繁荣时期，当时领先的国家没有受到威胁，全球化和合作也蓬勃发展。这段时期一直持续到 2008 年债务泡沫破裂，当时美国和世界上许多其他国家变得更倾向民族主义和保护主义，更具对抗性，这也是大周期演进的典型特征。

下表展示了中国改革开放的成果，这只是一些具有代表性的统计数据。人均经济产出增长了 25 倍，贫困线以下人口比例从 96% 降到不足 1%，预期寿命平均提高了 10 岁左右，人均受教育年限提高了 80%。我可以不停地列举下去，几乎每个领域都有同样令人印象深刻的数据。

中国自 1949 年和 1978 年以来的发展状况[②]

	1949 年	1978 年	2018 年	△自 1949 年以来	△自 1978 年以来
人均实际 GDP*	348 美元	609 美元	15 243 美元	44x	25x
占世界 GDP 的比例	2%	2%	22%	12x	11x
贫困线以下人口占比（每天 1.9 美元）**	—	96%	1%	至少 –96%	–96%
预期寿命	41 岁	66 岁	77 岁	+36 年	+11 年
婴儿死亡率（每 1 000 个新生儿）	200	53	7	–96%	–86%
城市化率	18%	18%	59%	+41%	+41%
识字率	47%	66%	97%	+50%	+31%
平均受教育年限	1.7 年	4.4 年	7.9 年	+6.2 年	+3.5 年

* 以 2017 年美元计算，经购买力平价调整。

** 世界银行只有 1981 年之后的贫困数据。

② 表中数据为约数，部分数据存在四舍五入的情况。——编者注

尽管反映中国崛起的指标大体上能说明问题，但这些指标并不精确，因为每项实力都无法精确衡量。以教育为例，尽管我们列举的教育指数以相当快的速度上升，但这并不足以完全反映中国的相对进步，因为这一指标由平均教育水平和总教育水平组成。下表很好地说明了这一点。如表所示，尽管中国的平均教育水平显著低于美国，但中国受过高等教育的总人数明显超过美国。中国的 STEM（科学、技术、工程和数学）专业毕业生总数约为美国的 3 倍。同时，我们有理由相信中国教育的平均质量并不高，尤其是在本科一年级。例如，在近期的一项排名中，只有两所中国大学跻身全球顶尖 50 所大学（清华大学，排第 29 位；北京大学，排第 49 位），而美国有 30 所。中国在单项的平均水平方面不如美国，但在总数上超过美国，这种情况的出现是因为中国的平均发展水平较低，但中国的人口是美国的 4 倍多。这体现在许多统计数据上。例如，虽然美国的全球总军力更强，但中国似乎在东海与南海地区有更强的军事实力，而且因为保密的关系，关于两国的军事实力还有很多未知的东西。

	美国				中国③			
	1980 年	今天	变化	变化率（百分比）	1980 年	今天	变化	变化率（百分比）
平均受教育年限	11.9	13.6	+1.7	+14%	4.6	7.9	+3.3	+72%
政府教育支出（占GDP 的百分比）	5.30%	5.50%	0.20%	+4%	1.90%	5.20%	3.30%	+174%
受过高等教育的人口估计值（单位：百万）	25	60	+35	+140%	3	120	+117	+3 900%
受过高等教育的人口占劳动年龄人口的百分比	17%	28%	11%	+68%	1%	12%	11%	+2 272%

③ 表中数据为约数，部分数据存在四舍五入的情况。——编者注

（续表）

	美国				中国			
	1980 年	今天	变化	变化率（百分比）	1980 年	今天	变化	变化率（百分比）
受过高等教育的人口占全世界的比例	35%	15%	–20%	–57%	4%	31%	+27%	+590%
STEM 专业毕业生人数（单位：百万）	3	8	+5	+141%	1	21	+21	+4 120%
STEM 专业毕业生人数占全世界的比例	29%	11%	–18	–62%	5%	31%	+26%	+535%

总之，当今时代中国取得了历史上最快速的进步，基本生活条件迅速改善，塑造强大国家的种种要素明显攀升。从各方面看，中国现在是一个不断发展的大国。接下来我们将考察中美关系的现状，以及对两国人民来说至关重要的问题。

13

中美关系和战争

本章讨论美国和中国目前的地位及其对中美关系的意义。因为美国和中国现在在不少领域都是竞争对手，两国在这些领域都处于“冲突”或“战争”之中，所以我将研究两国的现状。在很大程度上，这些现状只是老式经典冲突的新版本而已（例如传统技术战中的新技术、传统军事战中的新武器等），所以，我们将历史上反复发生的事件作为背景，并应用我们从这些案例中总结出的永恒普适原则。我将研究人们可能会考虑的各种可能性，但不会预测未来会是什么样子。我会在下一章即本书末尾的“未来”一章中做一些预测。在本章中，除了叙述事实，我还会分享一些观点（也就是我的一些不确定的推测）。

本章主要探讨中美关系，但事实上，宏观投资者和全球决策者进行的博弈就像多维国际象棋，需要每个玩家考虑许多个位置，以及同样在进行这场博弈的一系列关键玩家（即国家）可能的布子，因为每个玩家都有很多考虑（经济、政治、军事考虑等），它们必须权衡这些因素才能把棋下好。目前这场多维棋局中的其他相关博弈者包括俄罗斯、日本、印度、其他亚洲国家、澳大利亚和欧洲国家，各国都有许多考虑和因素，这些考虑和因素将决定它们的行动。从我的棋局，即全球宏观投资来看，只有同时考虑所有相关因素，我才能做出明智决定。我知道这很复杂。我也知道，各国决策者所面临的较之我要更为复杂，而且我得到的信息的质量不像决策者的那么高。所以我不应该傲慢地认为自己比决策者更了解当前局势，能够提供最佳应对方法。出于这些原因，我将谦逊地分享自己的观点，但不能保证全部正确。我会极其坦诚地解释自己如何看待中美关系以及中美争斗背景下的世界格局。

美国和中国的现状

在我看来，命运和大周期规律将中美两国及其领导人置于目前的境地。在这些力量的作用下，美国经历了多个成功周期相互强化的时期。这些成功周期引发了过度行为，导致一些领域出现疲弱。在同样的力量作用下，中国经历了大衰退周期，陷入困境，这促使中国进行大变革，迎来当前相互强化的上行周期。因此，基于所有常见的原因，目前似乎美国正在衰落，中国正在崛起。

在命运和大债务周期的作用下，美国目前处于长期债务周期的后期阶段。在这个阶段，由于债务水平过高，政府需要快速举借新债，但无法通过硬通货来支付，而不得不进行债务货币化，通过印钞为政府赤字融资。这是长期债务周期后期阶段的典型情况。讽刺但也符合常规的是，美国陷入当前困境的原因是成功周期导致了过度行为。例如，**正是因为美国在全球取得了巨大成功，美元才成为世界主要储备货币，这使美国可以从全球其他地区（包括中国）过度借债。而过度借债使美国对其他国家（包括中国）大量欠债，将自己置于弱势地位，欠其他国家（包括中国）许多钱。其他国家也处于弱势地位，因为它**

们持有一个重债国的债务，而这个重债国还在快速增加债务，将债务货币化，向债权国支付的实际利率明显低于零。换句话说，正是由于典型的储备货币周期，中国希望大量积蓄世界储备货币，便大量借钱给美国，而美国需要大量借钱。这将中国和美国置于大债权国-大债务国的尴尬关系中，而同时中美之间正在发生各种争斗。

命运和财富周期运行机制（特别是在资本主义制度下），使美国通过激励引导和资源投入取得了巨大进步，获取了巨额财富，最终出现贫富悬殊。贫富悬殊正在引发冲突，威胁国内秩序，也威胁到美国保持强大所必需的生产力。**正当美国崛起时，中国面临典型的财政崩溃，债务和资金缺陷、国内冲突以及与外国冲突，致使它进入大周期的财政崩溃。**正是这些极端恶劣的处境促使中国进行大变革，最终建立激励机制，采用市场方式。这些举措使中国取得长足进展，获得大量财富，也造成了令人日益担忧的贫富悬殊。

同样，命运和全球权力周期机制现在已将美国置于不利地位。举个例子，因二战中美军赢得了太平洋战争，所以美国，而不是任何其他国家，只得做出选择，要么“保卫”台湾（大多数美国人不知道台湾的地理位置，也拼不出它的名字），要么撤退。目前，美国只能二选一：要么捍卫自身地位和现行世界秩序，要么撤退让位。正是由于这种命运和全球权力周期，现在美国在 70 多个国家建有军事基地，捍卫美国主导的世界秩序，尽管这样做不划算。

● ***历史表明，所有国家的成功都依靠不断加强自身实力，避免导致衰落的过度行为。真正成功的国家能够在 200~300 年中持续发展实力。但没有任何国家可以永远这样做。***

迄今为止，我们考察了过去 500 年的历史，尤其关注主要储备货币国家（荷兰、英国和美国）的兴衰周期，并简要回顾了过去 1 400 年里的中华帝国史，再回到现在。我们的目标是从宏观角度分析目前局势，找出事态发展的因果关系，以便更好地了解当前形势。现在，我们需要进一步细化，详尽研究目前的态势，同时把握大势。近距离观察时，许多事件（如华为、美国制裁香港、领事馆关闭、战舰调动、前所未有的货币政策、政治争斗、社会冲突等）回想起来似乎不大，但现在显得大得多。这些事件每天像雪片般飞来，哪怕解析其中的一件事都需要整章篇幅，所以我不会在此赘述，只是简要讨论主要问题。

历史告诉我们有五大类型的战争：（1）贸易 / 经济战，（2）技术战，（3）地缘政治战，（4）资本战，（5）军事战。我再加上两种，（6）文化战，（7）自我交战的战争。所有明智的人都希望这些“战争”未曾发生，而是进行合作。但是，我们必须从实际出发，承认其存在，研究历史案例，了解其实际演变过程，以便思考未来最可能发生的情况和妥善的处理方式。

目前，上述战争在不同程度上发生，它们不应被误认为是个别冲突，而应被视为相互关联的冲突，是更大的不断演变的冲突的延伸。在观察这些冲突的演变过程时，我们需要考察和试图理解各自的战略目标。例如，他们是想要加快冲突（一些美国人认为加快冲突对美国最有利，因为中国的发展速度更快，因而时间越久对中国越有利）还是想要缓和冲突（因为他们认为若没有战争自己会过得更好）？为避免这些冲突升级失控，对两国决策者都很重要的是，需要搞清哪些“红线”和“绊线”是冲突严重性改变的信号。

现在我们从历史教训及其提供的原则的角度，考察一下这些战争。

贸易 / 经济战

就像所有战争一样，贸易战可以从礼貌的纠纷演变成致命的冲突，

这取决于双方想走到何种地步。

迄今为止，中美贸易战尚未发展到极其严重的地步。目前有加征关税、限制进口等典型举措，这是其他类似冲突时期反复出现的情况（如 1930 年的《斯穆特–霍利关税法》）。双方已经进行了贸易谈判，谈判成果反映在 2019 年达成的一份非常有限的“第一阶段”贸易协议中，这份协议得到了初步执行。我们看到，这场“谈判”是对彼此实力的考验，而不是依靠全球法律和法官（如世界贸易组织）形成公正的解决方案。所有这些战争都将以实力较量的方式展开。大的问题是双方将在多大程度上以何种方式较量实力。

除了贸易争端，美国对中国经济政策有三点经济方面的主要批评。

1. **中国政府奉行一系列不断演变的干预主义政策和做法**，以限制进口商品、服务和企业的市场准入，通过不公平操作来保护本国产业。
2. **中国为本国产业提供大量政府引导、资源和监管支持**，最突出的是旨在从外国公司获取先进技术的政策，尤其是在敏感行业。
3. **中国窃取知识产权**，据认为一些窃取行为是国家资助的，而另一些则不在政府直接管控之下。

总的来说，美国对上述情况的回应是，试图改变中国人的做法（如要求中国向美国人开放市场）和以彼之道还施彼身（对中国人关闭美国市场）。美国人不会承认自己的不良行为（如窃取知识产权），否则，在公共关系方面就需要付出过高代价。在寻求支持者时，所有决策者都想显得像正义之师的领袖，率军打击做坏事的邪恶敌军。因此，双方都指责对方在做坏事，却不披露自己的类似行为。

● ***在平安无事时，很容易保持高尚道德。但当冲突激化时，就更***

容易为以前被视为不道德的行为辩护（把以前被称为不道德的做法说成是道德的）。随着冲突变得更加激烈，对当下的行为给予理想化的描述（有利于国内公共关系）和为了获取胜利而采取的实用做法之间就会出现分裂。这是因为在战争中，领导人希望选民相信“我们是善人，他们是恶人”。这是赢得民众支持的最有效方式。在极端情况下，他们甚至愿意为此而杀人或牺牲。假如一位务实的领导人说，除了人们加于自身的道德法则外，“战争中没有法律”，“我们必须像对方一样不择手段，不然的话，我们就相当于自缚其手地傻傻作战”，尽管这是真实情况，但这很难激发民众的热情。

我认为我们已经看到了结果最好的贸易协定，这场战争恶化的风险大于事态改善的可能性，我们不会看到拜登政府在短期内对条约或关税做出任何改变。无论其最终采取什么做法，都将对美国人和中国人对大周期命运的应对产生重大影响，这些命运正在展开过程之中。目前的情况是，美国两党都认为要对中国采取强硬态度，这也许是两党唯一的共识。多么强硬，以什么方式表现这种强硬，中国将对这种强硬做出何种反应，目前都不清楚。

这场战争将会如何恶化？

一般来说，贸易 / 经济战最危险的举动是，一方切断另一方的必需品进口。第 6 章中阐述的二战前夕美国和日本的案例，对中美关系现状有所启示，因为地理态势和所涉问题是相似的。例如，如果美国切断中国从美国或其他国家进口石油、其他必需品、技术和 / 或其他必要的进口，那么这将是清晰明显的战争升级信号。同样，中国升级战争的方式是，切断通用汽车（该公司在中国的销售量高于美国）、苹果等公司的业务，或者切断美国进口稀土，稀土是生产许多高科技产品、汽车引擎和国防系统所必需的。我不是说这样的行动将会发生，但我想明确一点：**任何一方采取切断必要进口的行动，都标志着局势的严**

重升级，可能导致更严重的冲突。如果这种情况没有发生，局势就会按照正常情况发展，中美的国际收支平衡状况将主要根据各国竞争力的变化而变化。

出于这些原因，**两国，尤其是中国，开始进一步转向国内生产和“脱钩”。**[1] 正如习近平所述，当今世界正经历百年未有之大变局，在当前保护主义上升、世界经济低迷、全球市场萎缩的外部环境下，我们必须充分发挥国内超大规模市场优势。① 在过去的 40 年里，中国已经获取了这一能力。在接下来的 5 年里，我们应该会看到两国对彼此的依赖程度降低。在接下来的 5~10 年里，中国会以比美国快得多的速度，降低对可能被切断的外部供给的依赖。

技术战

技术战要比贸易 / 经济战严重得多，因为谁能赢得技术战，谁就也可能赢得军事战和其他方面的战争。

目前，美国和中国是世界大型科技行业的主导力量，而这些大型科技行业是朝阳产业。**中国的科技业迅速发展，为中国人提供服务，在国际市场上也变得有竞争力。与此同时，在技术上，中国仍然高度依赖美国和其他国家。**因此，美国很容易受到中国技术日益发展和竞争力提高的影响，中国很容易受到美国或其他国家切断关键技术的影响。

总的来说，目前美国的技术能力领先，但各类技术领域的领先程

1　尽管形势需要脱钩，但脱钩将很困难，并将导致效率显著降低。中国为增强自给自足能力而实施的主要计划是“双循环”。一位见识广博的人士将“双循环”描述为一种分割式的脱钩，而不是全面脱钩，在我看来这是有道理的。

①《习近平在企业家座谈会上的讲话》,《人民日报》2020 年 7 月 22 日第 2 版。

度不同，且正在失去领先地位。比如，美国在先进的人工智能芯片开发方面领先，但在5G（第五代移动通信技术）方面落后。以下数据粗略地反映了这一点：美国科技公司的总市值约为中国的4倍。这一数据低估了中国的相对实力，因为它不包括一些大型民营企业（如华为和蚂蚁集团）和非企业机构（如政府）的技术发展，而中国这些机构的规模大于美国。中国最大的上市科技公司（腾讯和阿里巴巴）已是全球第七大和第八大科技公司，仅次于美国最大的一些科技股"FAAMG"（脸书、苹果、亚马逊、微软、谷歌）。中国目前在一些最重要的技术领域领先。例如，中国拥有40%的世界最大民用超级计算机，在人工智能/大数据竞赛和量子计算/加密/通信竞赛的一些方面领先。中国在其他科技领域也有类似的领先优势，比如，在金融科技领域，中国的电子商务交易和移动支付的交易金额目前位居世界首位，远远超过美国。可能中国还在秘密开发一些技术，甚至情报最灵通的美国情报机构对此也不了解。

中国可能会比美国更快地提高技术和（受益于这些技术的）决策质量。因为大数据＋大型人工智能＋大型计算＝卓越决策。中国的人均数据收集量远远高于美国（而且人口是美国的4倍多）。中国还大量投资于人工智能和大型计算领域，使其发挥最大作用。中国投入这些领域和其他技术领域的资源比美国多得多。在资金投入方面，风险投资家和政府正在向中国技术开发者提供几乎上不封顶的资金。在提供人才方面，中国从事科技工作的STEM专业的大学毕业生大约是美国的8倍。美国在整体技术上处于领先地位（尽管在某些领域落后），当然也有一些新的大型创新中心，其大多在顶级大学和大型科技公司。虽然美国仍然具有竞争力，但其相对优势正在下降，因为中国的技术创新能力正在加速提高。请记住，37年前的中国人还对我送给他们的手持计算器惊叹不已，想想看他们37年后会怎样。

为了抵抗这些技术威胁，美国不时做出回应，阻止中国公司（如华为）在美国经营，削弱中国公司的国际业务，通过制裁阻止中国公司获得生产所需的物品，这可能损害中国公司的生存能力。美国这样做也许是因为中国利用这些公司在美国和其他地区从事间谍活动，或者是因为担心这些公司和其他中国科技公司变得更具竞争力，或者是对中国不允许美国科技公司自由进入中国市场进行报复。具体原因值得讨论，但毫无疑问，这些公司和其他中国公司的竞争力正在迅速提高。为了应对这种竞争威胁，美国正在采取行动，遏制或摧毁对其构成威胁的中国科技公司。有趣的是，虽然美国正在切断获取知识产权的途径，但在不久前，美国在这方面的实力更强，因为美国相对于其他国家拥有更多的知识产权。中国已经开始以同样的做法对待美国，这将带来越来越大的伤害，因为中国知识产权正在许多方面变得更好。

至于窃取技术，虽然这通常被视为一个大威胁[2]，但不足以解释美国对中国科技公司采取的行动。如果一家公司在某个国家违法，那么人们期望看到犯罪行为被依法起诉，借助技术隐藏的间谍设备的证据被公之于众。我们没有看到这些证据。中国科技公司受到攻击，一个同样重要的原因是美国担忧其竞争力不断提升，也许这是更重要的原因，但决策者不会这么说。美国领导人不可能承认美国科技的竞争力在下滑，也不可能公开反对让美国人投入自由竞争，一直以来美国人接受的观念就是，竞争是公正的，也是创造最佳结果的最好途径。

自有历史记录以来，盗窃知识产权就一直存在，而且向来难以防范。如前所述，英国对荷兰、美国对英国都有过这种行为。“偷窃”意味着违法。当国家之间发生战争时，没有法律、法官或陪审团来解决争端。决策者并不总是披露决策背后的真正原因。我不是暗示美国采

2　在 2019 年 CNBC（美国消费者新闻与商业频道）全球首席财务官委员会的一项调查中，1/5 的北美公司声称其知识产权被中国公司窃取。

取强硬立场的动机不良，我无法做出判断。我只是说，真正的原因可能与官方的陈述不完全一致。长期以来，保护主义政策一直存在，政府用其保护本国公司回避外国竞争。华为的技术无疑具有威胁性，因为它在一些方面比美国的技术更好。我们看看阿里巴巴和腾讯，再比较一下美国同类公司。美国人可能会问，为什么这些公司不在美国竞争。这与亚马逊和其他一些美国科技公司不能在中国自由竞争的原因大致相同。总之，**两国科技正在脱钩，这是中美在更大范围内脱钩的一个方面，这将对 5 年后的世界产生巨大影响。**

技术战将会如何恶化？

目前美国拥有技术优势（尽管优势在快速缩小）。因此，中国目前高度依赖从美国和美国可以影响的其他国家的技术进口。这对中国意味着一个巨大的脆弱性，也是美国的一个强大武器。这一局面最明显地存在于尖端半导体领域，尽管在其他技术领域也存在。全球领先芯片制造商台积电的举动是许多值得关注的动向之一，尤其是因为该公司位于中国台湾地区。台湾地区为大陆及全世界提供所需的芯片，并受美国影响。中国的健康发展依赖于很多这些技术的进口，而美国的健康发展对从中国进口的依赖度要小得多。**如果美国切断中国获得关键技术的渠道，就预示着真实战争的风险大幅上升。**另一方面，如果当前态势持续下去，那么在 5~10 年的时间里，中国将会在技术上比美国更不依赖外界，届时我们会看到这些技术进一步脱钩。相关局面每天都在变化，保持对其了解至关重要。

地缘政治战

中国最大的问题可能是主权问题，特别是涉及中国台湾、香港、

东海和南海的主权问题。除此之外是一些具有战略经济重要性的区域，如中国“一带一路”倡议的沿线国家。

我们可以想象，19 世纪遭受“百年屈辱”和外国“蛮夷”入侵的历史让中国直到今天都有强烈的要求：在本国境内拥有绝对主权，收回被掠夺的中国领土（例如台湾和香港），绝不再虚弱到被外国列强摆布的地步。中国渴望拥有主权和保持独特行事方式（即文化），因此拒绝美国干涉中国内政。一些中国人私下表示，中国没有对美国应该如何对待其境内国民指手画脚。他们还认为，美国和欧洲国家倾向于文化上的传教，即把自己的价值观、犹太–基督教、道德和行为准则强加于人，而且这一倾向从十字军东征之前就已经形成，发展了上千年。

在中国人看来，主权风险和传教风险构成了一个危险组合，可能使中国无法遵循自己认为最好的方法取得最大的发展。中国人认为，他们必须拥有主权，并能根据本国的国情，以自己认为的最好方式处理事物，这是神圣不可侵犯的。在主权问题上，他们还表示，他们有理由相信，美国想在有机会的时候推翻中国政府（即中国共产党），这也是不能容忍的。[3] 这些是最大的生存威胁，我相信中国人会不惜一切来挫败这些威胁，所以美国要想避免一场热战，在与中国打交道时，就需要保持谨慎。我相信，对于不涉及主权的问题，中国希望通过非暴力手段来施加影响，避免热战。

台湾问题可能是最危险的主权问题。许多中国人认为，当美国向中国台湾地区出售 F16 战机和其他武器装备时，美国一点儿也不像是要促进实现中国的和平统一。所以他们认为，只有中国拥有了对抗美国的实力，才能期待美国在面对更强大的中国时能明智地停止干涉中国内政，从而能确保中国的安全和统一。据我了解，中国已经增强在

3　人们普遍认为，“政权更迭”是美国管控世界秩序的常用手段。

该地区的军事力量。此外，中国可能会以更快的速度增强军力，但发出“相互保证毁灭”的威慑依然是最可能出现的情况。所以，正如我之前提到的，**如果“台海危机”再次出现，那么我会非常担心。**美国会为台湾而出击吗？这一点不能确定。如果美国不出击，那么这对中国来说将是巨大的地缘政治胜利，对美国来说将是巨大的耻辱。这将标志着美国在太平洋及其他地区的势力衰落，就像英国丢失苏伊士运河标志着大英帝国在中东及其他地方的终结一样。其影响将远远超出这些损失。例如在英国的案例中，苏伊士运河事件标志着英镑作为世界储备货币的终结。美国越表现出支持台湾的姿态，输掉战争或撤退会造成的耻辱就越大。这令人担忧，因为美国一直在做要支持台湾的大戏，而命运似乎很快就会带来一场直接冲突。如果美国真的出战，那么我相信一场以牺牲美国人生命为代价的战争在美国将是极不受欢迎的，而且美国可能输掉这场战争，因此最大的问题是，这是否会引发更大范围的战争。这让每个人都感到恐惧。希望对战争及其破坏性的恐惧将会阻止战争的发生，就像对相互保证毁灭的恐惧将会阻止战争一样。

同时，经过讨论，**我相信中国绝不希望与美国发生热战，也不希望强行控制其他国家（其希望尽其所能保持自己的面貌并影响本地区的国家）。**我知道中国人意识到了一场热战有多可怕，他们担心重蹈一战的覆辙，无意间陷入战争。如果可能选择合作关系，他们就会更希望建立合作关系。我怀疑他们会乐意将世界划分为不同的势力范围。但中国人仍然有自己的“红线”（即能够做出妥协的限度，一旦越过就会导致一场热战）。他们预计更具挑战性的日子还在前头。习近平主席在2019年新年贺词中说：“放眼全球，我们正面临百年未有之大变局。无论国际风云如何变幻，中国维护国家主权和安全的信心和决心不会

变……”[4,②]

至于在全球的影响力，对美国和中国来说，都有一些地区至关重要，这主要基于邻近性（它们最关心距离自己最近的国家和地区）和/或能否获取必需资源（例如，它们最关心能否持续获取重要矿产和关键技术），以及出口市场（相对次要）。对中国人来说，最重要的区域首先是中国领土内的区域，其次是与中国接壤的区域（如东海和南海）和处于关键供应通道的地区（如“一带一路”沿线国家）或关键进口品的供应国，再次是能够成为合作伙伴的、具有经济或战略重要性的其他国家。

近年来，中国明显扩大了在这些具有战略重要性国家的活动，特别是“一带一路”沿线国家、资源丰富的发展中国家，以及一些发达国家。这对地缘政治关系有巨大影响。这些活动具有经济效益，包括对目标国增加投资（例如发放贷款、购买资产、建设道路和体育馆等基础设施），而美国正在减少对这些国家的投入。这场经济全球化的波及面极广，大多数国家不得不认真考虑相关政策。

一般来说，中国人似乎希望与大多数非竞争对手国家建立和平共处关系。为了应对这些不断变化的环境，大多数国家在不同程度上纠结于这样一个问题：是与美国结盟更好，还是向中国靠拢更好？那些与中美距离最近的国家，最需要考虑这个问题。与世界各地的一些领导人交谈时，我反复听到这样的说法：经济和军事是最重要的考虑因素。他们几乎都表示，如果基于经济做出选择，他们就会选择中国，因为中国对他们的经济（在贸易和资本流动方面）更重要；而如果基于军事支持做出选择，美国就有优势，但最大的问题是，美国是否会在他们需要时提供军事保护。大多数人怀疑美国会这么做，亚太地区

4 这一陈述是在谈及台湾统一问题时做出的。

② 《国家主席习近平发表二〇一九年新年贺词》,《人民日报》2019 年 1 月 1 日第 1 版。

的一些领导人则质疑，美国能否打赢。

中国为这些国家提供的经济好处很多。就在不久前，美国还没有强大的竞争对手，所以美国只要表达一下意愿，大多数国家就会奉行；那时，与美国竞争的国家只有苏联（事后看来苏联逊于美国）及其盟国和一些非美国经济对手的发展中国家。**过去几年，中国对其他国家的影响力一直在扩大，而美国对其他国家的影响力一直在减弱。**在多边组织中的影响力也是如此，例如联合国、国际货币基金组织、世界银行、世界贸易组织、世界卫生组织和国际法院。这些组织大多是美国主导的世界秩序开始时由美国建立的。随着美国从这些组织中逐渐退出，这些组织趋弱，而中国目前在其中发挥着更大的作用。

未来5~10年，除了其他领域逐步脱钩，我们还将看到哪些国家与中国结盟，哪些国家与美国结盟。除了财力和军事实力，中国和美国与其他国家的互动方式（即如何利用软实力）也将影响这些联盟的组建。风格和价值观会起作用。**这些联盟的未来格局值得关注，因为纵观历史，最强大的国家通常会被自身实力较弱但组成更强大的联盟击垮。**

最值得关注的也许是中国和俄罗斯之间的有趣关系。自1945年世界新秩序开始以来，在中国、苏联/俄罗斯、美国三国中间，一直是其中的两国结盟，以削弱或压倒另一国。俄罗斯和中国都有很多对方需要的东西（中国从俄罗斯获得自然资源和军事装备，中国为俄罗斯提供融资）。此外，由于俄罗斯的军事力量强大，它会是一个很好的军事盟友。通过观察这些国家在一些问题（如是否允许华为进入美国）上是站在美国还是中国一边，我们可以看到上述国家联盟的格局。

除了国际政治风险和机遇，两国当然还存在巨大的国内政治风险和机遇。比如美国两党在争夺政府控制权，而且不可避免地会出现领导人的变动，这将导致政策变化。这些变化虽然近乎不可预测，但无论谁掌权，都将面临现存的挑战，以及我们一直在讨论的大周期所呈现出来的挑战。因为所有领导人（以及参与这些演化周期的所有其他人，包括我们所有人）在这些周期的不同阶段上任和卸任，他们（和我们）都会遇到一系列可能发生的情况。由于历史上其他政要在过往周期的相同阶段上任和卸任，因此，研究这些人在类似阶段遇到的情况及其应对方式，并借助逻辑，我们就能大致想象出可能性的范围。

资本战

历史表明，冲突中最大的风险之一是资金 / 资本的获取可能被切断。这可能是由于（a）对手的行动和 / 或（b）自伤其身的有害行为（如负债过多和让货币贬值）导致资本提供者不想提供资本。在第 6 章，我回顾了资本战的经典举措。其中一些举措正在被使用，而且可能会以更强力的方式被使用，所以必须密切关注这些举措。

资本战的目标是切断敌人的资本，因为没有资金就等于没有实力。

这些情况发生的程度与冲突的严重程度相对应。现在人们所说的和采用的“制裁”分为多种形式，主要包括金融、经济、外交和军事制裁。每个类别下又有许多版本和实施方式。我不会详细探讨各种版本和对象，以免离题太远。

我们需要了解的要点有：

- **美国最大的力量源于它拥有世界上最主要的储备货币，这给予美国巨大的购买力，因为这使美国能（a）为世界印钞并让其在国外得到广泛接受，（b）控制谁能得到这些货币。**
- **美国现在面临着失去储备货币地位的风险。**

美元依然是主导性的世界储备货币，在贸易、全球资本交易和储备方面，美元的使用量远超其他货币。历史和逻辑表明，就像世界最常用语言被取代很慢一样，最常用的储备货币被取代也很慢，原因是一样的：已经采用它的人太多，它已经嵌入体系。各国央行持有的储备货币的现有头寸如下表所示。

各国央行储备的不同货币的比例

美元	51%
欧元	20%
黄金	12%
日元	6%
英镑	5%
人民币	2%

基于2019年的数据。

因为美元是世界贸易、资本流动和储备的主导货币，是世界上最主要的储备货币，所以美国处在令人羡慕的地位：能够为世界印钞，并对其敌人实施制裁。美国现在拥有一个制裁武器库，这是美国使用最多的武器库。截至2019年，美国针对个人、公司和政府实施了约8 000项制裁。通过这样的力量，美国可以获得自身需要的资金，并能通过阻止金融机构和其他国家与敌国打交道，切断敌国获得资金和信贷的渠道。这些制裁绝非完美，也不能面面俱到，但总体上是有效的。

美国正面临失去其在储备货币方面的主导性地位的风险，原因如下。

- **由于各国实行的一系列规定储备货币持有规模的标准，外国人投资组合（如央行储备和主权财富基金）中以美元计价的债务**

的规模过大。[5]

- **美国政府和美国央行正在以极快的速度增加以美元计价的债券和货币，因此如果美联储不将大量债务货币化，美国债券就可能需求不足，而同时持有这些债券的经济动机缺乏吸引力，因为美国政府支付的名义收益率可以忽略不计，而实际收益率为负。**
- **作为交换媒介或财富储存手段，持有债券在战时的吸引力低于在和平时期，所以如果出现战争倾向，债券（即得到法定货币的承诺）和法定货币将可能相对于其他资产贬值。**目前并不存在这个问题，但假如各种战争加剧，那么这个问题可能会出现。
- **中国持有的约 1 万亿美元美国国债是一个风险，但并非无法管控，因为（截至 2021 年 5 月）未偿美国国债有约 28 万亿美元，中国持有的只相当于其 4% 左右。然而，由于其他国家意识到，美国对中国采取的行动也可能用在它们身上，所以美国对中国持有的美元资产采取任何行动，都可能使美元资产的其他持有者认为它们持有美债资产的风险上升了，这将使对这些资产的需求减少。**目前这并不是一个问题，但似乎即将成为一个问题。
- **美元作为储备货币的角色很大程度上依赖于，美元是在各国之间自由兑换的，所以，假如美国在未来控制美元流动和 / 或为追求本国利益而实行违反世界利益的货币政策，那将降低美元作**

5　以美元计价的债务的比例很大，这与以下因素有关：（a）国际投资者为平衡其投资而持有的资产配置百分比，（b）为满足贸易和资本流动融资需求而持有的储备货币的适当规模，（c）美国经济相对于其他国家经济的规模和重要性。以美元计价的债务现在比例过大，有两点原因：美元是世界上最主要的储备货币，这意味着人们高估美元的安全性；美元借款规模过大。现在大多数负责不同市场资产持有比例的决策者不倾向于配合更多的待售美国债券来提高持有比例，事实上，他们正在考虑减少所持美国国债的比例。如果他们真的这么做了，那么美联储将需要加大购买力度。

为世界主要储备货币的吸引力。目前这并不是一个问题，但假如外汇管制成为一种可能性，这就将成为一个问题，而外汇管制是周期下一阶段的典型情况。

- **受美国制裁伤害的国家正在想方设法绕过制裁或削弱美国实施制裁的能力。**例如，目前正遭受美国制裁并很可能在未来受到更多美国制裁的两个国家——俄罗斯和中国，现在都在发展替代性支付体系，并在这方面相互合作。中国央行已经创造了一种数字货币，这将降低中国受到美国制裁的风险。

目前并没有好的货币替代品，原因如下。

- **美元（占央行储备的 51%）**的基本面正在走弱，具体情况在第 11 章有所描述，此处不重复。
- **欧元（20%）**是一种结构薄弱的法定货币，欧元国家规模较小，缺乏协调性，财政薄弱，由一个高度分散的货币联盟勉强维系在一起。因为欧盟在财政、经济和军事上充其量只是一个次等强权，所以购买欧元以及以欧元计价的债务（欧洲央行可以自由发行欧元），并不是一件诱人的事。
- **黄金（12%）**是一种硬通货，人们持有黄金是因为它长久以来表现最好，而且相对于人们持有的其他资产特别是法定货币，是一种有效的分散手段。虽然 1971 年之前黄金是世界货币体系的基础，但现在黄金是一种相对无用的资产，因为并没有大规模的黄金国际贸易和黄金资本交易，黄金也不被用来平衡外部账户。而且以目前的价格计算，黄金市场规模过小，无法在财富中占据很高的份额。从以法定货币为基础的资产（即信贷资产）转向黄金，只有在抛弃该体系的情况下才能出现（历史表明这种情况可能出现），这将导致黄金价格暴涨。

- **日元（6%）**是一种法定货币，这种货币也并不在国际上被非日本人广泛使用，并遭遇许多同美元一样的问题，比如有太多债务，这些债务正在快速增长，并被货币化，因此债务利率没有吸引力。同时，日本只是一个中等全球经济大国，而且不是军事强国。
- **英镑（5%）**是一种过时的法定货币，其基本面相对较弱，而英国在衡量一国经济 / 地缘政治实力的几乎所有指标上都相对较弱。
- **人民币（2%）**是唯一因基本面而被选择为储备货币的法定货币。中国的潜力是巨大的。中国占世界贸易、世界资本流动和世界 GDP 的份额都与美国大致相当。[6] 中国已经设法使人民币相对于其他货币和相对于商品与服务的价格保持相对稳定，中国有大量外汇储备，不实行零利率和负利率，没有发行大量债券并将其货币化。增加在中国的投资会使人民币升值，因为这些购买必须用人民币进行。这些都是好的方面。不好的方面是，中国的国内债务相对较多，这些债务需要重组，人民币不是全球贸易和金融交易中广泛使用的货币，中国的清算系统还不发达，而且中国不允许人民币自由流入和流出。

所以目前并没有可以和美元竞争的有吸引力的世界储备货币。

● ***历史表明，无论何时，只要（a）货币不受欢迎，（b）没有其他有吸引力的货币可供投资，这些货币就会贬值，资本就会进入其他投资项目（如黄金、大宗商品、股票、房地产等）。因此，存在一个强***

6　该数据经购买力平价调整。

有力的替代货币并不是货币贬值发生的前提。

事情将会变化。如果美国和中国发生一场资本战，那么中国货币和资本市场的发展将对美国不利，对中国有利。如果美国没有为削弱中国的货币和资本市场而对其展开攻击，而且/或者中国没有伤害本国货币和资本市场（做出会降低市场吸引力的政策转变），那么中国的货币和资本市场可能会快速发展，与美国市场展开越来越激烈的竞争。这要由美国决策者来决定，即他们是打算通过变得更加强势来打断这一演化路径，还是将接受这场演化。后者可能会导致中国变得相对更强，更加自给自足，更不容易受到美国的挤压。中国伤害美元及美国资本市场的能力较弱，中国最好的举措是增强人民币。

如在对历史周期的研究中所阐释的，战争通常会随着周期的发展而强化。随着周期的发展，比较历史案例与当代的类似案例（如比较二战前美国和日本采取的行动与现在美国和中国采取的行动），应当是有所帮助的。

军事战

我不是军事专家，但有机会和军事专家交谈，进行一些相关研究，我在此分享我所得到的。同意与否，请自行判断。

● ***无法想象下一场大的战争会是什么样子，但有可能比任何人想象的更具破坏性。***这是因为，自从上次使用最强大的武器以来，各国一直在秘密研制大量的武器，在各种战争形式中打击对手的创造力和能力都得到了极大的提升，这都在以往战争中体现了出来。战争的种类比人们想象的更多，而且在每一种战争中，武器系统比任何人知道的都要多。核战争固然是一个可怕的前景，但我也听说生物战、网络战、化学战、太空战及其他战争同样可怕。许多战争形式还未经测试，因此它们存在很多不确定性。

不过我们确知的是，**整体而言，美国和中国在东海和南海的地缘政治斗争正在军事上升级，因为双方都在考验对方的极限。目前中国在东海和南海的军事力量比美国强大，所以美国可能会在该地区战败，但美国在全球范围内总体上更强大，因而可能会在一场更大规模的战争中“获胜”。**但更大规模的战争太过复杂，因而难以想象，因为有大量未知因素，包括其他国家在这种情况下会如何行动，以及存在着哪些秘密军事技术。大多数知情人士的唯一共识是，这样一场战争将会超乎想象的可怕。

同样值得注意的是，尤其是在过去 10 年，中国的军事实力与其他方面一样，以极快的速度显著提高。如果中国的经济和技术进步速度在未来继续超过美国，那么未来的提高速度将会更快。**一些人预测，中国可能在 5~10 年内取得广泛的军事优势。对此我不能确定。**

就潜在的军事冲突地点而言，台海、东海、南海和朝鲜是最热门的地区，印度和越南次之（原因此处不赘述）。

假如美国和中国之间发生一场大规模热战，它将包括之前提到的所有类型的战争，以及更多类型的战争，以最激烈的方式展开，因为在生死之战中，双方都将倾尽全力，自古以来其他国家都是这么做的。这将是第三次世界大战，造成的死亡人数可能也会远多于二战；由于战争科技的进步，二战造成的死亡人数远多于一战。

代理人战争也是其中的一部分，应当受到关注，因为代理人战争能非常有效地削弱一个世界领先大国的实力和全球影响力。

就战争的时机而言，我牢记着这样的原则：● ***当国家出现严重的内部混乱时，这是敌对国家积极利用其弱点的合适时机。***例如，20 世纪 30 年代，当中国因持续的内战而分裂和疲惫时，日本采取了入侵中国的行动。

● ***历史告诉我们，当出现领导层换届和/或领导软弱的情况，同时又存在大规模内部冲突时，敌人发动进攻的风险就应该被视为有所提高。***因为时间在中国这边，所以如果战争发生的话，那么较晚发生有利于中国（5~10年后中国可能会变得更强大和自给自足），而较早发生则有利于美国。

下文补充讲述两种类型的战争：文化战以及自我交战的战争。文化战将影响双方会如何处理这些情况，包括双方宁死也不愿放弃的东西。自我交战的战争将决定我们的效率，并且会在一些重要方面影响我们的实力强弱，这些方面我们在第1章中探讨过。

文化战

● ***人们彼此如何相处，是决定他们将如何应对共同面临的情况的最重要因素，而他们所拥有的文化，是决定他们彼此如何相处的最重要因素。***中国人和美国人分别最重视什么，他们对人与人相处之道的看法，决定了在应对我们刚刚探讨过的冲突时，他们彼此将如何对待。因为美国人和中国人有不同的价值观和文化规范，他们会为之战斗，为之牺牲，所以我们要想和平解决我们的分歧，双方就必须理解这些分歧是什么，如何妥善处理这些分歧。

如前所述，**中国文化促使其领导人和社会以自上而下的方式进行大多数决策，奉行高标准的文明举止，认为集体利益高于个人利益，要求每个人知道自己的角色以及如何好好扮演角色。他们还寻求“无产阶级统治”，通俗地说，这意味着机会和回报的广泛分配。相反，美国文化促使其领导人自下而上地治理国家，要求高水平的个人自由，**

崇尚个人主义而非集体主义，赞赏革命性的思考和行为，不因人的地位而是因人的想法的质量而尊敬人。这些核心文化价值观决定了每个国家选择的经济和政治制度的类型。

需要说明的是，这些差异在日常生活中并不是泾渭分明，相对于美国人和中国人共同持有的很多信念来说通常并不是很重要，也不是所有中国人和美国人都有这些差异，正因如此，很多美国人在中国过得很舒服，反之亦然。而且这些差异并不普遍。例如，新加坡的华人，中国台湾、中国香港等地的中国人，拥有类似于西方民主制度的治理体系。但这些文化差异潜移默化地影响着几乎所有事情，在发生巨大冲突的时期，这些差异是决定性差异，决定了双方是战斗还是和平解决争端。**中国人和美国人之间的主要挑战来自他们中的一些人没有理解和体谅对方的价值观与行事方式，不允许对方做他们觉得最好的事。**

虽然两国的开放增加了它们的互动，两国日益共享的实践（例如，两国类似的经济自由带来了类似的愿望、产品和结果）使两国环境和民众变得比以往任何时候都更相似，但两国做法上的差异依然显著。这些差异反映在各自政府和民众的互动方式上，以及两国人民的互动方式上，特别是从领导人到决策者的层面上。**这些文化差异有些很小，有些则很重要，以至很多人愿意为之战斗牺牲。**例如，大多数美国人信奉“不自由，毋宁死”，而对中国人来说，个人自由远不如集体稳定重要。

这些差异反映在日常生活中。例如，中国规定未成年人能玩什么类型的电子游戏，每天能玩多少个小时的游戏，而美国并不管这些事，因为这被认为是由父母个人决定的。两种做法的好坏也许见仁见智。

中国的传统文化使中国人较易接受政府确定的方向，美国的文化则使美国人愿意就要做什么与政府展开对抗。同样，因为文化倾向不同，所以当被告知面对新冠病毒必须戴口罩时，美国人和中国人会做出不同的反应，中国人听从指导而美国人不听从，又会带来进一步的影响，包括发病人数、死亡人数、经济影响等。受这些由文化决定的对待问题的差异影响，中国人和美国人对很多东西会做出不同反应，如信息隐私、言论自由、媒体自由等，最终使得两国社会的运行方式有很多不同。

尽管这些对待问题的不同文化思路各有利弊，在此我不深入探讨，但我想表达的是，**美国和中国的决定性文化差异都是根深蒂固的。**鉴于中国出色的历史发展成就及其背后文化的根深蒂固性，就像美国人不会放弃美国的价值观和制度一样，中国人也不会放弃中国的。试图迫使中国人及其制度变得更像美国，在他们看来将意味着放弃最根本的信念，而为了保护这些信念，他们不惜战斗至死。为了与中国和平共处，美国人必须理解，就像美国人认为他们的价值观和践行这些价值观的方式是最好的一样，中国人也认为他们的价值观和践行这些价值观的方式是最好的。

例如，我们应当接受这个事实：在选择领导人方面，大多数中国人认为，让有才能、明智的领导人挑选领导人，比在一人一票的基础上让大众挑选领导人要好。很多中国人认为，大众会一时兴起地选择领导人，不是根据自身利益，而是根据候选人为了赢得支持会给他们什么来做决定。同时，中国人认为，就像柏拉图认为的和许多国家所发生的那样，在情况非常差的时期，随着人们围绕不同的政策方向展开争斗，而不是支持坚强能干的领导人，民主国家容易陷入功能失调的无政府状态。

中国人还认为，他们的领导人选拔制度有利于做出更好的跨代战略决策，因为任何一个领导人的任期，只占沿长期发展弧线前进所需时间的一小部分。[7] 中国人认为，集体利益至上，也对国家最好。中国的治理制度更类似于大公司的典型治理制度，尤其是跨代公司，所以他们不明白，美国人及其他西方人为什么难以顺着这个思路理解中国制度的合理性，难以和他们一样看到民主决策程序面临的挑战。

需要说明的是，我不是想探讨这些决策体系的相对优越性。**我只是想说明双方都有理由，并想帮助美国人和中国人通过对方的视角看问题。最重要的是，我想让大家明白我们面临这样的抉择：是接受、容忍甚至尊重对方有权做出符合自身利益的决定，还是让中国人和美国人为他们认为的不可妥协的东西争斗到底？**

美国和中国的经济和政治制度是不同的，这是因为两国存在历史差异，以及历史差异导致的文化差异。经济学中有两种不同的观点，其中经典左派的观点是支持政府拥有生产资料、支持穷人、支持财富再分配等，中国人称之为社会主义；经典右派的观点是支持私人拥有生产资料、支持系统中的获胜者、支持极为有限的财富再分配等。这两种观点在中国和世界其他地方一样存在，而且所有社会里都存在从一种观点到另一种观点的变化，特别是在中国，所以说中国人在文化上是左派或者右派都是不对的。美国人的偏好在其短得多的历史中也存在类似的波动。我怀疑，如果美国历史更长，我们就会看到更大的波动，就像我们在历史更长的欧洲所看到的情况一样。

由于这些原因，这些“左”与“右”的倾向似乎在更大程度上是围绕革命性趋势的大周期波动，而不是不断演化的核心价值观。事实上，我们看到这些波动在两个国家发生，所以可以说，像资本主义这样的右派政策可能在中国比在美国更受欢迎，反之亦然。无论如何，

7　事实上，在中国人看来，美国人选择的代表自己的领导人，以及由此反映的他们对公众利益的认知，似乎在不断发生随意的变化，这导致美国的政策和发展方向缺乏连续性，应对这种情况对中国人来说是一个挑战。

当涉及经济体系时，似乎并没有太多植根于深层文化偏好的明显区别。与经济体系相反，中国人自上而下 / 等级制而非自下而上 / 非等级制的倾向似乎深深植根于他们的文化和政治体系中，而美国人强烈倾向于自下而上 / 非等级制。哪一种做法最有效并将最终胜出，我将把这个问题留给其他人讨论，希望是不带偏见的讨论，但我将指出，大多数博学的历史观察者得出的结论是，不能说任何一个体系总是好的或者总是不好的。● ***怎么做效果最好取决于（a）环境和（b）运用这些系统的人将如何彼此对待。没有一个系统能够持续良好运行，事实上，所有系统都将崩溃。持续良好运行的前提是系统中的人超越个体意愿尊重系统，系统有足够的灵活性来适应时代而不崩溃。***

当我们想象美国人和中国人将如何处理他们共同的挑战——在这个人类共享的星球上最好地发展时，我试着想象他们强烈的文化倾向，最重要的是他们宁死也不愿放弃的不可调和的差异将把他们引向何方。例如，大多数美国人和西方人愿意为拥有和表达观点（包括政治观点）的权利战斗牺牲。相比之下，中国人更看重对权威的尊重，这反映在以下两方面：个人及其所属组织的相对权力、让集体组织对集体中个人的行为所负的责任。

这样一次文化冲突发生在 2019 年 10 月，当时的休斯敦火箭队总经理（达里尔·莫雷）在推特上发布了一张图片，表达对香港暴徒的支持。他迅速撤下了这条推文，并解释说，他的观点不代表休斯敦火箭队的观点，也不代表 NBA（美国职业篮球联赛）的观点。接着，莫雷受到了中美双方的批评：美国媒体、政治家和民众批评他不挺身捍卫言论自由；中方则停播比赛，将相关产品下架。

这次文化冲突发生的原因是，美国人非常重视言论自由，他们认为不能因个人的行为而惩罚个人所属的组织，而中国人却认为这种有害的攻击必须得到惩罚，个人所属的组织应当对个人的行为负责。对人和人如何相处，中国和美国存在根深蒂固的观念差异，所以以后还会发生比这严重得多的事，造成更严重的冲突。其中一些文化差异可以通过谈判达成双方满意的结果，但一些最重要的差异将很难通过谈判消除。

我认为需要认识和接受的要点是，中国人和美国人有不同的价值观，会为自己做出不同的选择，而非对方所希望的。例如，美国人和中国人可能彼此不喜欢对方处理人权问题的方式。那么对此应当怎么办？是美国人与中国人互斗，将各自的意愿强加给对方，还是他们同意不干涉彼此的行为？在我看来，强迫其他国家的人去做他们坚信不好的事，是非常困难的、不合适的、几乎不可能的。**美国对中国施压的能力和中国对美国施压的能力，将取决于两国的相对实力。**

虽然我只是探讨了中美战争问题，分享了我所知道的东西，这只是我需要了解的东西中的很小一部分，但我想提醒读者，这些战争比一对一的冲突复杂得多。这些战争就像多维象棋，因为其涉及许多方面，牵涉许多国家。例如，当我考虑中美关系时，我必须超越双边关系的层面，考虑在许多重要层面上的多边关系，例如与亚洲、欧洲和中东所有重要国家和私营部门的关系，以及这些国家与其他国家之间的重要关系，等等。换言之，为了思考中美关系，我必须思考沙特阿拉伯与美国的关系以及沙特阿拉伯与中国的关系，为此我又必须思考在所有重要的方面沙特阿拉伯和伊朗的关系、沙特阿拉伯和以色列的关系、沙特阿拉伯和埃及的关系，以及许多其他关系，再加上其他类似的关系。没有一台好的计算机和大量数据的帮助，就不可能跟踪更不可能理解事态的发展状况。这超出了我的能力范围，而且坦率地说，当我和世界领导人交谈时，我发现他们对这盘多维棋局中其他人的真实想法知之甚少，这让我震惊。

爆发不必要战争的风险

如我在第 6 章中解释的，愚蠢的战争往往因针锋相对的升级过程而发生，在这样的过程中，对敌方哪怕是小的举动做出回应都要比被视为软弱更重要，特别是当双方并不真正理解对方的动机时。历史告诉我们，对正在衰落的帝国来说，这尤其是一个问题，衰落的帝国倾向于投入不符合逻辑的战斗，因为任何撤退都会被视为失败。

以中国台湾地区为例。尽管美国为台湾地区而战似乎是不符合逻辑的，但如果中国统一台湾地区而美国不插手的话，这就会被视为美国地位以及对其他国家影响力的巨大损失。此外，这样的失败会使领导人在本国民众眼里显得软弱，从而使其失去继续掌权所需的政治支持。当然，当冲突迅速发生时，误解造成的误判是危险的。所有这些都会引发强烈的动力，致使战争不断升级，尽管这种相互毁灭的战争比以更和平的方式合作和竞争要糟糕得多。

还有一种风险就是不真实、情绪化的言论在美国和中国都占据了上风，为局势升级营造出一种氛围。例如，在皮尤中心最近的一项调查中，创纪录的 73% 的美国人对中国持负面看法，73% 的人认为美国应当让中国改善人权，50% 的人认为美国应当让中国为在新冠肺炎疫情中扮演的角色“负责”。尽管我手边并没有反映中国人对美态度的民调数字，但许多人告诉我，中国人对美态度在恶化。也许不久之后，这些人就会要求将冲突升级。

最终，对两国领导人和民众来说，明智之举是认识到美国和中国正处于一场制度和能力的竞争之中。两国都不可避免地会实行它们认为最适合自己的体制，美国在实力方面略微领先，但其实力在缩减，而且美国在人数上处于劣势，尽管历史表明，人数多寡很重要，但其他因素（例如第 2 章中列出的 18 个决定因素）更为重要，所以即使是人口少的帝国，如果治国有方，那么也能成为世界强国。这些都意味着，一个国家要强大，最重要的是处理好和自己的关系。

自我交战的战争：敌人就是我们自己

我们最大的战争是与我们自己的战争，因为我们的强弱主要是由自己控制的。由于决定各国强弱的因素很明确，以及这些优势和劣势是可以衡量的，因此我们可以很容易地衡量各国的现状。我在第 1 章和第 2 章中陈述了这些因素，并用 18 项指标来衡量它们。这里我将简要地回顾一下。然后在最后一章《未来》里，我将展示大多数国家的指标，并探讨其中的主要指标，以预测未来。

在此之前，我们来回顾一下打造伟大帝国所需的具体因素。这些因素包括……

> **……足够强大和有能力的领导层，能为成功提供必需要素，**这包括……
>
> **……强大的教育。**我这里说的强大的教育不仅指教导知识和技能，还包括……
>
> **……性格坚强、有礼貌、强烈的职业道德，**这通常需要学校和家庭的共同教育。这能带来公民素质的上升，反映为如下因素……
>
> **……腐败少，高度尊重规则，如法治。**
>
> **……人们能融洽合作，对如何相处有共识，并团结在这一共识之下，**也很重要。当人们有知识、技能、良好的性格、文明行为素质并融洽合作时，就会出现……
>
> **……良好的资源分配制度，**以下因素能显著完善这一制度……

……**开放接纳全球最好的思想**，这是让一个国家成功最重要的因素。这将让它获得……

……**全球市场上更强的竞争力**，这能带来高于开支的收入，这将让它获得……

……**强有力的收入增长**，这将让它获得……

……**更多投资来改善基础设施、教育体系和研发。**这将让它获得……

……**快速提高的生产力**（每小时经济产出的价值提高）。生产力的提高将使财富增多，生产能力增强。在一国获得更高的生产力水平后，它将能大量发明……

……**新技术。**新技术既有商业价值也有军事价值。随着该国在这些方面变得更具竞争力，它自然会获得……

……**世界贸易中显著且不断上升的份额。**这要求它拥有……

……**强大的军事力量**，以保护本国贸易路线，并影响对其重要的域外国家。在成为经济强国的过程中，它发展出……

……**被广泛使用的坚挺货币、股票市场和信贷市场。**在贸易和资本流动方面占主导地位的国家，**其货币**自然被当作首选的全球交易媒介和财富储存手段，被广泛使用，从而**成为储备货币**，因此开始建立……

……**至少是全球主要的金融中心之一**，吸引和分配资本，在全球扩展贸易。

凡是利于这些因素提升的东西都是好的，相反则是不好的。因此，明智的做法是所有国家的国民扪心自问，他们共同以及他们的领导人付出了多大的努力来促使这些指标上升。我还希望他们能记住因果关系，避免导致衰落的过度行为和分歧。

就目前的情况而言，中美两国的内部斗争和挑战比外部冲突和挑战更重要，也更大。其中包括国家领导层和各级政府内部的政治斗争、不同群体（如富人和穷人、农村和城市、保守派和进步派、不同族裔群体等）之间的斗争、人口变化、气候变化等。幸运的是，上述因素中最重要的大都在我们的控制能力范围之内，而且是可以衡量的，因此我们可以评估我们国家的处境，如果发现处境不佳，那么做出改变，使之朝正确的方向发展。**总之，种瓜得瓜，种豆得豆。正如当年丘吉尔对英国人说的："努力赢取胜利！"**

第三部分

未　来

14

未来

“靠水晶球生活的人注定要吃碎玻璃”，这是我大概 14 岁时学到的一句市场格言。我的亲身经历表明这句话是对的，所以这影响了我对未来和过去的看法。我学会了通过回顾过去来（1）判断可能发生的事情；（2）保护我自己和我需要对其负责的人，以免犯错或错过重要的事情。虽然你、我和其他人可以就本书中描述的模式和因果关系展开争论，但如果你是出于实用目的而不是一时兴起而阅读本书，那么你和我一样，都需要做好这两件事。

本章旨在分享我对如何面对未来的看法。虽然我对未来的了解极为有限，但我也知道不少。应对未来就是要：（1）感知并适应正在发生的事情，即使这些事情无法预料；（2）预估可能发生的事情的发生概率；（3）充分了解可能发生的事情，以保护自己免受不可接受的伤害，即便不可能万无一失地做到这一点。

了解历史变迁使我可以考虑类似的事情在未来发生的可能性。与不知情相比，这是一个巨大的优势。例如，历史上有无数的事例：革命、战争和自然灾害导致暴力事件，几乎所有财富都被摧毁或没收。知道了这一点，我就不断寻找类似事情再次发生的先兆，有了这些先兆，即使不是完美的预测，我也可以更好地保护自己，而不是像悠然无事一样，对可能发生的事情一无所知且毫无准备。

虽然这个例子是一种最坏的情况，但不知道最好的可能是什么也许同样糟糕。我清楚地记得，我父亲和他的朋友未能利用大萧条和二战之后的繁荣，因为那些可怕的年代塑造了他们的心态。在人生的游戏中，如果尽最大努力去了解世界是如何运作的，想象各种可能性（包括风险和回报），并知道如何最好地分散赌注，我们就会得到回报。

当我讲述我的想法时，请记住我说的一切都是可以争论的，这整个项目的目的是提高我评估的正确概率。因此，这是一项正在进行中的工作，我希望你们和我一起推动这项工作的发展。为此，我准备在economicprinciples.org网站上不断更新我对这些模式和教训的了解，我们可以在那里互动，完善相关图景。

我的做法

快速回顾一下，**我的做法基于我对三点的想法：（a）进化，随时间推移而产生的变化通常带来改进，如生产率提高；（b）周期，即在经济中引起有节奏的起伏（如债务泡沫和泡沫的破裂）和其间的颠簸（非节奏的起伏，如自然灾害）；（c）指标，可以帮助我们看到当下在周期中所处的位置和接下来可能发生的情况。**我将简要回顾一下我对每一点的看法。

进化

最重要的东西总是以很容易看到和推断的方式发展，所以只要不发生 500 年一遇的博弈规则改变的情况，我们就不难了解它们未来大致会发展到什么程度。下面的几张图显示了人口、预期寿命和繁荣的情况。

先看世界人口。左边的图从 1500 年开始，右边的图从 1900 年开始。我同时展示这两张图是为了让读者看到，从 1900 年回顾前 100 年和从今天回顾前 100 年，视角会有多大的不同。请注意 20 世纪人口增长得多快。而且本书中提到的主要历史事件，包括大萧条、两次世界大战和许多自然灾害，对更大的进化趋势没有明显的影响。

全球人口（单位：百万）

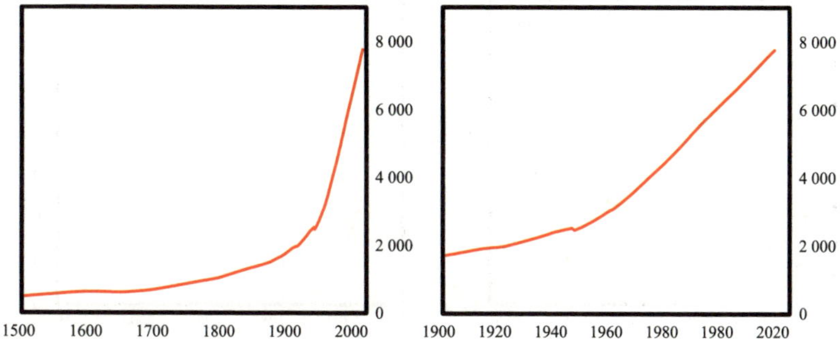

下面的两张图显示了人口增长率。请注意这两张图里有前两张图里所没有的大起大落，因为与长期趋势相比，这些起落微不足道。但如果我们亲历过这种波动，那就会像是一种生死体验（确实如此）。

全球人口增长率（以 10 年为单位的变化，估计值）

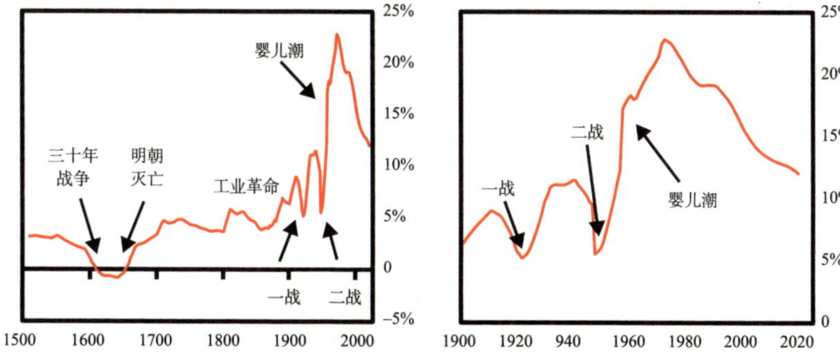

接下来的两张图显示了预期寿命的相似情况。与之前的图相比，这两张图里的波动多得多，因为在出现战争、流行病等大事件时，平均预期寿命会有更多变化（我将在 economicprinciples.org 网站上向读者展示导致死亡的重要因素是什么及其是在什么地方发生的）。请注意预期寿命在大约 350 年里基本保持不变（25~30 岁），然后从 1900 年左右起加速上升，因为当时婴儿死亡率大大降低，并出现了一些医学进步，如抗生素。

全球出生时的预期寿命[1]

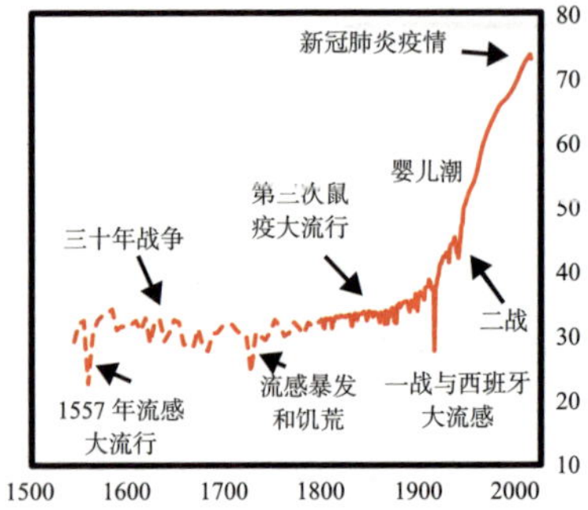

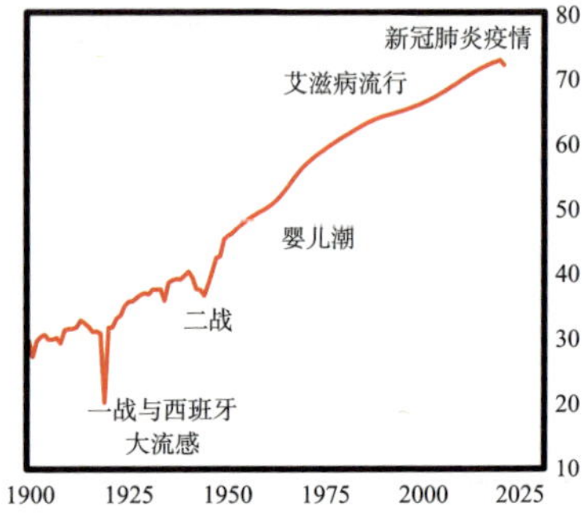

现在我们来看看以实际（即经通胀调整后的）GDP 衡量的经济繁荣。第一张图展示了一个类似的全景：人均产出的实际价值在 19 世纪之前缓慢增长，然后加速增长，相对于其中的波动而言，这种广泛的进化趋势是主要趋势。

1 重要的是，因可靠的历史数据有限，这里的一些图的绘制依赖历史上较少的国家的记录。19 世纪以前的预期寿命仅以英国为基准（以虚线标示）。在 1870 年之前，全球实际 GDP 主要是一系列欧洲国家的 GDP。20 世纪之前没有关于总财富的可靠记录，所以我无法展示 20 世纪之前的情况。

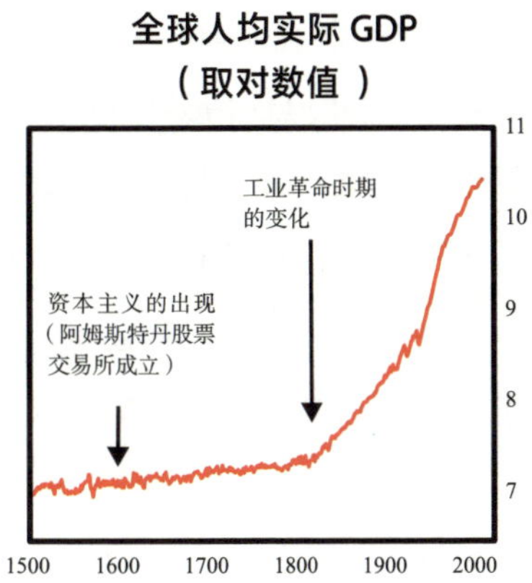

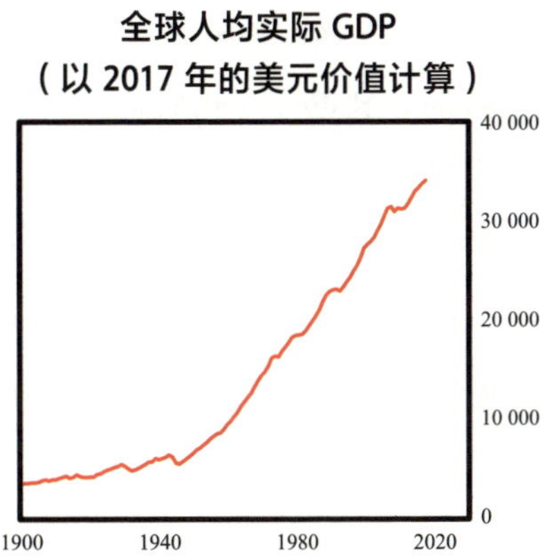

下图显示了 1900 年以来的人均实际财富。1900—1945 年可以说没有增长，因为那是从 19 世纪的繁荣到 1945 年的新世界秩序的周期后期的过渡阶段。新世界秩序形成之后出现和平与繁荣，上升趋势强劲且相当稳定（年均 4%），尽管在我们亲身经历这段时期时，会感觉有很大的波动。

考虑过这些进化之后，让我们开始展望未来。

如果我们仔细回顾，看看目前的状况是如何形成的，就会发现这些进步并不是自行发生的：每天都会发生事件，影响现在的状况，人们的行为塑造了这些事件。同时，我们知道，我们不可能预测任何单个事件，如果我们试图预测每一次特定的战争、旱灾、流行病、发明、繁荣时期、衰退等，我们就会失败。但即使不知道任何具体的事件，我们也可以很有信心地说，由于已经发生的进化，进步将会发生，使更多的人活得更长，并享受更高的生活水平，而且我们有充分的理由期待，由于人类的发明创造，这种进步将会继续发生。我们还可以自信地断言，这个过程中会有繁荣与萧条、丰裕与饥荒以及健康与疾病并存的时期。

仅仅基于过去 100 年的事，人们可能得出这样的结论：仅需根据过去推断未来，就能进行相当准确的预测。例如，仅需从过去 100 年来推断未来，我们就可以合理地预计，与今天相比，未来 10 年里世界人口将会增长 10%~15%，人均产出将会增长 20% 左右，人均财富将会增长 30%，平均预期寿命将延长 7.5%。我们可以合理地预计，在未来 20 年里，上述增长幅度将分别是 25%~30%、45%、70% 和约 15%，尽管这具体将如何发生我们并不清楚。

这个不太周全的简单分析描绘了一幅不太遥远的图景，但它可能就会是这个样子。以这种方式观察每个国家和一个国家内的每个子群体的相同统计数字，我们很容易更详细地描绘出这一图景。处理所有这些信息对人类大脑来说相当复杂，但要是清醒的人类大脑与计算机合作，就不复杂了。

但单凭推断得到的认识是不够的。例如，在 1750 年，人们有理由相信，以下几点是永恒普适的真理：君主和拥有土地的贵族在士兵的帮助下监督农民，将是未来的治理体系；农业用地将继续是最重要的创收资产；人均收入将以每年大约 0.5% 的增长率增长；预期寿命将稳定在 30 岁左右。这就是一直以来的情况。你不可能想象到今天的资本主义和民主，更不用说会出现成为世界领先强国的美国了。

当一些真正重大的事情引起范式转变，改变进化速度时，巨大的转折就会发生。19 世纪早期发生的范式转变源于以下因素的结合：现代金融工具以及能够代替人力的机器的发明；社会更加包容，拓宽了发明创造的机会；书籍和图书馆使用的增多，使知识可以得到更广泛的分享；科学方法的应用。尽管这些发展是无法事先预料的，但人们可以感知、理解和适应它们。因此，● ***尽管从过去推断未来通常是一种合理的做法，但出现令人惊奇的事也不意外，因为未来将和你预计的大为不同。***

在我大约 50 年的投资生涯中，我看到过一系列根深蒂固的信念被证明是错误的，这些信念基于以前发生的情况和当时看起来符合逻辑的情况（举一个近期的例子，认为债券收益率不可能为负的信念）。近期发生的对根深蒂固的信念产生最大颠覆作用的就是数字革命。通过这些经历和观察，我了解到：● ***识别、理解和适应范式转变至关重要，即使人们无法预测到这些范式转变，不过尝试用有助益的良好指标来预测这些范式转变也很重要。***拥有良好的指标还能帮助你分辨，有时看似是范式转变的东西只不过是昙花一现，这一点同样重要。

发展过程中的周期和颠簸

在前文中，我们已经全面讨论了周期和颠簸，但现在我们把注意力从过去转移到未来，有必要对周期和颠簸进行思考。

尽管与大的宏观图景相比，周期和颠簸几乎微不足道，但它们可能造成大量的伤害和死亡。要认识到这一点，我们只需看看下面的图，这些图显示了过去 500 年的经济萧条、财富减少、战争和传染病造成的死亡。那些不幸时期的真实情况比这些图所显示的还要糟糕，因为这些图是按平均值来记录这些时期的，所以它们低估了受直接冲击者的经历的严重性。大多数人不会想到这幅更黑暗的画面。他们根据 1945 年之后的积极趋势来推断未来。你是否也是这种情况，由你自行决定。对我而言，看到这些严重、致命的情况曾在历史上发生过，使我不相信这些事不会再发生。除非有人向我展示更好的证据来证明它们不会再发生，而不是仅以其尚未发生来证明其不会再发生，否则我会假定这些事会发生，并努力保护自己不为其后果所伤害。

全球人均实际 GDP 下降的情况

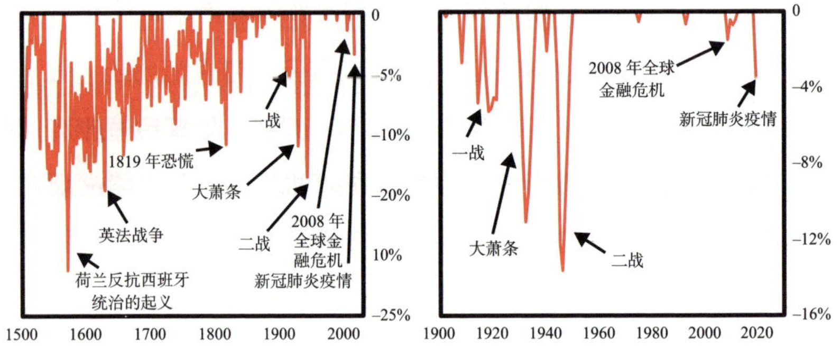

全球人均实际财富下降的情况

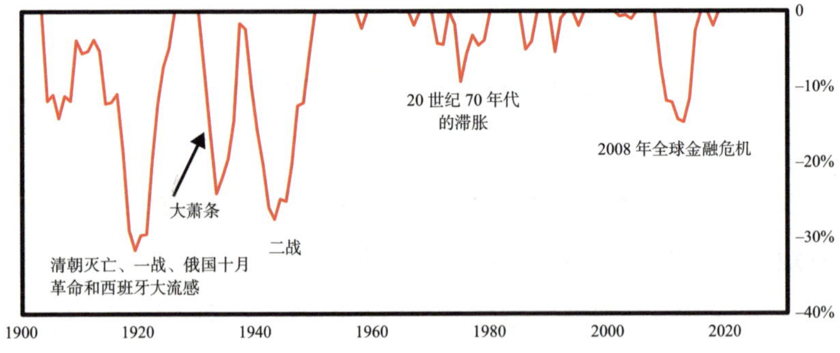

因不同情况造成的全球死亡人数
（每 10 万人，以 15 年为周期计算）

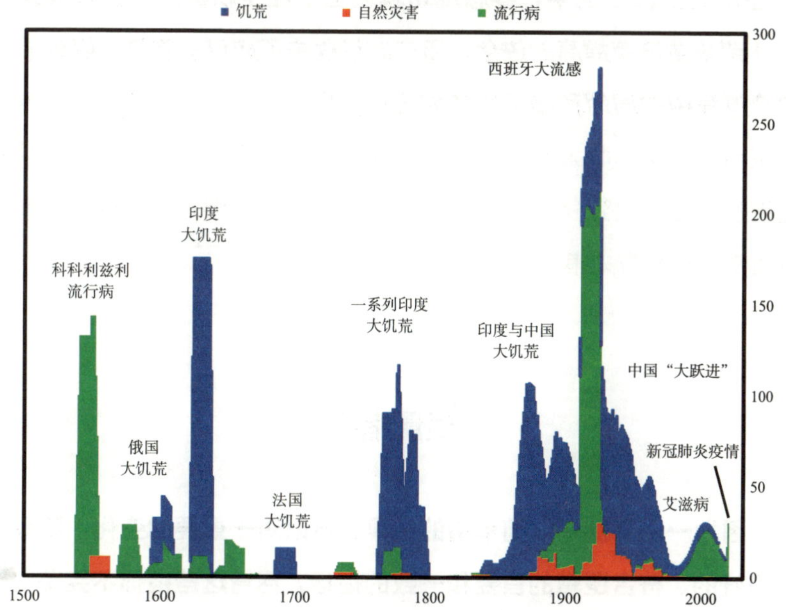

冲突造成的估计死亡人数
（大国，占人口的比例，15 年移动均值）

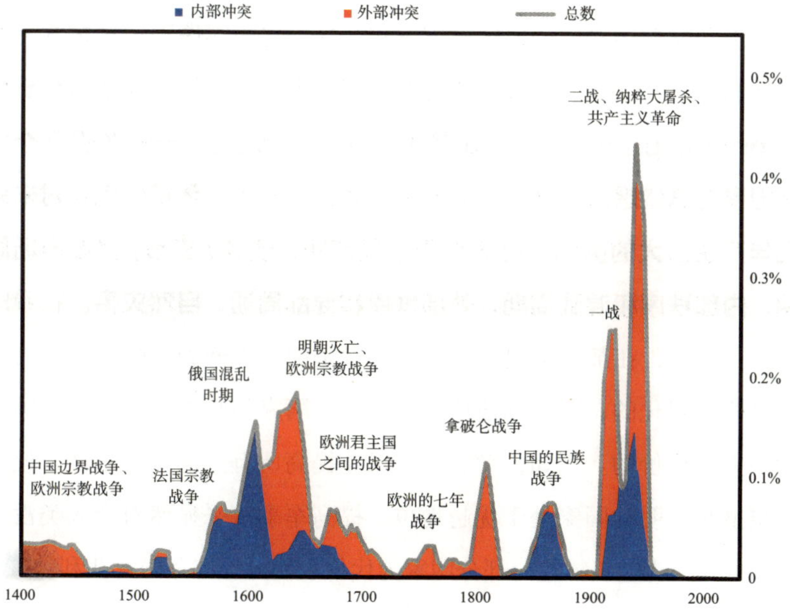

我从研究和自身50多年的投资经验中得出的总体原则之一是：

- ***在市场上和生活中，要想成功就应当下注于积极面，积极面来自（a）带来生产率提高的进化，而在此过程中不应过于激进，以免（b）这个过程中的周期和颠簸导致你失败出局。*** 换言之，下注于正在变好的东西，如实际收入在变大，可以说基本上是稳妥的下注。但如果对此下注过度，以致这个过程中的颠簸把你毁掉，则是不好的。因此拥有质量指标会带来很大的益处。

质量指标

因为一切事都是以前事情的结果，所以对于重要的变化，我有一些很好的、符合逻辑的首要和一致的指标，尽管这些指标不完美。一些指标可以量化，一些则不行。

如前所述，我发现了18个决定因素，它们可以解释国家内部和国家之间财富和力量的大多数情况和变化。我将很快展示我在本书中关注的11个大国的18个决定因素（关于前20强国家的更多细节见economicprinciples.org网站）。但首先我想分享一些关于5个决定因素的总体想法，这5个因素在过去影响最大，我相信也会对未来几年产生最大的影响。这5个因素是创新、债务/货币/资本市场周期、内部秩序和混乱周期、外部秩序和混乱周期、自然灾害。 在看图时，请记住，在某些情况下，决定因素是同时上升和下降的，因为它们是相互强化的，而在其他情况下，一个国家的收益是以另一个国家的损失为代价的。例如，发明新技术能提高所有人的生活水准，但因此更擅长发明的国家处于优越地位。提高军事水平显然对全人类没什么好处，因为这以牺牲一部分国家为代价来使另一部分国家获利。

人类的创新能力

如前所述，发明创新显然是决定一国状况的最有力的因素。

想想多少我们习以为常的东西是在过去 150 年里发明或发现的。这些东西在出现之前，是人们无法想象的，例如电话（1876 年）、电灯泡（1879 年）、内燃机车（1885 年）、无线电（1895 年）、电影（1895 年）、飞机（1903 年）、电视机（1926 年）、抗生素（1928 年）、计算机（1939 年）、核武器（1945 年）、核电站（1951 年）、GPS（全球定位系统，1973 年）、数码相机（1975 年）、网上购物（1979 年）、互联网（1983 年）、在线搜索（1990 年）、网上银行（1995 年）、社交媒体（1997 年）、Wi-Fi（无线通信技术，1998 年）、iPhone（苹果手机，2007 年）、CRISPR 基因编辑（2012 年）等。进步以巨大而稳健的方式展开，塑造未来，但这是通过我们无法想象的具体突破实现的。科技和技术就是以这种方式进化的。其他几乎一切事物的进化，如生活方式、国内和国际政治等，都是以类似的方式发生的。

我相信人类通过发明创造的进化正在加速，大多数人将从中获益。这是因为，我们目前看到的最重要的发明，提高了所有思考的质量和数量，而且我们知道还将看到很多这样的发明。这些发明出现的形式是计算机、人工智能以及其他与思考相关的技术的进步。因为这些技术进步可以应用于人类活动和决策的许多领域，所以在我看来很明显的是，大多数领域的发明和改进将加速，迅速提高生产力和生活水平。

人类目前拥有计算机，这可以帮助人类在自身相对不擅长的方面思考（例如，计算机内存比人脑强得多，而且随时可以接入，计算机能以极快的速度处理更多的数据，而且不会犯情绪化的错误）；同时，人类可以帮助计算机克服其固有的局限性（例如，计算机完全没有想象力、直觉、常识、价值判断和情感性智慧）。人类和计算机之间的这种合作将提高思考的数量和质量[2]，在生活的几乎所有领域都预示着巨大的改进。我从自身经历中深知这一点，而且我已经看到了一些即将到来的改进。

换言之，**计算机和人类的能力都将以越来越快的速度提高。也许更重要的是，量子计算与人工智能的进步和更广泛的应用，将极大地提高学习和改进的速度，并带来全球财富和力量的变化。在未来5~20年里，这样的变化将在不同程度上发生，我相信这些变化叠加起来，将带来前所未有的财富和力量大转移。量子计算与人工智能之于传统计算的进步，将如同计算机之于算盘的进步一样，极大地提高人类观察、理解和塑造事物的能力。因此我对长期趋势持乐观态度，并渴望押注于伟大的新发现。**

即使没有量子计算的推动，我也预计，由于我们能看到的原因以及目前还看不到的很多其他原因，人类寿命将在未来20年里大幅延长（延长20%~25%或者更多）。一些已经出现的发明包括医疗保健、健康监测和提供建议的可穿戴设备中的人工智能和机器人，基因组测序技术和基因编辑技术的发展和实际应用，mRNA（信使核糖核酸）疫苗技术的提高，营养和药物方面的突破。如果说根据历史可以预测未来的话（的确如此），那么未来还会有很多我们目前尚不能知的发明。

自然地，我会想象这对投资的影响。在其他条件保持不变的情况下，如果你赌进化会发生，那么就值得拥有创造新发明和从中受益的企业的股票，但投资者得到的回报是否和创新的表现相匹配，则取决于政府如何决定分配生产率的利润。如果世界各国在财政上过度扩张，并存在巨大的贫富差距，就会产生逆向结果。另外，价格也很重要。可能你投资于好公司还赔钱，这是因为其价格太高，也有可能你投资于不好的

---

2 很快，不会读写计算机代码就会像不会读书写字一样。

公司还赚钱，这是因为其价格很低。最后，和所有其他事物一样，发明创造也有其不好的一面。人类发明创造及其带来的新技术既可能产生好的影响，也可能产生不好的影响。在医疗保健进步的同时，旨在给人类造成伤害的技术肯定也会进步。所以我的观点是：**发明创造和生活水平的提高将可能变得更强更快——如果人类没有先毁灭自己的话。**

下图显示了我们对主要国家创造力、技术进步和创业精神的最新解读。条形图顶部的箭头显示每个国家的地位是上升、不变还是下降。这张图约一半权重给了（1）外部排名和人均创新指标的综合（用来反映经济中创新的广泛程度），另一半给了（2）这个国家关键创新指标（如科研人员人数、研发支出、专利、诺贝尔奖和风险投资资金）的绝对份额。和我所有的图一样，这张图近似于但不完全等同于真实情况，所以它是为了反映一个概况。**如图所示，美国在这些指标中排名第一，略微领先于排名第二的中国。（这主要缘于美国占全球研发支出和科研人员人数的份额，以及美国在风险投资资金等其他领域的领先地位。）但美国的地位是稳定的，而中国的地位正在迅速上升。谨记，通常谁赢得技术战，谁就赢得经济战和军事战。**有关本章所示的所有图的更多细节，请参阅本章末尾，在那里你可以读到对每张图的简单描述。

当前的创新和技术分数[3]

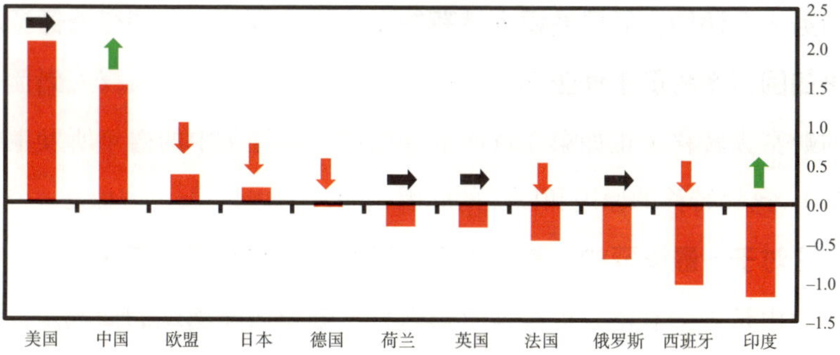

3　箭头代表 20 年的变化趋势。

债务 / 货币 / 资本市场 / 经济周期

如前所述，这个周期是驱动经济波动的最重要因素，这些经济波动对内外部政治与战争有重大影响，所以知晓各国在这个周期中所处的位置，对预测未来的可能情况至关重要。

基于我对历史和现状的解读，以及我对经济机器运行方式的理解，以世界储备货币尤其是以美元计价的付款承诺规模太大、增加太快，无法用硬通货来支付。换言之，以这些货币计价的债务过剩，因此可能需要印钞来偿还债务，债务增长[4]和利率可能会维持在低于通胀率和经济 / 收入增长率的水平。这反映出，主要储备货币国家处于其债务 / 货币 / 资本市场 / 经济周期的后期，财富可能越来越会以某种方式再分配：从拥有大量财富的人转移给财富不足的人。实际情况依各国具体国情而不同，但这可能会是世界范围内的趋势。

因此，**长远来看，最大的风险是"货币价值"风险，而大多数人对此重视不足。我希望第 4 章帮助大家更好地理解和应对这个问题。**

需要明确的是，有巨额赤字的储备货币国家，其赤字和债务是以本国货币计价的，所以因这些国家能通过印钞来还债，它们就能把风险从债务人自身转移给持有债务的债权人。**因此，主要风险不是这些大债务人会违约，而是债权人持有的资产将会贬值，即持有债务资产带来的回报率将低于通胀率。**我相信，即将发生一场从债权人到债务人的财富大转移（正如第 3 章所解释的在《圣经》中的禧年所发生的那样），这场转移的原因和以往的原因相同。

这对于（最重要的）美元和其他较次要的储备货币意味着什么？这些货币是否会衰落，被其他货币取代？**最有可能出现的情况是，这**

4 因此，债务资产（特别是现金）可能会表现很差，债务负债可能值得持有，特别是如果将其投资于有利可图的颠覆性技术和回报率高于成本的可靠投资。

些货币将会衰落，其轨迹类似于历史上的储备货币：经历长期缓慢衰落，然后迅速衰落。正如我们在那些案例中看到的，储备货币衰落的速度明显慢于其他实力指标的衰落速度。在储备货币的基本面不足以支撑其优势地位之后，其还会维持很长时间，因为储备货币在实践中的使用根深蒂固，人们有强烈的持有这些货币的倾向。接着，当事实清楚表明，储备货币背后的基本面使得持有以它计价的债务不划算时，储备货币的地位就会急剧下坠。

这样的下坠速度很快，因为储备货币的衰落速度快于支付给债务持有人的利率的下降速度；净损失导致抛售，抛售导致更多损失，形成自我强化的恶性循环。荷兰盾和英镑都曾以这种方式下坠，原因是当存在以这两种货币计价的巨额债务时，发生了地缘政治危机 / 战败。这些事件使债权人清楚地看到，这些储备货币的基本面比他们设想的要差，利率不足以弥补其衰落。

虽然我有很好的指标来辨识这种衰落的发生，还有一些很不错的先行指标来预测其在短期内的发生时间，但我的长期先行指标对确定时间来说效果平平。这是因为这些是基于供求的金融性指标。像评估个人和企业的金融状况一样来评估国家的金融状况是很容易的（检查这些国家是有盈余还是有赤字，是否持有的资产多于债务，并看看其债务是以本国货币还是外国货币计价，谁为这些债务提供融资以及为什么提供）。因为这些都是长期驱动因素，所以我们也很容易看出哪些国家和货币是脆弱的。但精准预测大衰落何时会发生是很难的。

接下来要展示的债务负担衡量表基于以下因素：（a）相对于资产水平的债务水平，（b）外部、内部盈余和赤字的规模，（c）偿债成本相对于 GDP 的规模，（d）以本国货币计价的债务相对于以外国货币计价的债务的规模，（e）本国公民持有的债务相对于外国人持有的债务的规模，（f）该国的信用评级。我以这种方式来设计是因为事实证明要实现以下目标，这是最可靠的方式，能预测货币和债务资产（接受货币的承诺）的实际价值的下降；预测这种下降以何种形式发生，一种是债务违约，其原因是没有创造足够的货币和信贷来满足过度的债务需求，另一种是贬值，其原因是创造了过多的货币和信贷来满足过度的债务需求。我构建这个指数是为了排除储备货币地位因素，以便观察如果一个国家失去储备货币地位，那么它将面临多大的风险。储备货币地位状况展示于下页图中。

下面的两张图描绘了一幅很清晰的画面。例如，尽管**美国的债务负担很高，但其债务是以全球最主要的储备货币美元计价的，所以美国能通过印钞来偿还债务。这降低了美国的违约风险，但增加了贬值风险。如你所见，如果美国失去储备货币地位，那么它将陷入严重的财政困境。**俄罗斯和德国在债务负担图上排名很高，因为这两国的债务最少。俄罗斯不拥有储备货币地位，德国拥有一定的储备货币地位，因为德国使用欧元，目前欧元是全球第二大储备货币。在债务负担图上，中国的排名处于中游，这是因为中国的债务规模处于中等水平，大多以人民币计价，大多由中国人持有。中国的储备货币地位正在形成。

债务负担（箭头向上代表财政状况变差）

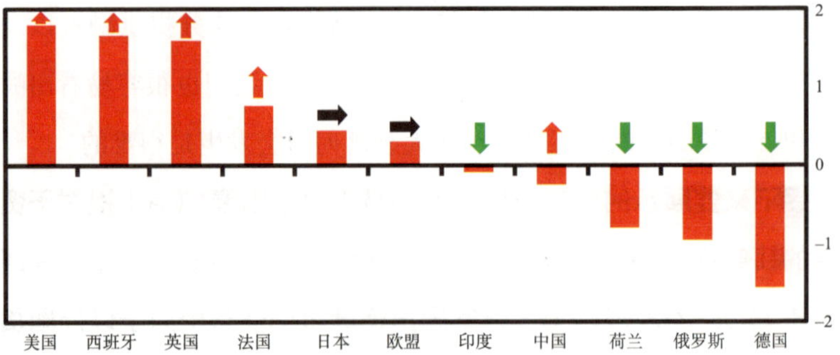

储备货币地位[5]

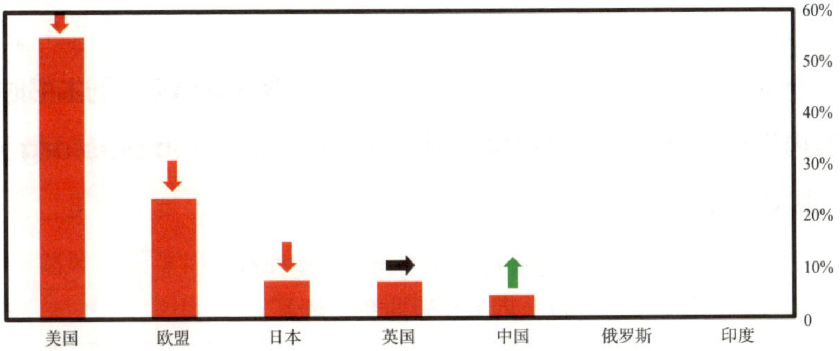

内部秩序和混乱周期

罗贯中的经典名著《三国演义》开头写道：“***天下大势，分久必合，合久必分。***”中国和大多数其他地方一直是这样，而且未来可能也是这样，所以这是一个很好的原则。我在第 5 章中阐述了内部秩序和混乱周期，所以在这里不复述，只想提醒读者一个关键的原则：● ***和平带来收益，战争造成损失。***

无论是在各国内部还是各国之间，这一点都成立。如果各方合作，有序竞争，不把资源浪费在斗争上，生产力和生活水平就会提升。如果各方斗争，就会浪费资源（有时包括生命），创造少而毁灭多，生活水平就会下降。因此一国内部的冲突程度是一个很重要的指标。

本书写作时，不同国家内部正在发生不同规模的冲突，如下图所示。美国的内部冲突尤为严重，似乎处于周期的第五阶段（财政状况糟糕，冲突激烈），而中国似乎处于周期的第三阶段（出现和平与繁

5　由于欧洲货币联盟的存在（所有成员国都是使用欧元），储备货币地位图中不显示单个的欧盟国家，只显示欧盟总体。这张图显示了以各国货币计价的全球交易、债务和官方央行储备的平均份额。

荣）。这一指标可能很快发生变化，如引发“阿拉伯之春”、叙利亚内战、阿富汗内战、近期秘鲁和智利的大规模抗议等事件的变化，这些变化会带来各国内部秩序的革命性变化。**因为我估计当你读到本书时，这些内容将会过时，所以我会定期在 economicprinciples.org 网站上更新这些内容。**

目前主要大国的相对内部冲突评分
（箭头向上代表冲突更多）

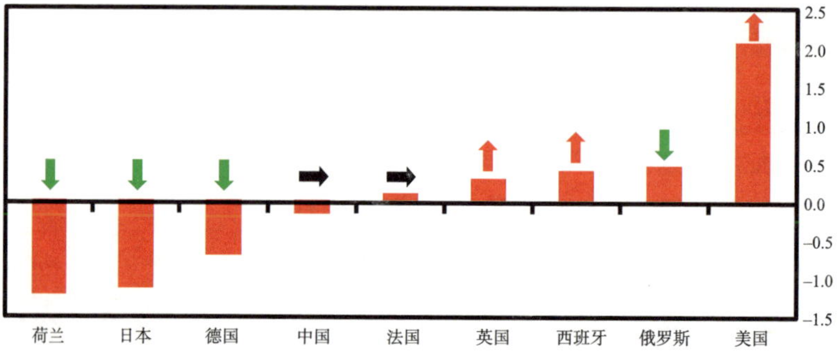

最终，● ***人们通过权力规则和权力测试来知晓谁处于统治地位。***有时这是在一个受尊重的规则框架内发生的。在这些情况下，权力之争是以一种共同认可的建设性方式发生的，这种方式对内部秩序有支持作用。但权力之争也可能以非建设性的、毫无顾忌的形式发生，从而导致领导层和内部秩序的激烈失序。**虽然我认为美国在未来 10 年里陷入第六阶段（类似于内战的情况）的可能性只有 30% 左右，但这一风险已经高得危险，美国必须加以防范，并通过我的一致性和预示性指标给予密切关注。**

所有内部秩序，甚至不民主国家的内部秩序，都有关于如何决策、如何获取和分享权力的规则。因为人们通常能看到这些治理规则在多大程度上得到尊重，或被忽略，所以当出现内战风险，威胁到内部秩序时，人们也很容易察知这一情况。例如，当势均力敌的选举得到司法机关的裁定，而失败者尊重相关决定时，很明显秩序是得到尊重的。

如果各方争夺和攫取权力，这就明显预示着发生革命性变化的重大风险，随之也会发生各种混乱。

有迹象表明，这种情况正在美国发生，一些人质疑选举的有效性，并表示为达其目标不惜战斗。这值得关注。

如统计数字所反映的，美国目前还存在高度的两极分化。关于选民情绪的民调数据描绘了一幅两极分化和不妥协的画面。例如，在 2019 年的一次皮尤调查中，55% 的共和党人和 47% 的民主党人认为对方的道德水平低于其他美国人，61% 的共和党人和 54% 的民主党人表示和对方的价值观不同。当被问及对对方的态度是暖是冷时，79% 的民主党人和 83% 的共和党人表示为“冷”或“很冷”（其中 57% 的民主党人和 60% 的共和党人选择了“很冷”）。根据另一项调查，80% 的民主党人认为共和党已经被种族主义者接管，82% 的共和党人认为民主党已经被社会主义者接管。2010 年的一项调查显示，近一半的共和党父母和 1/3 的民主党父母表示，如果子女与另一个党的成员结婚，他们就会不高兴。而在 1960 年，这两个数字仅为 5% 左右。近期的一项调查显示，15% 的共和党人和 20% 的民主党人认为，假如对方有大量成员“一命呜呼”，美国将会变好。

未来几年里发生的政治冲突和变化将非常重要，非常有预示意义。这些变化将显示，各大国尤其是美国的日益失序的内部秩序的下一个阶段会是什么样子。**虽然美国看起来正处于不稳定的第五阶段，但美国也拥有持续时间最长、最广受推崇的内部秩序（其宪法体系）。**如第 5 章所述，因此美国不大可能放弃其内部秩序，但假如放弃了，这造成的痛苦也将更大。局势升级为内战的最可靠的迹象是：（1）规则被忽视，（2）双方都情绪化地攻击对方，（3）发生流血事件。虽然第六阶段是功能失调最严重和最具危害的阶段，但在之前的几个阶段里，功能失调的情况越来越严重。此类冲突可能存在于社会的各个领域，而不只是在政府中。

接下来展示的是 18 世纪末以来美国冲突指数的变化，包括两个分指数的情况。这几张图反映出：**美国国内的总体冲突水平现已达到自 20 世纪 60 年代末的民权运动和抗议越南战争以来的最高水平，但意义不如当时。“内部纷争”（这主要反映街头示威情况）指数处于中等偏高水平，而“政治冲突”指数处于 20 世纪 20 年代初以来的最高水平。**在 20 世纪 20 年代初，战后的严重衰退和大规模劳工骚乱[6]导致民主党在选举中惨败。

美国国内冲突指数
（向上代表冲突增多）

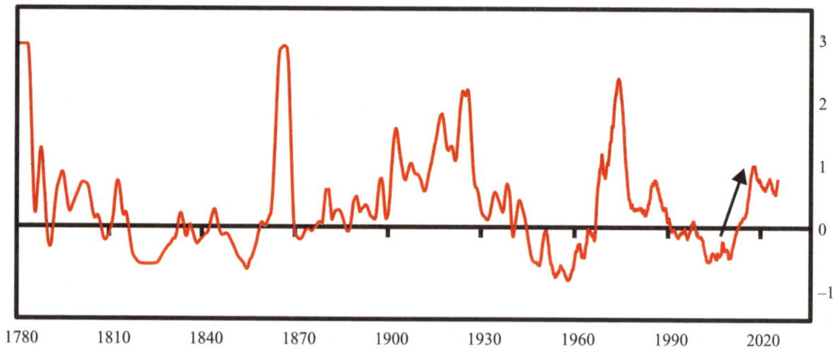

美国国内冲突指数分类

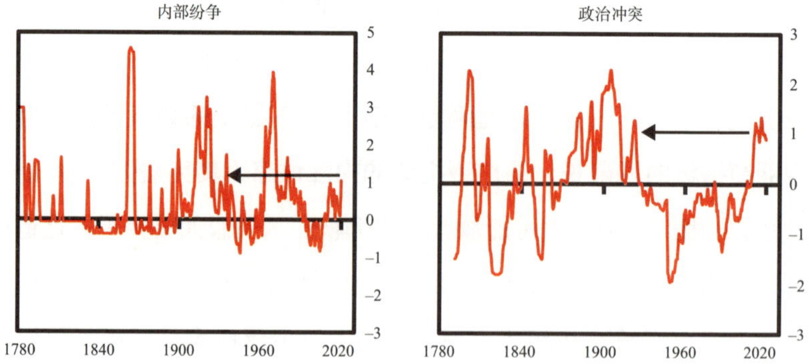

6 1919 年，超过 20% 的美国劳动力参加了罢工。

注意此前与此相似的时期包括：20 世纪第一个 10 年至第二个 10 年，当时“强盗大亨”遭到强烈反对，进步运动兴起，最终发生了一战；19 世纪 60 年代，当时经济冲突和价值观冲突引发了内战。**当前的风险很高，但并非史无前例。**这幅图景依然值得美国人和全世界警惕，因为美国这个世界最强国正处于边缘，可能向一边或另一边倾斜。美国国内的分裂状况正在加剧世界其他地方的不稳定。局势发生任何恶化，都会造成至少和历史上的那些时期一样的破坏性。

那么这一切对美国意味着什么？如我在第 11 章中解释的，我们的指标表明，美国现在大约走到了其大周期的 70% 的位置。美国能减缓或扭转自身的相对衰落吗？**历史告诉我们，扭转衰落是很难的，因为这需要逆转许多已经做过的事情。例如，如果一个人的支出大于收入，负债大于资产，那么只有通过努力工作或减少消费，才能扭转这样的情况。问题是我们美国人能否诚实面对挑战，为应对挑战而调适和改变。**例如，虽然资本主义的盈利体系在相对有效地分配资源，但美国人现在需要自问：“这个体系在为谁优化效率？”“如果经济好处不是广泛共享的，那么我们应当怎么做？”“我们是否要调整资本主义，以使其既能做大蛋糕（通过提高生产率），又能很好地分配蛋糕？”当前这些都是极其重要的问题，由于新技术的出现，雇用工人将越来越成为一种无利可图、低效和削弱竞争力的做法。“我们是否应该投资于人力资源，使之更富效率，即使在这样做不划算的时候？”“如果我们的国际竞争对手选择机器人而不是人类怎么办？”这些问题，以及许多更重要、更难的问题，会出现在人们的脑海里。**虽然我们不能确定美国的分裂和冲突是将加剧还是缓和，但我们知道，长期势头是朝着分裂加剧的方向发展，这是一个严重的风险。美国债台高筑，国际地位不断削弱，正在经历严重冲突，这样的情况应当引起美国人以及依赖美国的其他人的担忧。**同时，美国在 245 年的历史中展现出了强劲的韧性。美国面临的最大挑战是内部挑战：**美国是保持强大和团结，还是继续纵容分裂和内斗，走向衰落？**

外部秩序和混乱周期

● ***所有帝国都会衰落，被崛起的新帝国取代。***要了解这样的变化何时发生，需要观察所有指标，跟踪各国的相对状况。前文提到，历史上主要存在 5 种战争：（1）贸易 / 经济战，（2）技术战，（3）资本战，（4）地缘政治战，（5）军事战。这里展示的外部冲突指数衡量主要国家之间的经济、政治 / 文化和军事冲突水平。如下图所示，最重大的冲突是中美冲突，中国和美国是全世界最强大的两个国家，彼此实力相当，因此两国若爆发战争，肯定会成为历史上破坏性最强的战争。

最近的国家间冲突分数
（箭头向上代表冲突更多）

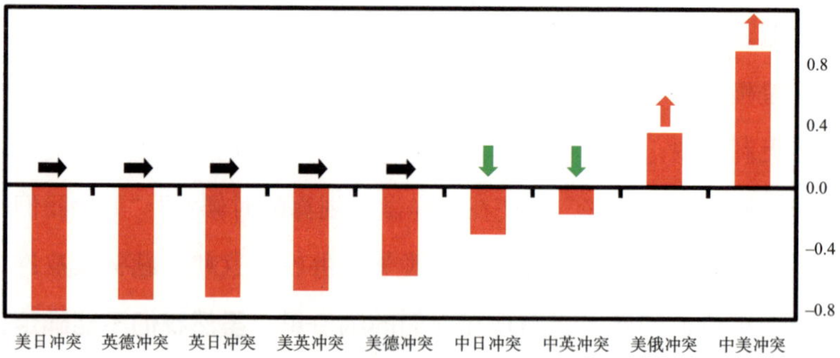

中美冲突的规模比正常水平高出一个标准差，与历史上的国家间冲突相比，这是非常严重的情况。

下页图显示了我评估的 1970 年以来的中美冲突指数。

中美冲突分数

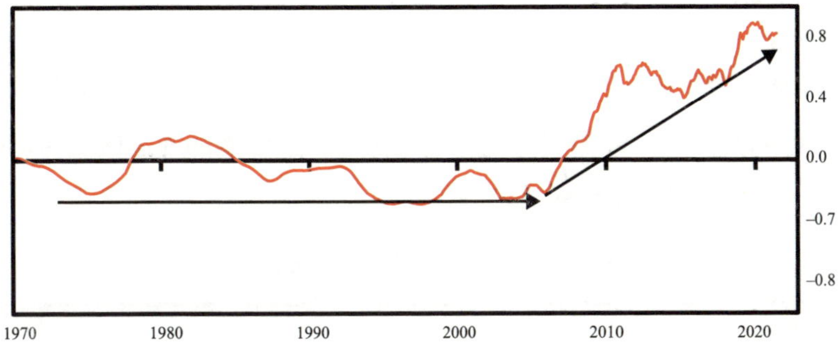

基于我们看到的情况，美国和中国显然处于4种类型的战争（贸易/经济战、技术战、资本战和地缘政治战）之中，这些战争虽然不是很激烈，但正在加剧。中美之间还未发生第五类战争（军事战）。如以前的案例、特别是1930—1945年的案例所示，从这4种类型的战争发展到军事战，通常需要5~10年的时间。虽然中美军事战的风险似乎相对较低，但正在加大。

回顾过去500年的历史我们可以看到，平均每隔大约10年（误差为几年）就会发生一场主要帝国之间的军事战，而距上一次真正的大战（二战）已有大约75年了。1500年至今，一半多一点儿的时间里，存在着大国之间的战争。[7]从这个角度看，未来10年发生大规模军事战的概率约为50%，当然这只是个简单猜测。我们来更仔细地看一下当前的局势。

下页图显示了我对每个国家当前军事实力的衡量。虽然总体上这些衡量是合理的（从大多数衡量标准来看，美国最强大，中国其次，俄罗斯居第三，等等），但它们没有捕捉到这些汇总数字之下的重要现实。例如，该图没有显示，在一些特定的地理区域（如中国周边地区）

7　根据史蒂芬·平克的《人性中的善良天使》（2011年），1500年以来，大国之间发生了50多场战争。1500—1800年，80%的年份有大国战争；1800年至今，20%的年份有大国战争。

和某些类型的战争（如外空间战、网络战等）中，一些国家和美国一样强大，或者比美国更强大。同时，这张图不考虑军事合作和联盟（如中国和俄罗斯）的影响，也不反映这些国家可能拥有的未知的军事能力。对我来说，最重要的是，这些国家在最激烈的地理区域内可以通过多种方式相互伤害或摧毁。

当前军事实力（箭头向上代表更强）

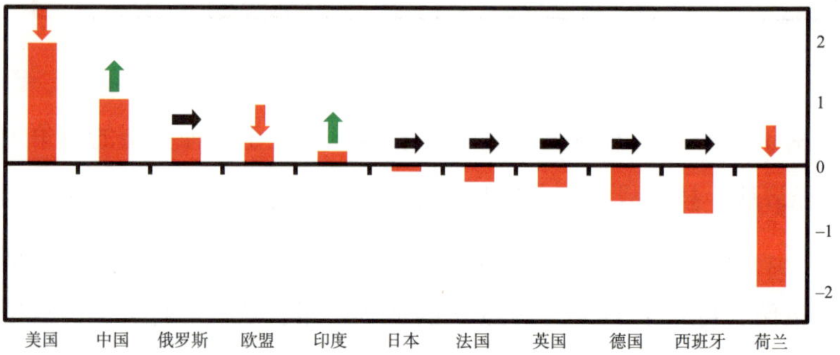

历史表明战争会造成惨重的生命和财产损失，自核武器在二战中发明和使用以来，人类制造伤害的能力已经呈现指数级增长。我无法想象下一次军事战会是什么样子。我还看到，双方最知情的人都没有完全了解情况，因为很多是未知的，军事战总是以意想不到的方式发生。因此，**我们不可能断定谁是下一次大战的赢家或输家。**我们还从逻辑和历史研究中得知，在真正的大规模战争中，输家会被彻底消灭，赢家也因其遭受严重影响，最终背负巨额债务。战争对经济和市场的影响我在前文中解释过了，一句话，影响是毁灭性的。

研究历史的人都知道，在苏联解体（主要是由于面对巨大的军事开支需求，未能增强其他方面的实力）之前，相互保证毁灭阻止了美国和苏联之间爆发热战。在一些最重要的方面，中国与美国实力相当，而且在很多方面，中国正在变得更强大。在五类战争中的任何一类中，击败中国的难度都要高于击败苏联的难度，而且当时苏联也是难以击败的。这意味着这些战争可能会加剧，并日益有利于中国，特别是如果美国不扭转本章强调的其他基本力量基础的话。然而，目前看来，中国要在赢得一场战争的同时又不导致自身毁灭，还需要很长的时间。

总而言之，根据我和我的计算机的共同研究，我认为：**在可预见的未来，中国和美国将有足够实力对彼此造成不可接受的伤害，所以相互保证毁灭的前景应该可以防止军事战，尽管我几乎可以肯定两国会发生危险的小规模冲突。我认为情况会是这样，除非出现一种情况：某种意想不到的技术突破，如量子计算的巨大进步，给其中一个大国带来巨大的不对称优势，导致相互保证毁灭不复存在。**此外一个相对次要的因素是，在这个高度互联互通的世界上，美国人和中国人的福祉是唇齿相依的，这也是阻止双方爆发战争的一个因素。

然而，随着时间的推移，风险会增加。如果美国继续衰落，中国继续崛起，最重要的问题就是双方能否在这一过程中保持优雅。最大的风险是，如果存在不可调和的生死攸关的分歧，而且没有双方都认可的第三方或程序来裁决冲突，中美就很有可能爆发战争。如上一章所述，**中美之间看起来不可调和的主要分歧是台湾问题，所以我密切关注台海局势。**台湾地区是中国最不惜为之而战的利益，因为中国坚信“世界上只有一个中国，台湾是中国领土不可分割的一部分”。美国是否觉得为“保卫”台湾地区可以不惜一场大战，这值得怀疑，尽管美国可能会如此。在我看来，这是未来 10 年里中美两国爆发军事战的唯一可能的导火索。

其次需要注意的地域是中国周边地区，如东海和南海周边国家，以及印度、俄罗斯、韩国、朝鲜、日本、阿富汗、巴基斯坦等其他邻国。考虑到中国的文化特征和最主要利益所在，我认为中国将会与这些国家保持互惠互利。

虽然最重要的冲突是在中美之间，但这场经典的均势博弈和囚徒困境博弈中，还存在着其他重要角色。中美两国的盟友将如何行动，值得关注。如前所述，双方的阵营在逐渐变化，中国不断赢得盟友，美国不断失去盟友。由于扩张过度，又不大愿意为他人而战，所以美国现在正试图在没有奖励的情况下对盟友发号施令。过去美国只需暗示希望别国怎么做，别国就会从命。现在别国自行其是。

归根结底，哪个国家赢得博弈，获得最多的财富和力量，主要取决于其内部能力。正因如此，我在我的指数里像衡量军事实力一样衡量这些因素。中国人深知（其他人最好也谨记这一点），● ***打仗的最佳方式是不战而屈人之兵。***这很可能是我们在未来几年将看到的事态。

总之，**我认为随着中国在这些领域变得更具竞争力，并日益走向全球，中美贸易 / 经济战、技术战、资本战和地缘政治战的风险将加大。**正如格雷厄姆·艾利森在其杰作《注定一战》中所述的，在过去500 年里，当两个实力相当的大国之间出现不可调和的分歧时，16 个案例里有 12 个爆发了军事战，80%~90% 的案例里，在发生主要战争的同时都出现了大规模的军备。[8] 我用相互保证毁灭来平衡艾利森的这些历史洞见，相互保证毁灭会降低战争风险。总体上，我的结论是未来10 年里爆发大规模战争的概率是 35% 左右，这基本上是一个大略猜测。无论如何，这都是非常危险的。

自然灾害

自古以来，旱灾、洪灾、流行病及其他严重的自然和生物灾害给

8 这样的军备也许正在发生。过去 10 年里以美元计价的中国军费开支急剧上升，尽管占 GDP 的比例保持相对稳定（2% 左右）。美国的军事开支略有下降，约为 GDP 的 3%。

人类造成巨大伤亡，比人类给自身造成的伤亡更严重，导致无数人死亡、经济崩溃，并加速了许多帝国和王朝的衰落。下图展示了其中的一些主要事件。

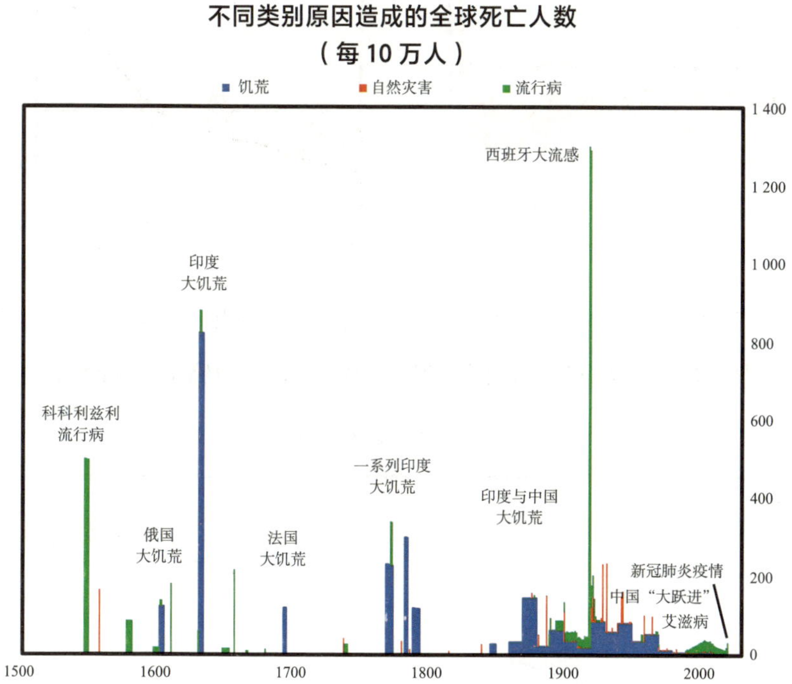

虽然我们都知道气候变化，但没有人准确地知道，气候变化最终将带来多大的破坏和多少人死亡。基于专业预测，我有理由相信，所有这些类型的灾难在未来将比以往更严重。虽然我不是这方面的专家，但我可以展示一些有意思的统计数据，并分享我了解到的情况。

下页右边的图显示了世界的平均气温和二氧化碳量，表明全球在变暖。几乎毫无疑问的是，这种情况正在发生，并将加速，将带来代价高昂的影响。值得注意的是气候变化的速度越来越快。左边的图展示了（自公元初以来）气温的长期发展过程。

全球气温相对于 1961—1990 年的平均气温（单位：℃，自公元初以来）

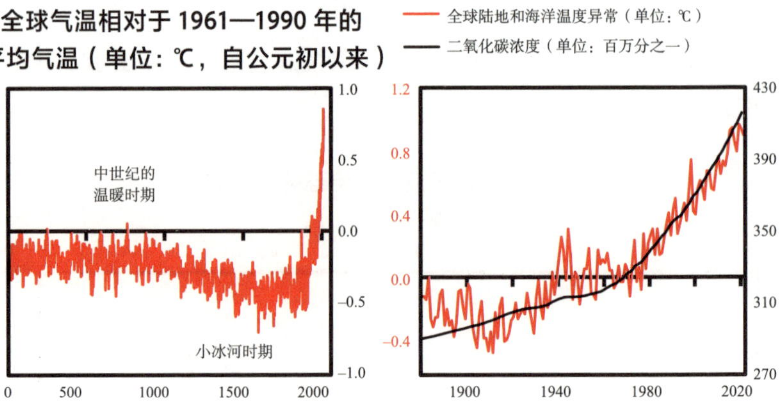

下图展示了极端环境事件。总体情况是，1970—2020 年，此类事件从每年不到 50 起增加到每年近 200 起，目前仍呈上升趋势。

自然灾害事件的次数

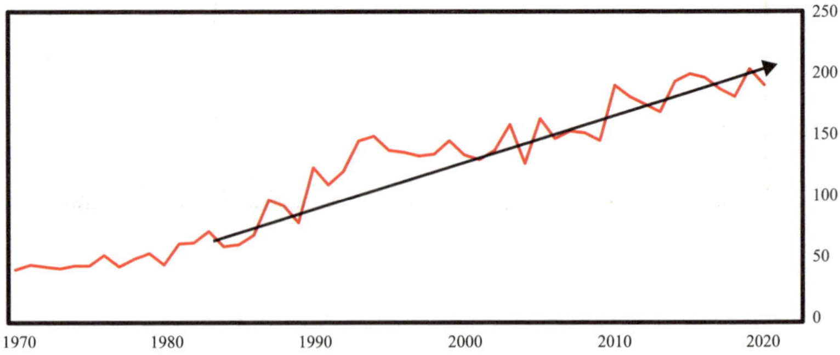

下页图展示了据估计这些事件造成的（经通胀调整后的）经济损失。如图所示，这一数字也呈上升趋势，出现了极端峰值。

在我看来很明显的是，人类和自然进化正在给环境造成巨大破坏，将带来极为巨大的经济损失，并大大降低生活质量。这对各国造成的影响将千差万别，基于各国的地理位置、气候以及最重要的因素——工业情况，我们可以大致预测这些影响。同时，这是一场缓慢、平稳和有据可查的变化，因此人类可以不断进行适应和创新，这是人

1970 年以来灾难造成的总损失

（以 2020 年美元计算，单位：10 亿美元）

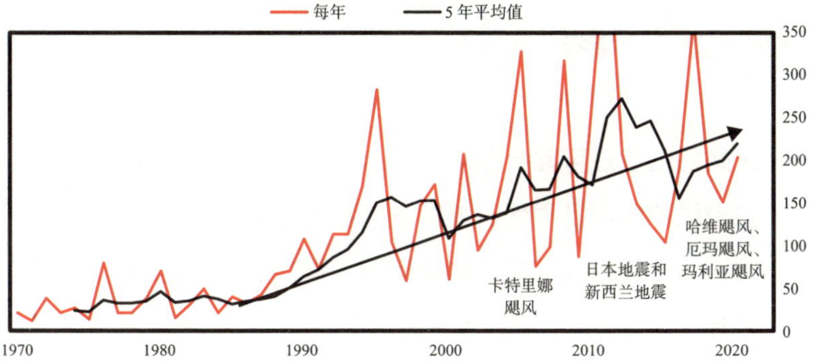

类拥有的独特能力，尽管这种适应往往太慢，而且人类只有被打疼了才会做出反应。我倾向于认为这个过程将缓慢、被动地发生。话虽如此，但我对这个问题认识有限，不能确定这对每个国家和地区意味着什么。

下图展示了主要国家的气候变化脆弱性指数，该指数基于圣母大学全球适应指数（ND-GAIN）的国家指数的平均值，它量化了一个国家对气候变化的脆弱性，以及学术界对未来气候变化对各国 GDP 的影响的估计。

气候变化脆弱性（向上代表更脆弱）

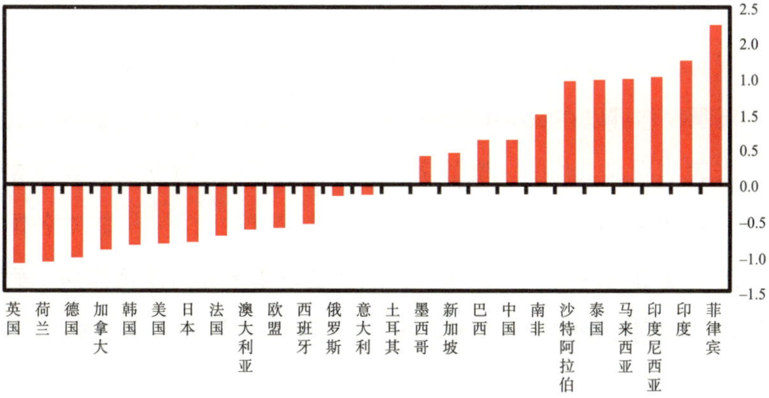

总结

仅根据这 5 个指标，我认为：

- **人类的创造性可能会带来更大的进步，但同时债务 / 经济周期、内部秩序和混乱周期、外部秩序和混乱周期与不断恶化的自然灾害，几乎可以肯定会构成问题。换言之，*人类的创造性和这些其他挑战之间，将存在一场斗争。***
- **各国内部和各国之间情况极为不同，这将决定哪些国家将以何种方式崛起，哪些国家将以何种方式衰落。**

所有这些都反映了，仅基于 18 个决定因素中的 5 个，我对世界 11 个主要国家的未来的思考。现在我们来考察一下所有 18 个决定因素，看看这能告诉我们什么。

全世界范围内的所有主要决定因素

下页表以更丰富的形式反映了 11 个主要国家的现状和可能的未来。虽然我有很多关于最主要的 20 个国家的资料，但这里篇幅有限，无法全部展示，你可以在 economicprinciples.org 网站上找到完整的内容。虽然这张表乍看起来像是一堆数字和箭头，但如果你仔细看，就会看到一幅更清晰的画面。

首先**我要讲讲如何看这张表，以及这些指数如何发挥作用。第一列显示了我们衡量的决定因素。第二列是对各个指数的质量进行评估。**我之所以提供这一列，是因为对其中一些重要的决定因素（如教育、创新与技术、成本竞争力、生产率和产出增长率），我们有良好、清晰的衡量，对其中的另一些决定因素（如自然灾害）我们则没有这样的衡量，我想展示其各自属于哪种情况。此外还存在没有展示的其他决定因素，因为这些因素要么太主观，要么太难加以量化（如领导力）。领导力的质量无法像经济产量一样得到客观的衡量。（例如，你如何衡量特朗普作为领导人的好坏？）每一个指标都是多个指标的综合，为兼顾数量和质量，我将其综合以最好地反映特定的决定因素。例如，如果中国、印度、美国等人口大国和新加坡、荷兰、瑞士等人口小国相比较，这些人口大国可能就会在某些方面较强，但在质量方面较弱。通过构建这些权重，我试图设想如果这些国家参加像奥运会或一场战争这样的竞赛，哪些国家会赢。

主要国家当前的分数
（Z- 分数与用箭头表示的近 20 年的变化）

	指数质量	美国	中国	欧盟	德国
国家分数（0~1）		0.87 ◢	0.75 ▲	0.55 ▶	0.37 ▶
债务负担（大经济周期）	好	−1.8 ▼	0.3 ▼	−0.3 ▶	1.6 ▲
预期增长率（大经济周期）	好	−0.7 ◢	0.4 ▼	−1.0 ▶	−1.0 ▶
内部冲突（内部秩序，分数低代表不好）	好	−2.0 ▼	0.2 ▶	0.4 ▶	0.7 ◥
教育	好	2.0 ◢	1.6 ▲	0.3 ▶	−0.2 ▶
创新与技术	好	2.0 ▶	1.5 ▲	0.4 ◢	−0.1 ◢
成本竞争力	好	−0.4 ▶	1.2 ◢	−0.6 ▶	−0.6 ▶
军事实力	好	1.9 ◢	1.0 ▲	0.3 ◢	−0.6 ▶
贸易	好	1.1 ◢	1.8 ▲	1.3 ▶	0.6 ▶
经济产出	好	1.7 ◢	1.8 ▲	0.6 ▼	−0.1 ◢
市场与金融中心地位	好	2.6 ▶	0.5 ▲	0.4 ▶	−0.2 ◢
储备货币地位（0~1）	好	0.55 ◢	0.04 ▲	0.23 ◢	

（续表）

	指数质量	美国		中国		欧盟		德国	
地质	好	1.4	▶	0.9	◥	−0.4	▶	−0.7	▶
资源分配的效率	还行	1.3	◢	0.0	▶	−0.8		0.6	▲
自然灾害	还行	−0.2		−0.1		0.0		1.1	
基础设施与投资	好	0.7	◢	2.7	▲	0.2	◢	−0.3	▶
个性 / 文明 / 决心	还行	1.1	▶	1.5	▶	−1.0	▶	−0.5	▶
治理 / 法治	好	0.7	◥	−0.7	◥	−0.4		0.7	▶
贫富、机会差距与价值观差异	还行	−1.6	◢	−0.4	▶	0.3	▲	0.7	▶

浏览这张表，你可以快速了解每个国家的情况和整个世界的状况。例如，通过查看国家分数及其旁边的箭头，你可以看到，美国现在是最强大的国家，但正在衰落，中国紧随其后，正在迅速崛起。你可以看到美国在哪些方面极强，即储备货币地位、军事实力、经济产出、创新与技术、教育，也可以看到美国在哪些方面不强，即内部冲突、贫富差距、债务负担和预期增长率。

你还可以从下表中看到，在大多数其他关键领域，中国紧追美国，而且中国在以下方面相对较强：基础设施与投资、创新与技术、教育、成本竞争力、经济产出、贸易、军事实力、贸易 / 资本流动。中国在储备货币地位、法治 / 腐败与贫富差距方面则相对较弱。我发现这些数据极有价值。在思考现状和可能的未来时，观察这些数据的变化至关重要。

	指数质量	日本		印度		英国		法国	
国家分数（0~1）		0.30	▼	0.27	◥	0.27	▶	0.25	▶
债务负担（大经济周期）	好	−0.4	▶	0.1	◥	−1.6	▼	−0.8	▼
预期增长率（大经济周期）	好	−1.1	▶	1.1	▼	−0.8	◢	−0.9	▶

（续表）

	指数质量	日本	印度	英国	法国
内部冲突（内部秩序，分数低代表不好）	好	1.1 ▲		−0.3 ▼	−0.1 ▶
教育	好	0.2 ▶	−1.2 ▶	−0.2 ◢	−0.5 ▶
创新与技术	好	0.2 ◢	−1.2 ◥	−0.3 ▶	−0.5 ◢
成本竞争力	好	−0.3 ▶	2.4 ◥	−0.3 ▶	−0.6 ▶
军事实力	好	−0.1 ▶	0.2 ▲	−0.3 ▶	−0.3 ▶
贸易	好	−0.5 ▼	−0.8 ◥	−0.6 ▶	−0.5 ▶
经济产出	好	−0.3 ▼	−0.2 ▶	−0.3 ▶	−0.5 ▼
市场与金融中心地位	好	0.1 ◢	−0.8 ▶	0.0 ◢	−0.3 ▶
储备货币地位（0~1）	好	0.07 ◢	0.0	0.07 ▶	
地质	好	−1.1 ▶	0.3 ▶	−0.9 ▶	−0.5 ▶
资源分配的效率	还行	0.1 ◢	0.2	0.3 ▶	−1.3 ▼
自然灾害	还行	1.5	−2.4	0.4	0.0
基础设施与投资	好	−0.2 ▼	−0.3 ▲	−0.6 ◢	−0.2 ◥
个性 / 文明 / 决心	还行	0.5 ◢	1.3 ▶	−0.4 ◢	−1.5 ▶
治理 / 法治	好	0.8 ▶	−1.1 ◥	1.2 ▶	0.3 ▶
贫富、机会差距与价值观差异	还行	0.9 ▲	−1.8 ▶	−0.2 ▼	1.1 ◥

	指数质量	荷兰	俄罗斯	西班牙
国家分数（0~1）		0.25 ▶	0.23 ▶	0.20 ▶
债务负担（大经济周期）	好	0.8 ▲	1.0 ▲	−1.7 ▼
预期增长率（大经济周期）	好	−0.8	−0.2	−1.1 ◢
内部冲突（内部秩序，分数低代表不好）	好	1.2 ◥	−0.5 ▲	−0.4 ◢
教育	好	−0.7 ▶	−0.5 ▶	−0.9 ▶
创新与技术	好	−0.3 ▶	−0.7 ▶	−1.0 ▼
成本竞争力	好	−0.8 ▶	0.7	−0.6 ▶

（续表）

	指数质量	荷兰	俄罗斯	西班牙
军事实力	好	−1.9 ◢	0.4 ▶	−0.8 ▶
贸易	好	−0.6 ▶	−0.9 ▶	−0.9 ▶
经济产出	好	−0.3 ▶	−1.4 ▶	−0.9 ▼
市场与金融中心地位	好	−0.5 ▶	−1.1 ▶	−0.6 ▶
储备货币地位（0~1）	好		0.0	
地质	好	−0.5 ▶	1.9 ▶	−0.6 ▶
资源分配的效率	还行	−0.1 ◥	1.3	−1.6 ◢
自然灾害	还行	0.5	−0.1	−0.7
基础设施与投资	好	−0.4 ▶	−1.0 ▼	−0.6 ▼
个性 / 文明 / 决心	还行	−0.3 ◥	0.1	−1.0 ▶
治理 / 法治	好	1.0 ▶	−1.9 ▶	−0.7 ◢
贫富、机会差距与价值观差异	还行	0.6 ◢		0.4 ◥

例如，如前所述，**当（1）一个国家的财政状况恶化，同时（2）内部冲突的水平很高（如围绕贫富差距和/或价值观差异的冲突），（3）该国受到一个或多个强大的外国挑战时，这通常会造成（4）一场交互的自我强化的衰落。这是因为该国不断恶化的财政状况使其无法满足国内支出需求和为战争筹资，进而导致更糟糕的结果。**

在将这些因素量化之后，我们就可以在该表中看到具体的情况，并做出预测。恶化的重要因素越多，恶化的程度就越严重，衰退就越必然、越严重。例如，如果在一些决定因素表现不佳的同时，其他一些决定因素不强而且在继续弱化，未来的衰退就会更加严重。因为我在计算机的帮助下可以追踪这些因素，所以我能评估一个国家的相对健康程度、脆弱性和未来前景。例如，尽管美国仍是全世界最强大的国家，但美国现在出现了许多最令人担忧的情况。这一点值得密切关注。

如一些之前的图所展示的，我们发现：**（1）这些决定因素往往会相互强化，无论是优势变强（例如更好的教育往往会带来更多的收入）还是劣势加剧（例如贸易疲软会导致更多的负债），所以这些因素往往会以周期的形式发生，共同形成大周期；（2）当决定因素不强且在继续弱化时，帝国就处于弱势，而且不断变得更弱。**[9] **当许多决定因素增强时，大规模的上升就会发生；当许多决定因素减弱时，大规模的下降就会发生。**

我们的计算机利用这些数据来生成书面报告，它们可见于 economicprinciples.org 网站。这些报告预测了未来 10 年的实际 GDP 增长率，以及形成这些预测的每个因素的指标读数。一些国家的数据比其他国家更可靠，因而预测也更可靠，这反映在最终的报告中。尽管如此，这些数据还是能很好地反映一个国家当前的健康状况，也是其未来健康状况的先行指标。基于回溯测试，这些估测可以展示一个国家未来 10 年的年均增长率，在 59% 的情况下预测值与实际增长率的差距在 1 个百分点以内，在 90% 的情况下差距在 2 个百分点以内，与接下来的增长率的相关性为 81%。我发现这些估测价值极高。

虽然这些指标很好也很有用，但必须加上我的思考。我们想想这个问题："哪些力量能使一个国家强大？"虽然位于当前数据表顶端的总实力指数旨在表明这一点，而且是通过其下方各个指数的加权平均值算出来的，但事实是，在任何时候，一个国家最需要的实力的类型是随形势的变化而变化的。例如，获得军事力量耗资巨大，其通常在平时毫无用途，只有在战时才是一个国家最需要的实力。与主要由非

9　像地质（即地下的矿藏）这样的决定因素相对容易衡量，尽管拥有这些决定因素的意义可能会变化。有些决定因素是不断演化的，如人类的创新与技术，通常可以通过观察趋势来发现。有的决定因素是在周期中发生的，如债务和资本市场，我们可以通过理解周期来了解这些决定因素。流行病、旱灾、洪灾等自然灾害会发生，这并不令人意外，尽管这些自然灾害的发生时间往往出人意料。

实际 GDP 增长率估计（未来 10 年的年均增长率）

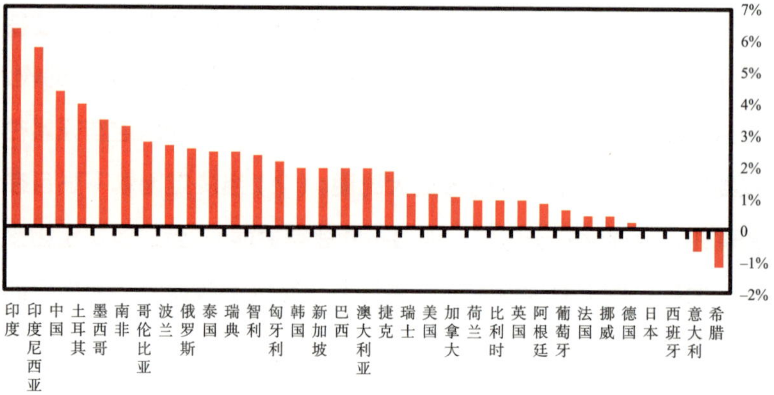

必需因素组成的经济产出对应，我如何合理设定军事实力的权重？回答是不好设定。我没有好的建模，但我对这个问题有很多思考，并应用我的经验和直觉来处理这个问题。以后我将对此进行更好的建模，但我知道，我将始终需要把我的思考与计算机中的数据合理地结合起来，因为我和计算机需要相互配合，才能有最好的成果。

未来 10 年的情况

虽然本书的主题是真正的大周期，但我现在想集中讨论这些周期内部的动态，这将是未来 10 年里最重要的。如前所述，大周期里套着小周期，小周期累积成大周期，此外还有非周期性的颠簸，现实是由所有这些因素一起决定的。**未来 10 年里，最重要的动态是短期债务 / 货币 / 经济周期（也称商业周期）、内部政治周期以及中美之间不断升级的冲突和日益降低的相互依赖。**我发现，始终考虑这些周期，思考这些周期如何相互影响，评估当前情况位于周期内的什么阶段，有助于我适时做出决策。

未 来

如第 4 章所述，短期债务 / 货币 / 经济周期包含着一些交错的时期，有时央行通过创造货币和信贷来刺激经济，接着又试图通过减少货币和信贷的流动来给经济降温。央行始终无法把这个工作做得十全十美，这就会导致过度，带来泡沫和泡沫破裂，周期又重新开始。有时在经济下滑时会发生其他负面事件，例如 2001 年的“9 · 11”恐怖袭击事件。

这样的周期通常持续 8 年左右，不过决定其发生时间的主要因素并不是距离上次周期的远近，而是潜在经济驱动因素本身。最重要的因素包括经济中的闲置量、金融泡沫的规模和类型、央行紧缩的规模、市场和经济对紧缩的敏感性。最近的一个周期始于 2020 年 4 月，当时政府实施了有史以来最大规模的财政和货币刺激。此前的一个周期始于 2008 年，当时的刺激规模也很大，不过远不如 2020 年。再往前的几个周期分别始于 2001 年、1990 年、1982 年、1980 年、1974 年、1970 年和 1960 年等。对近期的这次经济低迷，各国政府特别是美国实行了极为庞大的刺激，主要经济体特别是美国经济中存在的闲置量相对有限，目前的泡沫迹象适度或较强，市场和经济的利率敏感度高。考虑到以上因素，我的猜测是下一次经济低迷将比往常来得更早。我估计在本书出版后 4 年左右会发生下一次经济低迷，误差是两三年（最晚不晚于从触底算起大约 5 年半）。

不要根据我刚刚做的预测来下注，因为那个模型并不精确。我需要追踪我刚刚提到的那些因素，尤其是通胀反弹的速度，以及央行收紧政策的速度和力度，以便准确把握时机。此外，我预计任何经济低迷过后，央行都会很快逆转政策，转向下一轮大规模刺激。因此我不大担忧经济低迷的影响，而是更担忧滥发货币和货币贬值（尤其是现金和以美元、欧元和日元计价的债务）。当然，这个经济周期的情况将受到其他周期以及其间颠簸的影响，这个经济周期也会影响其他周期。

就内部秩序和混乱周期而言，它通常滞后于债务 / 经济周期，因为人们在经济景气时对抗性较弱，在不景气时对抗性较强。当这些周期强烈地相互作用时，这就会导致重大的变化。在美国，短期政治变化周期随着国会选举每两年发生一次，随着总统选举每 4 年发生一次，一位总统的总任期上限是 8 年。在中国，这种变化每 5 年或 10 年发生一次。虽然我们可以看着日历预估未来，但许多不确定因素仍然存在，其中的一些会产生真正重大的影响。根据我的预测，下一次经济低迷很可能在下一次美国总统选举前后到来。

外部秩序和混乱周期的传统发展轨迹是冲突加剧，导致战争。如前所述，美国和中国正在为 5 类战争的日益加剧进行准备。中美两国正在制订大约 5 年的计划，为每种类型的战争做更充分的准备，以实现更大程度的自给自足，以此强化自身发动战争的能力，不过中美任何一国能否占据极具优势的主导地位，以至能忽视相互保证毁灭的威慑，是令人怀疑的。鉴于中国的实力相对于美国正在增长，这似乎意味着，重大的变化既不会很快，也不会很晚到来。如前所述，在台湾、东海和南海问题上，重大的冲突风险即将出现，冲突的一方是一股不可阻挡的力量，另一方是一个不可动摇的对象。也就是说，中国正积极促进统一，美国则反对中国这么做，其决心不可动摇。除美国和中国外，其他国家也将在这场全球博弈中扮演重要角色，尤其是俄罗斯、印度、日本、韩国，以及欧洲和中东的主要大国。在未来 5 年左右的时间里，各国的联盟关系可能变得更加牢固。

从上述情况判断，下一个大风险点将在本书写作约 5 年之后出现，误差为两三年。

重申一下，这些周期的发生时间无法精确判断。这些周期就像飓风或台风季一样，我们大致知道会在什么时候发生，为此做准备，到时候我们会观察正在出现的风暴，密切跟踪事态发展，尽量避免损失。

虽然我们无法精确判断其发生时间和强度，但我们知道，趋势和基本面决定了这些风暴将变得更猛烈，所以我们应该为这种可能性做好准备。

虽然我做了很多分析工作，但我明白，未知的仍然远远多于已知的。虽然人们可以精确地复述历史，但未来绝对无法精确预测。据我所知，没有任何一起未来事件被精准详尽地预言过。对投资者而言，最重要的是对未来有相对正确的预测，而不是准确地理解历史，那是没用的。对非投资者而言，因为他们也在为自身的人生决策下注，所以这一点对他们也适用。由此引出了本章的最后一点：如何基于人们很可能出错的假设而下注。

应对已知与未知

我所获得的一切成就，主要不是由于我知道什么，而是由于我知道如何应对我所不知道的东西。赌未来就是赌概率，没有什么是确定的，连概率都不是确定的。现实就是这样。目前为止我呈现给你的是基于对过去的分析，对未来的预测，但我想分享的也许更重要的东西是，我如何基于自己不知道的东西来做出生活决策和市场决策。简言之，我的做法如下。

● ***了解所有的可能性，考虑最坏的情况，然后想办法消除无法忍受的情况。***首先要确定和消除无法忍受的最坏情况。这是因为，在生活或市场的博弈中，最重要的是不要被淘汰出局。我是从 1982 年犯的一个大错中学到这一点的，那个错误差点儿将我击垮。在那次痛苦的损失之后，我计算了自身基本需求所需的花费，并努力攒够钱，这样最坏的情况就可以忍受了。我记得，在我从零开始重新努力的过程中，我经常计算，假如没有任何进项，我和我的家庭可以撑几周、几个月或者几年。现在我有一个“世界末日”投资组合，我知道凭着它，我们就可以度过最糟糕的情况，这是我的基础。通过阅读本书，你也许可以发现，我设想了很多最坏的情况，包括萧条、货币贬值、革命、战争、流行病、我犯的大错误、健康问题以及不同原因导致的死亡。努力保护自身不受这些及其他因素的冲击，是我的起点。你可能觉得，我这么关注消除最坏的情况，令人感到消沉，也会使我丢失机会，但事实恰恰相反。这么操作具有解放和令人兴奋的作用，因为已经考虑到了最坏的情况，（在清楚这一点后）这就让我拥有了安全感、自由度和能力去追求伟大的成果。

- ***分散风险。***除了确保我考虑到了所有能想到的最坏情况，我还试图通过有效分散风险，为我想不到的地方做准备。我学过相关的数学知识，并本能地为其所吸引。基本上，如果我有一些颇具吸引力又互不关联的下注机会，我就可以在完全不影响收益的情况下把风险降低80%。虽然这听起来像是一种投资策略，但它实际上是一种古老而完善的良好生活策略，我也将它应用于投资。中国有一个成语“狡兔三窟”，意思是万一一个地方变得危险，还有其他地方可以去。这一原则在艰难时日救了很多人的命，也是我最重要的原则之一。
- ***首先考虑延迟满足而不是当下满足，这样你将来会过得更好。***
- ***与最聪明的人反复沟通。***我紧跟我能找到的最聪明的人，这样我就能测试我的想法，并向他们学习。

正是这些原则使我获益良多，遭受的不利影响相对轻微，并拥有稳步改善的未来，尽管一路上始终有颠簸。所以我向你推荐这些原则，尽管你始终都可以自由选择接受或不接受它们。

对政策制定者、他们的上司和其他感兴趣的人，我还想说：

使用我给你们的测量方法，或者根据统计数字构建自己的测量方法，来（1）衡量你的国家和你感兴趣的其他国家的健康程度；（2）看其健康程度是在改善还是在变差，以及以何种方式改善或变差；（3）改变未来的决定因素，以赢得更好的未来。

就是这样。

我现在觉得，做这一切让我充分了解了各种可能性，包括最坏的情况和机会，以及一个经过时间考验的妥善应对这些情况的计划。我还相信，通过本书和 economicprinciples.org 网站，我已经充分分享了我对这个问题的最重要认识：过去的经验教训如何帮助你应对未来？我希望你会发现这些分享有一定的价值。我打算继续完善它们，并希望与你们一道为此努力。

愿进化之原动力与你们同在。

Ray

每一项指标的更多细节

- **教育：**这一指标衡量基础教育和高等教育，两方面的份量大致相同。其中一半权重衡量的是受过各种级别的教育的绝对人数，另一半衡量的是质量，如高校排名、考试成绩和平均受教育年限。美国在这一指标上排名最高（原因是高等教育在绝对与相对指标上的良好表现），中国紧随其后（原因是受过良好教育的人口规模大）。
- **创新与技术：**这一指标衡量发明创造、技术进步与创业精神。其中一半权重衡量一国在关键创新指标（如专利、科研人员人数、研发开支和风险投资资金）中所占的绝对份额，另一半衡量外部排名和人均创新指标的综合（用来反映经济中创新的广泛程度）。美国由于在各种指标上的实力，在这一指标中排名第一；中国由于研发开支、科研人员人数和专利占全球的巨大份额，排名第二并正在这一领域迅速崛起。
- **成本竞争力：**这一指标衡量相对于付出的回报。这一指标值得考察的原因是，如果一国的产出成绩最佳，但成本过于高昂，这个国家的状态就不好，即使其在质量方面排名很高。我们考察根据质量和生产率因素调整之后的劳动力成本，以及其他生产率指标。主要发展中经济体（尤其是印度）在这一指标中排名最高，而美国排在中游，欧洲国家排名最低（因为劳动力成本高）。
- **基础设施与投资：**这一指标衡量基础设施与投资支出的规模和质量。这一指标反映一国在全球投资中所占的绝对份额，以及一国在多大程度上优先考虑基础设施和提高生产率的投资的质量。这一指标衡量投资占全球投资的比重、基础设施的总体质量、投资和储蓄占 GDP 的比重以及物流表现。根据这一指标，中国目前是最强的国家（在过去 20 年里急剧增强），这是因为中国的生产性投资占全球投资的比例很高（相对于中国过去以及世界在这方面的投资）；美国居于第二位，主要是由于美国占全球生产性投资的比例很高，尽管其表现在逐渐变差。

- **经济产出：**这一指标衡量一国的经济资源实力。我们主要通过 GDP 水平占世界总量的比例（根据各国价格差异调整）来衡量经济产出。我们将一些权重分配给人均 GDP 而不是 GDP 总量，以反映质量。中国在这一指标中排名第一，略微领先于美国，由于中国经购买力平价调整后的 GDP 占全球总量的份额很大，所以它的上升速度也最快。欧洲排名第三。
- **预期经济增长率（大经济周期）：**这一指标衡量一国经济在未来 10 年的增长潜力。我们通过各种指标来预估未来 10 年的经济增长，将 2/3 的权重放在预测生产率的指标上，将 1/3 的权重放在预测债务对经济增长影响的指标上。目前预计印度增长最快，中国次之，预计美国的增长速度将略低于平均水平，日本和一些欧洲国家增长最慢。
- **贸易：**这一指标衡量一国的出口实力。这一指标考察一国出口占全球份额的绝对水平。中国得分最高（是全球最大出口国），其后是欧洲和美国。
- **军事实力：**决定这一指标的主要因素是军费开支占全球的绝对份额，以及以兵员数、核武器数量和军事能力的外部指标衡量的军事实力。这一指标不考察不同地区、不同类型的军事实力，因此无法反映俄罗斯和中国在特定地理区域和特定军事技术类型上拥有的一些军事优势，也不考察联盟扮演的角色。基于这些衡量标准，美国的总体军事实力依然最强大，在军费开支和核武器计划方面遥遥领先，其核武器计划只有俄罗斯能匹敌。中国现在排名第二，地位在迅速上升。

- **金融中心地位：**这一指标衡量一国金融市场和金融中心的发展水平和规模。我们考察交易份额和市值的绝对衡量标准，以及金融中心城市的外部指数。在这一指标中，美国仍以相当大的优势位居第一（主要是由于在全球股票和债券市场上所占份额巨大），中国和欧洲分别位居第二和第三。
- **储备货币地位：**这一指标衡量一国的货币在多大程度上作为全球储备货币运行。我们衡量储备货币地位的标准是以一国货币计价的交易和债务所占的份额，以及央行持有的该国货币储备所占的份额。像金融中心地位一样，美国在这一指标中依然明显领先，欧洲和日本分别位居第二和第三。
- **债务负担（大经济周期）：**这一指标基于以下因素：（a）相对于资产水平的债务水平，（b）外部、内部盈余和赤字的规模，（c）偿债成本相对于 GDP 的规模，（d）以本国货币计价的债务相对于以外国货币计价的债务的规模，（e）本国公民持有的债务相对于外国人持有的债务的规模，（f）该国的信用评级。我们之所以这样设计是因为事实证明，它是最可靠的方式，能预测货币和债务资产（接受货币的承诺）的实际价值的下降。这种下降有两种形式：一种是债务违约，其原因是没有创造足够的货币和信贷来满足过度的债务需求；另一种是贬值，其原因是创造了过多的货币和信贷来满足过度的债务需求。我构建这个指数以排除储备货币地位因素，以便观察如果一个国家失去储备货币地位，那么它将面临多大的风险。
- **内部冲突（内部秩序）：**这一指标考察内部冲突和不满的程度。这一指标衡量实际的冲突事件（如抗议）、政治冲突（如党派纷争）和大众不满（基于民意调查）。在各大国中，美国在这一指标中排名最高，原因是党派纷争和内部冲突事件发生率更高，而且一直在快速上升。

- **治理 / 法治：**这一指标衡量一国法律体系的一致性、可预测性与有利于发展和进步的程度。这一指标结合了法治指标（主要基于对在该国开展业务的商业调查）和腐败指标（基于外部腐败指数和企业调查的结合）。俄罗斯和印度在这一指数中排名最低（情况最差），而英国、荷兰和日本排名最高（情况最好），德国和美国紧随其后。
- **地质：**这一指标衡量每个国家的地理状况，包括土地面积和自然资源的价值。这一指标包括能源、农业和工业金属的总产量，以反映每个国家的绝对生产能力，还包括净出口，以反映在上述每一类别上的相对自给自足能力（此外还衡量一些其他自然资源，如淡水供应量）。俄罗斯和美国排名最高（中国次之，中国更依赖其他国家来满足其自然资源需求），日本和英国排名最低。
- **贫富、机会差距与价值观差异：**这一指标衡量贫富 / 收入、机会差距与价值观差异。这包含两个指标：（a）财富和收入不平等程度（如收入最高的 1% 的人相对其他人所占的份额），（b）政治冲突（如立法机构在意识形态问题上的分裂程度）。印度、美国和中国的分数最低，原因是存在非常巨大的贫富和收入差距（美国还存在明显的政治鸿沟）。表现最好的是欧洲国家和日本，其收入和财富不平等程度相对较低。
- **个性 / 文明 / 决心：**这一指标试图衡量一国民众的态度在多大程度上能创造支持文明和勤奋的环境，这种环境有利于增长和进步。这一指标使用（a）针对人们对勤奋和成功的态度的调查和

（b）其他衡量标准，考察一个社会对自给自足和劳动的重视程度（例如政府转移支付规模和有效退休年龄），以对这一点进行量化。中国和印度得分最高（美国位居第三），欧洲国家（尤其是西班牙和法国）得分最低。

- **资源配置效率：**这一指标试图衡量一国利用本国劳动力和资本的效率。这一指标考察这个国家是否存在长期高失业问题（即没有找到有效的途径来使民众就业），债务增长能否逐渐创造相应的收入增长，关于劳动力市场刚性和获取贷款容易程度的外部指标和调查。大部分欧洲国家（特别是法国和西班牙）在这些方面得分最低，而美国和德国的得分位居前列。发展中国家（特别是俄罗斯，但也包括中国和印度）在这一指标上的得分也相当不错，因为一般而言，这些国家每一单位债务增长带来的收入增长更多。
- **自然灾害：**这一指标衡量一国面对自然灾害的脆弱性和受自然灾害影响的程度。尽管很难将可能影响一国的各种自然灾害量化，但我们使用了以下标准：未来气候变化对各国 GDP 影响的专家评估，对各国对自然灾害防备程度的外部评估，新冠肺炎疫情的后果（因为这是一项针对自然灾害的实时测评）。我认为这个指数水平一般，质量不够高，我们还需要察知许多东西来改进。
- **外部冲突：**虽然不是单个国家模型的一部分，但外部冲突指数衡量主要国家之间的经济、政治 / 文化和军事冲突水平。在每个类别中，我们试图提出一系列结构性指标（以构建国家间冲突的基线水平）和适时性指标（以标记超出该基线的重大升级）。例如，对于经济冲突，我们跟踪国家之间的双边贸易、关税税率以及制裁、贸易战等方面的及时消息。

附录

对世界主要国家现状与前景的计算机分析

如前所述，我将数据输入计算机，计算机生成一个结果，总结世界主要国家的现状和长期前景。以下就是由计算机生成的总结。我用这些结果来辅助自己的思考，还用其他计算机模型来帮助自己理解世界。这个系统在永无止境地向前运行。我将在 economicprinciples.org 网站上更新这些总结，至少每年一次，如果有任何重大变化发生，我将更频繁地更新。

每个国家的文本突出显示了一些主要指标，以及每项指标中的一些统计数据，这些数据反映了我们目前看到的广泛趋势。我展示的综合指标和最终国家实力分数包括数百个独立的统计数据，我们基于相关性、质量和跨国家、跨时间的一致性对这些数据进行汇总。为了更好地反映一国的总体实力，我既考虑数量又考虑质量，但我的分析结构旨在更好地反映在竞争或战争中哪些国家会获胜。

美国的实力和前景

美国实力得分的主要决定因素

总体实力分数（0~1）	水平：0.87		排名：1	↘
大周期	**水平**	**Z-分数**	**排名**	**发展轨迹**
经济 / 金融地位	不利	−1.7	10	↘
债务负担	高债务	−1.8	11	↘
预期经济增长率	1.1%	−0.7	4	↘
内部秩序	高风险	−1.8	11	↘
贫富、机会差距和价值观差异	大	−1.6	9	↘
内部冲突	很高	−2.0	10	↘
外部秩序	有风险			↘
8 项主要实力指标				
市场与金融中心地位	很强	2.6	1	→
创新与技术	很强	2.0	1	→
教育	很强	2.0	1	↘
军事实力	很强	1.9	1	↘
储备货币地位	很强	1.7	1	↘
经济产出	很强	1.7	2	↘
贸易	强	1.1	3	↘
成本竞争力	一般	−0.4	6	→
其他实力指标				
地质	强	1.4	2	→
资源配置效率	强	1.3	2	↘
基础设施与投资	强	0.7	2	↘
个性 / 决心 / 文明	强	1.1	3	→
治理 / 法治	强	0.7	5	↗
自然灾害	一般	−0.2	9	

↗ 趋好　↘ 趋坏　→ 持平

这是计算机生成的截至 2021 年 8 月对美国的分析。

关键指标的最新读数显示，**美国是一个强国（在当今主要国家中排名第一），正在逐渐衰落。如下页表所示，使美国处于当前位置的关键实力是其强有力的资本市场和金融中心地位、创新与技术、高水平的教育、强大的军事力量、储备货币地位和高经济产出。美国的弱点是不利的经济 / 金融地位和大规模的国内冲突。**目前，美国的 8 项主要实力指标非常强劲，但总体上呈下降趋势。特别是美国在教育领域的相对地位、在全球贸易中的重要性和相对军事实力都在下降。

这张表显示了国家总体实力指标和主要的驱动因素、当前 11 个主要国家每项实力指标的排名，以及过去 20 年的发展轨迹。

在了解一个国家时，我们先考察**大周期**，以及反映和驱动国家兴衰的**实力指标**。虽然我们逐一涉及每一项因素，但这些因素并不是彼此孤立的，它们相互作用、相互强化，推动一个国家沿着其周期前进。

对美国来说，**大周期看起来是不利的。**

美国在其经济和金融周期中处于不利位置，债务负担高，未来 10 年的预期实际增长率相对较低（每年 1.1%）。美国的外债明显高于海外资产（净国际投资头寸为 GDP 的–64%）。非金融债务水平高（GDP 的 227%），政府债务水平高（GDP 的 128%）。这些债务的大部分（99%）以本币计价，因此美国的债务风险不太严重。美国通过降息刺激经济的能力低（短期利率为 0.1%），而且美国已经在通过印钞来将债务货币化。尽管如此，拥有世界主要储备货币地位对美国极为有利。假如这一地位发生改变，这将大大削弱美国的地位。

内部混乱风险大。美国存在着巨大的贫富、收入差距和价值观差异。在不平等方面，美国收入最高的 1% 和 10% 的人分别占有 19% 和 45% 的收入（这两个比例在各主要国家中均为第二高）。内部冲突指标非常高。这一指标衡量实际冲突事件（如抗议）、政治冲突（如党派纷争）和普遍不满程度（基于民意调查）。

外部混乱风险存在。最重要的是，美国和中国正在发生重大冲突，中国在迅速崛起，（在考虑所有因素的情况下）是世界第二强国。

我们更细致地考察 8 项主要实力指标后可见，美国拥有各主要国家中最大的资本市场和最强有力的金融中心地位。美国的股票市场占全球市场的大多数（占总市值的 55% 和交易量的 64%），而且全球大部分交易是以美元进行的（占 55%）。**此外，在各主要国家中，美国在创新与技术指标上的读数最高。**美国的专利申请、研发支出和科研人员人数在全球占比很高，分别为 17%、26% 和 26%。**在各主要国家中，美国的教育实力也是最强的。**美国的学士学位人数在全球占比很高（20%）。在受教育年限方面，美国的情况很好，学生的平均受教育年限为 13.7 年，而世界主要国家的平均受教育年限为 11.5 年。在衡量各国 15 岁学生能力的 PISA（国际学生评估项目）得分中，美国大致处于中游，获得 495 分，而各主要国家的平均分数为 483 分。如表所示，美国还有一系列其他优势。

中国的实力和前景

中国实力得分的主要决定因素

总体实力分数（0~1）	水平：0.75		排名：2	↑
大周期	**水平**	**Z-分数**	**排名**	**发展轨迹**
经济 / 金融地位	比较有利	0.4	3	趋坏
债务负担	低债务	0.3	4	趋坏
预期经济增长率	4.3%	0.4	2	趋坏
内部秩序	中等风险	−0.1	7	持平
贫富、机会差距和价值观差异	较大	−0.4	8	持平
内部冲突	一般	0.2	5	持平
外部秩序	有风险			趋坏
8 项主要实力指标				
贸易	很强	1.8	1	趋好
经济产出	很强	1.8	1	趋好
教育	强	1.6	2	趋好
创新与技术	强	1.5	2	趋好
成本竞争力	强	1.2	2	趋坏
军事实力	强	1.0	2	趋好
市场与金融中心地位	一般	0.4	2	趋好
储备货币地位	弱	−0.7	5	趋好
其他实力指标				
基础设施与投资	很强	2.7	1	趋好
个性 / 决心 / 文明	强	1.5	1	持平
地质	强	0.9	3	趋好
资源配置效率	一般	0.0	7	持平
治理 / 法治	弱	−0.7	8	趋好
自然灾害	一般	−0.1	8	

↘ 趋好　↘ 趋坏　→ 持平

这是计算机生成的截至2021年8月对中国的分析。

关键指标的最新读数显示，**中国是一个强国（在当今主要国家中排名第二），正在迅速崛起。如下页表所示，使中国处于当前位置的关键实力是其强有力的经济/金融地位、基础设施与投资、在全球贸易中的重要性、高经济产出、民众的自给自足性和高工作勤劳度、高水平的教育和强大的军事实力。**目前中国的8项主要实力指标表现较强，总体上呈急剧上升趋势。特别是在全球贸易中的重要性、创新与技术、作为金融中心的重要性三个方面，中国的地位在上升。

这张表显示了国家总体实力指标和主要的驱动因素、当前11个主要国家每项实力指标的排名，以及过去20年的发展轨迹。

在了解一个国家时，我们先考察**大周期**，以及反映和驱动国家兴衰的**实力指标**。虽然我们逐一涉及每一项因素，但这些因素并不是彼此孤立的，它们相互作用、相互强化，推动一个国家沿着其周期前进。

对中国来说，**大周期看起来较为有利。**

中国在其经济和金融周期中处于较为有利的位置，债务负担低，未来10年的预期实际增长率相对较高（每年4.3%）。中国的海外资产略高于外债（净国际投资头寸为GDP的12%）。非金融债务水平高（GDP的263%），但政府债务水平低（GDP的48%）。这些债务的大部分（96%）以本币计价，因此中国的债务风险不太高。中国通过降息刺激经济的能力适中（短期利率为1.9%）。

内部混乱风险适度。中国存在着相对较大的贫富、收入差距和价值观差异。在不平等方面，中国收入最高的1%和10%的人分别占有14%和41%的收入（这两个比例在各主要国家中分别为第三高和第四高）。内部冲突指标居于平均水平。这一指标衡量实际冲突事件（如抗议）、政治冲突（如党派纷争）和普遍不满程度（基于民意调查）。

外部混乱风险存在。最重要的是，中国和美国正在发生重大冲突，美国在衰落，但（在考虑所有因素的情况下）仍是世界第一强国。

我们更细致地考察 8 项主要实力指标后可见，中国是各主要国家中最大的出口国。中国出口占全球总出口的 14%。**此外，在各主要国家中，中国的经济体量最大。**中国占全球经济活动的份额很大（22%，根据各国价格差异因素调整）。**在各主要国家中，中国的教育实力也是第二强。**中国学士学位获得者的人数在全球占比很高（22%）。如表中所示，中国还有一系列其他优势。

欧元区的实力和前景

欧元区实力得分的主要决定因素

总体实力分数（0~1）　　水平：0.55　　排名：3　　→

大周期	水平	Z-分数	排名	发展轨迹
经济/金融地位	较为不利	−0.9	6	↘
债务负担	较高债务	−0.3	6	→
预期经济增长率	0.3%	−1.0	8	→
内部秩序	低风险	0.3	5	↗
贫富、机会差距和价值观差异	一般	0.3	6	↗
内部冲突	一般	0.4	4	→
外部秩序				
8 项主要实力指标				
贸易	强	1.3	2	→
储备货币地位	一般	0.1	2	↘
经济产出	强	0.6	3	↘
市场与金融中心地位	一般	0.4	3	→
创新与技术	一般	0.4	3	↘
教育	一般	0.3	3	→
军事实力	一般	0.3	4	↘
成本竞争力	弱	−0.6	8	→
其他实力指标				
基础设施与投资	一般	0.2	3	↘
地质	一般	−0.4	5	→
治理/法治	一般	−0.4	7	
资源配置效率	弱	−0.8	9	
个性/决心/文明	弱	−1.0	10	→
自然灾害	一般	0.0	5	

↗ 趋好　↘ 趋坏　→ 持平

这是计算机生成的截至 2021 年 8 月对欧元区的分析。

关键指标的最新读数显示，**欧元区是一个强大的力量（在当今主要国家中排名第三），发展走势平稳。如下页表所示，欧元区的主要实力是在全球贸易中的重要性及其储备货币地位，欧元区的弱点是其民众低于平均水平的工作勤劳度、低自给自足性与相对较差的劳动力和资本配置。**目前，欧元区的 8 项主要实力指标还算强劲，但总体上在横向波动。

这张表显示了国家总体实力指标和主要的驱动因素、当前 11 个主要国家每项实力指标的排名，以及过去 20 年的发展轨迹。

在了解一个国家时，我们先考察**大周期**，以及反映和驱动国家兴衰的**实力指标**。虽然我们逐一涉及每一项因素，但这些因素并不是彼此孤立的，它们相互作用、相互强化，推动一个国家沿着其周期前进。

对欧元区来说，**大周期看起来好坏参半。**

欧元区在其经济和金融周期中处于不太有利的位置，债务负担较高，未来 10 年的预期实际增长率相对较低（每年 0.3%）。欧元区的外债和海外资产水平相当（净国际投资头寸为 GDP 的 0%）。非金融债务水平高（GDP 的 241%），但政府债务水平是当今主要国家的平均水平（GDP 的 104%）。欧元区通过降息刺激经济的能力非常低（短期利率为-0.5%），而且欧元区已经在通过印钞来将债务货币化。

内部混乱风险低。贫富、收入差距和价值观差异处于平均水平。在不平等方面，欧元区收入最高的 1% 和 10% 的人分别占有 11% 和 35% 的收入（这两个比例在各主要国家中分别为第八高和第七高）。内部冲突指标处于平均水平。这一指标衡量实际冲突事件（如抗议）、政治冲突（如党派纷争）和普遍不满程度（基于民意调查）。

我们更细致地考察 8 项主要实力指标后可见，欧元区的出口量在

各主要国家中居第二。欧元区出口占全球出口的 12%。**此外，在各主要国家中，欧元区的储备货币地位排名第二。**全球货币储备的很大一部分是欧元（21%），全球债务的很大一部分以欧元计价（22%）。

这个总结反映了我们对欧元区实力的总体估计。对大多数统计数据，我们使用的是欧元区 8 个主要国家的汇总数据。

德国的实力和前景

德国实力得分的主要决定因素

总体实力分数（0~1）	**水平：0.37**		**排名：4**	→
大周期	**水平**	**Z-分数**	**排名**	**发展轨迹**
经济 / 金融地位	比较有利	0.4	4	↗
债务负担	低债务	1.6	1	↗
预期经济增长率	0.3%	−1.0	9	→
内部秩序	低风险	0.7	3	↗
贫富、机会差距和价值观差异	小	0.7	3	→
内部冲突	低	0.7	3	↗
外部秩序				
8 项主要实力指标				
贸易	强	0.6	4	→
经济产出	一般	−0.1	4	↘
创新与技术	一般	−0.1	5	↘
教育	一般	−0.2	5	→
市场与金融中心地位	一般	−0.2	6	↘
军事实力	弱	−0.6	9	→
成本竞争力	弱	−0.6	10	→
储备货币地位				
其他实力指标				
资源配置效率	强	0.6	3	↗
治理 / 法治	强	0.7	4	→
基础设施与投资	一般	−0.3	7	→
个性 / 决心 / 文明	一般	−0.5	8	→
地质	弱	−0.7	9	→
自然灾害	强	1.1	2	

↗ 趋好　↘ 趋坏　→ 持平

这是计算机生成的截至 2021 年 8 月对德国的分析。

关键指标的最新读数显示，**德国是一个中等强国（在当今主要国家中排名第四），发展走势平稳。如下页表所示，德国的主要实力是强大的经济 / 金融地位和十分稳定的内部秩序。**目前，德国的 8 项主要实力指标还算强劲，但总体上在横向波动。

这张表显示了国家总体实力指标和主要的驱动因素、当前 11 个主要国家每项实力指标的排名，以及过去 20 年的发展轨迹。

在了解一个国家时，我们先考察**大周期**，以及反映和驱动国家兴衰的**实力指标**。虽然我们逐一涉及每一项因素，但这些因素并不是彼此孤立的，它们相互作用、相互强化，推动一个国家沿着其周期前进。

对德国来说，**大周期看起来基本上是有利的。**

德国在其经济和金融周期中处于一定的有利位置，债务负担低，但未来 10 年的预期实际增长率很低（每年 0.3%）。德国的海外资产明显高于外债（净国际投资头寸为 GDP 的 71%）。非金融债务和政府债务水平均为当今主要国家的平均水平（分别为 GDP 的 183% 和 GDP 的 69%）。德国的债务主要是欧元债务，因此它的债务风险较高，因为德国不能直接控制欧元。德国通过降息刺激经济的能力在欧元区中较低（短期利率为-0.5%），而且欧洲已经在通过印钞来将债务货币化。

内部混乱风险低。贫富、收入差距和价值观差异小。在不平等方面，德国收入最高的 1% 和 10% 的人分别占有 13% 和 38% 的收入（这两个比例在各主要国家中分别为第四高和第五高）。内部冲突指标低。这一指标衡量实际冲突事件（如抗议）、政治冲突（如党派纷争）和普遍不满程度（基于民意调查）。

在 8 项主要实力指标中，德国总体看起来较强。德国没有我要专门指出的特别突出的优势或弱点。

日本的实力和前景

日本实力得分的主要决定因素

总体实力分数（0~1）	水平：0.30		排名：5	↘
大周期	**水平**	**Z-分数**	**排名**	**发展轨迹**
经济 / 金融地位	不利	-1.1	7	→
债务负担	较高债务	-0.4	7	→
预期经济增长率	0.0%	-1.1	11	→
内部秩序	低风险	1.0	1	↗
贫富、机会差距和价值观差异	小	0.9	2	↗
内部冲突	低	1.1	2	↗
外部秩序				
8 项主要实力指标				
储备货币地位	弱	-0.5	3	↘
教育	一般	0.2	4	→
创新与技术	一般	0.2	4	↘
市场与金融中心地位	一般	0.1	4	↘
成本竞争力	一般	-0.3	4	→
贸易	一般	-0.5	5	↘
军事实力	一般	-0.1	6	→
经济产出	一般	-0.3	7	↘
其他实力指标				
治理 / 法治	强	0.8	3	→
个性 / 决心 / 文明	一般	0.5	4	↘
基础设施与投资	一般	-0.2	4	↘
资源配置效率	一般	0.1	6	↘
地质	弱	-1.1	11	→
自然灾害	强	1.5	1	

↗ 趋好　↘ 趋坏　→ 持平

这是计算机生成的截至 2021 年 8 月对日本的分析。

关键指标的最新读数显示，**日本实力居中（在当今主要国家中排名第五），正在逐渐衰落。如下页表所示，日本的主要实力是十分稳定的内部秩序。日本的弱点是不利的经济 / 金融地位和相对缺乏自然资源。**目前，日本的 8 项主要实力指标还算强劲，但总体呈下降趋势，特别是日本在全球经济产出中所占的份额、在全球贸易中的重要性及其创新与技术都在下滑。

这张表显示了国家总体实力指标和主要的驱动因素、当前 11 个主要国家每项实力指标的排名，以及过去 20 年的发展轨迹。

在了解一个国家时，我们先考察**大周期**，以及反映和驱动国家兴衰的**实力指标**。虽然我们逐一涉及每一项因素，但这些因素并不是彼此孤立的，它们相互作用、相互强化，推动一个国家沿着其周期前进。

对日本来说，**大周期看起来基本上好坏参半。**

日本在其经济和金融周期中处于不利位置，债务负担较高，未来 10 年的预期实际增长率非常低（每年 0%）。日本的海外资产明显高于外债（净国际投资头寸为 GDP 的 68%）。非金融债务水平很高（GDP 的 400%），政府债务水平也很高（GDP 的 241%）。这些债务的大部分（99%）以本币计价，因此日本的债务风险不太严重。日本通过降息刺激经济的能力极低（短期利率为-0.1%），而且已经在通过印钞来将债务货币化。

内部混乱风险低。贫富、收入差距和价值观差异小。在不平等方面，日本收入最高的 1% 和 10% 的人分别占有 12% 和 43% 的收入（这两个比例在各主要国家中分别为第六高和第三高）。内部冲突指标低。这一指标衡量实际冲突事件（如抗议）、政治冲突（如党派纷争）和普遍不满程度（基于民意调查）。

在 8 项主要实力指标中，日本总体看起来较强。日本没有我要专门指出的特别突出的优势或弱点。

印度的实力和前景

印度实力得分的主要决定因素

总体实力分数（0~1）　**水平：0.27**　**排名：6** ↗

大周期	水平	Z-分数	排名	发展轨迹
经济 / 金融地位	很有利	0.8	1	↘
债务负担	较低债务	0.1	5	↗
预期经济增长率	6.3%	1.1	1	↘
内部秩序	高风险	−1.8	10	→
贫富、机会差距和价值观差异	大	−1.8	10	→
内部冲突	很低			
外部秩序				
8 项主要实力指标				
成本竞争力	很强	2.4	1	↗
军事实力	一般	0.2	5	↗
经济产出	一般	−0.2	5	→
储备货币地位	弱	−0.8	6	
贸易	弱	−0.8	9	↗
市场与金融中心地位	弱	−0.8	10	→
创新与技术	弱	−1.2	11	↗
教育	弱	−1.2	11	→
其他实力指标				
个性 / 决心 / 文明	强	1.3	2	→
地质	一般	0.3	4	→
资源配置效率	一般	0.2	5	
基础设施与投资	一般	−0.3	6	↗
治理 / 法治	弱	−1.1	10	↗
自然灾害	很弱	−2.4	11	

↗ 趋好　↘ 趋坏　→ 持平

这是计算机生成的截至 2021 年 8 月对印度的分析。

关键指标的最新读数显示，**印度实力居中（在当今主要国家中排名第六），正在逐渐崛起。如下页表所示，印度的关键实力是强有力的经济 / 金融地位及其具有成本竞争力的劳动力（在考虑质量因素调整后的基础上）。印度的弱点是大规模的国内冲突，教育方面的实力相对较弱，创新与技术方面表现差，腐败和法治不健全，以及缺乏储备货币地位。**目前，印度的 8 项主要实力指标还算强，总体呈上升趋势，特别是印度的相对军事实力、创新与技术和在全球贸易中的重要性都在提升。

这张表显示了国家总体实力指标和主要的驱动因素、当前 11 个主要国家每项实力指标的排名，以及过去 20 年的发展轨迹。

在了解一个国家时，我们先考察**大周期**，以及反映和驱动国家兴衰的**实力指标**。虽然我们逐一涉及每一项因素，但这些因素并不是彼此孤立的，它们相互作用、相互强化，推动一个国家沿着其周期前进。

对印度来说，**大周期看起来好坏参半。**

印度在其经济和金融周期中处于非常有利的位置，债务负担较低，未来 10 年的预期实际增长率高（每年 6.3%）。印度的外债略高于海外资产（净国际投资头寸为 GDP 的-12%）。非金融债务水平低（GDP 的 125%），但政府债务水平是当今主要国家的平均水平（GDP 的 75%）。这些债务的大部分（91%）以本币计价，因此它的债务风险不太高。印度有一定的通过降息刺激经济的能力（短期利率为 3.4%）。

内部混乱风险很高。印度存在着巨大的贫富、收入差距和价值观差异。在不平等方面，印度收入最高的 1% 和 10% 的人分别占有 21% 和 56% 的收入（这两个比例在各主要国家中均为第一高）。但在像印度这样的快速增长的国家，贫富悬殊不令人太过担忧，因为快速的经济增长能让所有人变得越来越富裕。

我们更细致地考察 8 项主要实力指标后可见，印度拥有各主要国家中最廉价的劳动力。考虑劳动者质量因素调整后，印度的劳动力成本明显低于全球平均水平。

但印度在教育方面的实力相对较弱，在创新与技术方面表现很差，而且缺乏储备货币地位。在受教育年限方面，印度的情况差，学生的平均受教育年限为 5.8 年，而世界主要国家的平均受教育年限为 11.5 年。在衡量各国 15 岁学生能力的 PISA 得分中，印度也差，分数为 336 分，而各主要国家的平均分数为 483 分。在创新与技术领域，印度的专利申请数目占全球的比例低（不到 1%），研发支出占全球的比例低（3%），科研人员人数占全球的比例不高（3%）。

英国的实力和前景

英国实力得分的主要决定因素

总体实力分数（0~1）	水平：0.27		排名：7	→
大周期	**水平**	**Z–分数**	**排名**	**发展轨迹**
经济 / 金融地位	不利	−1.7	9	↘
债务负担	高债务	−1.6	9	↘
预期经济增长率	0.9%	−0.8	6	↘
内部秩序	中等风险	−0.2	8	↘
贫富、机会差距和价值观差异	相对大	−0.2	7	↘
内部冲突	一般	−0.3	7	↘
外部秩序				
8 项主要实力指标				
储备货币地位	弱	−0.6	4	→
市场与金融中心地位	一般	0.0	5	↘
成本竞争力	一般	−0.3	5	→
教育	一般	−0.2	6	↘
经济产出	一般	−0.3	6	→
创新与技术	一般	−0.3	7	→
贸易	弱	−0.6	7	→
军事实力	一般	−0.3	8	→
其他实力指标				
治理 / 法治	强	1.2	1	→
资源配置效率	一般	0.3	4	→
个性 / 决心 / 文明	一般	−0.4	7	↘
基础设施与投资	弱	−0.6	10	↘
地质	弱	−0.9	10	→
自然灾害	一般	0.4	4	

↗ 趋好　↘ 趋坏　→ 持平

这是计算机生成的截至 2021 年 8 月对英国的分析。

关键指标的最新读数显示，**英国实力居中（在当今主要国家中排在后半部分），发展走势平稳。如下页表所示，英国的主要实力是强有力的法治与腐败程度低。英国的弱点是不利的经济 / 金融地位和相对缺乏自然资源。**目前，英国的 8 项主要实力指标较弱，总体上在横向波动。

这张表显示了国家总体实力指标和主要的驱动因素、当前 11 个主要国家每项实力指标的排名，以及过去 20 年的发展轨迹。

在了解一个国家时，我们先考察**大周期**，以及反映和驱动国家兴衰的**实力指标**。虽然我们逐一涉及每一项因素，但这些因素并不是彼此孤立的，它们相互作用、相互强化，推动一个国家沿着其周期前进。

对英国来说，**大周期看起来基本上是不利的。**

英国在其经济和金融周期中处于不利位置，债务负担高，未来 10 年的预期实际增长率相对较低（每年 0.9%）。英国的外债略高于海外资产（净国际投资头寸为 GDP 的−28%）。非金融债务水平高（GDP 的 260%），但政府债务水平是当今主要国家的平均水平（GDP 的 106%）。这些债务的大部分（90%）以本币计价，因此英国的债务风险不太高。英国通过降息刺激经济的能力低（短期利率为 0.1%），而且英国已经在通过印钞来将债务货币化。

内部混乱风险适度。贫富、收入差距和价值观差异相对较大。在不平等方面，英国收入最高的 1% 和 10% 的人分别占有 13% 和 36% 的收入（这两个比例在各主要国家中分别为第五高和第六高）。内部冲突指标处于平均水平。这一指标衡量实际冲突事件（如抗议）、政治冲突（如党派纷争）和普遍不满程度（基于民意调查）。

在 8 项主要实力指标中，英国总体看起来较弱。英国没有我要专门指出的特别突出的优势或弱点。

法国的实力和前景

法国实力得分的主要决定因素

总体实力分数（0~1）	**水平：0.25**		**排名：8**	→
大周期	**水平**	**Z-分数**	**排名**	**发展轨迹**
经济 / 金融地位	不利	−1.2	8	↘
债务负担	较高债务	−0.8	8	↘
预期经济增长率	0.4%	−0.9	7	→
内部秩序	低风险	0.5	4	→
贫富、机会差距和价值观差异	小	1.1	1	↗
内部冲突	一般	−0.1	6	→
外部秩序				
8 项主要实力指标				
贸易	一般	−0.5	6	→
军事实力	一般	−0.3	7	→
市场与金融中心地位	一般	−0.3	7	→
教育	一般	−0.5	7	→
创新与技术	一般	−0.5	8	↘
经济产出	弱	−0.5	9	↘
成本竞争力	弱	−0.6	9	→
储备货币地位				
其他实力指标				
基础设施与投资	一般	−0.2	5	↗
治理 / 法治	一般	0.3	6	→
地质	一般	−0.5	7	→
资源配置效率	弱	−1.3	10	↘
个性 / 决心 / 文明	弱	−1.5	11	→
自然灾害	一般	0.0	6	

↗ 趋好　↘ 趋坏　→ 持平

这是计算机生成的截至 2021 年 8 月对法国的分析。

关键指标的最新读数显示，**法国实力居中（在当今主要国家中排在后半部分），发展走势平稳。如下页表所示，使法国处于当前位置的主要弱点是不利的经济 / 金融地位、民众低于平均水平的工作勤劳度和低自给自足性，以及相对较差的劳动力和资本配置。**目前，法国的 8 项主要实力指标有些弱，总体上在横向波动。

这张表显示了国家总体实力指标和主要的驱动因素、当前 11 个主要国家每项实力指标的排名，以及过去 20 年的发展轨迹。

在了解一个国家时，我们先考察**大周期**，以及反映和驱动国家兴衰的**实力指标**。虽然我们逐一涉及每一项因素，但这些因素并不是彼此孤立的，它们相互作用、相互强化，推动一个国家沿着其周期前进。

对法国来说，**大周期看起来基本上是不利的。**

法国在其经济和金融周期中处于不利位置，债务负担较高，未来 10 年的预期实际增长率相对较低（每年 0.4%）。法国的外债略高于海外资产（净国际投资头寸为 GDP 的−25%）。非金融债务水平高（GDP 的 268%），但政府债务水平是当今主要国家的平均水平（GDP 的 105%）。法国的债务主要是欧元债务，因此它的债务风险较高，因为法国不能直接控制欧元。法国通过降息刺激经济的能力在欧元区中较低（短期利率为−0.5%），而且欧洲已经在通过印钞来将债务货币化。

内部混乱风险低。贫富、收入差距和价值观差异小。在不平等方面，法国收入最高的 1% 和 10% 的人分别占有 10% 和 32% 的收入（这两个比例在各主要国家中均为第九高）。内部冲突指标居于平均水平。这一指标衡量实际冲突事件（如抗议）、政治冲突（如党派纷争）和普遍不满程度（基于民意调查）。

在 8 项主要实力指标中，法国总体看起来较弱。法国没有我要专门指出的特别突出的优势或弱点。

荷兰的实力和前景

荷兰实力得分的主要决定因素

总体实力分数（0~1）	水平：0.25		排名：9	→
大周期	**水平**	**Z-分数**	**排名**	**发展轨迹**
经济 / 金融地位	比较有利	0.0	5	
债务负担	低债务	0.8	3	↗
预期经济增长率	1.0%	−0.8	5	
内部秩序	低风险	0.9	2	→
贫富、机会差距和价值观差异	小	0.6	4	↘
内部冲突	低	1.2	1	↗
外部秩序				
8 项主要实力指标				
创新与技术	一般	−0.3	6	→
经济产出	一般	−0.3	8	→
市场与金融中心地位	弱	−0.5	8	→
贸易	弱	−0.6	8	→
教育	弱	−0.7	9	→
成本竞争力	弱	−0.8	11	→
军事实力	很弱	−1.9	11	↘
储备货币地位				
其他实力指标				
治理 / 法治	强	1.0	2	→
个性 / 决心 / 文明	一般	−0.3	6	↗
地质	一般	−0.5	6	→
资源配置效率	一般	−0.1	8	↗
基础设施与投资	一般	−0.4	8	→
自然灾害	一般	0.5	3	

↗ 趋好　↘ 趋坏　→ 持平

这是计算机生成的截至 2021 年 8 月对荷兰的分析。

关键指标的最新读数显示，**荷兰实力居中（在当今主要国家中排在后半部分），发展走势平稳。如下页表所示，荷兰的主要实力是十分稳定的内部秩序和强有力的法治以及腐败程度低。荷兰的弱点是相对较弱的军事实力和相对昂贵的劳动力（在考虑质量因素调整后的基础上）**。目前，荷兰的 8 项主要实力指标较弱，总体上在横向波动。

这张表显示了国家总体实力指标和主要的驱动因素、当前 11 个主要国家每项实力指标的排名，以及过去 20 年的发展轨迹。

在了解一个国家时，我们先考察**大周期**，以及反映和驱动国家兴衰的**实力指标**。虽然我们逐一涉及每一项因素，但这些因素并不是彼此孤立的，它们相互作用、相互强化，推动一个国家沿着其周期前进。

对荷兰来说，**大周期看起来比较有利。**

荷兰在其经济和金融周期中处于比较有利的位置，债务负担低，但未来 10 年的预期实际增长率相对较低（每年 1%）。荷兰的海外资产明显高于外债（净国际投资头寸为 GDP 的 90%）。非金融债务水平高（GDP 的 286%），但政府债务水平低（GDP 的 53%）。荷兰的债务主要是欧元债务，因此它的债务风险较高，因为荷兰不能直接控制欧元。荷兰通过降息刺激经济的能力在欧元区中较低（短期利率为-0.5%），而且欧洲已经在通过印钞来将债务货币化。

内部混乱风险低。贫富、收入差距和价值观差异小。在不平等方面，荷兰收入最高的 1% 和 10% 的人分别占有 7% 和 29% 的收入（这两个比例在各主要国家中均为第十高）。内部冲突指标低。这一指标衡量实际冲突事件（如抗议）、政治冲突（如党派纷争）和普遍不满程度（基于民意调查）。

在更细致地考察 8 项主要实力指标后，我们要指出荷兰相对较弱

的军事实力和相对昂贵的劳动力（在考虑质量因素调整后的基础上）。荷兰的军费开支占全球的比例低（不到 1%），军人人数占全球的比例低（不到 1%）。在劳动力成本方面，在考虑劳动者质量因素调整后，劳动力成本比全球平均水平略高。

俄罗斯的实力和前景

俄罗斯实力得分的主要决定因素

总体实力分数（0~1）	水平：0.23		排名：10	→
大周期	**水平**	**Z-分数**	**排名**	**发展轨迹**
经济 / 金融地位	比较有利	0.5	2	
债务负担	低债务	1.0	2	↗
预期经济增长率	2.5%	−0.2	3	
内部秩序	适度风险	−0.5	9	↗
贫富、机会差距和价值观差异				
内部冲突	一般	−0.5	9	↗
外部秩序				
8 项主要实力指标				
成本竞争力	强	0.7	3	
军事实力	一般	0.4	3	→
储备货币地位	弱	−0.8	6	
教育	弱	−0.5	8	→
创新与技术	弱	−0.7	9	→
贸易	弱	−0.9	10	→
市场与金融中心地位	弱	−1.1	11	→
经济产出	弱	−1.4	11	→
其他实力指标				
地质	很强	1.9	1	→
资源配置效率	强	1.3	1	
个性 / 决心 / 文明	一般	0.1	5	
基础设施与投资	弱	−1.0	11	↘
治理 / 法治	很弱	−1.9	11	→
自然灾害	一般	−0.1	7	

↗ 趋好　↘ 趋坏　→ 持平

这是计算机生成的截至 2021 年 8 月对俄罗斯的分析。

关键指标的最新读数显示，**俄罗斯实力居中（在当今主要国家中排在后半部分），发展走势平稳。如下页表所示，俄罗斯的主要实力是强大的经济 / 金融地位、自然资源丰富和相对较强的军事实力。俄罗斯的弱点是相对较小的经济规模、腐败和法治不健全，以及相对不是一个重要的全球金融中心。**目前，俄罗斯的 8 项主要实力指标较弱，总体上在横向波动。

这张表显示了国家总体实力指标和主要的驱动因素、当前 11 个主要国家每项实力指标的排名，以及过去 20 年的发展轨迹。

在了解一个国家时，我们先考察**大周期**，以及反映和驱动国家兴衰的**实力指标**。虽然我们逐一涉及每一项因素，但这些因素并不是彼此孤立的，它们相互作用、相互强化，推动一个国家沿着其周期前进。

对俄罗斯来说，**大周期看起来比较有利。**

俄罗斯在其经济和金融周期中处于比较有利的位置，债务负担低，未来 10 年的预期实际增长率不高（每年 2.5%）。俄罗斯的海外资产略高于外债（净国际投资头寸为 GDP 的 33%）。非金融债务水平低（GDP 的 99%），政府债务水平也低（GDP 的 14%）。俄罗斯相当大比例的债务（25%）是以外币计价的，因此它的债务风险较高。俄罗斯通过降息刺激经济的能力高（短期利率为 6.6%）。

内部混乱风险适度。内部冲突指标居于平均水平。这一指标衡量实际冲突事件（如抗议）、政治冲突（如党派纷争）和普遍不满程度（基于民意调查）。

我们更细致地考察 8 项主要实力指标后可见，俄罗斯的军事实力相对较强。它的军费开支占全球的比例不低（7%），军人人数占全球的比例较高（13%）。

但俄罗斯的经济规模相对较小，相对来讲不是重要的全球金融中心。俄罗斯股票市场在全世界的占比低（总市值不到 1%，交易量不到 1%）。

西班牙的实力和前景

西班牙实力得分的主要决定因素

总体实力分数（0~1）　**水平：0.20**　**排名：11**　→

大周期	**水平**	**Z-分数**	**排名**	**发展轨迹**
经济 / 金融地位	不利	-1.9	11	↘
债务负担	高债务	-1.7	10	↘
预期经济增长率	0.0%	-1.1	10	↘
内部秩序	适度风险	0.0	6	→
贫富、机会差距和价值观差异	一般	0.4	5	↗
内部冲突	一般	-0.4	8	↘
外部秩序				
8 项主要实力指标				
成本竞争力	弱	-0.6	7	→
市场与金融中心地位	弱	-0.6	9	→
军事实力	弱	-0.8	10	→
经济产出	弱	-0.9	10	↘
教育	弱	-0.9	10	→
创新与技术	弱	-1.0	10	↘
贸易	弱	-0.9	11	→
储备货币地位				
其他实力指标				
地质	弱	-0.6	8	→
基础设施与投资	弱	-0.6	9	↘
治理 / 法治	弱	-0.7	9	↘
个性 / 决心 / 文明	弱	-1.0	9	→
资源配置效率	弱	-1.6	11	↘
自然灾害	弱	-0.7	10	

↗ 趋好　↘ 趋坏　→ 持平

这是计算机生成的截至 2021 年 8 月对西班牙的分析。

关键指标的最新读数显示，**西班牙实力居中（在当今主要国家中排在后半部分），发展走势平稳。如下页表所示，使西班牙处于当前位置的主要弱点是不利的经济 / 金融地位、相对较差的劳动力与资本配置、在全球贸易中相对较低的重要性，以及创新与技术方面表现差。**目前，西班牙的 8 项主要实力指标较弱，总体上在横向波动。

这张表显示了国家总体实力指标和主要的驱动因素、当前 11 个主要国家每项实力指标的排名，以及过去 20 年的发展轨迹。

在了解一个国家时，我们先考察**大周期**，以及反映和驱动国家兴衰的**实力指标**。虽然我们逐一涉及每一项因素，但这些因素并不是彼此孤立的，它们相互作用、相互强化，推动一个国家沿着其周期前进。

对西班牙来说，**大周期看起来基本上是不利的。**

西班牙在其经济和金融周期中处于不利位置，债务负担高，未来 10 年的预期实际增长率极低（每年 0%）。西班牙的外债明显高于海外资产（净国际投资头寸为 GDP 的−73%）。非金融债务水平高（GDP 的 249%），政府债务水平高（GDP 的 114%）。西班牙的债务主要是欧元债务，因此它的债务风险较高，因为西班牙不能直接控制欧元。西班牙通过降息刺激经济的能力在欧元区中较低（短期利率为−0.5%），而且欧洲已经在通过印钞来将债务货币化。

内部混乱风险适度。贫富、收入差距和价值观差异处于平均水平。在不平等方面，西班牙收入最高的 1% 和 10% 的人分别占有 12% 和 34% 的收入（这两个比例在各主要国家中分别为第七高和第八高）。内部冲突指标居于平均水平。这一指标衡量实际冲突事件（如抗议）、政治冲突（如党派纷争）和普遍不满程度（基于民意调查）。

在更细致地考察 8 项主要实力指标后，我们要指出西班牙在全球

贸易中的重要性相对较低，在创新与技术方面表现差。西班牙只占全球出口量的2%。在创新与技术方面，西班牙专利申请数目占全球的比例低（不到1%），研发支出占全球的比例低（1%），科研人员人数占全球的比例低（1%）。

致 谢

衷心感谢帮助我学习的各位人士。你们为本书做出了宝贵的贡献。本书的问世离不开我们的交谈、你们在著作中分享的见解、从文档中挖掘出来的历史和数据。对于在世和过世的所有人，我永远心存感恩。在此，特别感谢亨利·基辛格、格雷厄姆·艾利森、李光耀、保罗·沃尔克、马里奥·德拉吉、保罗·肯尼迪、理查德·N.哈斯、陆克文、史蒂文·克里格、比尔·朗菲尔德、尼尔·汉南、H. R.麦克马斯特、朱嘉明、劳伦斯·萨默斯、尼尔·弗格森、汤姆·弗里德曼、王瑞杰、杨荣文、伊恩·布雷默和陈志武。

我还想感谢皮尔·弗里斯、本杰明·A.艾尔曼、柯娇燕、西比尔·莱、高峥、洪源远、马卡比·克礼、戴维·波特、熊存瑞、戴维·坎纳丁、帕特里夏·克拉文、邓肯·尼达姆、凯瑟琳·申克和史蒂文·平卡斯，感谢你们提出的宝贵建议。

将这些概念和文章编辑成书的工作几乎与提出这些概念一样艰巨。因此，我想感谢马克·柯比，你执着的奉献、才华和耐心给了我极大的支持。感谢迈克尔·库宾、阿瑟·戈尔德瓦格和菲尔·雷夫津，你们对书稿提出了有益的灼见。感谢我的文学经纪人吉姆·莱文和编辑乔菲·费拉里–阿德勒。你们的帮助使本书得以出版和发行。

还有许多人也给了我很大的帮助，包括加德纳·戴维斯、乌代·拜斯瓦拉、乔丹·尼克、迈克尔·萨瓦雷塞、乔纳森·博斯特、斯蒂芬·麦克唐纳、埃琳娜·冈萨雷斯·马洛伊、基亚·库尔滕巴赫、阿拉斯代尔·多诺万、弗洛里斯·霍尔斯特格、安塞尔·卡齐、克里斯·埃德蒙兹、朱莉·法尔涅和布赖恩·德·洛斯桑托斯。你们做了大量的幕后工作，与桥水的同事们一起，构建了任何人所能设想的最佳学习平台。

审校后记

多年前，已故的美联储前主席保罗·沃尔克先生被问及他每天都读些什么，他回答说，每天读两样东西，一是《华尔街日报》，经常读到一半儿就放在一边；二是来自一个小公司，叫桥水，它发布《每日观察》，他认为《每日观察》在宏观研究上比美联储做得好。

在瑞领导桥水做投资和研究的40多年里，桥水有很强的学术偏好。我们所有的办公室都有一块教室使用的白板，我们投资系统中使用的数据和指标达到上亿个，我们所有的投资人员都要定期考试。

桥水的知识化过程也是把它系统化的过程，试图无穷无尽地探索事物之间的深层结构、因果关系和超越时间和空间的那些原则和机理。瑞将其称为世界的演进和经济机器的运行。

瑞的这本书，是他和桥水多年的研究、知识和见解的沉积。不知道说厚积而薄发是否恰当？

我读此书，能清晰地看到我们宏观研究的模板和追求真相的思维路径。斗胆直言，这本书并不是要向你揭示一些准确的数据和事实，而是让你在总体上把握一些规律、法则，探讨国家兴亡的周期及其深层的文明结构。

然而，研究这类题目的大都是让人肃然起敬的巨匠，如汤因比、威尔·杜兰特、亨廷顿、保罗·肯尼迪、黄仁宇……瑞作为投资者，息影书斋，以对历史的热爱，对未知的好奇，对世界的期望，写就此书，无疑冒着风险。就像一位导演拍出一部片子，无法知道观众的感受。

瑞在写作中表现的谦卑、内敛、坦诚，无疑是一种智慧。在他写唐宋历史的片段时，我曾给他看一只北宋时期的建盏，是件残器。他起身伫立，双手捧起，凝视良久，对古老的中华文明充满敬畏。我们同（已故的）高峥教授、熊存瑞教授、朱嘉明教授和陈志武教授讨论中国史和上百年的王朝更迭，瑞表现出学生般的好奇、谦逊和质朴。

白云苍狗，岁月不居，永恒的进化与你同在。希望阅读此书，不仅能启迪你的智慧，也将愉悦你的身心。

王沿

写于 2021 年平安夜